The First Story

KB249434

# 어원으로 영단어 길들이기
## The First Story

上

박영로

 디아콘

# 머리말

영단어 길들이기는 이런 단어 학습이 가능합니다.

### 일상 속에 스며든 영단어를 활용해 어원습득이 가능
지하철 음성안내문, 거리의 간판, 제품명, 광고문구, 영화, 노래 가사에 나오는 영단어를 활용한 어원 분석 TIP를 제공하여 영단어가 공부가 쉽습니다.

### 어원 분석을 통한 영단어 공부로 인한 학습 부담 NO
누구나 알 수 있는 쉬운 단어를 활용한 친절한 어원 TIP를 제공하여, 어원을 통한 영단어 공부가 부담 없고, 즐겁습니다.

### 관련된 동의 어근을 수록하여 어원 응용과 적용이 쉬움
새로운 어원을 설명할 때마다 관련된 동의 어근이 적혀 있어, 어원을 활용한 영단어 공부가 습관이 되고, 영단어가 머릿속에 쏙쏙 이해되게 하였습니다.

### 기본 단어, 반의어와 동의어가 있어 기초가 튼튼한 영단어 학습가능
연습문제 앞에 기본 단어와 반의어·동의어를 수록하여, 영단어 기초를 튼튼히 할 수 있고, 연습문제를 통해 진단학습이 가능하게 했습니다.

### 그리스 로마신화를 통해 스토리가 있는 어원 공부 가능
우리가 흔히 쓰고 있으며, 그리스 로마신화와 관련이 있는 영단어를 대화체로 설명하여, 드라마를 보듯 생동감 있고, 재미있는 영단어 학습이 가능합니다.

### 상황별 우리말 대화로 마인드맵(mind map)을 하듯 영단어 복습 가능
새로운 어원 학습이 끝날 때마다, 상황별 우리말 대화로 배운 어원과 관련된 영단어를 복습할 수 있어, 마치 지도를 그리듯이 영단어를 마인드맵(mind map)하니, 영단어 공부가 지루할 틈이 없습니다.

### 어원 분석을 통해 영단어를 공부를 해야하는 이유
단어는 오늘 몇 개 암기하는 공부와 더불어, 지금까지 알고 있는 단어를 활용하여, 그 단어의 어원을 파악하여, 의미를 확대 재생산하는 생각하는 단어 공부가 되어야 합니다. 그리하여 어원을 분석한 어휘 책을 활용하여 다음과 같이 공부해야 온전히 단어가 내 것이 됩니다. 제1단계: 접두사를 활용하여 뜻이 긍정인지 부정인지 파악하고, 제2단계: 알고 있는 단어로 어원을 익히고 뜻을 유추하며, 제3단계: 접미사를 통하여 첨가된 의미와 품사를 파악합니다. 접미사는 핵심품사(형용사, 부사, 명사, 동사: 일명-형부명동)를 결정합니다. 품사를 아는 것은 영문법에 매우 중요합니다. 왜냐하면 올바른 영어 문장은 각각의 품사를 위치에 맞게 질서 있게 배열해 놓은 것이기 때문입니다. 영단어 길들이기는 이러한 생각을 충실히 반영하려고 최선을 다했습니다.

박 영 로

# 영단어 길들이기 구성

## 1. 생활 속 영단어로 어원 친해지기

카페베네(caffe bene)

caffe + bene
(good)

즉, bene는 '좋은' 의미를 갖고 있어.

좋은 의미라고...

benediction : bene(good)+dict(to say)+ion(명접) → 좋게 말해주는 것 → 축복, 덕담

benefactor : bene(good)+fact(to make)+or(사람) → 좋은(행위를) 만드는 사람 → 후원자

beneficent : bene(good)+fic(to make)+ent(형접) → 좋게 만들어 주는 → 도움을 주는

beneficiary : bene(good)+fic(to make)+ary(사람) → 좋게 만들어 진 것을 받는 사람 → 수혜자

## 2. 어원 분석으로 영단어 공부 극대화

**접두사**+**어근**+**접미사**로 구성되어 있는 영단어에서, 접두사는 단어(**어근**) 앞에 붙어서 새로운 단어를 만들어 내고, 어근은 말 그대로 실질적 의미를 나타내는 중심이 되는 부분, 접미사는 단어(어근) 뒤에 붙어서 영어의 핵심품사인 형용사, 부사, 명사, 동사(일명: **형부명동**)를 만든다.

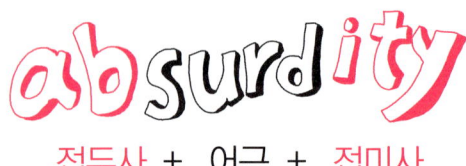

접두사 + 어근 + 접미사

## 3. 쉬운 단어 활용한 어원 공부

아이돌(idol=우상) 그룹 INFINITE(인피니트)의 IN은 부정 in+finite(유한한) → 유한하지 않은 → 무한한 → 끝이 없이 흥하라는 의미로 그룹 이름을 지었겠고, 참고로 finish를 생각하면 쉽게 이해됨

in+active(활동적인) → 활동적이지 않는,
in+equality(평등) → 불평등
in+human(인간적인) → 비인간적인

## 4. 어휘책의 순서(60회)

접두사(1-11회)

○ 앞 · 뒤, 위 · 아래, 안 · 밖, 사이 · 관통, 부정 · 반대 · 긍정, 분리 · 이탈 · 결합, 숫자, 기타 순(順)

○ **앞**이 있으면 **뒤**가 있을 것이고, **위**가 있으면 **아래**를 의미하는 접두사가 있을 것이라 생각하면서 공부

앞에 해당되는 접두사

ex) AD- A- : ~로(to), ~쪽으로(toward), ~의 가까이에(near), 강조(intens)

ANTE- : 전에(before)

FORE- : 미리, 앞, 이전(beforehand, front, before)

PRE- : 전에(before), 미리(beforehand), 앞에(fore)

PRO- : 앞으로(forward), 전방으로(forth)

## 접두사 1 앞

PRE- : 전에(before), 미리(beforehand), 앞에(fore)

○ **pre**mature[prìːmətʃúər]

○ pre(before)+mature(무르익은) : '때가 되기 전에 익었다'
는 것은 → a. ① (시간이면) **시기상조의** ② (생각이면) **성급한** ③ (태아면) **조산의** 의미를 갖는 것은 상식이지

○ **premature** infant(baby) **조산아**

○ **premature** judgment **성급한 판단**

○ The number of **premature** births has increased.
조산아 수가 증가하고 있다.

### 우리말 대화로 단어 복습하기

가. 은행을 **속이고(deceive)** 금융 동결을 **해제시킬(defrost)** 목적으로 서류를 **위조한(counterfeit)** 범인들이 체포되었다는군?

나. 한두 명이 아니었을 텐데. **체포(arrest)**과정에서 불상사는 없었고?

## 5. 어근(339개 어근을 알파벳 순서로 어원분석)

어근 1 act, ag 부터 어근 339 war, ward 까지

## 6. 기본어휘 정리(A~Z) (동의어, 반의어 수록)

○ ability[əbílɪti] n. **능력, 할 수 있음** ↔ inability 무능력

○ absence[ǽbsəns] n. **결석, 결근, 부재**
↔ presence 출석, 참석

○ absolute[ǽbsəlùːt] a. **절대적인** ↔ relative 상대적인, 비교적인

○ abstract[æbstrǽkt] a. **추상적인, 이론적인** ↔ concrete 구체적인

○ accelerate[æksélərèit] v. **빠르게 하다, 가속하다**
↔ decelerate 더디게 하다, 감속하다

○ accept[æksépt] v. **받아들이다** ↔ refuse, decline, reject

---

**거절하다, 거부하다**

○ accord[əkɔ́ːrd] v. **일치하다, 조화하다** ↔ discord 불일치하다, 부조화하다

## 7. 연습문제를 통한 진단학습

01. 제시된 단어 중 의미가 가장 적절한 것을 찾아 괄호 안에 넣으시오.

ⓐ recession ⓑ revise ⓒ pros and cons ⓓ acknowledge
ⓔ postmortem ⓕ afford ⓖ asset ⓗ prolong ⓘ preclude
ⓙ recommend ⓚ assimilate ⓛ withhold ⓜ forearm
ⓝ represent ⓞ absurd ⓟ account

| | |
|---|---|
| 1) (   ) : 여유가 있다 | 2) (   ) : 계좌 |
| 3) (   ) : 보류하다 | 4) (   ) : 부검 |
| 5) (   ) : 배제하다 | 6) (   ) : 자산 |
| 7) (   ) : 불황 | 8) (   ) : 대표하다 |

## 8. 그리스 로마신화로 어원 익히기

제우스가 미움, 시기, 질투, 화냄, 두려움 등 온갖 병들이 가득한 상자를 pandora에게 준거야.

판도라는 상자를 열게 되었고 온갖 병들이 나오게 됐어. 희망만 빼고...

○ Pandora[pændɔ́ːrə] → pan(all)+dora(gift, 선물) → 모든 선물
   – 인류 최초의 여자 Pandora는 제우스가 인간을 벌하기 위한 **'모든 선물'**을 의미함

○ pandemic[pændémik] → pan(all)+dem(people)+ic(접미사) → 모든 사람에게 도는 → 전 세계(전국적인) 유행병

# The First Story

## 영단어 길들이기. 목차

### • 1. 접두사 •

앞 · 뒤/위 · 아래/안 · 밖 · 사이 · 관통/
부정 · 반대 · 긍정/분리 · 이탈/결합 · 숫자/기타 순(順)

에 반대하여(against), 반대로(contrary) p66 / **DIS-, DI-** : 반대의(opposite of), 부정(not), 박탈하다(deprive of), 결함·부족(lack), 반대로 하다(do the opposite of) p68 / **FOR-** : 반대.부정(against) p70 / **IN-, IL-, IM, IR-, NON-** : 아닌(not, un, without) p70 / **MAL-, MALE-** : 악한, 나쁜(evil, ill, bad, wrong) p73 / **MIS-** : 나쁜, 나쁘게, 잘못된, 잘못하여(bad, badly, wrong, wrongly) p75 / **OB-** : 대항하여(against), 방해가 되어(in the way), 위에(over) p76 / **UN-** : ~이 아닌(not), ~이 부족한(lack of), ~의 반대로 하다(do the opposite of), ~에서 벗어나다 (remove or release from) p78

---

## ● **2. 어근** ●

# The Second Story

## 정답과 해설

# 1. 접두사

앞·뒤

위·아래

안·밖·사이·관통

부정·반대·긍정

분리·이탈

결합·숫자

기타 순(順)

AD- A-로 시작되는 단어는 다음과 같은 **철자동화**나 **철자변화** 규칙이 있음

- 알파벳 k, q로 시작되는 어근 앞에서는 ad가 ac로 바뀜

  **ac**knowledge(인정하다), **ac**quire(획득하다)

- 알파벳 sc, sp, st로 시작되는 어근 앞에서는 ad가 a로 바뀜

  **a**scend(오르다), **a**spect(측면, 양상), **a**stonish(깜짝 놀라게 하다)

- 알파벳 c, f, g, l, n, p, r, s, t로 시작되는 어근 앞에서는 ad가 ac, af, ag, al, an, ap, ar, as, at로 바뀜

  **ac**cept(받아들이다), **af**fect(영향을 미치다), **ag**gress(공격하다), **al**ly(동맹, 협력자), **an**nex(합병하다), **ap**ply(신청하다),

  **ar**rest(제포하다), **as**sist(돕다), **at**tend(참석하다)

---

| 접두사 1<br>**앞** | **AD-, A-** : ~로(to), ~쪽으로(toward), ~의 가까이에(near), 강조(intens) |
| --- | --- |

---

## 1. **a**board [əbɔ́ːrd]

**a**(on)+**board**(판자)

초기 배·기차의 바닥은 '판자'이므로 → '판자 위로' 올라서는 것이 →
배·기차·비행기에 → a. ① **탑승한** ② **승선한** 의미가 된 거지
- **board**ing[bɔ́ːrdɪŋ] n. ① **탑승** ② **기숙**
- **board**[bɔːrd] v. ① **탑승하다** ② **승선하다** ③ **승차하다**
                    n. ① **판자**   ② (판자같이 생긴) **-판** ③ **이사회**
- syn. **on board**(승선한, 탑승한)

> Pilots take charge of the safety of passengers **aboard** flights.
> 조종사들은 비행기에 탑승한 승객들의 안전을 책임지고 있다.
> **take charge of** ~을 떠맡다, 책임지다.

## 2. **a**broad [əbrɔ́ːd]

**a**(on)+**broad**(넓은)

'넓은 곳으로' 가는 것이 → ad. ① **해외로** ② **해외에서**가 된 거지
- to be **abroad** 해외에 있다
- go **abroad** 해외로 가다
- travel **abroad** 해외로 여행가다
- live **abroad** 해외에서 살다
- at home and **abroad** 국내외에서
- markets **abroad** 해외시장
- syn. **over**seas(해외로) ↔ ant. at home(국내에서)
- cf. international airline(국제선) ↔ domestic airline(국내선)

> More people are going **abroad** for vacations.
> 더 많은 사람들이 휴가를 해외로 가고 있다.
> ① **vacation** 휴가 ② **vocation** 직업

※ 영어의 **vacation**의 vac와 프랑스어 **vacance(바캉스)**의 vac는
  어원이 같음

## 3. absurd [æbsə́ːrd]
ab(강조)+surd(dull, 무딘)

'(생각이나 감각이) 무딘' 것이 → a. ① **불합리한** ② **터무니없는**
③ **황당한** 의미가 된 거지
- ab**surdity**[æbsə́ːrdəti] n. ① **불합리** ② **어리석음** ③ **황당함**

> The price looks **absurd** for a business.
> 그 가격은 업체 입장에서 터무니없이 보였다.

## 4. account [əkáunt]
ac(to)+count(세다)

'셈을 하다' 가 → n. ① (셈해서 기록해 두는) **계좌** ② (셈해서 수입과 지출을 기록하는 책을) **장부** ③ (셈하듯 말하는) **설명**으로 의미가 발전한 거지
- ac**countability**[əkàuntəbíləti] n. ① **책임** ② **책무** ③ **의무**
- ac**count for** ① **설명하다** ② **차지하다**

> Customers withdrew their personal bank **accounts**.
> 고객들이 개인계좌에서 돈을 인출했다.
>                     withdraw 인출하다 ↔ deposit 예금하다
> Exports **accounted** for almost 14 percent in 2011.
> 2011년도는 수출이 거의 14%를 차지했다.

## 5. acknowledge
[æknɑ́lidʒ]
ac(to)+know(알다)
+ledge(동접)

'(몰랐던 사실을) 알게 되어' → v. ① (사실로) **인정하다**
② (권위나 자격을) **인정하다** ③ (사실을) **확인하다** ④ (누군가에게) **감사를 표하다**가 된 거지
- ac**knowledgement**[æknɑ́lidʒmənt] n. ① **인정** ② **답례품** ③ **감사**
④ **답신** ⑤ **감사의 글**
- syn. re**cognize**(인정하다) ↔ ant. de**ny**(부인하다), contra**dict**(부정하다)

> She has **acknowledged** legal flaws.
> 그녀는 법적인 잘못을 인정했다.

## 6. afford [əfɔ́ːrd]
af(to)+ford(to advance, 나아가다)

'(미리 물건을 사거나 지불하려고) 나아가는' 것이 → v. ① (경제적·시간적으로) **여유가 있다** ② (능력이면) **~할 수 있다**가 된 거지
- af**fordable**[əfɔ́ːrdəbl] a. ① (가격 등이) **알맞은** ② **입수 가능한**

> One in five families no longer **affords** a day trip.
> 다섯 가구 중 한가구는 더 이상 당일치기 여행 여유조차 없다.

## 7. approach [əpróutʃ]
- ap(to)+proa(near)+ch(동접)

'(목적지)에 가까워지다'가 → v. ① (사물이)
**접근하다** ② (사물이나 사람이) **다가오다** ③ (목적지에) **근접하다**
n. ① **접근** ② **접근법** ③ **진입로** 의미가 된 거지
- re**proach**[ripróutʃ] n. ① **비난** ② **잔소리** v. ① **비난하다** ② **자책하다**

> The train is now **approaching** Seoul station.
> 기차가 지금 서울역에 접근하고 있다.

## 8. asset [ǽset]
as(to)+set(놓다)

'옆에 놓아 쌓아둔 것' 이 → n. ① **자산** ② **재산** ③ **유산** 같은 의미가 된 거지
- **asset allocation 자산 배분**
- syn. proper**ty**(자산, 특성), capi**tal**(자본), fin**ance**(재정, 금융) ↔ ant. debt(빚, 부채), liabilit**ies**(부채)

> The organization's **assets** will be sold or leased.
> 조직의 자산이 매각되거나 임대될 것이다.

## 9. assimilate [əsíməlèit]
as(to)+simil(similar, 비슷한)
+ate(~화하다, 동접)

'점점 비슷해지는 것' 이 → v. ① (아이디어나 정보를) **이해하다** ② (지식이나 기술을) **소화하다** ③ (국가·사회의 일원으로) **동화되다** ④ (국가·사회의 일원으로) **동화시키다** ⑤ (지식·사상·회사·국가 등을) **흡수하다**가 된 거지
- **as**simil**ation**[əsìməléiʃən] n. ① **동화** ② **흡수**
- **as**simil**ationism**[əsìməléiʃənìzm] n. **동화정책**
- simil**ar**[símələr] a. **비슷한, 유사한, 닮은**
- simil**arity**[sìmələǽrəti] n. ① **유사성, 닮음** ② **유사점, 닮은 점**
- simil**arly** ad. ① **비슷하게,** ② **유사하게** ③ **마찬가지로**
- syn. **ab**sorb((지식, 조직, 빛, 소리 등을) 흡수하다)

> Students **assimilate** knowledge.
> 학생들이 지식을 흡수한다.

---

### 🟥 우리말 대화로 단어 복습하기

가. 저기 공항버스가 **접근하고(approach)** 있어. 탈 준비를 하자.

나. 오늘 우리 고객이 누구지?

가. **자산(asset)**이 많아 **여유 있는(afford)** 사모들인데, **해외(abroad)** 유학 중인 자녀방문과 관광을 겸해 출국하는 거야.

나. 유학생 중 현지 문화에 **동화하는(assimilate)**데 어려움이 많아 **터무니없는(absurd)** 문제 들이 많이 발생한다고 들었는데...

가. 나도 그건 **인정하지(acknowledge)**. 새로운 문화에 **적응(adaptation)**이 쉬운 건 아니지.

나. 공항에 거의 왔는데, 공항에서 준비해야할게 뭐지?

가. 고객들 탑승수속을 도와주고 은행 **계좌(account)**에서 **인출한(withdraw)** 돈을 환전하고...

---

| 접두사 1<br>**앞** | **ANTE-** : 전에 (before) → 일반적으로 e가 탈락되거나 변형되어 an(ce), ant, anti로 활용<br>※ 부정적인 의미를 만들어 내는 anti와 구별이 필요 |
|---|---|

## 10. advance [ædvǽns]
ad(to)+v+ance(to forward, 나아가게하다)

'앞으로 나아가게 하는' 것이 → n. ① (행동이면) **전진** ② (돈이면) **선불** ③ (경제면) **발전** v. ① (행동을) **전진시키다** ② (돈을) **선불하다** ③ (실력을) **향상시기다** ④ (계획을) **앞당기디**기 된 거지
- **ad**vanc**ed**[ædvǽnst] a. ① **선진의** ② **앞선** ③ **진보한**
- **in advance** ① **미리** ② **사전에** ③ **선불로** • syn. upfront(선불로)
- **advance** ticket 예매권 / remainder 잔금
- **advanced**(developed) country 선진국 ↔ undeveloped country 후진국
- ant. **re**treat(후퇴하다)

Forces have **advanced** towards the north of Japan.
군이 일본 북부로 전진하고 있다.

## 11. **advantage**
[ædvǽntidʒ]
adv(from)+ant(before)
+age(명접)

'~로부터 출발이 앞서 있는 상태' 는 → 경쟁자에 비교하면 → n. ① **이점**
② **유리** ③ **이익** ④ **우위**가 되는 거지
- advantageous[ædvəntéidʒəs] a. ① **유리한** ② **이로운**
- take advantage of ~을 ① **이용하다** ② **악용하다**
- syn. strength, merit, strong point(장점), benefit(이점) ↔
  ant. disadvantage(약점), weakness(약점), demerit(단점), flaw(결점),
  shortcoming(단점)

We took **advantage** of our strength.
우리는 우리의 강점을 이용했다.

## 12. **anticipate**
[æntísəpèit]
anti(before)+cip(to take)
+ate(동접)

'미리 취하는' 것이 → v. ① (앞날을) **예상하다** ② (마음으로) **기대하다**
③ (미래를) **예견하다**가 된 거지
- anticipation[æntìsəpéiʃən] n. ① **기대** ② **예상**
- unanticipated[ʌnæntìsəpéitid] a. ① **기대하지 않은** ② **뜻밖의**
                                    syn. unexpected[ʌnikspéktid]
- syn. expect(기대하다), forecast((예측, 예보)하다), foresee(예견하다),
  foretell(예언하다), predict((예측, 예견)하다)

They **anticipate** a good harvest.
그들은 풍성한 수확을 기대했다.

---

◆ 어원TIP
- ante meridiem(a.m.) → ante(before)+meridiem(noon or middle) → 정오 이전 → 오전
- ancestor[ǽnsestər] → an(te)(before)+cest(to go)+or(사람) → 먼저 간사람 → 조상, 선조
- ancient[éinʃənt] → anci(before)+ent(형접) → 이전의 → 고대의, 아주 오래된
- antedate → ante(before)+date(날짜, 시기) → (날짜·시기·시대 등이) ~보다 선행하다, 앞당기다
- anteroom → ante(before)+room → 앞에 있는 방 → 대기실
- antique → anti(before)+que → 오래전의 물건 → 골동품인, 골동품

---

■■■ **우리말 대화로 단어 복습하기**
가. 최근 몇몇 중개상들이 **제품(goods)**가격이 오를 것으로 **기대하고(anticipate)** 사재기를 하다 적발되었다는군?
나. 그건 상거래 질서를 무너뜨리는 나쁜 행동이잖아. 그렇지?
가. 맞아. **미리(in advance)** 물품을 대량 구입하여 **유리(advantage)**한 가격에 팔려는 속셈이지.
나. 이번 **기회(opportunity)**에 잘못된 관행을 **근절(eradication)**했으면 좋겠어.

FORE- : 미리(beforehand), 앞(front), 이전(before)

## 13. fore**arm** [fɔːrάːrm]
fore(front)+arm

'팔의 앞부분' 은 → n. **팔뚝**이지
* fore**head**[fɔ́ːrhèd] n. **이마**

The player keeps the elbow higher than the **forearm**.
그 선수는 팔꿈치를 팔뚝보다 높게 유지했다.

## 14. fore**father**
[[fɔ́ːrfάːðər]
fore(before)+father

'아버지 이전의 사람' 이 → n. ① **선조** ② **조상**이 된 거지
* syn. fore**bear**, an**cestor** ↔ ant. de**scendant**, off**spring**

Our **forefathers** had passed on their technology to us.
우리 선조들은 우리에게 기술을 물려주었다.

## 15. fore**runner**
[fɔ́ːrrʌnər]
fore(before)+runner

'앞서 달려간 것' 이 → n. ① (사람이면) **선구자** ② (사물이면) **전조**가 된 거지
* a **forerunner** of ~의 **전조**
* syn. her**ald**(전조, 전령사), pre**cursor**(선구자, 전조), pre**decessor**(전임자), harbing**er**(징조)

The bird is a **forerunner** of spring to come
그 새는 다가오는 봄의 전조이다.

## 16. fore**see** [fɔːrsíː]
fore(before)+see

'(앞날을) 미리보다' 가 → v. ① **예견하다** ② **내다보다**가 된 거지
* fore**sight**[fɔ́ːrsàit] n. ① **선견** ② **신중함** ↔ hindsight (지난 일에 대한) **통찰력, 혜안**
* for**cthought**[fɔ́ːrθɔ̀ː] n. ① **사전 숙고** ② **선견**
* syn. anti**cipate**(예상하다), ex**pect**(기대하다), fore**tell**(예언하다), pre**dict**((예측, 예견)하다)

Data will be used to **foresee** individual illnesses.
자료는 개인적인 질병을 예견하는데 사용될 것이다.

---

◆ 어휘플러스
fore**boding** (불길한) 예감 / fore**bear** 선조, 조상 / fore**cast** 예측, 예보, 예측하다, 예보하다 / fore**front** 선두, 중심 / fore**man** (공장·건설 현장의) 감독, 배심원 대표 / fore**most** 가장 중요한 / fore**shadow** 전조가 되다, 암시하다 / fore**stall** 미연에 방지하다 / fore**tell** 예언하다 / fore**word** 서문

---

### 우리말 대화로 단어 복습하기
가. 저런 **방어(defense)**기술을 만든 **선구자(forerunner)**가 누구지?
나. 우리 선조 중에 **무술(martial art)**에 관심이 많으셨던 무사로 알고 있어.
나. 저렇게 상대 공격을 **예견하여(foresee) 팔뚝(forearm)**으로 방어하는 동작이, 대게 쉬워 보이지만 말처럼 쉽지 않아.
가. 우리 **조상(forefather)**들은 정말 대단해.

## 17. **pre**caution [prikɔ́ːʃən]
pre(before)+caution(조심)

'미리 조심' 하는 것을 → n. ① **예방** ② **조심** ③ **대비**라고 하지
- **pre**caut**ious**[prikɔ́ːʃəs] a. ① **조심하는** ② **주의 깊은** ③ **신중한**
- syn. **fore**sight, **fore**thought(선견, 사전 고려) ↔ ant. **counter**measure (대책, 대응책)

> Those **precautions** came too late.
> 이러한 대비책이 때늦은 감이 있다.

## 18. **pre**cede [prisíːd]
pre(before)+cede(to go)

'앞서가다' 가 → v. ① (남보다) **앞서다** ② (일을) **선행하다**가 된 거지
- **pre**ced**ence**[présədəns] n. ① **앞섬** ② **선행** ③ **우선**
- **pre**ced**ent**[présədənt] n. ① **선례** ② **전례** a. [prisíːdənt] ① **선행하는** ② **앞서는**
- **un**pre**ced**ented[ʌnprésɪdentɪd] a. ① **공전의** ② **전례가 없는**
- ant. **follow**( ~을 쫓다, (선례를) 따르다)

> Understanding should **precede** action.
> 이해가 행동보다 선행되어야 한다.
>
> Korea faces the **unprecedented** political crisis.
> 한국은 전례 없는 정치적 위기에 직면했다.
> ① **face** 면하다, 직면하다, 얼굴 ② **crisis** 위기

## 19. **pre**clude[priklúːd]
pre(before)+clude(to close)

'미리 닫아버리는' 것이 → v. ① (일을) **방해하다** ② (일과 사람을) **막다** ③ (일과 사람을) **배제하다**가 된 거지.
- **pre**clus**ion**[priklúːʒən] n. ① **배제** ② **방해**
- **pre**clus**ive**[priklúːsiv] a. ① **제외하는** ② **배제하는** ③ **방지하는**
- syn. **pre**vent(막다, 방해하다), **rule out**(~을 배제하다) ↔ ant. **in**clude( 포함하다)

> The bill **precludes** economy development.
> 그 법안이 경제발전을 방해한다.
> **bill** 청구서, 벽보, 어음, 법안, 지폐, (새의) 부리

## 20. **pre**mature
[prìːmətʃúər]
pre(before)+mature(무르익은)

'(때가 되기) 전에 익은' 것이 → a. ① (시간이면) **시기상조의** ② (생각이면) **성급한** ③ (태아면) **조산의** 의미가 된 거지
- **premature** infant(baby) **조산아**
- **premature** judgment **성급한 판단**
- syn. **un**timely(때 이른, 시기상조의)

> The number of **premature** births has increased.
> 조산아 수가 증가하고 있다.

◆ 어원 TIP

- **pre**judge → pre(before)+judge(판단하다) → 미리 판단하다 → 예단하다, 속단하다
- **pre**cip**itate** → pre(before)+cip(head)+it+ate(~화하다, 동접) → (어떤 일을) **머리 앞으로 하다** → (특히 나쁜 일을) **촉발시키다**, (갑자기 어떤 상태로) **치닫게 하다[몰아넣다]**

◆ 어휘플러스

**pre**ach 설교하다 / **pre**cinct (상업) 구역, 지구(p566) / **pre**cip**ice** 벼랑 / **pre**cise 정확한(p166) / **pre**cocious 조숙한 / **pre**condition 전제 조건 / **pre**cursor 선구자, 효시(p194) / **pre**decessor 전임자(p158) / **pre**dicament 곤경, 곤궁(p207) / **pre**dict 예측하다(p207) / **pre**dominant 두드러진(p209) / **pre**face서문(p225) / **pre**fer 좋아하다(p236) / **pre**gnant 임신한(p270) / **pre**historic 선사시대의 / **pre**lude 전주, 서곡(p338) / **pre**mise 전제(p371) / **pre**mium 보험료, 할증료(p215) / **pre**occupy (생각을) 사로잡다(p159) / **pre**pare 준비하다(p423) / **pre**quel 전편, 속편(p530) / **pre**sence 존재, 출석(p218) / **pre**scribe 처방하다(p624) / **pre**sentiment (불길한) 예감 / **pre**serve 보존하다(p532) / **pre**side (회의를) 주재하다(p523) / **pre**sume 추정하다(p571) / **pre**stige 명성, 위신(p566) / **pre**tend ~인체하다(p588) / **pre**text 핑계, 구실(p601) / **pre**vail 만연하다(p624) / **pre**vent 막다, 예방하다(p632) / **pre**view 시사회(p647) / **pre**vious 이전의

## ■■ 우리말 대화로 단어 복습하기

가. 선생님 문제에 직면했을 때 어떻게 **대응하는(react)** 것이 좋을까요?

나. **성급한(premature)** 판단을 배제하고(preclude), **선행하여(precede)** 상황을 파악한 후에 처리해야 되지.

나. 그리고 **무엇보다(above all)** 예방(precaution)이 가장 중요하지.

| 접두사 1 **앞** | PRO- : 앞으로(forward, forth), 앞에(before), 찬성의 |
| --- | --- |

## 21. **pro**ceed [prəsíːd]
pro(forward)+ceed(to go)

'앞으로 나아가다' 가 → v. ① (일을) **진행하다** ② (계획이나 목적을) **추진하다** ③ (이유면) **기인하다** ④ (중단 없이) **계속하다** ⑤ (일의 추진해 나아가는 단계면) **절차를 밟다**가 된 거지

- **pro**cess[práses] n. ① **과정** ② **절차** ③ **공정** v. ① (원자재・식품 등을) **가공하다** ② (문서・요청 사항 등을) **처리하다**
- **pro**cedure[prəsíːdʒər] n. ① **절차** ② **수순**
- **pro**ceeds[próusiːdz] n. **수익금**

> We should **proceed** with caution.
> 우리는 신중하게 진행해야 한다.

## 22. **pro**duce [prədjúːs]
pro(forward)+duce(to lead)

'앞으로 이끌어내다' 가 → v. ① (물건・제품이면) **생산하다** ② (물건・제품이면) **만들다** ③ (작품이면) **제작하다** n. [prádjuːs] **농산물**이 된 거지

- ◆ 품사 TIP → 명전동후: 같은 단어가 명사와 동사로 동시에 쓰일 때, 명사일 때는 악센트가 앞에, 동사로 쓰일 때는 악센트가 뒤에 있다는 말이야.
- **pro**duct[prádʌkt] n. ① **제품** ② **상품** ③ **결과물**
- **pro**duction[prədʌkʃən]n. ① **생산** ② **제작**
- **pro**ductivity[pròudʌktívəti] n. ① **생산성** ② **다산** ③ **비옥**

- **producer**[prədjúːsər] n. ① 제작자 ② 생산자 ③ 제조업자 → 줄여서 **pd**
- **productive**[prədʌ́ktiv] a. ① 생산적인 ② 비옥한 ↔ ant. **unproductive** 비생산적인
- **reproduce**[rìːprədjúːs] v. ① 번식하다 ② 복제하다 ③ 재현하다

> Farmers will have to **produce** 70% more food.
> 농부들은 70% 더 많은 식량을 생산해야할 것이다.

## 23. **prolong** [prəlɔ́ːŋ]
pro(forth)+long

'앞으로 길게 하다' 가 → v. ① (기한, 체류를) **연장하다** ② (시간이) **길어지다** ③ (현상이) **지속되다**가 된 거지
- **prolongation**[pròulɔːŋéiʃən] n. ① **연장** ② **연기**
- syn. **lengthen**(길게 하다), **continue**(지속하다), **extend**(연장하다) ↔ ant. **shorten**(단축시키다)

> She wants to **prolong** her stay in Canada.
> 그녀는 캐나다에서 체류를 연장하기를 원했다.

◆ 어원 TIP 1
- pro가 '**찬성의**' 의미를 갖고 있음
  ex) **pro** USA **친미** ↔ anti USA **반미** / **pros** and cons **찬반양론** / **pro**-environment **친환경**

◆ 어원 TIP 2
- **pro**crastinate → pro(forward)+cras(tomorrow)+tin+ate(~화하다, 동접) → (해야할 일을) 내일 앞으로 하는 것 → **미루다, 연기하다**
- **pro**fane → pro(before)+fane(temple, 신전, 사원) → 신전(을 벗어난) 앞 → **세속적인, 불경한**

◆ 어휘플러스
**pro**blem 문제(p140) / **pro**claim 선언하다(p170) / **pro**digal 낭비하는(p111) / **pro**digy 영재(p207) / **pro**fess 주장하다(p224) / **pro**ficient 능숙한(p229) / **pro**file 옆모습, 개요, 프로필 / **pro**fit 이익(p229) / **pro**found 심오한(p259) / **pro**genitor 조상(p270) / **pro**gnosis 예후, 예측(p273) / **pro**gress 발전(p277) / **pro**hibit 금지하다(p288) / **pro**ject 계획(p300) / **pro**minent 저명한(p360) / **pro**mote 촉진하다(p381) / **pro**mpt 즉각적인(p277) / **pro**ne ~하기 쉬운 / **pro**nounce 발음하다(p405) / **pro**pel 추진하다(p436) / **pro**pose 제안하다(p467) / **pro**secute 기소하다(p531) / **pro**spect 전망(p554) / **pro**tect 보호하다(p581) / **pro**test 항의(p597) / **pro**vide 제공하다(p647) / **pro**voke 화나게 하다(p652)

■■■ **우리말 대화로 단어 복습하기**

(공장현장)

가. 공장장님 최근 주문이 **쇄도(inundation)**하여 납기일을 맞추기가 쉽지 않겠는데요.

나. 납기일 **준수(observance)**는 우리의 생명이야. 인력배치를 다시해서라도 **계획(project)**에 차질이 있으면 안 되네.

가. 알겠습니다. 부서별로 **추진하고(proceed)** 있는 일을 점검하여, 납기일을 **연장하는(prolong)** 일이 발생하지 않도록 하겠습니다.

나. 좋아. **제품(product)**을 **생산(production)**할 때 **준비(preparation)**를 **철저히(thoroughly)** 하는 것은 기본 중에 기본이야.

POST- : 후에(after), 다음(following)

## 24. **post**pone
[poustpóun]
post(after)+pone(to put)

'(일이나 계획을) 뒤로 놓다'가 → v. ① **연기하다** ② **미루다**가 된 거지
* **post**pone**ment**[poustpóunmənt] n. **연기**
* syn. **de**fer(연기하다), **put off**(연기하다), **sus**pend(중지하다, 연기하다)

He will seek to **postpone** his plan.
그는 계획 연기를 추진할 것이다.

## 25. **post**mort**em**
[poùstmɔ́:rtəm]
post(after)+mort(death)+em(명접)

'죽은 후에' 원인을 살펴보는 것'이 → n. ① (사람을) **부검** ② (일을) **사후검토**
a. (죽음 · 일) **사후의** 의미가 된 거지
* syn. **auto**psy(부검)

Police are awaiting the result of **postmortem** tests.
경찰은 부검결과를 기다리고 있다.

## 26. **post**script
[póustskrìpt]]
post(after)+script(to write)

'나중에 쓰는' 것은 → n. ① **추신** ② **후기**가 되겠지

P.S. stands for "**postscript**."
P.S. 는 postscript의 줄임말이다.

◆ 어원 TIP
* **post** meridiem(p.m.)→ post(after)+meridiem(noon or middle) → 정오 이후 → **오후**
* **post** president → (현 대통령 이후를 노리는) **차기 대선주자**

◆ 어휘 플러스
**post**date 실제보다 날짜를 늦추어 적다[찍다] / **post**erity 후세, 후대 / **post**humous 사후의 / **post**modernism 포스트모더니즘 / **post**season 포스트시즌 / **post**war 전후의

■ **우리말 대화로 단어 복습하기**
가. 이봐. 김형사 **부검(postmortem)**이 **연기된(postpone)** 이유가 뭐지?
나. 피해자 가족들과 합의를 아직 보지 못했습니다.
가. 혹시 나중에 문제가 발생할 수 있으니, 연기 사유를 사건일지에 **추신(postscript)**을 달아 기록해 두라고.
나. 네. 알겠습니다.

## 27. recede [risíːd]
re(back)+cede(to go)

'뒤로 가다' 가 → v. ① (군대나 물리적 현상이면) **물러나다** ② (계획을) **철회하다** ③ (가치·품질이) **떨어지다**가 된 거지
- **re**cess[risés] n. ① **휴회** ② **휴식** ③ **휴가**
- **re**cess**ion**[riséʃən] n. ① **불황** ② **침체** ③ **불경기**
- syn. with**draw**(철수하다), **draw back**(물러나다), **re**treat(물러가다), **pull back**(후퇴하다) ↔ ant. **adv**ance(전진시키다)
- economic **re**cess**ion** 경기침체

Floodwater begins to **recede**.
홍수로 불어난 물이 물러나기 시작했다.

## 28. recollect [rèkəlékt]
re(later)+col(with)+lect(to gather)

'나중에 함께 모으는' 것이 → v. ① (과거에 했던 일이) **기억나다** ② (추억을) **회상하다** ③ (옛날 일이) **생각나다**가 된 거지
- **re**col**lect**ion[rèkəlékʃən] n. ① **기억** ② **회상**
- syn. **re**member(기억하다) ↔ ant. **for**get(잊어버리다)
- syn. **re**membr**ance**(추억) ↔ ant. **ob**livion(망각), **for**getful**ness**(건망증, 망각)

She doesn't **recollect** what just happened.
그녀는 방금 무슨 일이 일어났는지 기억나지 않았다.

## 29. recommend [rèkəménd]
re(back)+commend(칭찬하다)

'뒤로 칭찬하다' 가 → v. ① (사람을) **추천하다** ② (좋거나 반영할 일을) **권고하다**가 된 거지
- **re**commend**ation**[rèkəməndéiʃən] n. ① **추천** ② **권고** ③ **추천장**
- syn. **ad**voc**ate**(옹호하다), **ad**vise(충고하다)
- **recommended** price 권장 가격

Readers **recommend** songs which they like.
독자들이 좋아하는 노래를 추천한다.

## 30. refer[rifə́ːr]
re(back)+fer(to carry)

'뒤로 나르는' 것이 → v. ① (말을) **언급하다** ② (문제, 사건, 서류를) **회부하다** ③ (기록을) **조회하다**가 된 거지
- **re**fer**ence**[réfərəns] n. ① **참조** ② **언급** ③ **문의** ④ **추천서**
- **re**fer**ee**[rèfəríː] n. ① **심판** ② **추천인** v. ① **심판을 보다** ② **심사하다**
- **re**fer**ral**[rifə́ːrəl] n. ① **위탁** ② **소개**
- syn. ment**ion**(언급하다), **bring up**(화제를 꺼내다), **cite**(인용하다)

I tend to **refer** to my friends as my partners.
나는 친구를 파트너로 언급하는 경향이 있다.

**tend** 경향이 있다

## 31. regenerate
[ridʒénərèit]

re(again)+generate(만들어내다)

'다시 만들어 내다' 가 → v. ① (파괴된 상황을) **재건하다** ② (불황이나 어려움을) **회생시키다** ③ (파괴된 물건을) **재생시키다**가 된 거지
- **regene**ration[ridʒènəréiʃən] n. ① **재생** ② **갱생** ③ **재건**
  syn. **re**construc**ti**on **재건**
- syn. **re**new(새롭게 하다), **re**produce (재생하다), **re**construct(재건하다)

New technologies will **regenerate** local economies.
새로운 기술이 지역경제를 재건시킬 것이다.

---

◆ 어원 TIP
- **유전자**가 영어로 **gene**이지. 그러면 유전자가 하는 일이 뭘까? 탄생이지
- H사 자동차 제네시스　　　(**genesis** = 기원, 시작, 탄생)

---

## 32. represent [rèprizént]

re(again)+present(출석한)

'다시 출석한' 것이 → v. ① (조직을 대신하여 생각을) **대표하다** ② (다른 사람이나 단체를) **대변하다** ③ (사물이나 대상을 대표하여) **상징하다**가 된 거지
- **repres**enta**ti**ve[rèprizéntətiv] n. ① **대표** ② **대리인**
  　　　　　　　　　　　　　a. ① **대표하는** ② **전형적인**
- **repres**enta**ti**on[rèprizentéiʃən] n. ① **묘사** ② **표현** ③ **대표단**
- syn. **stand for**(대표하다, 상징하다), **symbol**ize(상징하다)

The diplomats will **represent** their country.
외교관은 각자의 조국을 대변할 것이다.

## 33. revise [riváiz]

re(back)+vise(to see)

'(잘못된 것을 고치기 위해) 돌아서서 보는' 것이 → v. ① **개정하다** ② **수정하다** ③ **변경하다** n. ① **개정** ② **수정**이 된 거지
- **re**vis**io**n[rivíʒən] n. ① **수정** ② **검토** ③ **변경** ④ **교정**
- **re**vis**ory**[riváizəri] a. ① **수정의** ② **교정의**
- syn. **re**tool(개조하다), **proof**read((책, 원고를) 교정하다)

Students are required to **revise** their learning.
학생들은 학습방식을 수정할 것을 요구받았다.

---

◆ 어휘 플러스
**re**act 반응하다 / **re**bate 환불(p137) / **re**bel 반란(p138) / **re**call 상기하다 / **re**cant 철회하다(p152) / **re**cast 재구성하다 / **re**cent 최근의(p163) / **re**ceive 받다(p160) / **re**cite 암송하다(p169) / **re**claim 되찾다(p171) / **re**cline 기대다(p178) / **re**cognize 인정하다(p273) / **re**coil 반동하다 / **re**concile 화해시키다(p169) / **re**coup 되찾다 / **re**cover 회복하다(p184) / **re**cruit 모집하다(p186) / **re**cur 재발하다(p194) / **re**deem 보완하다(p215) / **re**duce 줄이다(p212) / **re**fine 정제하다(p238) / **re**flect 반사하다(p244) / **re**form 개혁하다(p258) / **re**fract 굴절시키다(p260) / **re**fuge 피난(p263) / **re**fund 환불하다(p267) / **re**fuse 거절하다(p266) / **re**gard ~으로 여기다 / **re**gister 등록하다(p272) / **re**gret　후회하다 / **re**hearsal 리허설 / **re**imburse 배상하다(p142) / **re**ject 거절하다(p301) / **re**late 관련시키다(p315) / **re**lax 휴식을 취하다 / **re**lay 전달하다 / **re**lieve 덜어주다

/ re**luctant** 꺼리는 / re**mind** 상기시키다 / re**pair** 수리하다(p423) / re**place** 대신하다 / re**medy** 치료 / re**mit** 송금하다(p372) / re**morse** 회한(p388) / re**mote** 외진(p381) / re**move** 제거하다(p381) / re**new** 갱신하다 / re**nounce** 포기하다(p405) / re**nown** 명성 / re**pel** 격퇴하다(p436) / re**percussion** 반향(p195) / re**plenish** 보충하다(p461) / re**ply** 대답하다(p461) / re**pose** 휴식(p466) / re**press** 억압하다(p475) / re**primand** 질책하다 / re**scue** 구조하다 / re**serve** 예약하다(p532) / re**side** 거주하다(p525) / re**sidue** 잔여물(p525) / re**sign** 사임하다(p576) / re**sist** 저항하다(p654) / re**solve** 해결하다(p548) / re**spect** 존경, 존경하다(p554) / re**spire** 호흡하다(p586) / re**spond** 응답하다(p568) / re**store** 회복시키다(p564) / re**strain** 억누르다(p566) / re**sume** 재개하다(p571) / re**tail** 소매(p580) / re**tain** 유지하다(p586) / re**tard** 지연시키다 / re**tire** 퇴직하다(p604) / re**veal** 드러내다 / re**venge** 복수 / re**verse** 뒤바꾸다(p639) / re**vive** 회복하다(p649) / re**voke** 폐지하다(p652) / re**volve** 회전하다(p654)

■■■ **우리말 대화로 단어 복습하기**

가. 자신이 재임시절을 **회상하면서(recollect) 자서전(autobiography)**을 쓰고 있는 시장.

가. 이봐. 이비서 내 **선거공약(election pledge)**의 핵심이 무엇이었지?

나. **침체(recession)**된 지역을 **재건하겠다(regenerate)**는 것이었습니다.

가. 그렇지. 지금 실국장회의를 소집해주게.

가. 각 담당 실국장께서는 도시재건과 관련 자료를 **조회하고(refer)** 검토해주세요.

가. 그리고 사업 수행에 필요한 시행령 **개정(revision)**이 필요한지도 살펴주세요.

나. 네. 알겠습니다.

---

| 접두사 2<br>**뒤** | **WITH-** : 뒤로(back), 떨어져(away), ~에 대항하여(against) |

---

## 34. **with**draw [wiðdrɔ́]
with(back)+draw(to take)

'뒤로 당기다' 가 → v. ① (돈을) **인출하다** ② (제의, 신청, 동의를) **취소하다** ③ (군대를) **철수하다** ④ (회원에서) **탈퇴하다**가 된 거지

● with**drawal**[wiðdrɔ́ːəl] n. ① **인출** ② **철회** ③ **철수** ④ **탈퇴**

● syn. re**treat**(후퇴하다) ↔ ant. de**posit**(예금하다), ad**vance**(전진하다)

● with**drawal** symptoms **금단증상**

> They attempt to **withdraw** cash.
> 그들은 현금 인출을 시도했다.

## 35. **with**hold [wiðhóuld]
with(back)+hold

'뒤로 붙잡아 두는' 것이 → v. ① (계획을) **보류하다** ② (월급에서 세금을) **공제하다** ③ (하려던 마음을) **억제하다**가 된 거지

● with**holding** tax **원천 과세**　　● syn. hold back(저지하다)

– with**hold** 어원을 풀어쓰면 동의어가 되는 경우처럼 어원을 분석하며 공부하는 또 다른 이유

> The government will **withhold** aid to the organization.
> 정부는 그 단체에 대한 원조를 보류하게 될 것이다.

## 36. withstand

[wiðstǽnd]

with(against)+stand

'대항하여 서 있다' 가 → v. ① (굴복하기 싫어서) **저항하다** ② (어려움을) **견디다** ③ (역경을) **이겨내다**가 되는 거지

● syn. **re**sist(저항하다) ↔ ant. **yield to**(굴복하다), **sur**render(항복하다)

> They will **withstand** a high social challenge.
> 그들은 엄청난 사회적 도전을 이겨낼 것이다.

---

### 우리말 대화로 단어 복습하기

가. 자네가 아무리 **저항해도(withstand)** 아무 소용이 없어(of little avail).

나. 그런다고 그 계획이 **보류되거나(withhold)** 취소될 확률은 제로야.

가. 그러면 저는 조직에서 **탈퇴(withdrawal)**하겠습니다.

나. 어허 이 친구 **융통성(flexibility)**이 전혀 없군. 처자식도 생각하라고...

---

### 생활 속 영단어로 어원 친해지기

**티케** : 지난 회에 배운 내용을 간단히 복습하고자 해.

**티케** : 아는 대로 말해줄래.

**고양이** : 앞은 **a, ad, anti, fore, pre, pro**가 있어요.

**고양이** : 뒤는 **post, re, with**가 있어요.

**티케** : 기타 배웠던 것을 생각나는 대로 말해봐.

**고양이** : a, ad는 철자(spelling) 동화 현상이 있다고 했어요.

   **accept, add, affirm, aggress** 등

**티케** : 공부를 많이 했구나. 또 다른 것은?

**고양이** : 복합어는 **접두사+어근+접미사**로 구성되는 경우가 많고 접미사는 핵심품사를 결정한다고 했어요.

**티케**: 핵심품사가 뭐였더라.

**고양이** : 형용사, 부사, 명사, 동사 줄여서 **형부명동**입니다. 일상에서 영단어 공부가 중요하다는 말이 인상 깊게 남아 있어요. 참 드라마 피고인을 즐겨보았는데 영어로 피고인이 뭐예요.

**티케** : accused와 defendant야.

○ ac**cuse**d → ac(to)+cuse(to fall)+d(과거분사) → (누군가)에게 (범죄 혐의가) 떨어진 것은 → 고소당한 → **피고인**.

○ de**fend**ant → de(away)+fend(to strike)+ant(사람) → 쳐서 멀리하는 사람 → 피고인.

○ 'accuse'가 **고소하다**이므로 'accused'는 **고소당한**, 'defend'는 **방어하다**이므로 'defendant' 방어하는 사람으로 **피고인**이 되는 거지.

○ 참고로 **고소인(원고)은** plaintiff, complainant가 있어.

## 기본어휘 1

- ability[əbíləti]  n. 능력, 할 수 있음 ↔ inability 무능력
- absence[ǽbsəns]  n. 결석, 결근, 부재 ↔ presence 출석, 참석
- absolute[ǽbsəlùːt]  a. 절대적인 ↔ relative 상대적인, 비교적인
- abstract[æbstrǽkt]  a. 추상적인, 이론적인 ↔ concrete 구체적인
- accelerate[æksélərèit]  v. 빠르게 하다, 가속하다 ↔ decelerate 더디게 하다, 감속하다
- accept[æksépt]  v. 받아들이다 ↔ refuse, decline, reject 거절하다, 거부하다
- accord[əkɔ́ːrd]  v. 일치하다, 조화하다 ↔ discord 불일치하다, 부조화하다
- acid[ǽsid]  a. 산성의, 신, 신맛이 나는 ↔ alkaline 알칼리성의
- acquire[əkwáiər]  v. 얻다, 획득하다 ↔ lose 잃다
- acquired  a. 후천적인, 후천성의 ↔ hereditary, innate 유전적인, 타고난
- active[ǽktiv]  a. 능동적인, 적극적인 ↔ passive 수동적인, 소극적인
- add[æd]  v. 더하다 ↔ subtract 빼다
- adequate[ǽdikwət]  a. 적절한, 적당한, 충분한 ↔ inadequate 부적절한, 부족한
- against[əgénst]  prep. ~에 반대하여 ↔ for 찬성
- agree[əgríː]  v. 동의하다 ↔ disagree 동의하지 않다
- agreement[əgríːmənt]  n. 협정, 협약, 동의, 승낙 ↔ disagreement 불일치, 부조화
- allow[əláu]  v. 허락하다 ↔ forbid 금하다, 금지하다
- amateur[ǽmətʃùər]ː  n. 아마추어, 비전문가 ↔ professional
- ample[ǽmpl]  a. 충분한 ↔ scanty, scant 부족한 = deficient, insufficient
- ancient[éinʃənt]  a. 고대의 ↔ modern 현대의 * medieval 중세의
- antipathy[æntípəθi]  n. 반감, 혐오감 ↔ sympathy 동정, 공감
- anxiety[æŋzáiəti]  n. 걱정, 불안 ↔ ease  n. 편안함 v. 편해지다, (고통을) 덜어주다
- appear[əpíər]  v. 나타나다 ↔ disappear 사라지다
- arctic[áːrktik]  a. 북극의 ↔ antarctic 남극의
- arrive[əráiv]  v. 도착하다 ↔ depart 출발하다
- artery[áːrtəri]  n. 동맥 ↔ vein 정맥
- artificial[àːrtəfíʃəl]  a. 인공적인, 인위적인 ↔ natural 자연적인, 자연스러운
- attach[ətǽtʃ]  v. 붙이다, 부착하다 ↔ detach 떼다, 떼어내다
- attack[ətǽk]  v. 공격하다 ↔ defend 방어(수비)하다
- attract[ətrǽkt]  v. 끌다, 매혹하다 ↔ distract (마음. 주의를) 딴 데로 쏠리게 하다
- aware[əwɛ́ər]  a. 알고 있는, 의식하고 있는 ↔ unaware 알아채지 못하는

# Exercise 1

**1.** 제시된 단어 중 의미가 가장 적절한 것을 찾아 괄호 안에 넣으시오.

> ⓐ recession ⓑ revise ⓒ pros and cons ⓓ acknowledge ⓔ postmortem ⓕ afford ⓖ asset ⓗ prolong
> ⓘ preclude ⓙ recommend ⓚ assimilate ⓛ withhold ⓜ forearm ⓝ represent ⓞ absurd ⓟ account

1) (　　) : 여유가 있다 　　2) (　　) : 계좌 　　3) (　　) : 보류하다 　　4) (　　) : 부검

5) (　　) : 배제하다 　　6) (　　) : 자산 　　7) (　　) : 불황 　　8) (　　) : 대표하다

9) (　　) : 불합리한 　　10) (　　) : 동화하다 　　11) (　　) : 추천하다 　　12) (　　) : 수정하다

13) (　　) : 팔뚝 　　14) (　　) : 찬반양론 　　15) (　　) : 인정하다 　　16) (　　) : 연장하다

**2.** 제시된 단어와 <u>반대되는</u> 의미로 가장 적절한 것을 찾아 괄호 안에 넣으시오.

> ⓐ precede ⓑ ease ⓒ antipathy ⓓ abstract ⓔ refuse ⓕ attach ⓖ innate ⓗ scanty ⓘ artery ⓙ foresight
> ⓚ artificial ⓛ absolute

1) (　　) : accept 　　2) (　　) : vein 　　3) (　　) : follow 　　4) (　　) : concrete

5) (　　) : detach 　　6) (　　) : natural 　　7) (　　) : sympathy 　　8) (　　) : hindsight

9) (　　) : ample 　　10) (　　) : relative 　　11) (　　) : acquired 　　12) (　　) : anxiety

**3.** <u>밑줄 친</u> 단어와 <u>가장 유사한</u> 것을 고르시오.

1) Experts **<u>foresee</u>** the number of cars on the roads.

　　① allow 　　② predict 　　③ foremost 　　④ promote

2) Schools must **<u>anticipate</u>** the effects of bad weather.

　　① expect 　　② arrive 　　③ accord 　　④ propel

3) We try to buy **<u>pro-environment</u>** products.

　　① eco-friendly 　　② pro-governmental 　　③ family-friendly 　　④ environmental

4) There is an **<u>advantage</u>** or disadvantage in such education.

　　① absence 　　② process 　　③ agreement 　　④ strength

5) Students must **acquire** some of the job skills.

    ① inquire           ② adapt           ③ adopt           ④ get

**4.** 아래에 제시된 단어 중 밑줄 친 우리말의 의미에 맞게 빈칸에 적절한 것을 골라 넣으시오.

---

forerunner / add / ancient / recollect / aboard / arctic / produce / postpone / artery / advance / provide / premature

---

1) 농부들은 **농산물**을 수출할 방법을 찾고 있다.

    ⇒ Farmers are finding ways to export their (            ).

2) 모든 티켓이 5개월 **전에** 매진되었다.

    ⇒ All tickets have sold out five months in (            ).

3) 30대 후반에 여성들은 **조산**아를 출산할 가능성이 더 많다.

    ⇒ Women in their late 30s are more likely to have (        ) baby.

                                                        **\* be likely to - 할 것 같다**

4) 코스모스는 가을의 **전령사**이다.

    ⇒ Cosmos are the (          ) of autumn.

5) 22 살의 만취한 남자가 비행기에 몰래 **탑승하는** 데 성공했다.

    ⇒ A drunken 22-year-old man managed to sneak (         ) an airplane.

                                                        **\* sneak 몰래 움직이다**

6) 빙하가 녹아내리는 것은 해수면 상승을 **가중시킬** 것이다.

    ⇒ Glacier melting will also (         ) to rising global sea levels.

                                            **\* glacier 빙하 \* sea level 해수면**

7) **북극의** 얼음이 예상보다 빠르게 사라지고 있다.

    ⇒ (          ) sea ice is disappearing much faster than expected.

8) 그 발견은 학생들에게 **고대** 그리스를 가르쳐줄 수 있는 완벽한 본보기이다.

    ⇒ The discovery is a perfect example to teach (         ) Greece to your students.

9) 사진은 **동맥**벽에 있는 적혈구를 보여준다.

    ⇒ The photograph shows red blood cells on an (         ) wall.

                                            **\* red blood cell 적혈구**

10) 선생님들은 충분한 교육을 **제공할** 책임을 가지고 있다.

    ⇒ Teachers are held responsible for (         ) adequate education.

11) 우리는 방문을 **연기하**기로 결정했**다.**

　　⇒ We decided to (　　　　　　　　　　　) the visit.

12) 그들은 그의 놀라운 남극 항해를 **회상할** 기회를 갖게 되었다.

　　⇒ They have the chance to (　　　　　　　　　　　) his amazing Antarctic voyage.

## 그리스로마신화로 어원 익히기

**티케** : 그리스로마신화와 관련된 어원을 공부할까해.

**티케** : 그리스 신화 최초의 여자가 누구인지 알아?

**고양이** : 몰라. 누군데?

**티케** : Pandora야?

**토끼** : 진짜.

**티케** : 사연인즉? 거인 족 **티탄(titan)**인 **프로메테우스(prometheus-먼저 아는 자)**는 인간을 만들고 그의 아우 **에피메테우스(epimetheus 나중에 아는 자)**는 능력을 부여하는 임무 맡고 있었지?

**티케** : 그런데 제우스 몰래 프로메테우스가 천계의 불을 훔쳐 인간에게 주었지?

**티케** : 그래서 제우스가 인간을 벌하기 위해서 불의 신 **헤파이스토스(Hephaistos)**를 시켜 아름다운 여자 판도라를 만들게 했어?

**티케** : 불행한 상황을 예견한 형의 경고에도 에피메테우스는 판도라에게 반하여 결혼했어.

**고양이** . 좋은 일 아니야?

**티케** : 아니야.

**티케** : 제우스가 미움, 시기, 질투, 화냄, 두려움 등 온갖 병들이 가득한 상자를 Pandora에게 준거야.

**티케** : 판도라는 상자를 열게 되었고 온갖 병들이 나오게 됐어. 희망만 빼고...

**토끼** : 그래서 '판도라 상자가 열렸다'가 부정적인 의미로 쓰이게 된 거구나.

## 그리스로마신화 어원 TIP

● Pandora[pændɔ́ːrə] → pan(all)+dora(선물) → 모든 선물
　 – 제우스가 인간을 벌하기 위하여 지상에 보낸 최초의 여자(Pandora)와 함께 보낸 '**모든 선물**'을 의미함

● panacea[pænəsíːə] → pan(all)+acea(to cure) → 모든 것을 치료하는 약 → 만병통치약

● pandem**ic**[pændémik] → pan(all)+dem(people)+ic(명접) → 모든 사람들에게 도는 → 전국적인(세계적인) 유행병

● Pan America → **모든 아메리카** → 북미, 중미, 남미를 포함한 아메리카 → 범미

■ Zeus[zúːs] 제우스    • Olympus 산의 최고의 신; 로마 신화의 Jupiter[dʒúːpətər]에 해당 그래서 태양계의 가장 큰 행성이 목성임

■ 티탄(titan)족 ; 거인 족
- **titanic**[taitǽnik] → **titan(giant)+ic(형접)** → **거인의** → **아주 거대한, 엄청난**
- 영화 타이타닉 [Titanic]
  줄거리: 1912년 영국을 출발해 뉴욕으로 향하던 초호화 여객선 타이타닉호가 빙산과 충돌하는 사고로 승객과 승무원 2천 2백여명 가운데 1천 5백 명이 사망한 실화를 바탕으로 한 영화

■ 프로메테우스
(Prometheus-먼저 아는 자)
- pro, pre가 → before 의미를 갖게 됨
- **prologue**[próulɔːg] → **pro(before)+logue(to speak)** → **미리 말하다** → **머리말**
- 프로메테우스(Prometheus)는 리들리 스콧 감독, 존 스페이츠와 데이먼 린들로프 각본의 2012년 SF 영화

■ 에피메테우스
(Epimetheus 나중에 아는 자)
- **epi이** → **later, upon** 의미를 갖게 됨
- **epilogue**[épilɔːg] → **epi(later or upon)+ logue(to speak)** →**나중에 말하다** → **맺음말**
- **epidemic**[èpədémik] → **epi(upon)++dem(people)+ic(명접)** → **(병이) 사람들 위에** → **전염병, 유행병**

■ 헤파이스토스(Hephaistos)
- 불의 신, 대장장이 신
- 로마 신화에서는 'Vulcanus'로 칭하며 그리스어 'Hephaistos'는 '불'이라는 뜻으로 땅밑의 불, 즉 '화산'을 의미하며, 라틴어 'Vulcanus'는 '화산'을 뜻하는 영어 'volcano'의 어원

---

### 🌸🌸 생활 속 영단어로 어원 친해지기 🌸🌸

**티케** : 코로나 19같이 전세계에 엄청난 영향을 미치고 있는 전염병을 영어로 'pandemic' 라고 하는데 이것이 어원이 그리스로마신화와 관련이 있다고 했지?

**고양이** : 맞아요. 영화 '**타이타닉**'도 그렇고 영화나 드라마, 연극, 소설에서 '**프롤로그**', '**에필로그**'가 그리스 로마신화와 관련이 있다니, 재밌고, 신기했어요.

**티케** : 일상에서 배운 것을 활용한 사례는 더 없을까?

**고양이** : 광고회사에 다니는 친구가 ad하길래. 찾아보니 ad는 '**advertisement**'의 줄임말이었어요.

**고양이** : 지난 주말 '피아노 독주회'에 갔었는데 영어로 'piano recital'이더군요. 그리고 '리필 refill'도 있어요.

**티케** : 설명을 덧붙이면

○ **advertisement** → **ad(to)+vert(to turn)+ise(동접)+ment(명접)** → **(고객의 마음을 제품 등)으로 돌려놓는 것** → 그래서 '**광고**'

○ **recital** → **re(again)+cit(to call)+al(명접)** → **다시 부르는 것** → '**암송, 독주**'가 된 거지.

**티케** : 다음은 **위 : over, up / 아래 : de**를 배우지요.

| 접두사 3<br>**위** | OVER- : 지나친, 과도하게, 위로, 넘어서(too, excessively, over, beyond) |
|---|---|

### 37. over**come**
[òuvərkʌ́m]

over+come

'넘어서 오는' 것이 → v. ① (위험, 고난을) **극복하다** ② (역경을) **이기다**
③ (상대를 위에서 눌러버리면) **압도하다**가 된 거지.

• syn. **get over**(극복하다), **con**quer(정복하다), **over**whelm(압도하다), **over**power(이기다) ↔ ant. **yield to**(굴복하다), **give up**(포기하다)

> We will **overcome** climate change.
> 우리는 기후변화를 극복할 것이다.

### 38. over**due** [òuvərdjuː]

over+due(예정된)

'예정된 날짜를 넘긴' 것이 → a. ① **연체된** ② **지급기한이 지난** 거라고 말하지

• syn. **un**paid(미납의), **out**standing(미지불된)

> We don't want the **overdue** fines.
> 우리는 연체로 인한 벌금을 원치 않는다.
>
> **fine** 벌금

### 39. over**hear** [òuvərhíər]

over+hear

'넘어서 듣다' 가 → v. ① (의지 없이 들었다면) **우연히 듣다**
② (남모르게 들었다면) **엿듣다**가 된 거지

• syn. **eavesdrop** (엿듣다, 도청하다)

→ **eaves(처마)+drop(물방울)** → 지붕처마에서 물방울이 떨어지듯 남의 이야기를 몰래듣다 → **엿듣다, 도청하다**

> Nobody can **overhear** their conversation.
> 아무도 그들의 대화를 엿들을 수 없다.

### 40. over**look** [òuvərlúk]

over+look

'위에서 보다' 가 → v. ① (단순히 위에서 보는 거면) **내려다보다** ② (못보고 넘어갔다면) **간과하다** ③ (알고도 넘어갔다면) **눈감아주다**가 되는 거지

• syn. **look over**(-을 대충 훑어보다), **dis**regard(무시하다), **neglect**(소홀히 하다) ↔ ant. **not**ice(주의하다), **take note of**(-에 주목하다)

> Leaders often **overlook** the key to economic growth.
> 지도자들은 종종 경제성장의 열쇠를 못 보고 넘어간다.

### 41. over**throw**
[òuvərθróu]

over+throw

'위로 던져버리는' 것이 → v. ① (정부에 대한 쿠데타면) **전복시키다**
② (독재정권이나 사회 부조리를) **타도하다** n. ① **타도** ② **전복**이 되는 거지

• syn. **over**turn(전복시키다)

> Computer games can help us **overthrow** him.
> 컴퓨터 게임이 우리가 그를 타도하는 데 도움을 줄 수 있다.

## 42. **over**view [òuvərvjuː]

over+view

'위에서 내려다보듯' 이 → 글의 내용을 대략 보는 거면 → n. ① **개관**
② **개요**라고 말하지
● **give an overview of ~을 개략적으로 설명하다**

> The book gives an **overview** of the science.
> 그 책은 과학을 개략적으로 설명해준다.

## 43. **over**work

[òuvərwəːrk]

over+work

'지나치게 일하다' 는 → n. ① **과로** ② **혹사**
v. ① **과로하다** ② **혹사하다**가 되겠지
● **workaholic**[wəːrkəhɔːlik] n. **일중독자**

> Home lives are suffering because of **overwork**.
> 가정생활이 과로로 고통받고 있다.

---

◆ **어원 TIP**

● **over**dose → over+dose(1회 복용량) → 1회 복용량을 넘는 것 → 과다복용
● **over**lap → over+lap(두르다) → 위에 두르다 → 겹치다

---

◆ **어휘 플러스**

**over**all 종합적인 / **over**bearing 고압적인 / **over**blown 과장된 / **over**charge 바가지를 씌우다 / **over**crowded 너무
붐비는 / **over**eat 과식하다 / **over**estimate 과대평가하다 / **over**flow 넘치다 / **over**haul 점검, 점검하다/ **over**head
머리 위에 / **over**load 과부하, 과적하다 / **over**night courier 속달 / **over**pass 고가도로, 육교 / **over**power 제압하다
/ **over**seas 해외로 / **over**see 감독하다 / **over**use 남용하다

---

### ■■■ 우리말 대화로 단어 복습하기

가. 내가 오늘 방송에서 **우연히 듣게**(overhear) 된 뉴스 **개요**(overview)를 설명해 볼까?

나. 갑자기 뉴스는 왜? 재미있는 기사라도 있어?

가. 응. **경기침체**(economic recession)로 **연체**(overdue)가 증가하고 있다는군?

나. 그건 하루 이틀 들은 것도 아니고....

가. 근데 충격적인 뉴스는 경기가 안 좋은 것을 빌미로 군부가 정부를 **전복시키려는**(overthrow) **쿠데타**(coup) 모의를
하다 적발되었다는 거야.

나. 그건 심각한데, 기분 좋은 소식은 없어?

가. 건강관리를 **간과해서**(overlook) **과로**(overwork)로 쓰러진 가장이 극적으로 위기를 **이겨내고**(overcome)
**회복되었다**(recover)는군.

나. 정말 다행이네. 과로는 금물이야. 그렇지...

---

| 접두사 3<br>**위** | SUR·SUPER- : 위에, 넘어서(over, upon, above, beyond) |

## 44. superficial
[sùːpərfíʃəl]

super(over)+fic(to make)+ial(형접)

'위에서(겉으로) 만드는' 것이 → a. ① (지식이) **피상적인** ② (내용이) **깊지 않은** ③ (상처가) **가벼운** 의미가 된 거지

- syn. **in**sinc**ere**(불성실한), **shallow**(피상적인, 얕은) ↔ ant. **pro**found(뜻깊은), **sincere**(진실한), **deep**(깊은), **serious**(진지한)
- **superficial** wound **외상**(外傷)

> This may seem like a **superficial**, trivial matter.
> 이것은 가볍고, 사소한 문제로 보일 수도 있다.
> **trivial** 하찮은, 사소한

## 45. superstition
[sùːpərstíʃən]

super(over)+stit(to stand)+ion(명접)

'(진실) 넘어 서 있는 것' 이 → n. **미신**이 된 거지

- **super**stit**ious**[sùːpərstíʃəs] a. **미신적인**

> This **superstition** came about in the 19th century.
> 이러한 미신은 19세기에 유래했다.

## 46. surround[səráund]

sur(over)+round(둥근)

'위로 둥글게 감싸는' 것이 → v. ① **둘러싸다** ② **포위하다** n. **주변**이 된 거지

- **sur**round**ing**[səráundiŋ] a. ① **둘러싸는** ② **주변의**
- **sur**round**ings**[səráundiŋz] n. **환경** · syn.**milieu**[milljúː]
- syn. **en**circle(에워싸다), **en**vironment(환경), **ambience**(환경, 분위기)

> Students **surround** presidential palace.
> 학생들이 대통령궁을 둘러싸았다.

---

◆ 어원 TIP

**sur**prise → sur+prise(to take) → (누군가 갑자기) 위에서 잡다 → 놀라게 하다

**sur**render → sur(over)+render(주다, 제공하다) → (어떤 것에 대한 대가로) 넘겨주다 → 항복하다, 투항하다

---

◆ 어휘 플러스

**super**b 최고의 / **super**human 초인적인 / **super**intend 감독하다 / **super**ior 우수한 / **super**natural 초자연적인 / **super**nova 초신성 / **super**fluous 불필요한 / **super**power 초강대국 / **super**sede 대체하다(p524) / **super**sonic 초음속의 / **super**vise 감독하다(p647) / **sur**face 표면, 수면(p648) / **sur**mise 추측하다(p372) / **sur**mount 극복하다(p385) / **sur**pass 능가하다 / **sur**plus 과잉 / **sur**vey 조사, 점검하다(p648) / **sur**vive 살아남다(p650)

---

### ■■■ 우리말 대화로 단어 복습하기

가. 요즘 가짜뉴스가 너무 많은 것 같아. 그렇지 않아?

나. 맞아. **피상적인(superficial)** 지식으로 진실을 **왜곡하는(distort)** **미신(superstition)** 같은 가짜뉴스가 우리 **주변(surround)**에 많지.

## 47. **upgrade** [ʌ́pgreɪd]
up+grade(품질·등급)

'품질·등급을 위로' 올리는 것이 → v. ① **등급을 올리다** ② (중요성·가치를) **높이다** ③ (사람을) **승진시키다** ④ (기계 · 컴퓨터 시스템을) **개선하다** n. ① **개선** ② **향상** ③ **격상** 같은 의미가 된 거지
- syn. **el**ev**ate**(올리다, 승진시키다), **pro**mote(승진시키다) ↔ ant. **de**grade(강등시키다)

> **Upgrading** to Windows 8 is a better option.
> 윈도우 8로 업그레이드하는 것이 나은 선택이다.

## 48. **uphold** [ʌphóuld]
up+hold

'위로 붙잡고 있는' 것이 → v. ① (목표, 목적, 가치를) **지키다** ② (내용을) **확인하다** ③ (현상을) **유지하다**가 된 거지
- up**hol**stery[ʌphóulstəri] n. ① (소파 등의) **덮개** ② **커버**
- syn. **sus**tain(떠받치다, 유지하다), **sup**port(지탱하다, 지지하다)

> We agreed to **uphold** such decision.
> 우리는 그러한 결정을 유지하는 데 동의했다.

## 49. **upright** [ʌ́prὰit]
up+right

'올바르게 위로' 하는 것이 → a. ① (자세가) **똑바른** ② (생각이) **올바른** ③ (기둥을) **수직으로 세워둔** n. **수직 기둥** 같은 의미가 된 거지
- syn. **eth**ic**al**(윤리적인), **right**e**ous**(바른), **just**(정당한), **vert**ic**al**(수직의) ↔ ant. **un**eth**ical** (비윤리적인), **un**just(부당한), **hori**zont**al**(수평의)

> He has lived an honest and **upright** life.
> 그는 정직하고 올바른 삶을 살고 있다.

## 50. **upset** [ʌpsét]
up+set(to 놓다)

'위로 놓다' 가 → v. ① (마음을 위로(거꾸로) 놓으면) **속상하게 만들다** ② (상황을 거꾸로 하면) **잘못되게 만들다** ③ (실수로) **넘어뜨리다** n. ① **혼란 상황** ② **속상함** ③ **예상 밖의 승리** a. ① **속상한** ② **당황스러운** 상황이 되는 거지
- syn. **di**stress(괴롭히다), **bo**ther(괴롭히다), **di**sturb(방해하다)

> Children are **upset** by online violence.
> 아이들은 온라인 폭력에 당황했다.

---

◆ 어휘 플러스

**up**beat 낙관적인 / **up**com**ing** 다가오는 / **up**date 갱신하다 / **up**front 솔직한, 선불의 / **up**heav**al** 격변, 대변동 / **up**hill 오르막의 / **up**keep 유지(비), 양육(비) / **up**land 고지대 / **up**load 업로드, 업로드하다 / **up**per 더위에 있는, 위쪽의 / **up**per hand 우세, 우위 / **up**percut 어퍼컷, 올려치기 / **up**roar 대소동, 소란 / **up**stairs 위층으로, 위층 / **up**start 벼락부자, 졸부 / **up**side down 거꾸로 / **up** to date 최신 유행의, 최근의 / **up**town 시 외곽의, 부유층 지역의 / **up**ward 위쪽을 향한, (양·가격이) 증가하고 있는

가. 우리 팀장님 이번에도 **승진하는(upgrade)** 명단에서 빠진 거야?

나. 생각이 **올바르시고(upright)** 회사의 가치를 **지키는(uphold)** 일에 앞장서왔던 팀장님이 승진하지 못한 것이 나를 **속상하게 해(upset)**.

| 접두사 4<br>**아래** | DE- : ~아래로(down), ~분리.이탈(off, from), ~의 반대(opposite of), 강조(intens) |
|---|---|

## 51. **de**ceive [disíːv]
de(from)+ceive(to take)

'누군가에게서 취하는' 것이 → v. ① (남모르게 하면) **속이다** ② (속일의도로 하면) **기만하다**가 된 거지

- **de**ception[disépʃən] n. ① **기만** ② **사기**
- **de**ceit[disíːt] n. ① **사기** ② **속임수**
- **de**ceptive[diséptiv] a. ① **속이는** ② **현혹시키는**
- syn. **cheat**(속이다), **trick**(속이다), **make a fool of**(~를 놀리다), **de**lude(속이다)

> She **deceives** people.
> 그녀는 국민들을 속였다.

## 52. **decom**pose
[dìːkəmpóuz]
de(off)+compose(구성하다)

'구성하고 있는 것을 분리하는' 것이 → v. ① (물품을) **분해시키다** ② (조직, 제품을) **해체하다** ③ (조직, 물건이 썩어) **부패하다** ④ (물품이 시간이 흘러) **분해되다**가 된 거지

- **decom**position[dìːkəmpəzíʃən] n. ① **분해** ② **부패** ③ **해체**
- syn. **break sth down**(~을 부수다) cf. **breakdown 고장**

> Glass takes 4,000 years to **decompose**.
> 유리는 분해되는 데 4000년이 걸린다.

## 53. **de**frost [difrɔ́ːst]
de(off)+frost(서리)

'서리를 떼어내는' 것이 → v. ① **서리를 제거하다** ② (금융) **동결을 해제하다** ③ (정치를) **해빙시키다** ④ (식품을) **해동하다**로 의미가 확장된 거지

- **de**froster[dìːfrɔ́(ː)stər] n. **서리제거장치**
- syn. **de-ice**(얼음을 제거하다), **un**freeze(녹이다, 해동시키다) ↔ ant. **freeze**(얼게 하다, 동결하다)

> We **defrost** the milk.
> 우리는 우유를 해동시켰다.

## 54. **de**fy [difái]
de(from)+fi(to trust)

'믿음에서 벗어나는' 것이 → v. ① (힘이나 압력에) **저항하다** ② (의견이나 제안을) **거부하다** ③ (상대, 어려움, 신기록에) **도전하다**가 된 거지

- **de**fiance[difáiəns] n. ① **도전** ② **반항** ③ **무시**
- **de**fiant[difáiənt] a. ① **반항적인** ② **도전적인**
- syn. **with**stand(저항하다), **re**sist(저항하다), **op**pose(반대하다) ↔ ant. **ad**vocate(옹호하다), **sup**port(지지하다)

Thousands of people **defied** a government plan.
수 천 명의 사람들이 정부계획에 저항했다.

## 55. **de**vote [divóut]
de(from)+vote(to vow)

'~에 맹세하는' 것이 → v. ① (조직에) **헌신하다** ② (마음과 몸을) **바치다**
③ (한 가지 일에) **전념하다**가 된 거지

- **de**vot**ion**[divóuʃən] n. **헌신**
- **de**vot**ee**[dèvətíː] n. **헌신하는 사람**
- **de**vot**ed**[divóutid] a. **헌신적인**
- devout[diváut] a. **독실한** / devout Christian **독실한 기독교도**
- syn. **de**dic**ate**(헌신하다)

They **devote** their income to helping poor children.
그들은 소득을 가난한 아이들을 돕는 데 바쳤다.

◆ 어원 TIP
- **de**bacle → de(off)+bac(stick)+le → (중요한) 막대기가 제거되는 것 → 대실패, 큰 낭패
- **de**fault → de(away)+fault(to fail) → (채무에서) 벗어나는 데 실패하는 것 → 채무 불이행, 디폴트
- **de**humidify → de(off)+humid(습기 있는)+fy(to make) → 습기를 떨어지게 만들다 → 습기를 없애다
  n. **de**humidif**ier** 제습기 ↔ humidif**ier** 가습기

◆ 어휘 플러스
**de**cad**ent** 타락한(p149) / **de**cide 결정하다(p167) / **de**clare 선언하다(p177) / **de**cline 감소하다(p178) / **de**crease 감소하다(p186) / **de**cree 법령(p164) / **de**dic**ate** 헌신하다(p206) / **de**duct 공제하다(p212) / **de**feat 패배시키다((p228) / **de**fect 결함(p227) / **de**fend 방어하다(p233) / **de**fer 연기하다(p235) / **de**ficit 적자(p229) / **de**fine 정의하다(p239) / **de**flate 공기를 빼다(p243) / **de**form 변형시키다(p257) / **de**gener**ate** 악화되다(p269) / **de**grade 비하하다(p276) / **de**leg**ate** 대표, 위임하다 / **de**lete 삭제하다(p321) / **de**liber**ate** 의도적인(p327) / **de**light 기쁨 / **de**linqu**ency** 비행(p329) / **de**liver 배달하다(p327) / **de**luge 쇄도, 쇄도하다(p317) / **de**mand 수요 (p352) / **de**merit 단점 / **de**mise 종말, 폐업(p372) / **de**mote 강등시키다(p381) / **de**mur 이의를 제기하다 / **de**part 떠나다(p427) / **de**pend 의존하다(p439) / **de**ploy 배치하다(p460) / **de**pose 폐위시키다(p463) / **de**preci**ate** 가치가 떨어지다(p471) / **de**press 우울하게 만들다(p474) / **de**prive 빼앗다(p477) / **de**rail 탈선하다 / **de**range 어지럽히다(p496) / **de**rive 유래하다(p504) / **de**scend 내려가다(p516) / **de**scribe 서술하다(p520) / **de**sert 버리다(p533) / **de**sire 욕구, 갈망(p123) / **de**stiny 운명(p540) / **de**stitute 궁핍한(p541) / **de**stroy 파괴하다 (p568) / **de**tach 떼어내다(p578) / **de**tail 세부사항(p580) / **de**tect 발견하다(p581) / **de**termine 결정하다(p593) / **de**vise 고안하다(p646)

### ■■■ 우리말 대화로 단어 복습하기

가. 은행을 **속이고(deceive)** 금융 **동결을 해제시킬(defrost)** 목적으로 서류를 **위조한(counterfeit)** 범인들이 체포되었다는군?

나. 한두 명이 아니었을 텐데. **체포(arrest)**과정에서 불상사는 없었고?

가. 체포과정에서 **헌신적인(devoted)** 조직원들이 **저항했지(defy)**만 일망타진되었고, 범죄조직은 완전 **해체되었다 (decompose)**는군.

| 접두사 4 **아래** | SUB.SUS- : 아래(under, below), 버금, 부(副) / c, f, g, p, r 로 시작하는 어근 앞에서는 대부분 철자동화가 발생하여 suc, suf, sug, sup, sur로 전환 / m 앞에서는 sum 또는 sub 로 / s 앞에서는 sus 또는 sub로 됨 |
|---|---|

## 56. subconscious
[sʌbkánʃəs]
sub(under)+conscious(의식하는)

'아래에 있는 의식' 을 → a. **잠재의식의** 라고 하지
- subcon**sci**ous**ness** n. **잠재의식**
- **semi**con**sci**ous a. **반의식이 있는**
- **un**con**sci**ous a. **무의식의**

> **Subconscious** prejudice keeps growing.
> 잠재적인 편견이 계속 증가하고 있다.
> **keep ~ing** 계속해서 ~하다

## 57. submerge
[səbmə́ːrdʒ]
sub(under)+
merge(to plunge 던지다)

'아래로 던지다' 가 → v. ① (물속으로) **잠수하다** ② (물속으로 가라앉으면)
**물속에 잠기다** ③ (생각·감정·의견을) **깊이 감추다**가 된 거지
- **sub**mer**g**ence[səbmə́ːrdʒəns] n. ① **침수** ② **침몰** ③ **잠수**
- **sub**marine[sʌbməriːn] n. **잠수함**
- **sub**merge oneself in ~**에 몰두하다**

> A **submarine** uses water to submerge and surface.
> 잠수함은 물을 이용하여 잠수하고 떠오른다.

## 58. subordinate
[səbɔ́ːrdənit]
sub(under)+ordin(to arrange
배열하다)+ate(형접)

'(사람이나 물건이) 아래에 배열된' 것이 → a. ① **종속된** ② (본질에 따라오는)
**부차적인** n. **부하, 하급자**인 거지
- **sub**ordin**ate**[səbɔ́ːrdənèit] v. ① **종속시키다** ② **경시하다**
- inferior(열등한, 하급자), assistant(조수) ↔ superior(뛰어난, 상급자)

> You have to accept a **subordinate** position.
> 당신은 하급 직위를 받아들어야 한다.

◆ 품사 TIP
**sub**ordinate와 같이 ~ate로 끝나는 단어가 **형용사**와 **동사**로 동시에 활용되는 경우는 ate에 대한 **발음**으로 **품사**를 **구별함** ex) [-nit]은 형용사, [-èit]는 동사가 됨, 일반적으로 ate는 동사를 만드는 접미사로 더 자주 쓰임

## 59. substance [sʌ́bstəns]
sub(under)+sta(to stand)+nce(명접)

'아래에 서 있는(존재하는)' 것이 → n. ① (우리 주변에서 공간을 차지하고
있는) **물질** ② (있는 그대로의) **본질**이 된 거시
- **sub**stantial[səbstǽnʃəl] a. ① **상당한** ② **실질적인** ③ **중대한**

> The south coast is covered in a sticky **substance**.
> 남부해안이 끈적끈적한 물질로 덮어버렸다.

## 60. su**ffer** [sʌ́fər]
suf(under)+fer(to carry)

'아래에 지니고 있는' 것이 → v. ① (어려움, 경험이면) **겪다**
　　　　　　　　　　　② (아픔이면) **고통을 받다**가 된 거지
- su**ffer**ing[sʌ́fəriŋ] n. ① **고통** ② **괴로움** ③ **고생**
- on su**ffer**ance ① **봐주는 덕분에** ② **눈감아 준 덕분에**

> They **suffer** from much stress.
> 그들은 많은 스트레스로 고통받고 있다.

## 61. su**gg**est [səgdʒést]
sug(under)+gest(to carry)

'아래로 나르는' 것이 → v. ① (아이디어 · 계획이면) **제안하다** ② (사람 · 물건 · 방법이면) **추천하다** ③ (살짝 보여주면) **암시하다** ④ (넌지시 · 간접적으로) **말하다**가 된 거지
- su**gg**est**ion**[səgdʒéstʃən]n. ① **제안, 제의** ② **시사, 암시**
- syn. pro**pose**(제안하다), re**commend**(추천하다), im**ply**(암시하다)

> The cook talks about food and **suggests** recipes.
> 요리사는 음식에 대해 이야기하고 조리법을 넌지시 알려주었다.
> recipe 조리법 cf. receipt 영수증

## 62. su**stain** [səstéin]
sus(under)+tain(to hold)

'아래에서 잡고 있는' 것이 → v. ① (일이나 상태면) **지속하다** ② (건물이나 삶이면) **지탱하다** ③ (피해 등을) **입다**가 된 거지
- su**stain**able[səstéinəbl] a. ① **유지할 수 있는** ② **견딜 수 있는** ③ **유지 가능한**

> Can they **sustain** the economic difficulty?
> 그들이 경제적인 어려움을 지탱할 수 있을까?

◆ 어휘 플러스 1

sub**due** 진압하다(p213) / sub**ject** 주제(p301) / sub**lime** 숭고한(p594) / sub**mit** 제출하다(p372) / sub**poena** 소환장(p437) / sub**scribe** 가입하다(p521) / sub**sidi**ary 부수적인(p525) / sub**stit**ute 대리자(p542) / sub**tle** 미묘한(p601) / sub**tract** 빼다(p612) / sub**urb** 교외(p617) / suc**ceed** 성공하다(p158) / suf**fic**ient 충분한(p229)

/ sum**mon** 소환하다(p384) / **sup**ply 공급, 공급하다(p460) / **sup**plant 대체하다(p450) / **sup**port 지지하다 (p470) / **sup**pose 추측하다(p467) / **sup**press 진압하다(p475) / **sur**ro**ga**te 대리의(p507) / **sus**pect 의심하다 (p554) / **sus**pend 매달다, 중지하다(p440)

◆ **어휘 플러스 2(일상에서 영단어 익히기)**
**sub**continent 아대륙; 인도 같이 대륙과 크기가 비슷한 나라를 말함 / **sub**culture 하위문화 / **sub**title 부제, (영화 · 텔레비전 화면의) 자막 / **sub**tropical 아열대의 / **sub**way 지하철 / **sub**zero temperature 영하의 기온

■■■ **우리말 대화로 단어 복습하기**

가. 인간 **잠재의식의(subconscious) 본질(substance)**은 무엇인가요?

나. **부차적인(subordinate)** 것이 아니라 일상에서 **지속(sustain)**적으로 **겪고(suffer)** 있는 일에 대해 인간 내면에 **깊이 감추고 있는(submerge)** 무언가를 **암시하는(suggest)** 것을 말하지.

| 접두사 4<br>**아래** | UNDER- : 밑에(beneath), 보다 낮은(lower), 불충분한(not enough) |

## 63. **undergo** [ʌndərgóu]
under(beneath)+go

'(영향·변화·조처·검사·시련·일) 아래로 가는' 것이 → v. ① **겪다** ② **견디다** ③ **경험하다**가 된 거지
● syn. **ex**peri**ence**(경험하다), **go through**(겪다), **suf**fer(경험하다), **en**dure(견디다), **sus**tain(견디다), bear(참다)

He will **undergo** mental health counseling.
그는 정신 건강 상담을 받을 것이다.

## 64. **underline** [ʌndərláin]
under(beneath)+line

'아래에 선을 긋는' 것이 → v. ① **밑줄을 긋다** ② (내용을) **강조하다**가 된 거지
● syn. **under**score(강조하다), **em**pha**size**(강조하다), stress(강조하다)

Such behaviour has **underlined** its importance.
그러한 행동은 그것의 중요성을 강조해준다.

## 65. **undermine**
[ʌndərmáin]
under(beneath)+mine(to dig, 파다)

'아래를 파는' 것이 → v. ① (자신감 · 권위에 적용하면) **약화시키다** ② (토대에 적용하면) **기반을 약화시키다**가 된 거지
● min**er**[máinər] n. **광부**
● min**or**[máinər] a. **중요하지 않는** n. **미성년자**

Such traditional beliefs **undermine** women's rights.
그러한 전통적인 믿음은 여성권리를 약화시킨다.

cf. **human rights** 인권, **copyright** 저작권, **right wing** 우파, 우익(수), **left wing** 좌파, 좌익(수)

## 66. undertake
[ʌndərtéik]

under(beneath)+take

'아래로 받는' 것이 → v. ① (일이나 생계를) **떠맡다**
② (손을 대기 시작하여) **착수하다**가 된 거지

● take over (기업 등을) **인수하다**

> I **undertake** the project.
> 나는 프로젝트를 떠맡았다.

---

◆ **어원 TIP**

● **under**develop**ed** → under(not enough)+developed → **충분하게 개발되지 않은** → **저개발의**

● **under**stand → under+stand → (뜻·원인·성질·내용 따위를) **아래에 두다** → **이해하다**

● **under** construction → under(not enough)+construction(건설) → **건설이 충분하지 않은** → **공사 중**(공사현장을 지날 때 입간판을 자세히 보기)

---

◆ **어휘 플러스**

**under**age 미성년인 / **under**bid (입찰 등에서) 낮은 가격을 부르다 / **under**class 최하층 / **under**cover 비밀리에 하는, 잠복하는 / **under**estimate 과소평가하다 / **under**employ**ment** 불완전 고용 / **under**grad**uate** 대학생 / **under**jaw 아래턱 / **under**neath ~ 밑에 / **under**paid 급여가 적은 / **under**pinning 받침대 / **under**ground 지하의, (영국) 지하철 / **under**pass 지하도 / **under**sell 싼 가격에 팔다 / **under**value 과소평가하다 / **under**world 암흑가 / the **under**sign**ed** 서명인

---

### 우리말 대화로 단어 복습하기

가. 자네는 직장상사가 **권위**(authority)를 **약화시키는**(undermine) 상황을 **경험하**(undergo)지 않으려면 어떻게 해야 한다고 생각하나?

나. **떠맡은**(undertake) 일에 대한 책임감을 **강조하는**(underline) 말을 책에서 읽은 적이 있습니다.

---

### 생활 속 영단어로 어원 친해지기

**티케** : 어원을 분석하고 생각하면서 단어를 내 것으로 한다는 의미가 왜 중요한지 감이 오니?

**고양이** : 완벽하지는 않지만 조금은 알 것 같아요.

**토끼** : **디톡스(detox)**는 해독이라는 뜻이잖아요. 그러면 de(off 제거)+tox(toxic 독) → 독 제거가 되니까. 해독이 되는 거지요.

○ **de**tox → de(off)+tox(toxic 독) → 독 제거 → 그래서 '해독'이 되는 거고

○ **de**militari**zed** zone → de(off)+military(군대)+ize(~화하다, 동접)+d(과거분사)+zone(지역) → 군대를 제거한 지역 → '비무장지대'가 되는 것 맞죠.

**티케** : 바로 그거야. 지금까지 배운 접두어를 복습하고 새로운 단어를 배워보자.

**토끼** : **앞**은 a, ad, fore, pre, pro가 있고 **뒤**는 post, re, with가 있어요.

**고양이** : **위**는 up, over, sur, super 그다음 **아래**에 해당되는 de, sub, sus / under까지 배웠어요.

# 기본어휘 2

- **back**ground  n. 배경, 이면 ↔ **fore**ground (풍경. 그림 등의) 전경, 표면
- **back**ward(s)  ad. 뒤로 a. 뒤의 ↔ **for**ward(s) ad. 앞으로 a. 앞으로 가는

    **for**+사람 → 누군가를 위하여, **for**+시간 → 어떤 시간 동안,

    **for**+장소 → 어떤 장소를 향하여 ex) this train for Yongsan

- **barbar**ian  n. 야만인, 미개인 ↔ **civiliz**ed man 문명인, 교양인
- **base**  a. 천한, 비열한, 야비한 ↔ **noble** 고귀한, 고상한, 품위 있는
- **before**hand  ad. 미리, 사전에 ↔ **afterward** 후에, 나중에
- **bit**  n. 작은 조각 ↔ **mass** 덩어리, 대중, (가톨릭) 미사
- **bitter**  a. 쓴, 쓰라린 ↔ **sweet** 단, 달콤한
- **bless**  v. 축복하다 ↔ **curse** 저주하다 n. 저주
- **blunt**  a. 둔한, 무딘 ↔ **sharp** 날카로운, 예리한
- **borrow**  v. 빌리다, 꾸다 ↔ **lend** 빌려주다
- **bott**om  n. 밑바닥, 기초 ↔ **sur**face 표면
- **brave**  a. 용감한 ↔ **coward**ly 겁이 많은

    cf. **cow**(암소)는 순하고 **bull**(황소)은 사나워 → 그래서 '겁쟁이'는 '**coward**'이고

     '약자를 괴롭히는 사람'을 '**bully**'라고 하지

- **bright**en  v. 밝게 하다, 빛나게 하다 ↔ **dark**en 어둡게 하다
- **bring**  v. 가지고 오다, 데리고 오다 ↔ **take** 가지고 가다, 데리고 가다
- **brisk**  a. 활기찬, 빠른 ↔ **dull** 무딘, 둔한
- **broad**en  v. 넓히다 ↔ **narrow** 좁히다 a. 좁은
- **busy**  a. 바쁜, 분주한 ↔ **free** 한가한, 자유로운, 무료의
- **buy**er  n. 구매자 ↔ **sell**er 판매자
- **calm**  a. 고요한, 잔잔한, 냉정한 ↔ **storm**y 폭풍우 치는, 눈보라 치는, 격정적인
- **capital**ist  n. 자본가 ↔ **work**er, **labor**er 노동자
- **captiv**ity  n. 감금, 억류 ↔ **free**dom 자유, 해방
- **care**ful  a. 주의 깊은 ↔ **care**less 부주의한 cf. **care**free 근심걱정 없는
- **catch**er  n. 포수, 잡는 사람 ↔ **pitch**er 투수, 던지는 사람
- **cause**  n. 원인 ↔ **re**sult, **ef**fect 결과
- **chaos**  n. 혼돈, 무질서 ↔ **order** 질서
- **cheap**  a. 싼 = **in**expens**ive** 값싼 ↔ **ex**pens**ive**, **cost**ly 값비싼
- **cheer**ful  a. 발랄한, 쾌적한 ↔ **gloom**y 우울한
- **clever**  a. 똑똑한 ↔ **stupid** 어리석은, 바보 같은
- **close**d  a. 문이 닫힌, 폐쇄된 ↔ **open** 영업 중인, 열려있는
- **clumsy**  a. 서툰 ↔ **skill**ful 숙련된, 솜씨 좋은
- **coarse**  a. 조잡힌, 거친, (알갱이가) 굵은 ↔ **fine** 고은, 정교한 n. 벌금
- **cock**  n. 수탉 ↔ **hen** 암탉

# Exercise 2

**1.** 제시된 단어 중 의미가 가장 적절한 것을 찾아 괄호 안에 넣으시오.

ⓐ substance ⓑ overcome ⓒ superficial ⓓ overview ⓔ submerge ⓕ defrost ⓖ decompose ⓗ upright ⓘ upset ⓙ overthrow ⓚ undermine ⓛ overdue

1) (　　) : 약화시키다    2) (　　) : 잠수하다    3) (　　) : 동결을 해제하다
4) (　　) : 당황스럽게 하다    5) (　　) : 똑바른    6) (　　) : 물질, 본질
7) (　　) : 극복하다    8) (　　) : 피상적인    9) (　　) : 전복시키다
10) (　　) : 지급기한이 지난    11) (　　) : 개관    12) (　　) : 분해시키다

**2.** 제시된 단어와 <u>반대되는</u> 의미로 가장 적절한 것을 찾아 괄호 안에 넣으시오.

ⓐ chaos ⓑ blunt ⓒ clumsy ⓓ brisk ⓔ base ⓕ coarse ⓖ borrow ⓗ capitalist ⓘ cheap ⓙ captivity ⓚ bless ⓛ bottom

1) (　　) : lend    2) (　　) : fine    3) (　　) : surface
4) (　　) : costly    5) (　　) : curse    6) (　　) : order
7) (　　) : dull    8) (　　) : skillful    9) (　　) : noble
10) (　　) : laborer    11) (　　) : sharp    12) (　　) : freedom

**3.** 밑줄 친 단어와 <u>가장 유사한</u> 것을 고르시오.

1) I can **deceive** you without lying.
    ① cheat     ② conceal     ③ dismiss     ④ decent

2) A ruling in favor of her will **defy** the will of the voters.
    ① advocate     ② delay     ③ resist     ④ support

3) He will **undergo** a few months of testing.
    ① underline     ② decline     ③ supply     ④ experience

4) They **devote** 10 percent of their hours to caring for infants.
    ① require     ② adapt     ③ describe     ④ dedicate

5) The government would **uphold** the principle.
    ① withhold     ② follow     ③ suspend     ④ suggest

**4.** 아래에 제시된 단어 중 밑줄 친 우리말의 의미에 맞게 빈칸에 적절한 것을 골라 넣으시오.

> overhear / surround / upgrade / surplus / overseas / overwork / superstition / overlook / subordinate / undertake

1. 모든 버전의 윈도우를 **업그레이드하는** 것은 불가능하다.
   ⇒ It is impossible to (                    ) every version of Windows.

2. **해외** 캠퍼스는 학생들에게 새로운 기회를 제공한다.
   ⇒ (                    ) campuses provide new opportunities for students.

3. 우리가 신화와 **미신**을 근절시키는 것은 어렵다.
   ⇒ It is hard for us to uproot myth and (                    ).

4. 그는 더욱 세세한 분석에 **착수했다**.
   ⇒ He (                    ) more detailed analysis.

5. 당신은 술집에서 재밌는 대화를 **엿들**을 수 있**다**.
   ⇒ You can (                    ) a fun conversation in the pub.

6. 그는 내년에 예산 **흑자**를 추구할 것이다.
   ⇒ He will seek to run a budget (                    ) in the next year.

7. 이것은 이웃으로 **둘러 싸여있는** 대부분 도시 정원의 기본적인 문제이다.
   ⇒ This is a basic issue with most city gardens (                    ) by neighbours.

8. 그는 장군의 **부하**로 근무하는 것을 거절했다.
   ⇒ He refused to serve as a (                    ) of the general.

9. 중견 도요타 엔지니어가 **과로**로 사망했다.
   ⇒ Senior Toyota engineer died of (                    ).

10. 나는 그녀의 실수를 **눈감아줄** 것이**다**.
    ⇒ I'll (                    ) her mistake.

## 그리스로마신화로 어원 익히기

**티케** : 너 하이페리온 건물 이름이 어떻게 생겼는지 아니?

**고양이** : 몰라.

**티케** : 그리스 신화 **히페리온(Hyperion)**에서 나온 거야.

**티케** : 히페리온(Hyperion)은 '**높은 곳에 있는 자, 높은 곳을 가는 자**'를 의미하며 **hyper**가 '**위쪽, 초과, 과도**'란 뜻의 접두사가 된 거지.

**토끼** : 히페리온 부모는 누구인가요?

**티케** : 하늘의 신 **우라노스(Uranus)**, 땅의 신 **가이아(Gaia)**사이에서 태어났어.

**티케** : 자식으로는 해의 신 **헬리오스(Helios : 로마에서는 솔라(Sola)라고 함)**, 달의 신 **셀레네(Selene : 로마에서는 루나(Luna)라고 함)**, 새벽의 여신 **에오스(Eos)**야.

**티케** : 관련된 단어는 다음과 같아.

■ Hyperion 관련 어휘

● **hyper**act**ive** 과잉 활동의 / **hyper**bole 과장(법) / **hyper**bol**ic** 쌍곡선의, 과장의 / **hyper**inflat**ion** 초인플레이션 / **hyper**real**ism** 초현실주의, 극사실주의 = sur**real**ism / **hyper**sensitiv**ity** 과민증 / **hyper**tens**ion** 고혈압 = high blood pressure

■ Uranus(heaven) 관련 어휘

● **uranograph**y[jùərənάgrəfi] 천문학, 천체학 = astronom**y**

■ Helios(Sola) & Selene(Luna) 관련 어휘

● **helio**scope 태양 관측 망원경 / **helio**sis 일사병 / **helio**graph 일광 반사 신호기 / sol**ar** 태양의 / lun**ar** 달의

히페리온는
하늘의 신 우라노스(Uranus),
땅의 신 가이아(Gaia)
사이에서 태어났어.

자식으로는
해의 신 헬리오스(Helios),
달의 신 셀레네(Selene),
새벽의 여신 에오스(Eos)야.

| 접두사 5<br>**안** | **EN.EM** : 안에(in), 안으로(into) / b, p, m 으로 시작하는 어근 앞에서 en을 em으로 바꿈<br>※ **en**은 단어 처음이나 뒤에 오면 '만들다(to make)' '주다 (to give)'의미로 쓰이고, 형용사나<br>명사를 타동사로 만들기도 함(p101 접두사 13) |
|---|---|

## 67. employ [implɔ́i]
em(in)+ploy(to fold)

'안으로 접는' 것이 → v. ① (조직에 접혀 들어가면) **고용하다** ② (기술·방법·
물건·수단을) **쓰다** ③ (시간·정력 따위를) **소비하다**가 된 거지

- **employment**[implɔ́imənt] n. ① **고용** ② **채용**
  - ③ (기술·방법·물건·수단 등의) **사용** ④ **이용**
- **unemployment**[ʌnemplɔ́imənt] n. ① **실업** ② **실직 상태**
- **employer**[implɔ́iər] n. **고용주**
- **employee**[implɔ́iiː] n. **종업원**
- unemployment rate **실업률**
- unemployment benefit **실업수당**
- syn. **hire**(고용하다), **recruit**(고용하다) ↔ ant. **lay off**(해고하다),
  **fire**(해고하다), **dismiss**(해고하다)

> Apple's factories are **employing** thousands of students.
> 애플 공장은 수 천 명의 학생들을 고용하고 있다.

## 68. engulf [ingʌ́lf]
en(into)+gulf(만)

'만(입으로 의미변형) 안으로' 가 → v. ① (입안으로) **~을 삼키다** ② (강한
감정이) **사로잡다** ③ (입안으로 삼키듯이 둘러싸면) **완전히 에워싸다**가 된 거지

- **gulf**[gʌlf] n. ① **만(灣)** ② (사고·생활 방식 등의 큰) **격차** ③ (땅속의) **깊은 구렁**
- syn. **swamp**(침몰시키다), **overwhelm**(압도하다)

> A huge wildfire **engulfed** 12,000 homes.
> 거대한 들불이 12,000 가옥을 삼켜버렸다.

## 69. enhance [inhǽns]
en(in)+hance(to raise)

'~안으로 끌어 올리다' 가 → 가지·능력·매력·사기 등을 → v. ① **높이다**
② **향상시키다**가 된 거지

- **enhancement**[inhǽnsmənt] n. ① (가격·매력·가치 등의) **상승**
  - ② **강화** ③ **증대**
- syn. **improve**(향상시키다, 개선시키다)

> Technology will **enhance** human capability.
> 기술은 인간의 능력을 향상시킬 것이다.

---

◆ **어원 TIP**
- **en**croach → en(in)+croach(to take) → (남의 영역) 안으로 취하는 것 → (남의 시간·권리·생활 등을) **침해하다,
  잠식하다**
- **en**danger → en(in)+danger(위험) → 위험 안으로 → **위태롭게 하다**
- **en**gage → en(to give)+gage(pledge, 서약) → 서약을 주는 것 → **사로잡다, 약속하다, 보증하다**
- **en**trust → en(in)+trust(신뢰) → 신뢰 속으로 → (믿고서) **맡기다**

◆ 어휘 플러스 1

embargo 금수조치(p135) / embark 승선하다(p136) / embarrass 당황스럽게 하다(p135) / embrace 포옹하다
(p141) / emblem(p140) / embryo 배아(p140) / empathy 공감(p432) / emperor 황제(p442) / emphasize
강조하다(p444) / empirical 경험에 의한(p441) / enbloc 일괄적으로 / enclose 둘러싸다(p179) / encode(=encrypt)
암호화하다 / encourage 격려하다(p181) / encyclopedia 백과사전(p434) / endeavor 노력, 노력하다 / endemic
풍토적인(p203) / endure 견디다(p214) / enforce 집행하다(p249) / engross 몰두하게 만들다 / enjoy 즐기다
/ enroll 등록하다(p508) / ensemble 합주단(p526) / enslave 노예로 하다 / entail 수반하다(p581) / entangle
얽히게 만들다(p579) / entrance 입구 / entry 입장 / enter 들어가다(p591) / envelope 봉투(p629) / enwrap
두르다

◆ 어휘 플러스 2(p101 접두사 13 참조)

brighten 밝게 하다 / lengthen 길게 하다 / enable ~을 가능하게 하다 / enlarge 확대하다 / enrich 부유하게
만들다 / shorten 짧게 하다

## 우리말 대화로 단어 복습하기

가. 졸업이 얼마 안 남았는데 취업이 안 되면 어쩌죠?

나. 취업에 대한 공포가 너를 **사로잡는다(engulf)**면 두려워하지 말고 차분하게 대처할 필요가 있어.

나. 우선 너의 가치와 능력을 **향상시켜(enhance)** 기업들이 널 **고용할(employ)** 가능성을 높이는 거야.

나. 길게 보고 가야되는 거야. **단기적인(short-term) 처방(prescription)**은 안 되지. 힘내라고.

| 접두사 5 **안** | IN-, IM- : 안에(in), 안으로(into), 위에(on, upon) |
| --- | --- |

## 70. impoverish
[impávəriʃ]
im(in)+pover(poor)+ish(동접)

'가난 안으로 들어가는' 것이 → v. ① **가난하게 하다** ② (질·능력·사기 등을) **저하시키다**가 된 거지
- impoverished[impávəriʃt] a. ① **가난해진** ② **위축된** ③ **저하된**
- syn. poor(가난한), needy(가난한) ↔ wealthy, rich(부유한)

We can enrich our world or **impoverish** it.
우리는 세상을 풍요롭게 하거나 가난하게 할 수 있다.

## 71. improve [imprúːv]
im(in)+prove(입증하다)

'안으로 입증하는' 것이 → v ① (품질·능력·기술 등을) **개선시키다**
② (수준이나 실력· 기술을) **향상시키다**가 된 거지
- improvement[imprúːvmənt] n. ① **개선** ② **향상** ③ **발전**
- improved[imprúːvd] a. ① **개선된** ② **향상된**
- syn. enhance(향상시키다) ↔ ant. worsen(악화시키다)

Reading would **improve** my writing skills.
독서는 나의 쓰기 실력을 개선시킬 것이다.

◆ 어원 TIP

● im**pea**ch → im(in)+pea(foot)+ch(동접) → (공무상 잘못을 수정하기 위하여) **발을 안으로 하다** → **탄핵하다**

● **in**come → in+come → (돈이) **안으로 오다** → **소득**

● **in**stant → in(upon)+sta(to stand)+nt → **서 있는 그대로** → **즉각적인, 순간**(p538)

● **in**vest → in+vest(to clothe) → (조직 등) **안에 옷을 입히는 것** → **투자하다**

◆ 어휘 플러스

im**merse** 몰두하다(p364) / im**migrate** 이주해오다(p367) / im**pact** 영향 / im**part** (정보·지식 등을) 전하다 (p427) / im**pede** 방해하다(p433) / im**pel** 강요하다(p435) / im**petus** 자극(p443) / im**plement** 시행하다(p461) / im**plant** 심다, (치과) 임플란트(p450) / im**plicate** 연루시키다(p459) / im**ply** 암시하다(p459) / im**port** 수입 (p468) / im**pose** 강요하다(p465) / im**press** 깊은 인상을 주다(p475) / im**pulse** 충동(p436) / **in**bound 입국하는 / **in**centive 장려책(p152) / **in**ception 시작(p159) / **in**cident 사건(p149) / **in**cise 새기다(p166) / **in**cite 선동하다 (p169) / **in**cline ~하는 성향을 갖게 하다(p178) / **in**clude 포함하다(p180) / **in**corporate 설립하다(p182) / **in**cur 초래하다(p194) / **in**crease 증가하다(p186) / **in**dicate 나타내다(p207) / **in**door 실내의 / **in**duce 유발하다(p213) / **in**fect 감염시키다(p228) / **in**fer 추론하다(p236) / **in**flame 흥분시키다(p242) / **in**flate 부풀리다(p243) / **in**flict 괴롭히다(p246) / **in**fluence 영향(p247) / **in**form 알리다(p257) / **in**fuse 주입하다(p266) / **in**genious 독창적인 (p269) / **in**habit 거주하다(p287) / **in**hale 숨을 들어 마시다(p558) / **in**herit 상속받다(p290) / **in**itiate 착수시키다 (p299) / **in**ject 주입하다(p301) / **in**novate 혁신하다(p396) / **in**put 입력 / **in**quire 묻다(p494) / **in**sect 곤충 (p523) / **in**sert 삽입하다(p534) / **in**sist 주장하다(p539) / **in**spect 점검하다(p554) / **in**spire 격려하다(p557) / **in**stitution 기관(p542) / **in**struct 가르치다(p568) / **in**sult 모욕하다(p511) / **in**sure 보험에 들다(p574) / **in**tend 의도하다(p588) / **in**tegrate 통합시키다 / **in**volve 수반하다(p653)

━━━ **우리말 대화로 단어 복습하기**

가. 최근 4, 50대 명예 **퇴직(retirement)**자가 엄청나다고 들었는데, 남일 같지 않군?

나. 정부가 실직자와 경력단절 여성들을 위해 **다양한(various)** 프로그램을 진행하고 있다고 해요.

나. 새로운 기술을 배우고 **개선시키는(improve)** 프로그램을 정부가 지원하고 있대요.

가. 한 번 알아봐야겠구. **실직(unemployment)**하며 **가난하게 되는(impoverish)** 일은 시간문제라고, 부양해야할 식구도 있고...

| 접두사 5<br>**안** | **INTRO-, INTRA-** : 안에(within) |

## 72. introduce [ìntrədjúːs]

intro+duce(to lead)

'안으로 이끄는' 것이 → v. ① (사람의 관계를 맺기 위해) **소개하다** ② (학습을) **도입하다** ③ (여러 사람에게 처음 공개를) **선보이다**가 된 거지

● intro**duction**[ìntrədʌkʃən] n. ① **도입** ② **소개** ③ **서문** ④ **머리말** ⑤ **입문서**

● intro**ductory**[ìntrədʌktəri] a. ① **소개의** ② **서두의** ③ **입문자를 위한**

● introduce a bill **법안을 제출하다**

Germany is due to **introduce** a law.
독일은 법을 도입할 예정이다.

**be due to** 동사원형 ~할 예정이다

## 73. introvert [íntrəvə̀ːrt]
intro+vert(to turn)

'안으로 도는' 것이 → n. (생각·행동 등이) **내향적인 사람**

　　　　　　　　　　　a. **내향적인** 의미가 된 거지

● ant. **ex**t**rovert** n. **외향적인 사람** a. **외향적인**

> She describe her friend as an **introvert**.
> 그녀는 자신의 친구를 내향적인 사람으로 기술하였다.

◆ 어원 TIP
● **intro**spect → intro+spect(to see) → (자신) **안을 보다** → **자기 반성하다**(p552)
● **intra**mural → intra(within)+mural(벽의) → (학교) **벽 안에** → **교내의**

### ■■■ 우리말 대화로 단어 복습하기

가. 김대리는 입사 몇 년차 인데 아직도 **발표(expression)**가 그 모양이야.

나. 팀장님, 김대리 같이 성격이 **내향적인 사람(introvert)**은 자기를 **소개하기(introduce)**가 쉽지 않습니다.

가. 그런가, 하긴 처음보다는 많이 좋아지긴 했지.

| 접두사 6<br>**밖** | E-, EX- : 밖에(out), without(없이), intens(강조) / b, d, g, j, l, m, n, r, v 시작되는 어근<br>앞에서는 ex가 아니라 e로 바뀜 |
| --- | --- |

## 74. edit [édit]
e(out)+dit(give)

'밖으로 주는' 것이 → v. ① (책, 신문 등을 밖에 내놓으려고) **편집하다**

　　　　　　　　　② (책, 신문 등을 밖에 내놓으려고) **수정하다**가 된 거지

● **ed**i**tion**[idíʃən] n. ① **판** ② (라디오나 텔레비전 연속 프로그램의) **1회분**

● **ed**i**torial**[èdətɔ́ːriəl] n. **사설** a. **편집의**

● **ed**i**tor**[édətər] n. **편집자**

● **ed**i**fy**[édəfài] v. **교화시키다**

> Amazon might **edit** their reviews.
> 아마존은 그들의 비평을 편집할 것이다.

## 75. exaggerate
[igzǽdʒərèit]
ex(out)+agge(to heap,
쌓아올리다)+r+ate(동접)

'밖으로 쌓아 올린' 것이 → v. ① (실재보다 부풀릴 목적이면) **과장하다**

　　　　　　　　② (물질이나 의혹을) **부풀리다**가 된 거지

● **ex**a**ggeration**[igzædʒəréiʃən] n. **과장**

● syn. **over**state(과장하다)

> People tend to **exaggerate** their achievements.
> 사람들은 자신들의 업적을 과장하는 경향이 있다.
>
> 　　　　　　**tend to** 동사원형 ~하는 경향이 있다.

## 76. exhaust [igzɔ́ːst]
ex(out)+haust(to draw)

'밖으로 끌어당기는' 것이 → v. ① (억지로, 지나치게 하면) **지치게 하다**

② (자원, 물질, 감정이면) **고갈시키다** n. ① **배기가스** ② **배기관**이 된 거지

● **ex**h**austion**[igzɔ́ːstʃən] n. ① **기진맥진** ② **고갈** ③ **소진**

- **exhaust** fumes/emissions **배기가스**
- syn. **tire out**(녹초가 되게 하다), **fatigue**(지치게 하다), **drain**(다 써 버리다), **use up**(다 써 버리다), **deplete**(고갈시키다) ↔ **enliven**(기운을 돋우다)

> Car **exhausts** could be causing heart damage.
> 자동차 배기가스가 심장손상을 초래할 수 있다.

## 77. **ex**pand [ikspǽnd]
ex(out)+pand(to spread)

'밖으로 펼치는' 것이 → v. ① (토지나 규모·모양을) **확대하다**
② (범위·규모·세력을) **확장시키다** ③ (사업을) **확장시키다**가 된 거지
- **ex**pans**ion**[ikspǽnʃən] n. ① 확장 ② 확대 ③ 팽창
- **ex**pans**ive**[ikspǽnsiv] a. ① 툭 트인 ② 광범위한 ③ 경제가 팽창하는
- **ex**pand a budget **예산을 확충하다**  • ant. **re**duce(줄이다, 축소하다)

> Experts advised readers on how to **expand** their small businesses.
> 전문가들이 독자들에게 소규모 사업을 확장하는 방법을 조언했다.

---

◆ 어원 TIP
- **ec**centric → ec(out)+centr(center)+ic(형접) → 중심에서 벗어난 → 괴짜인, 별난, 기이한
- **e**vaporate → e(out)+vapor(증기)+ate(~화하다, 동접) → 증기를 밖으로 하다 → 증발하다, 증발시키다

---

◆ 어휘 플러스 1 (ex의 다른 의미)
- **ex**: ① 이전의 ② 한때의 (하이픈(-)을 이용하여 복합어를 만듦)
- **ex**-convict 전과자 / **ex**-president 전 대통령 / **ex**-coworker 전 직장동료 / **ex**-husband 전 남편

---

◆ 어휘 플러스 2
**ec**lipse (일식·월식의) 식(p330) / **e**ducate 교육하다(p212) / **ef**fect 효과(p227) / **ef**fort 노력(p250) / **e**ject 쫓아내다(p300) / **e**laborate 정교한(p313) / **e**lect 선출하다(p320) / **e**legant 우아한(p321) / **e**levate 승진 시키다(p325) / **e**licit 이끌어 내다(p328) / **e**ligible 자격이 있는(p319) / **e**liminate 없애다(p239) / **e**lude 피하다(p339) / **e**merge 나오다(p363) / **e**minent 저명한(p360) / **e**mit 배출하다(p371) / **e**migrate 이주하다(p367) / **e**stablish 설립하다(p539) / **e**vacuate 대피시키다(p622) / **e**valuate 평가하다(p624) / **e**vidence 증거(p647) / **e**volve 진화하다(p653) / **ex**alt 칭찬하다(p113) / **ex**amine 점검하다(p111) / **ex**cel 뛰어나다(p161) / **ex**ception 예외(p160) / **ex**cite 흥분시키다(p169) / **ex**claim 소리치다(p171) / **ex**clude 제외하다(p179) / **ex**cursion 소풍(p194) / **ex**cuse 변병(p214) / **ex**empt 면제되는(p214) / **ex**ert 휘두르다(p534) / **ex**hibit 전시하다(p288) / **ex**ile 망명, 추방하다(p511) / **ex**it 출구(p299) / **ex**odus 대이동, 대탈출(p291) / **ex**pect 기대하다(p555) / **ex**pedition 탐험(p433) / **ex**pel 추방하다(p435) / **ex**pend 지출하다(p439) / **ex**pert 전문가(p441) / **ex**pire 만료되다(p556) / **ex**plain 설명하다(p449) / **ex**plode 폭발하다 / **ex**port 수출(p468) / **ex**pose 드러내다(p464) / **ex**press 표현하다(p474) / **ex**quisite 정교한(p494) / **ex**tend 연장하다(p587) / **ex**tinct 멸종된(p563) / **ex**tort 갈취하다(p607) / **ex**tract 발췌(p611) / **e**vade 피하다

---

■■■ 우리말 대화로 단어 복습하기

가. 미술팀 직원들이 오늘따라 왜 이렇게 **지쳐있는(exhaust)** 거야.

나. 요즘 **풍자(satire)**할 인물들이 넘쳐나서 삽화를 **확대하고(expand), 과장해서(exaggerate) 편집하다(edit)**가 며칠째 야근했다는군요.

## 78. extracurricular
[èkstrəkəríkjələr]

extra(outside)+curriculum+ar(형접)

'교과과정 밖' 은 → a. ① 정식과목 이외의 ② 교과외의
③ 본 업무 이외의 의미를 갖는 거지

- extracurricular activities 과외활동
- ant. curricular[kəríkjələr] a. 교육 과정의

> Extracurricular activities raised pupils' self-esteem.
> 교과외 활동은 학생들의 자존감을 높여준다.
> ① pupil 학생 ② self-esteem 자존, 자부(심)

## 79. extraordinary
[ikstrɔ́ːrdənèri]

extra(beyond)+ordinary(보통의)

'보통을 넘어선' 것은 → a. ① 뛰어난 ② 놀라운 ③ 임시의
④ 엄청난 것이라고 할 수 있지

- extraordinary talent 비범한 재능
- syn. remarkable(주목할 만한), outstanding(뛰어난) ↔ ant. ordinary
(보통의), unremarkable(평범한)

> His latest visit was the most extraordinary.
> 그의 최근 방문이 가장 놀라웠다.

## 80. extrovert
[ékstrəvə̀ːrt]

extro(outside)+vert(to turn)

'밖으로 도는' 은 → n. 외향적인 사람  a. 외향적인 것이 되지
- syn. outgoing(외향적인) ↔ ant. introvert(내향적인, 내향적인 사람)

> She was consumed by extrovert passions.
> 그녀는 외향적인 열정에 사로잡혀 있었다.

◆ 어원 TIP
- extradite → extra(밖에)+dite(to give) → 밖으로 주다 → (범죄자를) 인도하다, 송환하다
- extramarital → extra+marital(혼인의) → 혼인의 밖에 → 혼외의
- extraterrestrial → extra+terrestrial(지구의) → 지구 밖의 → n. 외계인 a. 외계의

◆ 어휘 플러스
extravagant 낭비하는 / extravagance 낭비, 사치 / extreme 극도의, 극심한, 극단적인 / extremity 맨 끝, 극한, 극도 / extra edition 호외(號外) / extra fee 추가 요금 / extra revenue 추가 소득 / extroversion 외전; 본전(本傳)에 빠진 부분을 따로 기록한 전기

■■■ 우리말 대화로 단어 복습하기
가. 방과 후 교과외의(extracurricular) 프로그램은 어떤 것들이 있나요?
나. 외향적인 사람(extrovert)이 주로 참여(participation)하는 토론 프로그램, 뛰어난(extraordinary) 영재를 발굴을 위한 과학 프로그램 등 10개 이상이 진행되고 있어요.

<table>
<tr><td>접두사 6<br>**밖**</td><td>OUT- : ~을 넘어서, 밖의, ~보다 오래된((beyond, longer(faster, better) than))</td></tr>
</table>

## 81. **out**burst [áutbə̀ːrst]
out+burst(폭발하다)

'밖으로 폭발하다' 가 → n. ① (감정을) **폭발** ② (화산 따위의) **분출**이 된 거지
- **out**break[áutbrèik] n. ① (전쟁·사고·질병 등의) **발생** ② **발발**
- syn. explos**ion**(폭발) ↔ ant. cont**rol**(억제)

His **outburst** showed a lack of respect.
그의 감정 폭발은 존경심 부족을 보여주었다.

## 82. **out**do [autdúː]
out(better than)+do

'(누군가)보다 더 잘하다' 가 → v. ① ~**을 능가하다** ② ~**보다 뛰어나다**가 된 거지
- syn. sur**pass**(~을 능가하다, ~보다 뛰어나다)

Girls **outdo** the boys in traditional subjects.
전통적인 과목에서 여학생들이 남학생보다 뛰어났다.

## 83. **out**grow [autgróu]
out(larger than)+grow

'~보다 크게 자라다' 가 → v. ① (옷보다 몸이 커져서) **입지 못하게 되다** ② **보다 더 커지다** ③ (옛날 습관·관심에서) **벗어나다**가 된 거지

Childhood heroes simply **outgrow** us.
어린 시절 영웅들은 우리 관심에서 벗어나 있을 뿐이다.

## 84. **out**landish [autlǽndiʃ]
out+land+ish(-같은; 현전)

'땅(육지)을 벗어난 것 같은' 것이 → a. ① (보통과 다른 측면에서는) **이상한** ② **기이한** ③ (조국 땅을 벗어난 느낌이라면) **이국풍의** 의미를 갖게 된 거지
- **outlandish** costumes **기이한 의상**
- syn. biz**arre**(기이한), ec**centric**(괴상한) ↔ com**mon**(평범한), stand**ard** (표준의), gener**al**(일반의)

Designers experiment with more **outlandish** ideas.
디자이너들은 이색적인 아이디어를 실험했다.

## 85. **out**law [áutlɔ̀ː]
out(beyond)+law

'법을 벗어난' 것이 → v. ① **불법화하다** ② **금지하다** n. **범법자**
　　　　　　　a. **불법의** 의미가 된 거지
- an **outlaw** strike **불법파업**
- syn. il**legal**(불법의) ↔ ant. leg**al**(합법의), legal**ize**(합법화하다)

The prime minister promised to **outlaw** ivory trade.
수상은 상아 거래를 금지할 것을 약속했다.
　　　　　　　　　　　　**prime** 첫째의, 가장 중요한

## 86. **outlet** [áutlet]
out+let(허락하다)

'밖으로 허락하는' 것이 → n. ① (감정 · 생각 · 에너지를) **발산** ② (경제적 측면에서는) **할인점** ③ (액체 · 기체의) **배출구**가 된 거지

> The song gave me an **outlet** for my emotions.
> 그 노래는 나에게 감정을 발산하도록 했다.

## 87. **outstanding** [àutstǽndiŋ]
out+stand+ing(형접)

'밖에 (들어나) 서 있는' 것이 → a. ① (능력이) **뛰어난** ② (겉으로 들어나) **두드러진** ③ (값을 내지 않아) **미지불된** ④ (풀리지 않은 문제면) **미해결된** 의미가 된 거지

- **out**standing balance ① **체납액** ② **미불 잔고**
- **out**standing problems **미해결된 문제**
- **ar**rears[əríərs] → ar(to)+re(behind)+ars(명접) → (임금 등을) **뒤로 미루는 것** → n. ① **지체** ② **밀림** ③ **지불 잔금** ④ **연체금**
- in **ar**rear ① **지체되어** ② **미불로** ③ **체불되어**
- syn. **ex**cell**ent**(뛰어난), **superb**(훌륭한), **ex**cept**ional**(예외적인) ↔ ant. **medio**cre(평범한), **un**paid(미납의), **un**solv**ed**(미해결된)

> Most people keep an **outstanding** balance.
> 대부분 사람들은 미결제 잔액을 가지고 있다.

## 88. **utter** [ʌ́tər]
utt(outward)+er

'밖으로 표출하는' 것이 → v. ① (표현을) **말하다** ② (문제를) **언급하다** ③ (소리 · 말 · 신음 · 탄식 등을) **입 밖에 내다** a. (있는 그대로를 말은) ① **완전한** ② **순전한** 의미가 된 거지

- **utter**ance[ʌ́tərəns] n. ① **말투** ② **발언**
- syn. **ab**solute(절대적인), **com**plete(완전한)

> She accused him of **utter** laziness.
> 그녀는 그를 완전한 게으름뱅이라고 비난했다.

## 89. **utmost** [ʌ́tmòust]
ut(out)+most

'가장 밖에' 있는 것이 → a. ① (기간이나 품질이면) **최고의** ② (감정이면) **극도의** n. **최대한도**가 된 거지

- at (the) **ut**most **기껏해야** (at most)
- do[try, exert] one's **ut**most **전력을 다하다**

> Privacy is of the **utmost** importance to Facebook.
> 사생활은 페이스북에서 가장 중요하다.
> ※ **utter**와 **utmost** 단어 앞에 **o**는 탈락

---

◆ 어휘 플러스

**out**bound 출국하는 / **out**door 실외의 / **out**er 바깥 부분의, 외부의 / **out**fit 옷 / **out**going 외향적인 / **out**ing 소풍, 야유회 / **out**line 윤곽 / **out**patient 외래환자 / **out**rage 격분 / **out**rageous 터무니없는, 언어도단인 / **out**weigh ~보다 더 중요하다 / **year in and year out** 해마다, 끊임없이, 언제나

- out come → out+come → 밖으로 나오는 것 → 결과, 성과
- out dated → out+dated → 날짜가 벗어난 → 시대에 뒤떨어진, 구식의 syn. out moded 유행에 뒤떨어진
- out look → out+look → 밖으로 보는 것 → 전망, (경제적) 전망
- out put → out+put → 밖으로 두다 → 생산, 산출 ↔ in put 투입, 입력
- out reach → out+reach → 밖으로 도달하여 하는 것 → 봉사[원조/지원] 활동
- out skirts → out+skirts → 가장자리(skirt) 밖 → 교외, 변두리
- out sourc ing → out+source+ing(명접) → 밖에 있는 공급원(source) → 아웃소싱, 하청, 외주

◆ 어원 TIP 2(다음 단어들은 out과 결합하여 동사로 활용)

- out last → out(longer than)+last(지속하다) → ~보다 더 오래 가다
- out live → out(longer than)+live → ~보다 더 오래 살다
- out number → out(more than)+number → ~보다 수적으로 우세하다
- out run → out(faster than)+run → ~보다 더 빨리 달리다
- out speak → out(better than)+speak → ~보다 말을 잘하다
- out stay → out(longer than)+stay → ~보다 오래 머무르다
- out wear → out(longer than)+wear(입고 있다) → ~보다 오래가다

## ■ 우리말 대화로 단어 복습하기

가. 그 친구 어렸을 때 **말투(utterance)**가 **더듬거렸는데(stutter)** 완전히 딴 사람 됐어.

가. **말하는(utter)** 기술이 아나운서도 **능가할(outdo)** 만큼 **뛰어나고(outstanding)** 비결이 뭐래?

나. 그 친구 말더듬 습관을 **벗어나기(outgrow)** 위해 **이상하고(outlandish) 금지된(outlaw)** 상황에서 말하는 기술을 갈고 닦았다네.

나. 밤에 공동묘지에서 **극도의(utmost)** 공포 속에서 감정을 **폭발(outburst), 발산(outlet)**시키는 연습을 수없이 했다는군?

### ❀❀❀❀❀ 생활 속 영단어로 어원 친해지기 ❀❀❀❀❀

**티케** : 일상에서 영단어를 활용한 사례를 알려주겠니?

**고양이** : 사무실에서 팀장님이 관련 내용을 메일로 **forwarding**해줘. 하지 않겠어요.

**고양이** : 그래서 제 나름대로 어원분석 해보았어요.

○ forwarding → forward(앞으로)+ing → 앞으로 보내는 것 → '전달, 발송'이 되는 거였어요.

**토끼** : **치통(toothache), 충치(cavity), 임플란트(implant)**, 영화 **인셉션(Inception), 외래환자 (outpatient), 입원환자(inpatient)**도 있어요.

**티케** : 설명을 덧붙이면

○ im plant → im(안에)+plant(심다) → 안으로 치아를 심는 것 → implant(임플란트)

○ in cept ion → in+cept(to take)+ion(명접) → 안으로 취하는 것 → (일) 안으로 들어가는 것 → 시작, 개시

○ ache(아픔) → toothache(치통), headache(두통), stomachache(복통)

○ cav ity → cave(동굴)+ity(명접) → (치아)가 동굴같이 된 것 → 충치

○ out patient → out+patient → 외부의 환자 → 외래환자

○ in patient → in+patient → 안에 있는 환자 → 입원환자

**티케** : 다음에 배울 접두사는 amb, ambi, amphi / dia / enter, inter / per / trans / ant, anti / contra, contro, counter / peri, circum / dis, di / for / il, in, im, non / mal, male 이지요.

- coldly     ad. 차게, 차갑게, 냉담하게 ↔ gently 다정하게, 부드럽게
- comic     a. 희극의, 희극적인 ↔ tragic 비극의, 비극적인
- comfortable     a. 기분이 좋은, 편안한, 안락한 = cozy ↔ uncomfortable 불편한
- comfort     n. 위로, 편안, 안락 ↔ discomfort 불쾌, 불편
- commend     v. 칭찬하다, 추천하다 = praise ↔ criticize 비난하다
- common     a. 흔한 ↔ rare, uncommon 드문, 희귀한
- complex     a. 복잡한, 복합의, 복합적인 ↔ simple 단순한
  - ※ n. 복합, (정신적) 콤플렉스, sports complex 스포츠 단지
- complexity     n. 복잡함, 복잡성 ↔ simplicity 단순함, 평이함
- conceal     v. 감추다 ↔ reveal 폭로하다, 드러내다
- conceit     n. 자만심 ↔ humility 겸손, 겸양
- concord     n. 일치, 조화, 화합 ↔ discord 불일치, 불화, 부조화
  - ※ con(with)+cord(heart) → 함께하는 마음
- confess     v. 고백하다, 자백하다, 인정하다 ↔ deny 부인하다, 부정하다
- conquer     v. 정복하다, 이기다 ↔ surrender 항복하다, give in 항복하다, 굴복하다
- consent     v. 동의하다 n. 동의 ↔ dissent v. 반대하다 n. 반대
- conservative     a. 보존력이 있는, 보수적인 ↔ progressive 진보적인, liberal 진보적인
- construct     v. 건설하다 ↔ destroy 파괴하다
- constructive     a. 건설적인 ↔ destructive 파괴적인
- consume     v. 소비하다 ↔ produce 생산하다, 제작하다
- consumer     n. 소비자 ↔ producer 생산자, 제작자
- consumption     v. 소비 ↔ production 생산
- contempt     n. 경멸, 멸시, 모욕 ↔ respect 존경
- content     a. 만족하는 ↔ discontented 만족하지 않는
  - ※ content v. 만족을 주다 n. 내용(우리가 흔히 알고 있는 콘텐츠)
- contentment     n. 만족 ↔ discontent 불만족
- continue     v. 계속하다 ↔ discontinue, halt, stop, quit 그만두다, 중지하다
- convenience     n. 편리, 편의 ↔ inconvenience 불편, 불편함
- convenient     a. 편리한, 간편한 ↔ inconvenient 불편한, 곤란한
- courage     n. 용기 ↔ discouragement 낙심, 낙담
- courtesy     n. 예의, 정중, 친절 ↔ discourtesy 무례, 실례
- creditor     n. 채권자 ↔ debtor 채무자
- crust     n. 빵의 껍질, 껍질, 지각 ↔ crumb (빵 따위의) 부스러기, 조각
  - ※ 지구의 지각 (the Earth's crust) → 지구의 껍질이 지구의 지각
- cultured     a. 세련된, 교양 있는, 배양된 ↔ vulgar 저속한, 천박한, 교양 없는

# Exercise 3

*1.* (A)에 제시된 접두사의 의미를 가장 적절하게 표현한 것을 (B)에서 찾으시오.

**(A)**

1) POST / RE / WITH _____
2) SUR.SUPER _____
3) SUB.SUS / DE / UNDER _____
4) IN, IM / EN, EM / INTRO _____
5) OUT / E-, EX _____
6) AD, A / ANTE / PRO / FORE _____

**(B)**

ⓐ 미리(beforehand), 앞(front), 이전(before), ~로(to), ~쪽으로(toward)

ⓑ 아래로(down), ~분리·이탈(off, from), ~의 반대(opposite of), 보다 낮은(lower),
   불충분한(insufficiently)

ⓒ 밖에(out), ~부터(from), 떨어져(away), ~을 넘어서, 밖의
   ~보다 오래된(beyond, out, longer than)

ⓓ 위에, 넘어서(over, upon, beyond)

ⓔ 뒤로(back), 떨어져(away), ~에 대항(against), 후에(after), 다음(following)

ⓕ 안에(in), 안으로(into)

*2.* 제시된 단어 중 의미가 가장 적절한 것을 찾아 괄호 안에 넣으시오.

ⓐ impoverish ⓑ extrovert ⓒ engulf ⓓ outdated ⓔ outlandish ⓕ utmost ⓖ outdo ⓗ exhaust ⓘ introduce
ⓙ exaggerate ⓚ utter ⓛ outburst

1) (　　) : 폭발　　　　　2) (　　) : 과장하다　　　　3) (　　) : 말하다
4) (　　) : 지치게 하다　　5) (　　) : 소개하다　　　　6) (　　) : 가난하게하다
7) (　　) : 최고의　　　　8) (　　) : 이상한　　　　　9) (　　) : 외향적인
10) (　　) : ~을 삼키다　　11) (　　) : ~을 능가하다　12) (　　) : 시대에 뒤떨어진

**3.** 제시된 단어와 <u>반대되는</u> 의미로 가장 적절한 것을 찾아 괄호 안에 넣으시오.

---

ⓐ consumer ⓑ contempt ⓒ debtor ⓓ comic ⓔ conquer ⓕ constructive ⓖ conceal ⓗ commend ⓘ conceit ⓙ continue ⓚ complex ⓛ coldly ⓜ confess ⓝ common

---

1) (　　) : surrender　　2) (　　) : reveal　　3) (　　) : criticize

4) (　　) : humility　　5) (　　) : gently　　6) (　　) : deny

7) (　　) : producer　　8) (　　) : simple　　9) (　　) : creditor

10) (　　) : respect　　11) (　　) : destructive　　12) (　　) : tragic

13) (　　) : stop　　14) (　　) : rare

**4.** <u>밑줄 친 단어</u>와 <u>가장 유사한</u> 것을 고르시오.

1) One of the most **extraordinary** men died of lung cancer.

① outstanding　　② normal　　③ ordinary　　④ plain

2) They wish to **expand** their volunteering service.

① expend　　② contract　　③ enlarge　　④ lessen

3) Such chaos **incurs** social instability.

① bring about　　② embrace　　③ recur　　④ affect

4) The protest has influenced the **outcome** of the presidential election.

① income　　② result　　③ cause　　④ impact

5) There's no proof that sports drugs **enhance** performance.

① diminish　　② degrade　　③ lower　　④ improve

**5.** 아래에 제시된 단어 중 <u>밑줄 친</u> 우리말의 의미에 맞게 빈칸에 적절한 것을 골라 넣으시오.

---

introvert / edit / outlaw / endanger / employ / extracurricular / outlet / improve / exodus / outgrow

---

1) 민간인들이 도시에서 **대탈출**을 계속했다.

⇒ Civilians continued an (　　　　) from the city.

2) 좋은 팀 기술은 **특별** 활동을 통화여 발전될 수 있다.

⇒ Good team skills can be developed through (　　　　) activities.

3) 음악은 대부분 사람들의 건강을 **개선시킬 수 있다**.

⇒ Music can (　　　　) most people's health.

4) 나는 항상 매우 수줍어하는 **내향적인** 사람이었다.

⇒ I was always an (　　　　) , a very shy one.

5) 그녀의 딸은 몇 개월 지나면 **몸이 커져서** 그 코트를 **입지 못할 것이다**.

    ⇒ Her daughter will (          ) the coat in a few months.

6) iMovie에서 소리 **편집**은 정말 간단하다.

    ⇒ Sound (        ) in iMovie is really straightforward.

                               * **straightforward** 간단한, 똑바른, 정직한, 솔직한

7) 그녀는 조국을 **위태롭게 하는** 어떤 일도 결코 하지 않았다.

    ⇒ She would never do anything to (       ) the country.

8) 그 상점은 식료품 잡화상의 가장 작은 **판매점**이다.

    ⇒ The store is the grocer's smallest (       ).

9) 기업들은 정신병을 가진 사람을 **고용해**서는 안 될 것이**다**.

    ⇒ Companies would not (       ) someone with a mental illness.

10) 우리 정부는 플라스틱 가방을 **불법화했다**.

    ⇒ Our government (       ) plastic bags.

---

### 그리스로마신화로 어원 익히기

**티케** : **titanic**의 어원과 관련된 그리스신화를 배웠었지?

**고양이** : 거인 **Titan**신과 관련 있다고 배웠어요.

**티케** : 거인과 관련된 다른 그리스 신화도 있어.

**티케** : 가이아(제우스 어머니)가 남편 우라노스의 피로 **기가스(gigas)**를 낳았고 그들의 무리를 **기간테스 (gigantos)**라고 불렀어.

**티케** : **기가(giga)**와 **거인(giant)**이 어기에서 유래 되있어.

**티케** : 그럼 크고 많다는 표현을 정리해볼게.

**티케** : giga[gigə] '10억, 무수(無數)'한 의미이고, hecto[héktə] '백, 다수', mega[mégə] '대(大), 백만(배)' 를 의미하고 모음 앞에서는 meg-로 쓰여.

---

■ giga와 관련된 어휘

● **giga**byte 기가바이트《10억 바이트 상당의 정보 단위》 / **gigant**ic 거대한

■ mega와 관련된 어휘

● **mega**byte 메가바이드 / **mega city** 인구 친만 이상의 기대 두시

■ hecto와 관련된 어휘

● **hecto**meter 헥토미터《100미터》 / **hecto**are 헥타르《면적의 단위; 1만m², 100아르; 기호 ha》 / **hect**or 헥토르(그리스 신화에 나오는 Troy 전쟁의 영웅), 허세부리는 사람, 약자를 괴롭히는 사람, 〔약자 등〕을 괴롭히다(bully), 허세 부르다

| 접두사 7 **사이 · 관통** | AMB-, AMBI-, AMPHI- : 양쪽(both), 주변(around) |
| --- | --- |

## 90. ambiguous
[æmbígjuəs]

amb(around)+ig(to do)
+u+ous(형접)

'(핵심에서 벗어나) 주변에서 하는' 것이 → a. ① **애매한** ② **모호한**
③ **불명료한** 의미가 된 거지

- **ambiguity**[æmbigjúːəti] n. ① **애매함** ② **모호함**
- syn. un**clear**(불분명한), obs**cure**(모호한), **vague**(애매한) ↔ ant. **clear** (명백한)

> He has a tendency to make **ambiguous** comments.
> 그는 애매한 논평을 하는 경향이 있다.    **tendency** 경향, 버릇

## 91. amble [æmbl]

amb(round)+le(to walk)

'(서두르지 않고 ) 주위를 걸어 다니' 는 것이 → n. **한가롭게 걷기**
v. **느긋하게 걷다**가 된 거지

- **ambulance**[æmbjuləns] n. **구급차**
- syn. **stroll**(산책, 산책하다)

> We would go for long **amble** through woodland.
> 우리는 숲을 오랜 시간 느긋하게 걷곤 했다.

## 92. amphibian [æmfíbiən]

amphi(both)+bi(life)+an(명접)

'(물과 육지) 양쪽에서 생활하는' 것을 → n. ① (생물이면) **양서류**
② (물건이면) **수륙 양용**이라 하지

- **amphibian** tank **수륙 양용 탱크**

> Scientists discovered three species of **amphibian**.
> 과학자들이 세 가지 종의 양서류를 발견했다.

---

◆ **어원 TIP**

- **ambi**dextrous → ambi+dextrous(손재주가 좋은) → 양쪽의 손재주가 좋은 → 양손잡이의
- **ambi**va**lence** → ambi+val(value 가치)+ence(명접) → 양쪽의 가치 → 양면가치, 모순
- **amb**ient → amb(around)+i(to go)+ent(형접) → 주변으로 가는 → 주위[주변]의
- **amb**ience → amb(around)+i(to go)+ence(명접) → 주변이 (돌아) 가는 상태 → 분위기, 주변
- **amb**ition → amb(around)+it(to go)+ion(명접) → (두려움 없이) 주변으로 가려고 함 → 야망, 야심

---

### ■ 우리말 대화로 단어 복습하기

(친구와 공원 산책)

가. 우리 시간도 여유 있으니 오랜만에 **한가롭게 산책하다**(amble)가 돌아갈까?

나. 그런데 친구, 뭔가 불편한 일이 있어. 얼굴에 쓰여 있어.

가. 티나니? 사실 여자 친구와 **애매한**(ambiguous) 상황에 빠져있어.

가. 결혼하자고 하는데 난 싱글 생활을 더 즐기고 싶어. 공부도 더 하고 싶고...

가. 그런데, 그녀가 며칠 내로 답을 주지 않으면 헤어지자고 한다니까. 그런데 그녀를 놓치기는 싫고... 휴

나. 땅 꺼지겠어. 완전히 **모순**(ambivalence)된 상황이네. 어쩐다. 어! 저기 개구리가 있네. 개구리가 **양서류**(amphibian) 맞지.

가. 난 지금 지금 심각한데...

## 93. **diagnose** [dáiəgnòus]
dia(through)+gno(to know)+se(동접)

'관통하여 아는' 것이 → v. ① (질병 · 문제의 원인을 밝히면) **진단하다**
② (사실을 캐면) **규명하다**가 된 거지
- **dia**gno**sis**[dàiəgnóusis] n. ① **진단** ② (문제의 원인이나 성질의) **판단**

Cancer in children was especially hard to **diagnose**.
아이들의 암은 진단하기가 특별히 어렵다.

## 94. **dialect** [dáiəlèkt]
dia(between)+lect(to choose)

말이 특정 계층이나 지역 '사이에서 선택하는' 것이 → n. ① **방언**
② **사투리**라고 하지
- **dia**logue[dáiələ̀ːg] n. **대화**
- ant. **standard language**(표준어)

This influence from other **dialects** is not a new thing.
다른 방언으로 인한 이러한 영향은 새로운 것이 아니다.

## 95. **diameter** [daiǽmətər]
dia(through)+meter(to measure)

'가로질러 측정하는' 것이→ n. ① **지름** ② **배율**이 된 거지
- **dia**gram[dáiəgræ̀m] n. ① **도표** ② **도해**
- **radi**us[réidiəs] n. ① **반지름** ② **반경**(수학에서 R은 radius 줄임)

I have a container of about 12cm **diameter**.
나는 지름이 약 12cm인 그릇을 갖고 있다.

### 우리말 대화로 단어 복습하기

가. 안녕하세요. 선생님. **진단한**(diagnose) 결과는 나왔나요?
나. (걸쭉한 **사투리**(dialect)로) 심각허구만. 복무**비만**(obesity)이고 관리하지 않으면 **당뇨병**(diabetes) 위험이 있당께.
나. 이렇게 방치하면 복부 **지름**(diameter)이 40cm가 넘는 초비만이 되는 것은 시간문제여.

## 96. **enterprise** [éntərpràiz]
enter(between)+prise(to take)

(사람들) '사이에서 취하는' 것이 → n. ① (영리 목적이면) **기업** ② (목적과 계획을 가지고 지속적으로 경영하면) **사업** ③ (적극적으로 성취하려고 하면) **진취성**이 되는 거지
- **enter**pris**ing**[éntərpràiziŋ] a. ① **진취적인** ② **적극적인**
- social **enterprise** **사회적 기업**
- syn. **com**pany(회사), **firm**(회사), **busi**ness(사업)

The social **enterprise** leaves hope to us.
그 사회적 기업은 우리에게 희망을 남겼다.

## 97. **enter**tain [èntərtéin]
enter(between)+tain(to hold)

(사람들)'사이에서 붙잡는' 것이 → v. ① (사람들 사이에서 마음을) **즐겁게 해주다**
② (손님을) **접대하다** ③ (생각・희망・감정을) **품다**가 된 거지
- **enter**tain**ment**[èntərtéinmənt] n. ① **엔터테인먼트** ② **연예** ③ **오락**
- **enter**tain**er**[èntərtéinər] n. **연예인**

> We **entertain** the elderly.
> 우리는 노인들을 즐겁게 해주었다.

## 98. **inter**act [íntərǽkt]
inter(between)+act

(사람들)'사이에서 행하는' 것이 → v. ① (서로 영향을 주면) **상호 작용하다**
② (생각을 서로 통하면) **소통하다** ③ (문화・사상・물건을) **교류하다**가 된 거지
- **inter**act**ive**[íntərǽktiv] a. **쌍방향의**
- **inter**act**ion**[íntərǽkʃən] n. **상호 작용**

> We understand how to **interact** with customers.
> 우리는 고객과 소통하는 방식을 이해한다.

## 99. **inter**cept [ìntərsépt]
inter(between)+cept(to take)

(사람들)'사이에서 취하는' 것이 → v. ① (남의 물건이나 말을) **가로채다**
② (길・말・행동・시야를) **가로막다**가 된 거지
- **inter**cept**ion**[ìntərsépʃən] n. ① **차단** ② **방해**
- syn. **stop**(멈추게 하다), **block**(가로막다)

> Border agents **intercept** the travelers.
> 국경감시원들이 여행객을 차단했다.

◆ **어휘 플러스**
**inter**cede 중재하다(p158) / **inter**change 교환, (고속도로의) 인터체인지 / **inter**dependence 상호의존(p439) / **inter**est 관심(p218) / **inter**fere 간섭하다(p236) / **inter**im 중간[임시/과도]의 / **inter**lude 막간(p339) / **inter**mediate 중간의(p357) / **inter**mission (연극・영화 등의) 중간 휴식 시간(p371) / **inter**mittent 간헐적인 (p371) / **inter**national 국제적인 / **inter**pret 설명하다(p471) / **inter**rupt 방해하다(p509) / **inter**section 교차 (p522) / **inter**val 간격 / **inter**vene 개입하다(p632) / **inter**view 면접(p648)

### ▬▬ 우리말 대화로 단어 복습하기
가. **대화(dialogue)**를 할 때 남의 말을 중간에 **가로채는(intercept)** 것은 올바른 소통 방식이 아니지요.
가. 여러분이 근무하는 곳이 어디지요?
나. (청중들) 00엔터테인먼트요.
가. 엔터테인먼트 **기업(enterprise)**은 사람을 **즐겁게 해주며(entertain)** 대중과 **소통하는(interact)** 것이 무엇보다 중요해요.

PER- : ~을 통해서(through), 끝까지(to the end), 강조(intens)

## 100. perceive [pərsíːv]
per(through)+ceive(to take)

'두루 취하는' 것이 → v. ① (사물을 분별하고 판단하는) **인식하다**
② (사실을) **인지하다**가 된 거지
- perception[pərsépʃən] n. ① **지각** ② **인식**
- perceptible[pərséptəbəl] a. ① **감지할 수 있는** ② **인지할 수 있는**

The disorders influence the ability to **perceive** flavors.
그러한 장애들은 맛을 인식하는 능력에 영향을 미친다.

## 101. perform [pərfɔ́ːrm]
per(intens)+form(형성시키다)

'강하게 형성시키는' 것이 → v. ① (작정한 대로) **행하다**
② (계획대로) **수행하다** ③ (연극 등을) **공연하다**가 된 거지
- performance[pərfɔ́ːrməns] n. ① **공연** ② **실적** ③ **성과** ④ **성능**
- performance assessment **수행평가**
- syn. **carry out**(수행하다), **fulfill**(이행하다)

Do we have the right to **perform** this?
우리가 이것을 수행할 권할 가지고 있는가?

## 102. permeate [pə́ːrmièit]
per(through)+mea(to flow)
+ate(동접)

'(액체·기체·생각·사상 등이) 두루 흘러들어 오는' 것이 → v. ① **퍼지다**
② **스며들다** ③ **침투하다**가 된 거지
- syn. **pervade**(스며들다, 만연하다), **filter**(침투하다), **percolate**(스며들다)

The smell **permeates** every corner of the house.
냄새가 집안 구석구석에 스며들었다.

---

### ◆ 어휘 플러스
percussion 충격, 진동, 타악기(p195) / perennial 연중 끊이지 않는, 다년생의(p199) / perfect 완벽한(p228) / perfume 향수(p264) / perish 소멸되다(p299) / perjury 위증(p305) / permanent 영구적인(p350) / permit 허용하다 (p371) / pernicious 치명적인(p399) / perpetuate 영구화하다(p443) / perplex 당혹하게 하다(p460) / persevere 인내하다(p523) / persist 고집하다(p543) / perspective 관점(p554) / perspire 땀을 흘리다(p557) / persuade 설득하다(p570) / pertain (to) 관련되다(p586)) / perturb 동요하게 하다(p615) / peruse 정독하다(p618) / pervert 왜곡하다(p639)

### ■■■ 우리말 대화로 단어 복습하기
가. 이상한 **냄새(odor)**가 나지 않나요?
나. 그런 것 같은데. 어디에서 나는 거지.
가. 저기 환풍 통로에서 냄새가 **스며드는(permeate)** 것 같은데요.
나. 그러네. 사실을 **인지하였으니(perceive)**, 원인을 **제거하는(remove)** 일을 누가 **수행하지(perform)**.
가. 제가 시설팀에 연락해볼게요.

TRANS, TRA : ~을 통하여(through), 가로질러(across), 넘어(beyond)
※ d, j, v로 시작하는 어근 앞에서는 tra를 씀

## 103. tranquil [trǽŋkwil]
trans(beyond)+quil(calm)

'대단히 조용한' 것이 → a. ① (분위기가) 조용한 ② (분위기가) 평온한
③ (성격이) 차분한 의미가 된 거지

- tranquility[træŋkwíləti] n. ① 고요 ② 평안 ③ 침착함
- tranquilize[trǽŋkwəlàiz] v. ① 진정시키다 ② 가라앉히다
- tranquilizer[trǽŋkwəlàizər] n. 진정제
- syn. placid(조용한), quiet(조용한), still(소리가 없는) ↔ ant. noisy (시끄러운), loud(시끄러운)

The place is a **tranquil** village.
그곳은 조용한 마을이다.

## 104. transact [trænsǽkt]
trans(through)+act(행하다)

'(사람을) 통하여 행하는' 것이 → v. ① (업무·교섭 등을) 행하다
② (물품을) 거래하다가 된 거지

- transaction[trænsǽkʃən] n. ① 거래 ② 매매 ③ 처리

Low-income people **transact** in very small amounts.
저소득층 사람들은 매우 작은 양을 거래한다.
① **low-income** 저소득의 ② **amount** 양

## 105. transient [trǽnʃənt]
trans(through)+i(to go)+ent(형접)

'통과하여 지나가는' 것이 → a. ① 일시적인 ② 잠깐 머무르는
n. 단기 체류자가 된 거지

- transit[trǽnsit] n. ① 통과 ② 수송
- syn. a. temporary(일시의), momentary(순간의, 일시적인) n. sojourn(체류)

A 47-year-old **transient** was arrested.
47세의 일시 체류자가 체포되었다.

### ◆ 어원 TIP
arrest → ar(to)+rest(휴식) → (죄지은 사람에게) 휴식을 주는 것 → 체포하다
- arrest 의 ar은 ad가 rest의 r로 인하여 철자동화 발생하여 ar이 됨

## 106. transparent
[trænspέərənt]
trans(through)+par(to appear)
+ant(형접)

'통과하여 나타나는' 것이 → a. ① (물·빛, 일처리가) 투명한
② (성격이) 솔직한 ③ (분명하게 드러나) 명백한 것이 된 거지

- transparence[trænspέərəns] n. 투명
- translucent[trænslúːsnt] a. 반투명의
- opaque[oupéik] a. 불투명한

Many companies are **transparent** in their operations.
많은 기업들은 운영이 투명하다.

- transfer → trans(across)+fer(to carry) → 가로질러서 나르다 → 갈아타다
- transform → trans(across)+form → 형태를 가로지는 것 → 변형시키다
- transgender → trans(across)+gender(성) → 성(性)을 건너가는 → 남자에서 여자로 또는 여자에서 남자로 전환 → 성전환의

◆ 어휘 플러스

tradition(p201) / trajectory 탄도(p302) / traverse 가로지르다(p639) / transcend 초월하다(p516) / transcribe 기록하다((p521) / transfuse 수혈하다(p267) / transition 이행(p298) / translate 번역하다(p314) / transmit 전송하다(p372) / transmute 바꾸다(p390) / transplant 이식하다(p450) / transport 수송하다(p470)

### 우리말 대화로 단어 복습하기

(출입국 관리부서 팀 회의)

가. 최근 **단기 체류자(transient)**가 불법으로 취업하는 사례가 빈발하고 있는데요.

나. 알겠네. 실태를 파악해서 **조용하고(tranquil) 투명한(transparent)** 절차를 거쳐 **처리하게(transact)**.

---

| 접두사 8 **부정 · 반대** | ANT-, ANTI- : 대항하여(against), 반대의(opposite) |
|---|---|

## 107 antibiotic
### [æntibaiάtik]
anti(against)+bio(life)+t+ic(형접)

'(생물이나 생물 세포 같은) 생명에 대항하는' 것을 → n. ① **항생제**
② **항생물질**이라고 하지

- antibody[æntibὰdi] n. **항체**
- antigen[æntidʒən] n. **항원**

> We should reduce **antibiotic** use in agriculture.
> 우리는 농업에서 항생제 사용을 줄여야 한다.

## 108. antipathy [æntípəθi]
anti(against)+pathy(to feel)

'(상대편의 말이나 태도 등을) 반대로 느끼는' 것을 → n. ① **반감**
② **혐오**라고 하지

- syn. distaste, hostility

> We understand people's **antipathy**.
> 우리는 사람들의 반감을 이해한다.

---

◆ 어원 TIP

- antidote → anti(against)+dote(to give) → 대항하도록 주는 것 → 해독제, 해소수단
- antiseptic → anti(against)+septic(to decay 썩다) → 썩는 것을 막아주는 것 → 소독제, 방부제
- antarctic → ant(against)+arctic(북극의) → 북극의 반대 → 남극의, 남극지역

antagonism 적의(p111) / Antarctica 남극대륙 / antonym 반의어(p401) / antiaging 노화 방지의 / antifreeze 부동액 / anti-imperialism 반제국주의 / antinomy 이율배반(p400) / antinuclear 반핵의 / antisocial 반사회적인 / antithesis 대조(p603) / antiwar 반전의

### ■■■ 우리말 대화로 단어 복습하기

가. 가벼운 통증은 바로 **항생제(antibiotic)** 주사를 **처방(prescription)**하는 것은 안 되지.

나. 빨리 병을 치료하고 싶은 환자의 마음도 이해해야 한다구.

가. 항생제를 **남용하는(overuse)** 것은 나중에 큰 문제를 초래할 수 있어.

가. 나중에 큰 병이 걸리면 약효가 떨어지고, 결국 사회적 **반감(antipathy)**을 불러올 거야.

---

| 접두사 8 **부정 · 반대** | CONTRA-, CONTRO-, COUNTER- : ~에 반대하여(against, opposed to), 반대로(contrary) |
|---|---|

## 109. contradict
[kὰntrədíkt]
contra(opposed to)+dict(to speak)

'반대로 말하는' 것이 → v. ① (앞뒤가 맞지 않은) **모순되다** ② (의견이나 비난에 맞서는) **반박하다** ③ (그렇지 않다고 단정하는) **부정하다**가 된 거지
- contra**diction**[kὰntrədíkʃən] n. ① **모순** ② **부정** ③ **반대**
- contra**dictory**[kὰntrədíktəri] a. **모순되는**
- syn. in**consist**ency(모순), de**nial**(부정)

> The finding has **contradicted** the government's claim.
> 조사는 정부의 주장과 모순되었다.

## 110. contraband
[kὰntrəbǽnd]
contra(against)+band(to order)

'명령에 반하는' 행위가 → n. ① (몰래 들여오는) **밀수**
② (몰래 들여오거나 파는) **밀수품**이 된 거지
- **contraband** trade 밀무역

> Employees transported **contraband** cigarettes.
> 종업원들이 밀수 담배를 운반했다.

## 111. contrast [kὰntrǽst]
contra(against)+st(to stand)

'반대로 서 있는 것' 이 → n. ① (맞대어 보면) **대조** ② (맞대어) **대비**
③ (다름이 나타나면) **차이** ④ (텔레비전 화면이면) **명암**
v. ① **대조하다** ② **대비시키다**가 된 거지
- in **contrast** to ① **대조적으로** ② **비교되는**
- on the **contrary** 그와는 **반대로**

> The GDP growth was another big **contrast**.
> GDP 성장이 또 다른 커다란 차이였다.
> ① **GDP** : Gross Domestic Product(국내 총생산)
> ② **GNP** : Gross National Product(국민 총생산)

## 112. counterpart
[káuntərpɑːrt]
counter+part(부분, 역할)

'반대의 역할' 이 → 동일한 지위와 기능을 갖는 사람이나 사물이면 →
① **상대** ② **대응인** ③ **대응물**이 되는 거지

He would meet with his korean **counterpart** in Seoul.
그는 서울에서 그의 한국 상대와 만나게 될 것이다.

◆ **어원 TIP**

- **control** → cont(against)+rol(to roll 말다) → 반대로 말다 → 통제, 억제
- **encounter** → en(in)+counter(against) → (뜻하지 않게) 안에서 마주대하는 것 → 우연히 만나다, 마주치다, 맞닥뜨리다, 만남, 조우

◆ **어휘 플러스**

**pro**s and **con**s 찬반양론, 장단점 / **contra**ry 반대로, 반대되는 것 / **contra**vene 위반하다(p633) / **contro**versial 논란이 많은(p638) / **counter**attack 반격 / **counter** clock**wise** 시계바늘과 반대 방향의 / **counter**mand 취소하다 (p352) / **counter**offer 대안, 수정 제안 / **counter**vail 상쇄하다(p625) / **counter**feit 모조의, 가짜의(p228)

### ■■■ 우리말 대화로 단어 복습하기

가. 진품과 **대조(contrast)**한 결과 그 물건이 **가짜(counterfeit)** 밀수품(contraband)이라는 것이 확연히 드러나는 데요.
나. 이런 말도 안 되는 물건으로 진품임을 주장한 **상대(counterpart)**는 도대체 누구야.
가. 이유를 설명하고 **반박하는(contradict)** 기자회견을 열어야겠어.

◆ **어원 TIP**

PERI-, CIRCUM- : 주변에, 둘레에(around)

- **peri**meter[pərímitər] → peri(around) + merter(to measure) → 둘레를 측정하는 것 → 주위, 둘레
- **peri**phrasis[pərífrəsis] → peri(around) + pher(to speak) + sis(명접) → (핵심을) 돌려 말하는 것 → 에둘러 말하기, 완곡어법
- **peri**scope[pérəskòup] → peri(around) + scope(to see) → 주변을 보는 도구 → 잠망경
- **circum**locution[sə̀ːrkəmloukjúːʃən] → circum(around) + locut(to speak) + ion(명접) → (핵심을) 돌려 말하는 것 → 에둘러 말하기, 완곡어법(p334)

◆ **어휘 플러스**

**peri**gee 근지점(p271) / **peri**od 기간, 시대(p292) / **peri**phery 주변(p237) / **peri**pheral 지엽적인, 말초의 / **circum**ference 원주, 둘레(p168) / **circum**navigate (세계) 일주를 하다(p392) / **circum**scribe 둘레에 선을 긋다, 제한하다(p168, 520) / **circum**spect 신중한(p168) / **circum**stance 환경, 형편(p168) / **circum**vent 피하다, 피해 가다(p633)

접두사 8
## 부정 · 반대

DIS-, DI- : 반대의(opposite of), 부정(not-**형용사 부정**), 박탈하다(to deprive of) / 결함·부족(lack-**명사부정 dis**ease) / 거절·실패하다(to refuse, to fail), 반대로 하다 (to do the opposite of-**동사 부정**) / g, l, m, r, v로 시작하는 어근 앞에서는 di 가 되고 / f로 시작하는 어근은 dif가 됨. ※ 힙합 디스(dis)는 disrespect 줄임

## 113. disable [diséibl]
dis(opposite of)+able

'할 수 없게 하는' 것이 → v. ① (능력이면) **무능하게 하다** ② (물건이면) **망가뜨리다** ③ (신체라면) **불구로 만들다**가 되는 거지
- disabl**ed**[diséibld] a. **신체장애가 있는** cf. the disabled 장애인들
- dis**ability**[dìsəbíləti] n. ① (신체적·정신적) **장애** ② **무능**
- syn. handicap(신체장애, 핸디캡)

> University should support the **disabled**.
> 대학은 장애인들을 지원해야 한다.

## 114. disadvantage
[dìsədvǽntidʒ]
dis(lack)+advantage(유리함)

'유리함의 부족' 은 → n. ① **불리한 점** ② **약점**이 되는 거지
- syn. drawback(결점), handicap(불리한 조건)

> There could be advantages and **disadvantages**.
> 장단점이 있을 수 있다.

## 115. disappoint [dìsəpɔ́int]
dis(to do the opposite of)
+appoint(임명하다, 약속하다)

'임명이나 약속을 취소하는' 것이 → v. ① (당사자를) **실망시키다** ② (마음이나 계획·일이면) **좌절시키다**가 된 거지
- dis**appoint**ment[dìsəpɔ́intmənt] n. ① **실망** ② **낙담**
- syn. dis**satisfy**(불만을 느끼게 하다), let sb down(낙담시키다)

> Sales growth and margins **disappoint** shareholders.
> 판매성장과 이익이 주주들을 실망시켰다.

## 116. disband [disbǽnd]
dis(apart)+band(group)

'집단을 분리' 하는 것이 → v. ① **해산하다** ② **해체하다**가 된 거지
- dis**band**ment[disbǽndmənt] n. ① **해산** ② **해체**

> The US decided to disband the Iraqi army.
> 미국은 이라크 군대를 해산하기로 결정했다.

## 117. dismay [disméi]
dis(from)+may(strong)

'강함에서 벗어난' 것이 → v. ① (상대를) **놀라게 하다** ② (추종자를) **실망시키다** n. ① **실망** ② **당황**이 된 거지
- in dismay **당황하여**
- syn. dis**courage**ment(낙담), dis**appoint**ment(실망), frus**tration**(좌절), fright**en**(놀라게 하다), scare(위협하다)

> The health committee has expressed **dismay**.
> 보건위원회는 실망감을 표현했다.      **committee** 위원회

## 118. dissimilarity
[disìməlǽrəti]

dis(not)+similar(비슷한)+ity(명접)

'같지 않은 것' 은 → n. **차이점**이지

- **dis**simil**ate**[disíməlèit] v. **다르게 하다**
- **as**simil**ate**[əsíməlèit] v. **동화시키다**
- in **com**mon 공통적으로

There is a **dissimilarity** between real life and this film.
실제 삶과 이 영화는 차이점이 있다.

---

◆ 어원 TIP

- **dis**ease → dis(lack)+ease(편안) → 편안함이 부족 → 질병
- **dis**grace → dis+grace(품위) → 불명예
- **dis**honor → dis+honor(명예) → 불명예
- **dis**mantle → dis(off)+mantle(cloak, 망토) → 망토를 제거하다 → 분해하다, 해체하다
- **dis**repair → dis+repair(수리) → 황폐
- **dis**taste → dis+taste(미각) → 불쾌감
- **dis**appear → dis+appear(나타나다) → 사라지다
- **dis**guise → dis(do the opposite of, 반대로 하다)+guise(costume, 의상) → 의상을 반대로 하다 → 변장하다, 변장
- **dis**qualify → dis+qualify(자격을 주다) → 자격을 박탈하다

---

◆ 어휘 플러스

**dif**fer 다르다(p235) / **dif**ficult 어려운(p229) / **dif**fuse 확산시키다(p265) / **di**gest 소화하다(p271) / **di**gress 주제에서 벗어나다(p277) / **di**ligent 근면한(p319)) / **di**mension 치수(p366) / **di**minish 줄어들다(p356) / **di**rection 방향(p500) / **di**verse 다양한(p638) / **di**vide 나누다(p646) / **dis**arm 무장 해제하다(p121) / **dis**arrange 어지럽히다(p496) / **dis**array 혼란 / **dis**aster 재난(p123) / **dis**burse 지출하다(p142) / **dis**card 버리다(p182) / **dis**cern 파악하다(p164) / **dis**charge 해고하다 / **dis**cipline 훈육 / **dis**claim 부인하다(p170) / **dis**close 폭로하다 (p179)/ **dis**compose 평정을 잃게 만들다(p463) / **dis**count 할인 / **dis**cord 불화(p181) / **dis**courage 좌절시키다 (p181) / **dis**course 담론, 담화(p195) / **dis**cover 발견하다(p184) / **dis**credit 신빙성을 없애다, 불신(p187) / **dis**creet 신중한(p164) / **dis**crete 별개의(p164) / **dis**criminate 식별하다(p189) / **dis**cuss 토론하다(p195) / **dis**dain 업신여기다, 멸시 / **dis**entangle 수습하다(p579) / **dis**gust 혐오감, 역겹게 만들다 / **dis**integrate 해체되다 / **dis**illusion 환멸(p339) / **dis**lodge 몰아내다 / **dis**miss 일축하다(p370) / **dis**obey 불복종하다(p76) / **dis**order 무질서(p411) / **dis**patch 파견하다(p434) / **dis**pense 나누어주다(p439) / **dis**perse 흩어지다 / **dis**play 전시하다 / **dis**pose 처리하다(p464) / **dis**prove 논박하다(p478) / **dis**pute 논쟁(p486) / **dis**regard 무시하다 / **dis**rupt 방해하다(p509) / **dis**seminate 퍼뜨리다(p527) / **dis**sipate 소멸되다, 낭비하다 / **dis**sent 반대(p529) / **dis**solve 녹다(p547) / **dis**suade 단념시키다(p569) / **dis**tinguish 구별하다(p562) / **dis**tinct 뚜렷한(p562) / **dis**tort 왜곡하다(p607) / **dis**tract 산만하게 하다(p610) / **di**stress 고통(p566) / **dis**tribute 분배하다(p613) / **dis**turb 방해하다(p615)

---

■■■ **우리말 대화로 단어 복습하기**

가. 우리 회사 스포츠 감독님은 대단하신 것 같지?

나. 맞아. **장애가 있는(disabled) 약점(disadvantage)**을 **극복하고(overcome)** 팀을 우승까지 시켰잖아.

가. 일반인과 아무런 **차이점(dissimilarity)**이 없고 늘 우리를 **실망시키는(disappoint)** 일이 없지.

나. 더군다나 **해체된(disband)** 팀을 **재건하는(reconstruct)** 일을 **당황(dismay)**하지 않고 침착하게 수행하시는 것을 보고 나도 많이 반성했어.

FOR- : 반대.부정(against), 없이(without)

### 119. forbid [fərbíd]
for(against)+bid(명령을 내리다)

'반대로 명령을 내리는' 것이 → v. ① (하지 못하게) 금지하다

② (통로, 시야, 행동을) 막다가 된 거지

- forbidden[fərbídn] a. 금지된
- syn. prohibit(금지하다), ban(금지하다), disallow(각하하다)

God/Heaven forbid.　　그런 일은 없을 것이다
They can't forbid me to think.　　그들은 내가 생각하는 것을 막을 수 없다.

### 120. forgive [fərgív]
for(against)+give

'주지 않는' 것이 → v. ① (벌이면) 용서하다 ② (빚이면) 탕감하다가 될 수 있지
- syn. pardon(용서하다) ↔ ant. blame(~의 책임으로 돌리다)

I'm not sure I can forgive him.
내가 그를 용서할 수 있을지 확신할 수 없다.

◆ 어휘 플러스 1

foray 시도, 습격 / forbear (하고 싶은 말·행동을) 참다 / forbearance 관용 / forever 영원히 / forfeit 몰수하다 / forget 잊어버리다 / forgo 포기하다 / forlorn 쓸쓸해 보이는, 황량한 / forsake 내버리다

◆ 어휘 플러스 2(전치사 for)

- for+사람 → 누구를 위하여 for you
- for+장소 → 어떤 장소를 향하여 for Busan(부산행)
- for+시간 → 어떤 시간 동안 for a week(1 주간)
- Are you for or against it? → 찬성입니까? 반대입니까?

### ■■■ 우리말 대화로 단어 복습하기

가. 아빠 제가 잘못 했어요. 다시는 실망(disappointment)시키지 않을게요.

가. 제발 용서해주세요(forgive).

나. 그런 금지된(forbidden) 장난은 당하는 사람에게 엄청난 상처를 주는 거야.

IN-, IL-(l로 시작하는 어근 앞), IM-(m, p로 시작하는 어근 앞), IR-(r로 시작하는 어근 앞), I-(g로 시작하는 어근 앞), NON- : ~아닌(no, un, without)

### 121. inept [inépt]
in(not)+ept(솜씨 있는)

'솜씨가 없는' 것을 → a. ① 서투른 ② 부적절한 ③ 솜씨 없는 거라고 표현을 하지
- ineptitude[inéptətjùːd] n. ① 기량 부족 ② 기술 부족
- syn. maladroit(솜씨 없는) ↔ ant. adroit(노련한, 능숙한), adept, skilled, proficient(능숙한)

The government's foreign policy advisers were **inept**.
정부의 외교정책 자문위원들은 서툴렀다.

**122. im**mature [ìmətʃúər]
im(not)+mature(익은)

'익지 않은' 것을 → a. ① (사람이면) **미숙한** ② (사리 분별을 말하면) **철없는**
③ (식물이면) **다 자라지 못한** 것을 말하지
- **pre**mature[prìːmətʃúər] ① **조숙한** ② **성급한** ③ **조산의**
- ant. **ripe**(익은, 여문)

I'm emotionally **immature**.
나는 감정적으로 미성숙하다.

**123. im**mortal [imɔ́ːrtl]
im(not)+mort(to die)+al(형접)

'죽지 않는' 것은 → a. ① **불멸의** ② **죽지 않는** n. **불멸의 인물**이 되겠지
- syn. **un**dying(죽지 않는), **eternal**(영원한)

An **immortal** future would not be a perfect utopia.
불멸의 미래가 완벽한 유토피아는 아닐 것이다.

**124. im**partial [impɑ́ːrʃəl]
im(not)+partial(불공평한)

'불공평하지 않는' 것은 → a. ① **공정한** ② **공평한** 거지
- **party**[pɑ́ːrti] n. ① **당** ② **정당** a. **정당의**
- **part**isan[pɑ́ːrtəzən] n. **일당** a. **당파심이 강한**
- **non**part**isan** **초당파의**
- syn. **just**(공정한), **un**prejudic**ed**(편견이 없는) ↔ ant. **un**just(불공평한),
  **pre**judic**ed**(편견이 있는)

Governments need to support **impartial** aid.
정부는 공정한 원조를 지원할 필요가 있다.

**125. in**ad**equate**
[inǽdikwət]
in(not)+adequate(충분한)

'충분하지 않는' 것이 → a. ① (자료나 증거면) **불충분한** ② (필요한 양이나
기준이면) **부족한** ③ (재능이나 능력이면) **무능한** 것이 된 거지
- **in**ad**equacy**[inǽdikwəsi] n. ① **부적당** ② **부족함** ③ **무능**
- syn. **in**compet**ent**(무능한)

There was **inadequate** help.
도움은 불충분했다.

**126. in**dis**pensable**
[ìndispénsəbl]
in(not)+dispensable(없어도 되는)

'없으면 안 되는' 것이 → a. ① **필수적인** ② **없어서는 안 될** 의미가 된 거지
- **dis**pensable[dispénsəbl] a. ① **없어도 되는** ② **필요 없는**
- syn. **essent**ial(필수적인), **vital**(중요한)

**Indispensable** players do not exist.
없어서는 안 되는 선수는 존재하지 않는다.

## 127. infallible [infǽləbl]
in(not)+fall(fault, 잘못)+ible(형접)

'잘못될 수 없는' 것은 → a. ① 확실한 ② 결코 틀리지 않는 것을 말하지
- fallible[fǽləbl] a. ① 잘못을 저지르기 쉬운 ② 틀리기 쉬운

Readers took her words as **infallible** teachings.
독자들은 그녀의 말을 확실한 가르침으로 생각한다.

## 128. nonprofit [nὰnpráfit]
non(no)+profit(이익)

'이익이 아닌' 것이 → a. (공공의 이익을 위한 거면) **비영리적인** 이지
- **nonprofit** organization 비영리단체
- **nongovernmental** organization 비정부단체(NGO)

A **non-profit** is seeking to partner with a corporation.
비영리단체가 기업 파트너를 찾고 있다.

**corporation** 기업, 법인

---

◆ 어원 TIP
- im**pati**ent → im(not)+patient(끈기 있는) → 끈기없는 → 초조한
- im**person**al → im+personal(개인의) → 개인이 아닌 → 일반적인, 비인간적인
- im**pertin**ent → im+pertinent(타당한) → 타당하지 않는 → 무례한
- in**acti**on → in+action → 행동 부족 → 게으름
- in**decis**ive → in+decisive(결정적인) → 결정력이 없는 → 결단성이 없는, 우유부단한
- in**evit**able → in+evitable(피할 수 있는) → 불가피한
- in**fam**ous → in+famous(유명한) → 부정적으로 유명한 → 악명 높은
- in**fert**ile → in+fertile(비옥한) → 비옥하지 않는 → 불모의
- in**hum**an → in+human → 인간적이지 않는 → 인정 없는
- in**numer**able → in+numerable(셀 수 있는) → 셀 수 없는 → 무수한, 대단히 많은
- in**toler**ance → in+tolerance(관용, 인내) → 관용 없는 → 불관용, 편협
- in**val**id → in+valid(타당한) → 타당성이 없는 → 근거 없는
- non**product**ive → non+productive(생산적인) → 생산적이지 않는 → 비생산적인
- non**stop** → non+stop → 멈춤이 없는 → 직행의
- non**viol**ence → non+violence(폭력) → 폭력이 아닌 → 비폭력

---

◆ 어휘 플러스
i**gno**re 무시하다(p273) / il**legitim**ate 불법의(p322) / il**lici**t 불법의(p322) / il**liter**ate 읽고 쓸 수 없는(p332) / im**medi**ate 즉각적인(p356) / im**mens**e 엄청난(p366) / im**mobil**ize 고정시키다 / im**mod**est 자만하는(p382) / im**mun**ity 면제 (p339) / im**perfect** 불완전한(p228) / im**pur**ity 불순물(p483) / in**access**ible 접근하기 어려운(p157) / in**accur**ate 부정확한(p156) / in**advert**ent 부주의한 / in**appropri**ate 부적절한(p480) / in**cap**able ~할 수 없는(p152) / in**cessa**nt 끊임없는(p157) / in**cogni**to 익명으로(p274) / in**coher**ent 두서없는(p290) / in**compat**ible 양립할 수 없는(p431) / in**compet**ent 무능한(p442) / in**compli**ant 순종하지 않는(p458) / in**consist**ent 모순되는(p538) / in**conveni**ence 불편 (p631) / in**defin**ite 무기한의(p239) / in**depend**ent 독립된 / in**differ**ence 무관심(p235) / in**direct** 간접적인(p500) / in**discreet** 지각없는(p164) / in**discrimin**ate 무차별적인(p189) / in**doci**le 말을 잘 듣지 않는(p210) / in**effici**ent 비효율적인(p229) / in**explici**t 명료하지 않는(p459) / in**fant** 유아(p223) / in**fin**ite 무한한(p238) / in**firm** 병약한 (p240) / in**jure** 부상을 입히다(p305) / in**noce**nt 결백한(p398) / in**ordin**ate 과도한(p411) / in**secure** 불안정한(p187) / in**tangi**ble 무형의(p579) / in**vinci**ble 천하무적의(p644) / in**volunt**ary 무의식적인(p653) / ir**relev**ant 상관없는 / ir**resist**ible 저항할 수 없는(p543) / ir**revers**ible 되돌릴 수 없는(p639) / ir**revoc**able 돌이킬 수 없는(p652) / neglect 방치하다(p320) / non**interven**tion 불간섭(p632) / non**sens**e 허튼 소리(p528)

가. **서투르고(inept) 미성숙한(immature)** 아이가 **불멸의(immortal)** 위인이 된 사례가 많은데 요즘은 개천에서 용 나기 힘든 사회가 된 것 같아 씁쓸해.

나. 맞아. 사회 **양극화(bipolarization)**가 심각해지고 있고... 공평한 사회를 만들기 위해 **확실하고(infallible) 필수적인 (indispensible)** 것이 뭐가 있을까?

가. 우선 **공평한(impartial)** 교육기회를 제공하기 위해 국가가 적극적으로 나설 필요가 있다고 생각해.

가. 사회적 약자를 위해서는 **비영리(nonprofit)** 단체를 통해 정부가 **부족한(inadequate) 필수품(necessity)**을 제공하는 것도 있고...

나. 경비원과 같은 사회 취약계층이 사용자 대표와 **협상(negotiation)**할 때 국선변호사의 도움을 받는 방법도 괜찮다고 봐.

가. 아무튼 모두가 **차별(differentiation)**받지 않고 잘 사는 사회가 되었으면 좋겠어.

---

## 접두사 8
# 부정 · 반대

MAL-, MALE- : 악한, 나쁜(evil, bad, wrong)

---

### 129. malcontent
[mælkəntént]
mal(evil)+content(만족하는)

'만족하지 못하는' 사람을 → n. **불평분자**라고 하지
● syn. **grumbler**(불평꾼), **complainer**(불평가)

> He is the **malcontent** freelance writer.
> 그는 불만이 많은 자유 기고가다.
> **freelance** 독자적으로 활동하는

---

### 130. malevolence
[məlévələns]
mal(evil)+vol(will 의지)+ence(명접)

'나쁜 의지' 를 → n. ① **악의** ② **증오** ③ **적의**를 품고 있다고 표현을 하지
● **malevolent**[məlévələnt] a. 악의적인 ↔ **benevolent** 자애로운
● syn. **hatred**(증오)

> There is something **malevolent**.
> 악의적인 뭔가가 있다.

---

### 131. malfunction
[mælfʌ́ŋkʃən]
mal(wrong)+function(기능)

'기능을 하지 못하는' 것이 → n. ① **기능결함** ② **고장**
　　　　　　　　　　　v. **제대로 작동하지 않다**가 된 거지

> The crew had ignored a warning of an engine **malfunction**.
> 승무원은 엔진 고장 경고를 무시했었다.

---

### 132. malign [məláin]
mal(ill)+i+gn(born)

'나쁘게 태어난' 것이 → a. **해로운** v. (흠을 잡아서 나쁘게 말하면) ① **헐뜯다**
　　　　　　　　　　　　　　　　　② **비방하다**가 된 거지
● **malignant**[məlígnənt] a. ① **악의에 찬** ② **악성의**
● **malice**[mǽlis] n. **악의**
● **malicious**[məlíʃəs] a. **악의 있는**
● **malignancy**[məlígnənsi] n. **악성 종양**
● **malign** influence/effect **해로운 영향**

The broadcaster has no **malign** intent.
방송 진행자는 악의적인 의도는 없었다.    **intent** 의도, 의향

## 133. mal**nutrition**
[mælnjuːtríʃən]
mal(bad)+nutrition(영양)

'영양이 나쁜' 것이 → n. **영양실조**가 된 거지
● mal**nour**ished[mæːlnə́ːriʃt] a. **영양실조의**
● **nour**ish**ment**[nə́ːriʃmənt] n. **영양**

There has been progress on **malnutrition** in Asia.
아시아에서 영양실조가 심각해지고 있다.

**progress** 전진, 발달, 경과

◆ **어원 TIP**
● mal**ad**justed → mal+adjusted(조절된) → (환경에) 조절이 안 된 → 적응하지 못하는
● mal**e**diction → mal+dict(to speak)+ion(명접) → 나쁘게 말하는 것 → 저주, 악담
● mal**e**factor → mal+fact(to do)+or(사람) → 나쁜 일을 하는 사람 → 죄인, 악인
● mal**formation → mal(wrong)+formation(형성, 구성) → (몸의) 형성이 잘못된 → 기형
● mal**odor**ous → mal(bad)+odorous(냄새가 나는) → 나쁜 냄새가 나는 → 악취가 나는

■■■ **우리말 대화로 단어 복습하기**

가. **영양실조**(malnutrition)를 겪고 있는 아이들에게 제공할 식량을 운반하던 트럭이 또 **고장**(malfunction) 났어. 원인이 뭐래?

나. 차량 지원팀 **정비**(maintenance)담당자들이 서로 **헐뜯고**(malign), 책임을 상대에게 전가하고 있어요.

가. 그런 **불평분자**(malcontent)들은 당장 사표 쓰라고 해. 하루 이틀도 아니고 말이야.

┌─────────────────────────────────────────────┐

❀❀❀❀❀❀ **생활 속 영단어로 어원 친해지기** ❀❀❀❀❀❀

**티케** : 지난 수업에 배운 접두어를 되새김 해볼까?

**토끼** : 사이·관통 amb, ambi, amphi, dia / enter, inter, per, tran, tra 그리고 뭐였지?

**고양이** : 부정·반대 ant, anti, contra, contro, counter / dis, di / for / il, in, im, non / mal, male / 주변 peri, circum를 배웠어요.

**고양이** : 열애 중인 남자 연예인이 애인을 escort(에스코트)하는 특종이 dispatch(디스패치)에 실렸던데. 어원이 어떻게 되죠?

**티케** : 설명하면

○ dis**pat**ch → dis(away)+pat(foot)+ch(동접) → 멀리 발을 내딛다 → 파견, 급보, 파견하다, 배송[발송]하다

○ es**cort** → es(out)+cort(set right, 정리하다) → 밖에서 정리해주다 → 호위대[원], 에스코트하는 남자, 호위[호송]하다가 되는 거지.

**티케** : 설명을 덧붙이면, 영화 '**트랜스포머**(Transformer)', '**인터스텔라**(Interstellar)'도 있잖아.

○ trans**form** → trans(across)+form(형태) → 형태를 가로질러 가다 → 변형하다

○ trans**form**er → trans+form+er(명접) → 형태를 변형시키는 것 → 전압기 – Transformer는 '**변신로봇**' 영화

○ inter**stellar** → inter(between)+stellar(별의) → 별 사이의 → 별과 별 사이의, 성간(星間)의

**고양이** : 부정과 안으로 in, im를 구별하는 좋은 방법이 없을 까요?

**티케** : 공간, 장소, 이동을 의미할 때는 '안' 나머지는 부정이라고 생각하면 되지.

○ in**door**, in**come**(소득), im**migr**ate(이주해오다)

○ in**jury** → in(not)+jury(옳은) → (신체에) 옳지 않는 → 부상이 되는 거지. 그래서 **injury time**은 부상에 대한 치료 따위로 소비한 시간만큼의 연장시간을 말하지.

**티케** : 다음에 배울 접두사는 **부정** 'mis, ob, un'과 **긍정** 'bene, eu'이지

└─────────────────────────────────────────────┘

MIS- : 나쁜, 나쁘게, 잘못된, 잘못하여(bad, badly, wrong, wrongly)

## 134. misbehave
[mìsbihéiv]
mis(badly)+behave(행동하다)

'나쁘게 행동하는' 것이 → v. ① **비행을 저지르다** ② **잘못을 저지르다**가 된 거지
- misbehavior[mìsbihéivjər] n. ① **부정행위** ② **비행** ③ **버릇없음**
- syn. misdeed(악행), wrongdoing(비행)

Parents face school fines if children **misbehave**.
아이들이 잘못을 저지르면 부모가 학교에서 벌금에 직면한다.
① **face** ~면하다, 얼굴 ② **fine** 벌금, 좋은

## 135. misconduct
[mìskándʌkt]
mis(bad)+conduct(행동)

'(특히 전문직 종사자의) 나쁜 행동' 이 → n. ① **위법 행위** ② **직권 남용** ③ **부당**
**경영** v. **관리를 잘못하다**가 된 거지
- syn. immorality(부도덕, 부도덕 행위), wrongdoing(비행)

He has committed **misconduct**.
그는 위법 행위를 저질렀다.
**commit** 위임하다, (죄·과실을) 저지르다

## 136. misgive [misgív]
mis(wrong)+give

'잘못 주는' 것이 → v. ① **불안감을 주다** ② **걱정시키다** ③ **의심을 품다**가 된 거지
- misgiving[misgíviŋ] n. ① **불안** ② **걱정**

She joins peace talks despite her **misgivings**.
그녀의 걱정에도 불구하고 그녀는 평화 회담에 참여했다.

## 137. mislay [misléi]
mis(wrong)+lay(놓다)

'잘못 놓다' 가 → v. ① **잘못 누나** ② **어니에 두고 잊어버리다**가 된 거지
- syn. misplace(잘못 두다)

She **mislays** her return ticket.
그녀는 왕복표를 어디에 둔지 잊어버렸다.

## 138. misuse [mìsjúːs]
mis(badly)+use

'나쁘게 사용' 하는 것이 → n. ① **남용** ② **악용** ③ **오용**
v. ① **남용하다** ② **오용하다** ③ **악용하다** ④ **(사람을) 학대하다**가 된 거지
- syn. abuse(남용하다)

The auditor found no **misuse** of money.
회계 감사관은 자금 남용혐의를 찾지 못했다.

---

◆ 어원 TIP
- misdemeanor → mis+demeanor(태도) → 잘못된 태도 → 경범죄

◆ 어휘 플러스

misadventure 사고사 / misapprehend 오해하다(p472) / misappropriate 횡령하다(p480) / misbelieve 믿지 않다 / miscarriage 유산 / miscast 배역 선정을 잘못하다 / mischance 불운 / mischief 나쁜 짓 / misdeed 비행, 악행 / misfire 불발에 그치다 / misfit 부적응자 / misgovern 통치를 잘못하다 / mishandle 잘못 처리하다 / misidentify 오인하다 / mislead 잘못 인도하다 / mismanage 잘못 관리하다 / mismatch 부조화 / misspell 철자를 잘못 쓰다 / mistake 실수, 잘못 / misunderstand 오해하다

### 우리말 대화로 단어 복습하기

가. 재미있는 기사라도 있는 거야. 신문 뚫어지겠어.

나. 최근 사회에 **불안감을 안겨준(misgive)** 두 사건이 해결되었다고 하네요.

가. 그래. **용의자(suspect)**들이 체포된 거야.

나. 네. **직권남용(misconduct)**과 공금을 유용한 공직자와 **비행을 저지른(misbehave)** 청소년 일당을 모두 검거했다고 합니다.

나. 그런데 유용한 일부 자금을 **잊어버렸다(mislay)**고 주장한데요.

가. 말도 안 되는 소리지. 다시는 공직을 **악용(misuse)**하는 범죄가 없도록 엄벌에 처했으면 좋겠어.

| 접두사 8 **부정 · 반대** | **OB-** : **부정** ; 대항하여(against), 방해가 되어(in the way), 위에(over) / **긍정**; ~로(to), ~쪽으로 (toward) – c, f, p로 시작하는 어근 앞에서 ob가 각각 oc, of, op로 바뀌며, m로 시작하는 어근 앞에서는 b가 탈락 ex) omit |
|---|---|

### 139. obey [oubéi]
ob(to)+ey(to hear)

'다가가 듣는' 것이 → v. ① (명령을) **복종하다** ② (관례, 법규, 의견 등을) **따르다** ③ (약속, 법령 등을) **지키다**가 된 거지
- obedience[oubíːdiəns] n. ① 복종 ② 순종
- obedient[oubíːdiənt] a. ① 순종적인 ② 복종하는
- syn. abide by(준수하다, 지키다), follow(따르다), conform(순응하다) ↔ ant. disobey(불복종하다)

Children must learn to **obey**.
아이들은 복종하는 것을 배워야한다.

### 140. object [ɑ́bdʒikt]
ob(toward)+ject(to throw)

'(목표를) 향하여 던지는' 것이 → n. ① **물건** ② **대상** ③ **목적** ④ **목적어**
v. [əbdʒékt] (방해할 목적이면) **반대하다**가 된 거지
- objection[əbdʒékʃən] n. **반대**
- objective[əbdʒéktiv] a. **객관적인**  n. ① **목적** ② **목표**
- objectivity[ɑ̀bdʒiktívəti] n. **객관성**
- syn. target(목표), goal(목적), aim(목적)

Who **objects** to stem cell research?
누가 줄기세포 연구를 반대하는가?

**stem cell** 줄기세포

## 141. **observe** [əbzə́ːrv]
ob(over)+serve(to keep or to watch)

'위에서 지켜보고, 유지하는' 것이 → v. ① **목격하다** ② **관찰하다** ③ (규칙·명령 등을 지키면) **준수하다** ④ (잊지 아니하고 마음에 간직하여) **기념하다** ⑤ (발언·논평·의견을) **말하다**가 된 거지

- **ob**serv**ation**[àbzərvéiʃən] n. ① **관찰** ② **관측**
- **ob**serv**ance**[əbzə́ːrvəns] n. **준수**
- **ob**serv**atory**[əbzə́ːrvətɔ̀ːri] n. **관측소**
- **ob**serv**er**[əbzə́ːrvər] n. ① **관찰자** ② **옵서버**
- **ob**serv**ant**[əbzə́ːrvənt] a. ① **관찰력이 있는** ② **잘 준수하는**
- syn. **com**ply with(준수하다), **ob**ey((규칙 등을) 따르다)

Scientists predict and **observe** hurricanes.
과학자들이 태풍을 예측하고 관찰한다.

## 142. **obsess** [əbsés]
ob(over)+sess(to sit)

'위에서 앉아있는' 것이 → v. ① (마음을) **사로잡다** ② (지워지지 않으면) **강박 관념을 갖다**가 된 거지

- **ob**sess**ion**[əbséʃən] n. ① **강박 관념** ② **집착**

Healthy food **obsession** sparks rise in eating disorder.
건강 음식에 대한 강박 관념이 식이 장애 악화를 촉발했다.

**eating disorder** 식이 장애

## 143. **obstacle** [ɑ́bstəkl]
ob(in the way)
+sta(to stand)+cle(명접)

'길 안에 서 있는 것' 이 → n ① **장애** ② **장애물**이 된 거지
- syn. **barri**er(장애, 장애물), **hindr**ance(방해, 장애), **ob**struct**ion**(방해, 장애)

Fear factor is greatest **obstacle** to success.
두려움의 요소가 성공에 가장 큰 장애물이다.

---

◆ **어휘 플러스**

**ob**dur**ate** 고집 센(p214) / **ob**es**ity** 비만(p655) / **ob**fusc**ate** 애매하게 만들다 / **ob**it**uary** 사망기사, 부고(p299) / **ob**lig**ate** ~에게 의무를 지우다(p323) / **ob**liv**ion** 망각 / **ob**lique 완곡한, 간접적인 / **ob**nox**ious** 아주 불쾌한(p398) / **ob**scure 무명의, 모호한 / **ob**solete 한물간 / **ob**stin**ate** 고집 센(p540) / **ob**struct 방해하다(p568) / **ob**tain 얻다, 획득하다(p585) / **ob**trude 끼어들다(p614) / **ob**via**te** 미연에 방지하다(p642) / **ob**vi**ous** 분명한 / **oc**cas**ion** 행사(p150) / **oc**cupy 차지하다(p159) / **oc**cur 일어나다 / **of**fend 기분 상하게 하다(p234) / **of**fer 제안하다(p236) / **om**it 빠뜨리다(p372) / **op**portun**ity** 기회(p469) / **op**pose 반대하다(p465) / **op**press 억압하다(p475)

가. 아니 김군이 갑자기 정신병원에 **입원했다**(hospitalize)니 무슨 일이죠?

나. 내색을 안해서 그렇지 늘 **강박 관념을 갖고**(obsess) 살았다는군요.

나. 김군 집에 공부를 **방해하는**(obstruct) **장애물**(obstacle)이 많다고 해요.

나. 대입 **목적**(object)을 **달성하기**(achieve) 위해 선생님 말에 **복종하고**(obey) 규칙을 **준수해서**(observe), 김군의 고민에 대해 우리가 몰랐던 거죠.

| 접두사 8 **부정·반대** | UN- : (형용사와 형용사에서 파생한 부사 및 명사에) ~이 아닌(not), ~이 부족한(lack of) / (동사에 붙여 어떤 행위·상태의 반대, 제거, 해방을 의미) ~을 반대로 하다 (to do the opposite of) / ~에서 벗어나다(to remove from or release from) |
| --- | --- |

## 144. unabridged
[ʌnəbrídʒd]
un(not)+abridged(생략된)

'생략되지 않는' 것이 → a. ① **생략되지 않은** ② (모자람이나 흠이면) **완전한** ③ **원문 그대로의** 의미가 된 거지

- syn. **un**abbreviat**ed**(생략되지 않은)

We picked up the **unabridged** modern fiction.
우리는 원문 그대로의 현대소설을 골랐다.

## 145. undo [ʌndúː]
un(to do the opposite of)+do

'한 것을 반대로 하는' 것이 → v. ① **원상태로 돌리다** ② (효력이면) **무효로 만들다**가 되는 거지

- **un**do**ing**[ʌndúːiŋ] n. ① **원상태로 하기** ② **실패의 원인**
- **un**don**e**[ʌndʌ́n] a. ① **~하지 않은** ② **미완성의**
- syn. **cancel**(취소하다), **an**nul(무효로 하다)

I want to **undo** the process.
나는 그 과정을 원상태로 돌리기를 원했다.

## 146. uneven [ʌníːvən]
un(not)+even(평탄한)

'평탄하지 않는' 것이 →a. ① **평평하지 않은** ② **울퉁불퉁한** ③ (무늬·분배라면) **고르지 않은** 의미가 된 거지

- **uneven** numbers ① **홀수** ② **기수**
- **even** number **짝수**

The economic recovery remains weak and **uneven**.
경제 회복이 허약하고 순탄치 않는 상태로 남아있다.
① **economic** 경제의 ② **economical** 경제적인, 실속의 ③ **recovery** 회복

## 147. unearth [ʌnə́ːrθ]
un(to remove from)+earth(땅)

'땅에서 제거하다' 가 → v. ① (문화재, 인재를) **발굴하다** ② (원인 등을) **찾다** ③ (진실을) **밝혀내다**가 된 거지

- **earth**ly[ə́ːrθli] a. ① **세속적인** ② **도대체** ③ **조금도**
- syn. **dig up**(발굴하다), **ex**cavate(발굴하다), **ex**hume(발굴하다, 밝혀내다)

Miners **unearth** world's biggest diamond.
광부들이 세계에서 가장 큰 다이아몬드를 채굴했다.

## 148. unfold [ʌnfóuld]

un(to do the opposite of)+fold(접다)

'접혀있는 것을 반대로 하다' 가 → v. ① (물건, 신체 등을) **펴다** ② (책, 수사, 계획 등을) **펼치다** ③ **밝혀지다** ④ (어둠이나 알려지지 않은 것을) **밝히다**가 된 거지
- syn. **spread**(펼치다)

> War aims **unfold**.
> 전쟁 목적이 밝혀졌다.
> **aim** 목적, 겨냥, 과녁, 겨냥하다

## 149. unveil [ʌnvéil]

un(to remove)+veil(to hide, 숨기다)

'숨겨 놓은 것을 제거하는' 것이 → v. ① **덮개를 벗기다** ② (새로운 계획 · 상품 등을) **발표하다** ③ **베일을 벗다**가 된 거지
- **unveil** a memorial **기념비의 제막식을 하다**

> Apple is expected to **unveil** a redesigned iPad.
> 애플은 재설계된 iPad를 발표할 것으로 예상된다.

---

◆ **어원 분석 TIP 1((동사에 붙여 어떤 행위.상태의 반대, 제거, 해방을 의미) ~의 반대로 하다, ~ 에서 벗어나다))**
- **un**balance → un+balance(균형) → **균형을 깨뜨리다**
- **un**bend → un+bend(구부리다) → (행동 · 태도가) **누그러지다, 곧게 펴다**
- **un**bind → un+bind(묶다) → (끈·붕대 등을) **풀다, 석방하다**
- **un**cover → un+cover → **뚜껑을 열다, (비밀 등을) 알아내다[적발하다]**
- **un**dress → un+dress(옷을 입히다) → **옷을 벗기다**
- **un**earth → un+earth(땅) → (땅속에서) **발굴하다, 밝혀내다**
- **un**fasten → un+fasten(묶다) → **풀다** * 안전벨트를 묶고, 풀 때 사용
- **un**load → un+load(짐을 싣다) → **짐을 내리다**
- **un**mask → un+mask(가면을 씌우다) → **가면을 벗기다**
- **un**pack → un+pack(포장하다) → **짐을 풀다**
- **un**wrap → un+wrap(포장하다) · **포장을 풀다**

---

◆ **어원 분석 TIP 2(형용사, 명사 부정)**
- **un**apt → un+apt(적성이 있는) → 적성에 맞지 않는 → **부적당한**
- **un**becom**ing** → un+becoming(어울리는) → **어울리지 않는**
- **un**canny → un+canny(신중한) → **이상한**
- **un**daunt**ed** → un+daunted(기가 죽은) → **대담한, 의연한**
- **un**fair → un+fair(공평한) → **부당한**
- **un**rest → un+rest(평안, 휴식) → **불안**
- **un**ruly → un+ruly(rule 규칙) → 규칙이 없는 → **다르기 힘든**
- **un**skill**ed** → un+skilled(숙련된) → **미숙한**

---

◆ **어휘 플러스**

**un**avoid**able** 불가피한 / **un**bear**able** 참을 수 없는 / **un**bias**ed** 편견이 없는 / **un**block 차단을 해제하다 / **un**cert**ain** 불확실한 / **un**cloak 외투를 벗기다, 폭로하다 / **un**comfort**able** 불편한 / **un**common 드문 / **un**condition**al**

무조건적인 / **un**conscious 의식을 잃은 / **un**deniable 명백한 / **un**due 지나친 / **un**equivocal 명백한 / **un**ethical 비윤리적인 / **un**erring 틀림없는 / **un**familiar 익숙지 않는 / **un**founded(=**un**grounded) 근거 없는 / **un**generous 옹졸한 / **un**harmed(=**un**hurt) 다치지 않은, 무사한 / **un**join 분리하다 / **un**just 부당한 / **un**leash 풀어주다 / **un**manned 무인의 / **un**mask 가면을 벗기다, 정체를 드러내다 / **un**noticed 눈에 띄지 않는 / **un**organized 조직화 되어있지 않은 / **un**precedented 전례 없는 / **un**ravel (매듭·미스터리 등을) 풀다 / **un**reasonable 불합리한 / **un**social 정규 근무 시간 외의 / **un**sound 불건전한 / **un**stable 불안정한 / **un**tidy 단정하지 못한 / **un**timely 때 이른, 시기상조의 / **un**touchable 건드릴 수 없는

■■■ **우리말 대화로 단어 복습하기**

가. **국립중앙박물관**(National Museum of korea) 발굴조사단이 **발굴한**(unearth) **완전한**(unabridged) 형태의 **신석기** (neolithic) 시대의 유물이 **베일을 벗고**(unveil) 일반인들에게 **전시**(exhibition)된다는 데...

나. 애들 데리고 한 번 가봐야겠군.

가. 일부 훼손된 유물도 **원형을 복원하는**(undo) 작업을 계속해서 **펼쳐나갈**(unfold) 계획이라고 하네.

나. 이번 **유물**(artifact) 형태 특징이 뭐래?

가. 무늬가 **고르지 않는**(uneven) 식기가 대표적인 특징이래.

| 접두사 9<br>**긍정** | BENE-, EU- : 좋은(good, well) |
|---|---|

## 150. **bene**diction
[bènədíkʃən]
bene(well)+dict(to speak)+ion(명접)

'좋은 말' 이 → n. ① **축복** ② **감사기도**가 된 거지
- syn. **bless**ing(축복)

> The right weather feels like a **benediction**.
> 적절한 날씨가 축복처럼 느껴졌다.

## 151. **bene**factor
[bénəfæktər]
bene(well)+fact(to do)+or(사람)

'좋은 일을 하는 사람' 이 → n. (학교·자선단체 등의) **후원자**가 된 거지
- syn. **don**or(기부자, 기증자)
- anonymous **benefactor** 익명독지가

> An anonymous **benefactor** has offered £50,000.
> 익명의 독지가가 5만 파운드를 기부했다.
> **an**onym**ous** 익명의

## 152. **bene**ficiary
[bènəfíʃièri]
bene(good)+fic(to make)+i+ary(사람)

'좋게 만든 것을 받는 사람' 을 → n. ① **수혜자** ② **수익자**라고 하지
- **bene**ficial[bènəfíʃəl] a. ① **유익한** ② **이로운**
- **bene**ficence[bənéfəsəns] n. ① **선행** ② **은혜** ③ **자선 행위**
- **bene**ficent[bənéfəsənt] a. ① **도움을 주는** ② **선을 베푸는** ③ **친절한**
- syn. **don**ee(수혜자), **heir**(상속인)

> The company has become the largest **beneficiary**.
> 그 회사가 가장 큰 수혜자가 될 것이다.

## 153. bene**fit** [bénəfit]

bene(good)+fit(적합한)

'좋게 적합하게 맞춰진 것' 이 → n. ① 혜택 ② 수당 ③ 보조금 ④ 자선행사
v. ① 혜택을 받다 ② 혜택을 주다 ③ 유익하다가 된 거지

- bene**fit** match 자선 경기
- syn. **sub**sidy((국가, 기관이 제공하는) 보조금)

> The majority of **benefits** go to ordinary people.
> 대다수 혜택이 보통 사람들에게 갔다.
>
> ordinary 보통의

---

◆ 어원 TIP

- **beni**gn[bináin] → bene(beni로 전환)+gn(birth) → 태생이 좋은 → 상냥한, 유순한
- **benevol**ent[bənévələnt] → bene+vol(to wish)+ent(형접) → 좋은 것을 바라는 → 자애로운, 호의적인
- **eu**logy → eu(well)+logy(to speak) → 잘 말해주는 것 → 찬사, 추도 연설
- **euphem**ism[júːfəmìzəm] → eu(good)+phem(to say)+ism(명접) → 좋게 말하는 것 → 완곡어법
- **eu**phoria[juːfɔ́ːriə] → eu(good)+phoria(to bear, 지니다) → 좋은 것을 지니는 것 → 행복감, 희열
- **euthanas**ia[jùːθənéiʒiə] n. → eu(good)+thanas(death)+ia → 좋게 죽는 것 → 안락사

※ 그리스 '**죽음의 신**' 'Thanatos(티나토스)'에서 유래 / **euthan**ize 안락사시키다

---

### ■ 우리말 대화로 단어 복습하기

가. 일부 자선단체가 기부금을 **횡령(embezzlement)**한 내용이 보도된 후 후원자가 급감했다는군.

나. 이 추운 겨울에 정말 후원이 절실한 사람이 많을 텐데. 큰일이네.

가. 그래서 정부가 나서 **보조금(benefit)**을 직접 지급하는 방안을 검토 중이래요.

나. 다행이네. 아무튼 **기부(donation)**는 **후원자(benefactor)**나 **수혜자(beneficiary)** 모두에게 **축복(benediction)**받을 일이지.

가. 그렇죠. 더불어 산다는 **공동체(community)**란 바로 그런 거죠.

---

### ✿✿✿ 생활 속 영단어로 어원 친해지기 ✿✿✿

**티케** : 지난 회에 배운 접두사가 뭐였지?

**고양이** : mis, ob, un, bene, eu입니다.

**티케** : 일상 속에서 알게 된 사례를 말해주겠니?

**토끼** : 안전벨트 설명서를 보니 착용하는 것이 'fasten'이고 푸는 것은 'unfasten', 화장실 '**사용 중**(occupied(차지한)), **사용 가능한**'(available(이용할 수 있는)) 이었어요.

**고양이** : 그런데 **off**er의 off와 **off** the record(비보도의)의 off는 뭐가 다른 가요.

**티케** : offer는 of+fer의 합성어로 of는 f로 시작하는 어근 앞에서 ob가 of로 변한 것이고, off the record의 off는 분리, 이탈을 의미하는 전치사로, 스위치를 켜고 끌 때 turn on/off를 생각하면 이해하기 쉽지.

**티케** : 설명을 덧붙이면,

○ **un**fasten → un(do the opposite)+fasten(매다) → 맨 것을 반대로 하다 → 풀다

★ unfasten the seat belt → 안전벨트를 풀다

○ **oc**cup**ied** → oc(to)+cupy(to take)+ed(과거분사) → (공간 등을) 차지하게 되다 → (화장실)사용 중

○ **toil**et → toil(net, cloth)+et(장소) → 옷을 입는 장소 → 화장실 cf. rest room

**티케** : 다음 회는 분리 . 이탈 : ab, a, abs, apo se / 결합 : con, co, col, cor, sym, syn / 숫자 : prim, prin / uni, sol, mono / sim, sin을 배우지요.

# 기본어휘 4

- damp — a. 습기가 있는, 축축한 = moist, wet ↔ dry, arid 매우 건조한
- danger — n. 위험, 위급 = jeopardy, hazard ↔ safety 안전
- dark — a. 어두운, 캄캄한, (색깔이) 짙은 ↔ bright 밝은, 선명한
- dawn — n. 새벽 = daybreak ↔ dusk 황혼, 땅거미, 어스름 = twilight
- decline — v. 거절하다, 쇠퇴하다 ↔ accept 받아들이다
- decode — v. (암호를) 해독하다 ↔ encode 암호화하다
- decrease — v. 줄다, 감소하다 ↔ increase 늘어나다, 증가하다
- deduce — v. 연역하다, 추론하다 ↔ induce 귀납하다, 유도하다
- deep — a. 깊은 ↔ shallow 얕은
- defender — n. 방어자, 선수권 보유자 ↔ challenger 도전자
- defendant — n. 피고 ↔ plaintiff 원고
- defensive — a. 방어적인 ↔ offensive, aggressive 공격적인, 호전적인
- deficient — a. 부족한, 결함이 있는 ↔ sufficient 충분한
- degrade — v. 비하하다, ~의 품위(가치)를 떨어뜨리다, 좌천시키다 ↔ upgrade 개선하다, 승진시키다
- delight — n. 기쁨 ↔ sorrow 슬픔
- demand — n. 수요 ↔ supply 공급
- dense — a. 빽빽한, 밀집한, 조밀한 ↔ sparse 희박한, 성긴, 드문
- departure — n. 출발 ↔ arrival 도착
- dependent — n. 부양가족, 피부양자 ↔ provider 부양자
- descend — v. 내려가다, 하강하다 ↔ ascend 오르다, 올라가다
- descent — n. 내려오기, 하강, 내리막길 ↔ ascent 오르기, 상승, 오르막길, 등반
- descendant — n. 자손, 후손 ↔ ancestor, forefather 조상, 선조
- detach — v. 떼어내다, 분리하다 ↔ attach 붙이다, 부착하다
- difficult — a. 어려운 ↔ easy, facile 쉬운
- difficulty — n. 어려움, 곤란 = hardship ↔ ease 쉬움
- diligent — a. 근면한, 부지런한 ↔ lazy 게으른
- diminish — v. 줄이다, 감소시키다 = lessen, decrease ↔ increase
- direct — a. 직접적인, 직접의 ↔ indirect 간접적인, 간접의

*82* 어원으로 영단어 길들이기(上)

**1.** (A)에 제시된 접두사와 (B)의 어근을 활용하여 우리말 의미에 맞게 연결하시오.

| (A) | (B) |
|---|---|
| 1) per _____(다년생의) | ⓐ meter |
| 2) anti _____(방부제) | ⓑ lock |
| 3) dis _____(무질서) | ⓒ rupt |
| 4) mal _____(영양실조) | ⓓ mortal |
| 5) un _____(열다) | ⓔ go |
| 6) mis _____(통치를 잘못하다) | ⓕ plant |
| 7) for _____(포기하다) | ⓖ dict |
| 8) op _____(억압하다) | ⓗ ennial |
| 9) inter _____(방해하다) | ⓘ lect |
| 10) ambi _____(양면가치) | ⓙ nutrition |
| 11) trans _____(이식하다) | ⓚ diction |
| 12) dia _____(지름) | ⓛ govern |
| 13) contra _____(부정하다) | ⓜ septic |
| 14) im _____(불멸의) | ⓝ valence |
| 15) neg _____(방치하다) | ⓞ order |
| 16) bene _____(축복) | ⓟ press |

**2.** 제시된 단어 중 의미가 적절한 것을 찾아 괄호 안에 넣으시오.

> ⓐ permeate ⓑ contraband ⓒ enterprise ⓓ infallible ⓔ observe ⓕ antibiotic ⓖ impartial ⓗ dialect ⓘ transient ⓙ disband ⓚ amphibian ⓛ indispensible ⓜ dismay ⓝ forbid ⓞ negotiate ⓟ obstacle

1) ( ) : 관찰하다    2) ( ) : 항생제    3) ( ) : 방언    4) ( ) : 밀수
5) ( ) : 양서류    6) ( ) : 해산하다    7) ( ) : 퍼지다    8) ( ) : 당황하게 하다
9) ( ) : 기업    10) ( ) : 금지하다    11) ( ) : 일시적인    12) ( ) : 공평한
13) ( ) : 확실한    14) ( ) : 필수적인    15) ( ) : 장애(물)    16) ( ) : 협상하다

**3.** 제시된 단어와 반대되는 의미로 가장 적절한 것을 찾아 괄호 안에 넣으시오.

> ⓐ dense ⓑ dawn ⓒ diminish ⓓ departure ⓔ defendant ⓕ defender ⓖ benefactor ⓗ defensive ⓘ dependent ⓙ damp ⓚ detach ⓛ demand ⓜ descendant ⓝ forget ⓞ delight ⓟ decline ⓠ deficient ⓡ deep ⓢ disappoint ⓣ immortal

| 1) ( ) : forefather | 2) ( ) : sufficient | 3) ( ) : accept | 4) ( ) : supply |
|---|---|---|---|
| 5) ( ) : provider | 6) ( ) : dusk | 7) ( ) : sorrow | 8) ( ) : mortal |
| 9) ( ) : sparse | 10) ( ) : arrival | 11) ( ) : shallow | 12) ( ) : challenger |
| 13) ( ) : arid | 14) ( ) : remember | 15) ( ) : plaintiff | 16) ( ) : satisfy |
| 17) ( ) : beneficiary | 18) ( ) : aggressive | 19) ( ) : increase | 20) ( ) : attach |

## *4.* 밑줄 친 단어와 가장 유사한 것을 고르시오.

1) The seaside city was once a **tranquil** resting place.
   ① placid  ② dubious  ③ hazy  ④ austere

2) He promises to **obey** his father's will.
   ① object  ② command  ③ follow  ④ oppose

3) They reveal deep **antipathy** towards officers.
   ① friendliness  ② bond  ③ fellowship  ④ distaste

4) Such efforts will **undo** your mistakes.
   ① untie  ② cancel  ③ swap  ④ entail

5) My daughter can't **forgive** me.
   ① freeze  ② pardon  ③ suspend  ④ punish

## *5.* 아래에 제시된 단어 중 밑줄 친 우리말의 의미에 맞게 빈칸에 적절한 것을 골라 넣으시오.

transact / unearth / uneven / entertain / diagnose / benefit / nonprofit / ambitious / inept / perform

1) 우리는 주말마다 노인들을 **즐겁게 해주었다**.
   ⇒ We ( ) the elderly every weekend.

2) 그 **비영리**단체는 그녀의 제안을 지지했다.
   ⇒ The ( ) group backs her proposal.

3) 나는 사교성이 **부족하다**.
   ⇒ I'm somewhat socially ( ).

4) 러시아 당국은 충돌의 정확한 원인을 **밝혀내**는데 실패했**다**.
   ⇒ The Russian authorities failed to ( ) the true cause of the crash.

5) 뉴질랜드 팀은 전통적인 마오리 전쟁 춤을 **수행했다**.
   ⇒ New Zealand's team ( ) the traditional Māori war dance.

6) 저소득 사람들은 이 시장에서 **거래하기**가 어렵다는 것을 발견하였다.
   ⇒ Low-income people find it difficult to ( ) in those markets.

7) 사회적 약자들은 **혜택**에 의존하기를 원치 않는다.

⇒ The socially weak don't want to rely on (                    ).

8) 포장도로가 약간 **울퉁불퉁**했다.

⇒ The pavement was a little (                    ).

9) 간단한 15분의 뇌 검사가 의사들이 사람들을 **진단하는**데 도움을 줄 수 있다.

⇒ A simple 15-minute brain scan could help doctors (                    ) people.

10) 우리는 더 **야심찬** 목표가 필요하다.

⇒ We need a more (                    ) target.

---

### 그리스로마신화로 어원 익히기

**티케** : 오늘은 접두사 **dis**와 관련된 로마신화를 배우고자해.

**티케** : dis는 저승신 이고 저승과 지옥을 의미해. 그리스 신화에서는 **pluto**라고 하지.

**티케** : dis가 부정을 뜻하는 접두사로 쓰이는 이유를 알겠지.

**고양이** : pluto라 하면 명왕성을 말하는 건가요.

**티케** : 맞아. 저승담당 왕의별이라는 의미지. 그리고 **pluto**는 부를 상징하기도 하지.

**티케** : 저승에 가는 것은 죽음을 의미하지. 그래서 죽음과 관련된 신화도 살펴보고자해.

**티케** : 그리스 신화 죽음의 신은 Thanatos(티나토스)이고, 로마 신화에서는 Mors(모르스)라고 하고, euthanasia[jùːθənéiʒiə] 안락사, **mortal**, 언젠가는 반드시 죽는, 운명의, im**mortal** 불멸의 어원이 되는 거지.

**티케** : 기타 태풍과 괴물 어원도 살펴보기로 해.

---

■ pluto와 관련된 어휘
- pluto**cracy** → pluto(wealth)+cracy(government) → 부를 통한 정부 → 금권 정치
- pluto**crat** 금권 정치가

※ **typhon(티폰)** : 그리스 신화에서 가장 무서운 괴물, 상반신은 인간의 모습 하반신은 뱀의 모습인 반인반수 모습 → 바다에 사는 괴물 → typhoon[taifúːn] 태풍이 됨

**티케** : 태풍은 지역별로 이름을 다양하게 불러.
- **태풍(typhoon)** – 북태평양 남서부에서 발생하여 많은 비를 뿌리는 세찬 바람
- **허리케인(hurricane)** – 서인도 제도·멕시코 만에서 발생하여 북아메리카 방면을 휩쓰는 열대성 폭풍우
- **사이클론(cyclone)** – 인도양에서 발생하는 열대성 저기압 폭풍
- **윌리윌리(willy-willy)** – 태풍이나 허리케인과 같은 큰 열대성 저기압으로 오스트레일리아 북쪽의 주변 해상에서 발생

※ 몬스트롬 monstrum 로마와 독일 괴물 이름 : 불행의 경고자 → **monster** '괴물' 유래

## 154. aberrant [əbérənt]
ab(from)+err(to wander 돌아다니다)<br>+ant(형접)

'벗어나 돌아다니는' 것이 → a. ① (올바른 길에서) **정도를 벗어난** ② (본디에서 벗어나) **일탈적인** n. (성격이) **괴짜**가 된 거지
- **aberration**[æbəréiʃən] n. ① **탈선** ② **일탈**
- **errant**[érənt] a. ① **정도를 벗어나는** ② **잘못된**
- **errand**[érənd] n. ① **심부름** ② **볼일**
- **aberrant** behavior **상식을 벗어난 행동**

> The factors are involved in **aberrant** cell growth.
> 그 요소들은 정도를 벗어난 세포성장과 관련이 있다.

## 155. abhor [æbhɔ́ːr]
ab(away)+hor(horror 공포, 혐오)

'혐오하여 멀리하는' 것이 → v. ① **혐오하다** ② **싫어하다**가 된 거지
- **abhorrence**[æbhɔ́ːrəns] n. ① **혐오** ② **질색인 것**
- **abhorrent**[æbhɔ́ːrənt] a. ① **혐오스러운** ② **질색인**
- syn. **hate**(싫어하다), **detest**(몹시 싫어하다), **loathe**(몹시 싫어하다)

> They **abhor** child abuse.
> 그들은 아동학대를 혐오한다.
> **abuse** v. 남용하다, 오용하다 n. 악용, 학대

## 156. abscond [æbskánd]
abs(away)+cond(숨기다)

'멀리 숨기는' 것이 → v. ① (남의 눈을 피해) **몰래 도망치다**<br>② (남의 돈을 가지고) **도주하다**가 된 거지
- syn. **run away**(도망치다)

> A robber has **absconded** from a open prison.
> 강도가 개방형 교도소에서 몰래 도망쳤다.
> ① **robber** 도둑, 강도 ② **rob** 훔치다, 빼앗다

## 157. apology [əpálədʒi]
apo(from)+logy(to speak)

'말을 하여 벗어나는' 것이 → n. ① (용서를 구하면) **사과** ② (너그러이 받아들이기를 바람에서) **양해를 구하는 말**이 되었지
- **apologize**[əpálədʒàiz] v. **사과하다**

> I just want to **apologize** to anyone I've offended.
> 나는 상처 입힌 누군가에게 사과를 원할 뿐이다.
> **offend** 기분을 상하게 하다, 위반하다

---

◆ 어휘 플러스
ab**dicate** 물러나다(p207) / ab**duct** 유괴하다(p212) / ab**ject** 비참한 / ab**normal** 비정상적인(p403) / ab**olish**

폐지하다 / **ab**original 원주민의(p412) / **ab**ort 유산시키다(p413) / **ab**ound 풍부하다(p616) / **ab**rasion 마찰(p498) / **ab**rupt 갑작스런(p508) / **abs**ence 결석(p218) / **abs**olute 완전한(p547) / **abs**orb 흡수하다 / **ab**use 남용하다 / **abs**tain 기권하다, 삼가다(p584) / **abs**tract 추상적인(p611) / **apo**calypse 파멸, 대재앙 / **apo**stle 사도, 주창자 / **a**vert 피하다(p637) / **ana**lysis(p340)

## ▬▬ 우리말 대화로 단어 복습하기

가. 자신을 돌보아 준 **후견인(guardian)** 금고에서 돈을 가지고 **도주한(abscond)** 사람이 붙잡혔다네.

가. 황당한 것은 **사과(apology)**를 **거절하고(refuse)** 뻔뻔하게 거짓말을 계속한다는 거야.

나. 나는 **정도를 벗어나(aberrant)** 배은망덕한 짓을 하는 사람을 정말 **혐오해(abhor)**.

| 접두사 10<br>**분리·이탈** | SE- : 떨어져(apart) |
| --- | --- |

### 158. **se**cure [sikjúər]
se(apart)+cure(care, 근심)

'근심을 벗어나게 하는' 것이 → a. ① **확실한** ② **안전한** ③ **안심하는**
　　　　　　　　　　　　　 v. ① **확보하다** ② **확신하다** ③ **담보를 제공하다** 같은 의미가 된 거지
- **se**curity[sikjúərəti] n. ① **안전** ② **보안** ③ **안보** ④ **담보**
- **se**curities 증권　　　　　• secured loan 담보대출
- ant. **in**secure(불안정한)

> Two **secure** services have been forced to close.
> 두 개의 확실한 서비스가 강제 폐쇄되었다.

### 159. **se**cede [sisíːd]
se(apart)+cede(to go)

'떨어져 가는' 것이 → v. ① (국가가) **분리 독립하다**
　　　　　　　　　　　　　② (조직에서) **탈퇴하다**가 된 거지
- **se**cession[siséʃən] n. ① **탈퇴** ② **분리 독립**

> People will vote on whether to **secede** from the north.
> 사람들은 북부와 분리 독립할 것인지를 투표할 것이다.

### 160. **se**parate [sépərèit]
se(apart)+par(to arrange 배열하다)
+ate(동접)

'분리해서 배열하다' 가 → v. ① **구분하다** ② **분리하다** ③ **별거하다**
　　　　　　　　　　　　 a. ① **개별적인** ② **분리된** ③ **별개의** 라는 표현이 된 거지
- **se**paration[sèpəréiʃən] n. ① **분리** ② **별거** ③ **이탈**
- **se**paratist[sépərətist] n. **분리주의자**
- syn. **di**vide(분할하다), come apart(흩어지다)

> Work and leisure used to be **separate**.
> 과거에는 일과 여가가 분리되어 있었다.

### 161. **se**vere [sivíər]
se(apart)+ver(faith, 믿음)+e(형접)

'믿음을 멀리하게 하는' 것이 → a. ① **심각한** ② **가혹한** ③ **엄격한** 이 된 거지
- **se**verity[səvérəti] n. ① **엄격함** ② **가혹함** ③ **혹독함**
- **se**ver[sévər] v. ① **자르다** ② **절단하다**

- **persevere**[pə̀ːrsəvíər] v. ① **인내하다** ② **인내하며 계속하다**
- **severe** winter **혹독한 겨울**          • **severe** penalty **가혹한 처벌**
- **severe** pain **극심한 고통**
- syn. **stern**(엄격한), **strict**(엄격한), **harsh**(가혹한), **acute**(극심한)

> Climate change will have **severe** impacts.
> 기후변화는 가혹한 영향을 미칠 것이다.

◆ 어원 TIP
- **se**cret → se(apart)+cret(to sift) → 분리해서 체로 거른 것 → 비밀
- **se**cret**ary** → secret+ary(사람) → 비밀 업무를 수행하는 사람 → 비서(祕書)

◆ 어휘 플러스
**se**cern 식별하다(p164) / **se**clude 고립시키다, 은둔하다(p180) / **se**dition 선동(p298) / **se**duce 유혹하다(p213) / **se**gregation 차별(p281) / **se**lect 선발하다, 선택하다(p321)

■ 우리말 대화로 단어 복습하기
가. 스페인 바르셀로나 지역이 마드리드 정부와 **단절하고(sever)**, **분리 독립하려고(secede)** 한다는군.
나. **확실한(secure)** 것은 스페인 정부로부터 **분리하는(separate)** 것은 쉽지 않을 것 같은데.
나. 분리 독립을 주도한 지도부는 **가혹한(severe)** 처벌을 받을 것 같고...

---

| 접두사 11 **결합** | COM, CON-, COL-, COR-, CO- : 함께(together), 같이(with), 강조(intens)<br>※ 로마신화 '**조화와 평화의 여신**' 콘코르디아(Concordia)에서 기원 |

### 162. con**sult** [kənsʌ́lt]
con(with)+sult(to rise)

'함께해서 일어서게 하다' 가 → v. ① (문제 등을) **상담하다** ② (서로) **상의하다** ③ (자료를 살펴) **참고하다**가 된 거지
- con**sultant**[kənsʌ́ltənt] n. ① **컨설턴트** ② **상담역** ③ **고문**
- con**sultation**[kɑ̀nsəltéiʃən] n. ① **협의** ② **회담** ③ **상담** ④ **참고**

> They have been respected and **consulted**.
> 그들은 존경받고 자문을 받았다.

### 163. col**lide** [kəláid]
col(together)+lide(to strike)

'(물체, 의견 등이) 함께 치다'가 → v. ① **충돌하다** ② **대립하다**가 된 거지
- col**lision**[kəlíʒən] n. **충돌**
- syn. **crash**(충돌하다), **clash**(충돌하다), **slam**(세게 충돌하다)

> Planes **collide** in midair.
> 비행가 공중에서 충돌했다.

## 164. commission
[kəmíʃən]
com(with)+miss(to send)+ion(명접)

'함께 보낸' 것이 → n. ① (일을 함께하는 목적이면) **위원회** ② (어떤 일을 맡아서 처리해 준 대가이면) **수수료** v. ① (미술·음악 작품 등을) **의뢰하다** ② **주문하다**가 된 거지

- **com**miss**ioner**[kəmíʃənər] n. ① **청장** ② **위원** ③ **감독관**
- Fair Trade **Commission** 공정거래위원회

> The **commission's** president is reluctant to invest.
> 위원회장은 투자를 꺼려하고 있다.
>
> **reluctant** 꺼려하는

## 165. compact [kəmpǽkt]
com(with)+pact(to fasten, 묶다)

'함께 묶는' 것이 → a. ① **소형의** ② **조밀한** ③ **다부진** n. ① **소형차** ② **합의** ③ **협정** ④ **콤팩트** v. ① (단단히) **다지다** ② **계약하다** 같은 의미가 된 거지

- **pact**[pækt] n. ① **약속** ② **협정** ③ **조약**
- **com**pact disk(disc) = CD
- **com**pact car 소형차

> The smartphone is equipped with a **compact** camera.
> 스마트폰에 소형카메라가 장착되었다.
> ① **equip** (장비를) 갖추다 ② **be equipped with** ~을 갖추고 있다

## 166. compile [kəmpáil]
com(together)+pile(쌓다)

'함께 쌓아누는' 것이 → v. ① (글을 정리하고 수집하는 거면) **편집하다** ② (체계적으로 정리해서 책을 만드는 거면) **편찬하다**가 된 거지

- **com**pil**ation**[kɑ̀mpəléiʃən] n. ① **편집** ② **편찬** ③ **모음집**

> Official biographies are being **compiled**.
> 공식적인 전기들이 편찬되고 있다.
> ① **biography** 전기 ② **autobiography** 자서전

## 167. conciliate [kənsílièit]
con(together)+cil(to call)+i+ate(동접)

'함께 불러주는' 것이 → v. ① (위로하여) **달래다** ② (구슬려) **회유하다** ③ (뜻을 따르도록) **설득하다**가 된 거지

- **con**cil**iatory**[kənsíliətɔ̀ri] a. ① **달래는** ② **회유하는** ③ **중재하는**
- **con**cil**iator**[kənsílièitər] n. ① **조정자** ② **중재자**
- **coun**cil[káunsəl] n. ① **회의** ② **위원회** ③ (지방) **의회**
- syn. **ap**pease(달래다), **plac**ate(달래다), **soothe**(달래다)
  ↔ ant. **threat**en(협박하다)

Such remarks did not **conciliate** me.
그러한 말이 나를 달래주지 못했다.

## 168. **con**tempt [kəntémpt]
con(intens)+tempt(유혹하다)

'(깔보고 업신여겨) 강하게 유혹하는' 것이 → n. ① **경멸** ② **모욕** ③ **무시**가 된 거지
● syn. **dis**regard(무시), **dis**respect(무례) ↔ ant. **re**spect(존경)

She threw a look of **contempt** at me.
그 여자는 경멸하는 모습으로 나를 보았다.

---

◆ 어원 TIP
● **un**apt → un+apt(적성이 있는) → 적성에 맞지 않는 → 부적당한
● **co**ag**ent** → co(together)+agent(대리인) → 함께하는 대리인 → 협력자, 조력자
● **co**hort → co(together)+hort(gathering) → (무리가) 함께 모여 있는 것 → (통계적으로 동일한 특색이나 행동 양식을 공유하는) 집단
● **con**cave → con+cave(동굴) → 동굴처럼 들어간 → 오목한

---

◆ 어휘 플러스

**co**act 협력하다 / **co**erce 강요하다 / **co**exist 공존하다(p539) / **com**fort 위로하다(p249) / **co**gent 설득력 있는 / **co**-found**er** 공동 설립자 / **co**habit 동거하다(p287) / **co**here 일관성이 있다(p290) / **co**incide 동시에 일어나다 (p149) / **co**oper**ate** 협력하다(p407) / **co**ordin**ate** 조정하다(p411) / **col**lapse 붕괴되다(p314) / **col**lateral 담보(p316) / **col**league 동료(p319) / **col**lect 모으다(p319) / **col**lude 공모하다(p338) / **com**bat 전투(p137) / **com**bine 결합시키다(p96) / **com**bust**ion** 연소 / **com**mand 명령(p352) / **com**mence 시작하다(p361) / **com**mend 칭찬하다(p352) / **com**ment 논평(p361) / **com**memor**ate** 기념하다(p359) / **com**merce 상업(p362) / **com**mit 저지르다(p370) / **com**modity 상품(p383) / **com**mot**ion** 소란(p380) / **com**mun**al** 공동의(p389) / **com**mute 통근하다(p390) / **com**pan**ion** 동반자(p420) / **com**pare 비교하다(p423) / **com**pass**ion** 동정심(p431) / **com**pel 강요하다(p435) / **com**pens**ate** 보상하다(p438) / **com**pete 경쟁하다(p442) / **com**plain 불평하다 (p449) / **com**plete 완료하다(p457) / **com**plex 복잡한(p459) / **com**plic**ate** 복잡하게 만들다(p458) / **com**ply 따르다(p458) / **com**pose 구성하다(p463) / **com**pound 합성의(p466) / **com**prise 구성되다(p473) / **com**pulsory 강제적인(p435) / **com**punct**ion** 죄책감(p482) / **con**ceal 숨기다(p162) / **con**cede 인정하다(p157) / **con**ceive 마음속으로 하다(p159) / **con**centr**ate** 집중하다(p152) / **con**cise 간결한(p166) / **con**clude 결론을 내리다(p180) / **con**cord 화합(p181) / **con**crete 구체적인(p186) / **con**cur 동의하다(p194) / **con**dense 농축시키다 / **con**dit**ion** 조건(p207) / **con**dole 위로하다(p208) / **con**duct 행하다(p212) / **con**feder**ation** 연합(p232) / **con**fess 자백하다 (p224) / **con**fidence 신뢰(p232) / **con**fine 제한하다(p239) / **con**flict 갈등(p245) / **con**front 직면하다(p262) / **con**fuse 혼란하게 하다(p265) / **con**gen**ial** 마음에 맞는(p269) / **con**gest**ion** 혼잡(p271) / **con**greg**ate** 모이다 (p281) / **con**jecture 추측(p300) / **con**nect 연결하다(p394) / **con**not**ation** 함축(p404) / **con**quer 정복하다 (p493) / **con**sent 동의(p529) / **con**sequ**ence** 결과(p531) / **con**serve 보존하다(p532) / **con**sider 고려하다 / **con**sist 구성되다(p538) / **con**solid**ate** 강화하다(p545) / **con**spicu**ous** 눈에 띄는(p555) / **con**spire 공모하다 (p556) / **con**stant 끊임없는(p543) / **con**stell**ation** 별자리(p561) / **con**stit**ute** 구성하다(p541) / **con**strain 억제하다(p565) / **con**strict 축소시키다(p566) / **con**struct 건설하다(p567) / **con**strue 해석하다(p567) / **con**sume 소비하다(p571) / **con**tain 포함하다(p586) / **con**tamin**ate** 오염시키다(p579) / **con**templ**ate** 고려하다 (p589) / **con**temporary 동시대의(p583) / **con**tend 주장하다(p587) / **con**text 문맥(p601) / **con**tin**ent** 대륙 (p585) / **con**tour 윤곽(p609) / **con**tract 계약(p611) / **con**tribute 기부하다(p613) / **con**vene 소집하다(p631)

/ **con**verge 모여 들다(p640) / **con**vert 개조하다(p637) / **con**vey 전달하다(p641) / **cor**rect 정확한(p500) / **cor**relate 연관성이 있다(p315) / **cor**respond 일치하다(p560) / **cor**rupt 부패한(p509)

■ **우리말 대화로 단어 복습하기**

가 : 자료 **편집(compilation)**과 **협정(compact)** 체결 문제를 **상의하기(consult)** 위해 **위원회(commission)**를 **소집하였습니다(convene)**. 각자 의견을 말씀해주십시오.

나 : J위원 언행이 상대를 **무시(contempt)**하는 일로 최근 문제가 되고 있습니다. 위원장님. 진상조사후 회의 진행이 적절하다고 봅니다.

J위원 : 제가 무슨 잘못을 했다고 그러는 겁니까. 회의를 하다 의견 **충돌한(collide)** 것 가지고...

가 : 발언들 자제하시고 상대를 **설득할(conciliate)** 때는 서로 예의를 지키면서 이야기하셔야죠. 어린애들도 아니고...

---

**접두사 11**
## 결합

SYM-, SYN- : 함께(together), 같이(with), 동시에 (at the same time)
※ 철자변화 규칙; l 앞에서는 syl- / b, m, p 앞에서는 sym- / st 앞에서는 sy-
※ 그리스신화에서 흑해 입구에 두 개의 바위섬이 스스로 움직여 지나가는 배를 함께 침몰시킨 '**심플레가데스(Sym**plegades)'에서 기원

---

### 169. sym**pathe**tic
[sìmpəθétik]
sym(together)+pathe(feeling)
+tic(형접)

'감정을 함께하는' 것이→ a. ① **공감하는** ② **동조하는** ③ **호의적인** 거라고 하지
● **sym**pathy[símpəθi] n. ① **동정** ② **공감** ↔ ant. **anti**pathy[æntípəθi] **반감**
● **sym**path**ize**[símpəθàiz] v. ① **동정하다** ② **공감하다**

> Prosecutors were **sympathetic** and empathetic.
> 검사들은 호의적이며, 공감할 수 있는 사람들이다.
> ① **prosecutor** 검사 ② **empathetic** 공감할 수 있는

### 170. sym**ptom** [símptəm]
sym(together)+pt(to fall)+om(명접)

'함께 떨어져' 나타난 것이 → n. ① (병이나 상처의) **증상** ② (병으로 인해 몸에 니디니는) **증세** ③ (이떤 일이 일이날) **징후**기 된 기지
● withdrawal **symptom 금단증상**

> **Symptoms** include fatigue, nausea and vomiting.
> 증상은 피로, 메스꺼움, 구토가 있다.
> ① **fatigue** 피로 ② **nausea** 메스꺼움 ③ **vomiting** 구토

### 171. syn**drome** [síndroum]
syn(with)+drome(to run)

'함께 달리고 있는' 것이 → 사회, 질병의 현상이면 → n. ① **증후군**
② **일련의 증상**이라고 할 수 있지
● Down's **syndrome 다운증후군**: 염색체 이상으로 생기는 선천 질환

> She drove women into a diet **syndrome**.
> 그녀는 여성들을 다이어트 신드롬에 빠져들게 했다.

• syndicate → syn(together)+dic(to say)+ate → 함께 말하는 것 → 기업 연합, 신디케이트
• synergy → syn(together)+energy(work) → 에너지를 합치는 것 → 시너지 효과, 동반 상승효과
• synonym → syn(together)+onym(name) → 명칭이 비슷한 말 → 동의어, 유의어

◆ 어휘 플러스
syllable 음절 / system 체계 / symbiosis 공생(p139) / symmetry 대칭(p366) / symphony 교향곡 / symposium 학술 대회 / synopsis 개요(p555) / synthesis 종합, 합성(p603)

■■■ 우리말 대화로 단어 복습하기
가. 제 아이가 몇몇의 **증후(symptom)**들이 다운**증후군(syndrome)** 조짐을 보이는데 어떻게 해야되죠?
나. 아이의 눈높이에 맞춰 **공감하는(sympathetic)** 것이 중요합니다. 서두르지 말고 천천히 아이 입장에서...

| 접두사 12 **숫자** | PRI(M)-, PRIN- : 처음, 먼저(first) / PROTO- : 처음(first), 원래의(original) |

## 172. **primary** [práimeri]
prim(first)+ary(형접)

'처음의' 것이 → a. ① **주요한** ② **기본적인** ③ **초기의**
　　　　　　　　n. (미국에서) **예비 선거**가 된 거지
• **prime**[praim] a. ① **최고의** ② **주요한** ③ **가장 적합한** n. **전성기**
• **premier**[príːmiər] a. ① **최고의** ② **제1의** n. **수상**
• **premiere**[primíər] n. ① **초연** ② **특별공연**
• **primacy**[práiməsi] n. ① **최고** ② **으뜸**
• Premier League 프리미어리그
• prime time 황금시간
• prime cost (제품의) 원가
• prime minister 수상, 국무총리

Many **primary** schools failed to meet the standards.
많은 초등학교가 기준을 맞추는 데 실패했다.

## 173. **primitive** [prímətiv]
prim(first)+it(to go)+ive(형접)

'처음으로 간 것' 이 → a. ① **원시적인** ② **원초적인**
　　　　　　　　　　③ (전체의 줄거리이면) **대략**의 의미가 된 거지
• **primate**[práimeit, -mət] n. ① **영장류** ② **대주교**
• **primeval**[praimíːvəl] a. ① **원시의** ② **태고의** ③ **원시적인**
• primeval forest 원시림
• syn. crude(대충의, 미가공의), rough(개략적인)

Fossil hunters have uncovered the remains of **primitive** crocodiles.
화석 사냥꾼들은 원시적인 악어 유적을 발굴했다.
① fossil 화석 ② uncover 발굴하다 ③ remains 유적

## 174. priority [praiɔ́:rəti]
pri(first)+or+ity(명접)

'첫 번째인 것' 을 → n. ① (대우나 순서에서) **우선** ② (일에서) **우선 사항**
③ (권리에서) **우선권**이라고 하지
● prior[práiər] a. ① **사전의** ② **우선하는** ③ **전의**

Health conditions are the highest **priority**.
건강 조건이 최고의 우선순위이다.

◆ 어원 TIP
● princi**pal** → prin+cip(to take)+al(형접) → 처음 취하는 사람 → 주요한, 교장
● princi**ple** → prin+cip(to take)+le(명접) → 먼저 취해야 할 것 → 원리, 원칙
● proto**type**[próutoutàip] → proto(first, original)+type(형태) → 최초의 형태 → 원형
● proto**col**[próutəkkɔ̀:l] → proto(first, original)+col(glue 접착제) → (기술한 내용을) 최초로 접착한 것 → 초안, 외교 의례
● prin**ce** 왕자 / prin**cess** 공주

### 🔴 우리말 대화로 단어 복습하기
가. 강사님. **교장(principal)**이 학교 업무를 진행할 때 무엇이 중요할까요?
나. 한 두 가지가 아니지만 각 업무에 대한 **대략의(primitive) 주요한(prime)** 특징을 살펴 **우선순위(priority)**와 **원칙(principle)**을 정하는 것이 중요합니다.

| 접두사 12<br>**숫자** | MONO-, MON-, UNI- : 하나(one, alone, single) |
|---|---|

## 175. monologue
[mánəlɔ̀:g]
mono(alone)+logue(to speak)

'혼자 말하는 것' 을 → n. ① (연극·영화의) **독백**
② (혼자서 하는) **긴 이야기**라고 하지
● dia**logue**[dáiəlɔ̀:g] n. **대화**

The shows are one-person **monologue** collections.
쇼들은 1인 독백 모음집이다.
**collection** 수집, 모음집

## 176. monopoly [mənápəli]
mono(single)+poly(to sell)

'혼자서만 파는 것' 을 → n. ① (시장이나 인기를) **독점** ② **전매**라고 말하지
● mono**poli**ze[mənápəlàiz] v. ① **독점하다** ② **독차지하다**

Beijing denounced a **monopoly** conduct.
중국 정부는 독점 행위를 비난했다.
**denounce** 비난하다

## 177. union [júːnjən]
uni(one)+on(명접)

'하나로' 뭉치는 것이 → n. ① **노조** ② **조합** ③ **연합** ④ **통합**이라는 표현이 된 거지
- unique[juːníːk] a. ① **독특한** ② **특별한** ③ **유일한** ④ **고유의**
- unite[juːnáit] v. ① **통합시키다** ② **연합하다**
- unify[júːnəfài] v. ① **통합하다** ② **통일하다**
- unity[júːnəti] n. ① **통합** ② (미술) **통일성** ③ (연극) **일치** ④ **통일체**
- unification[jùːnəfikéiʃən] n. ① **통합** ② **단일화** ③ **결합**
- unit[júːnit] n. ① **단위** ② **단체** ③ **부대** ④ **부서**
- unison[júːnəsən] n. ① **조화** ② **화합** ③ **한마음**
- student/labor **union** 학생회/노동조합

**Union** leaders were trusted by the public.
노조 지도자들은 대중의 신뢰를 받았다.

## 178. universal
[jùːnəvə́ːrsəl]
uni(one)+vers(to turn)+al(형접)

'하나의 (질서로) 돌아가는' 것을 → a. ① **보편적인** ② **일반적인** 거라고 하지
- universe[júːnəvə̀ːrs] n. ① **우주** ② (특정한 유형의) **경험 세계**
- university[jùːnəvə́ːrsəti] n. (종합) **대학**
- **universal** knowledge **보편적 지식**

Access to the internet should be a **universal** right.
인터넷 접근은 보편적인 권리가 되어야 한다.

◆ 어원 TIP
- monolingual → mono+lingua(언어)+al(형접) → 단일 언어의, 1개 국어를 사용하는
- monorail → mono(하나)+rail → 하나의 레일 → (놀이동산) 모노레일
- uniform → uni(하나)+form(형태) → 형태가 하나 → 교복, 제복
- monogamy → mono+gamy(to marry) → 한 여성과 결혼 → 일부일처제
  ↔ polygamy 일부다처제

◆ 어휘 플러스
monarch 군주(p132) / monarchy 군주제(p132) / monograph 논문(p278) / monotonous 단조로운(p606) /
unilateral 일방적인(p316) / unanimity[jùːnəníməti] 만장일치(p118)

■■■ **우리말 대화로 단어 복습하기**
가. 곧 공연될 연극의 **주제(theme)**는 무엇인가요?
나. 주제는 한 **독점(monopoly)**기업 **노조(union)**원의 **독백(monologue)**을 통해 **보편적인(universal)** 삶을 위한 투쟁
과정을 **혼잣말(soliloquy)**로 그려낸 **모노드라마(monodrama)**입니다.

SIM, SIN : 하나(one)

## 179. simplify [símpləfài]
sim(one)+pli(fold)+fy(to make 만들다)

'하나로 겹치게 만드는' 것이 → v. ① **단순화하다** ② **간소화하다**가 된 거지
- simplification[sìmpləfikéiʃən] n. ① **단순화** ② **간소화**
- simplicity[simplísəti] n. ① **단순함** ② **소박함** ③ **담백함**
- simple[símpəl] a. ① **단순한** ② **간단한** ③ **소박한**.
- simplex[símplèks] n. ① **단일어** ② **단향통신** ③ **심플렉스**
- oversimplify[òʊvərsímpləfài] v. **지나치게 단순화하다**
- syn. **streamline**(간소화하다) ↔ ant. **complicate**(복잡하게 만들다)

> We plan to **simplify** the law.
> 우리는 법을 단순화할 계획이다.

## 180. singular [síŋgjələr]
sin(one)+gul+ar(형접)

'하나' 밖에 없는 것이 → a. ① **유일한** ② **뛰어난** ③ **특이한** ④ **단수형의**
n. **단수형** 의미가 된 거지
- singularity[sìŋgjələǽrəti] n. **특이성**
- single[síŋgəl] a. ① **단 하나의** ② **단일의** ③ **혼자인**

> He has a **singular** approach to business.
> 그는 사업에 대한 특이한 접근 방식을 갖고 있다.

---

### 우리말 대화로 단어 복습하기

가. 자네의 **강점(advantage)**은 뭐라고 생각하는가?
나. **복잡한(complicated)** 일을 **단순화시키는(simplify)** 능력이 **뛰어나다고(singular)** 생각합니다.

---

### 생활 속 영단어로 어원 친해지기

티케 : 지난 회에 배운 접두어가 뭐였지?

고양이 : 분리·이탈 ab, a, abs, apo, se와 결합 con, co, col, cor, sym, syn입니다.

토끼 : 처음, 먼저 prim, prin, proto와 하나 uni, sol, mono, sim, sin이에요.

티케 : 일상 속에서 알아낸 사례를 말해주겠니?

토끼 : BTS의 my universe, 콜라보가 **collaboration(공동작업)**의 줄임말이고, **synopsis(시놉시스)**가 영화
나 드라마의 '개요'였어요.

고양이 : **초등학교(primary school), 모노레일(monorail)**의 의미를 확실히 이해가 되었어요.

티케 : 좋아요.

○ collaboration → col(together)+labor(일)+ation(명접) → 함께 일하는 것 → 공동 작업

○ synopsis → syn(together)+op(to see)+sis(명접) → 전체를 함께 보는 것 → 개요

○ monorail → mono(one)+rail → 하나의 레일 → 모노레일, 단궤 철도

티케 : 다음 회에 배울 접두사는 bi, du, di, twi, tri, semi, hemi, demi, be, en, tele이지요.

| 접두사 12<br>**숫자** | BI-, DU-, DI- : 둘(two), 이중, 두 배(double), 겹침 / TWI- : 둘(two) |
| --- | --- |

## 181. combine [kəmbáin]
com(together)+bi(two)+ne(동접)

'둘을 하나로 합치는' 것이 → v. ① (관계가 하나가 되면) **결합시키다** ② (두 가지 이상을 갖추면) **겸비하다** ③ (하나로) **통합하다** n. **콤바인**이 된 거지
- combination[kàmbənéiʃən] n. ① **조합** ② **결합** ③ **콤비네이션**
  ※ **combi**로 줄여 씀

We **combine** environmental and development goals.
우리는 환경적인 목표와 개발 목표를 결합시켰다.
goal 목표

## 182. biannual [baiǽnjuəl]
bi(two)+ann(year)+u+al(형접)

'한 해에 두 번의' 는 a. ① **1년에 두 번의** ② **반년 마다의** 의미를 갖지
- biennial[baiéniəl] a. ① **2년에 한 번씩의** ② **격년의**
- annual[ǽnjuəl] a. **1년의**
- syn. semiannual(반년마다의)

The Fashion is a **biannual** fashion magazine.
The Fashion은 6개월마다 발행되는 패션 잡지이다.

## 183. bicentennial
[bàisenténiəl]
bi(two)+centen(100)+ial(형접)

'백년의 두 번'은 → a. ① **200년 마다의** ② **2백년에 걸친**
n. **200년 기념일**이 되는 거지
- centennial[senténiəl] a. ① **100년 마다의** ② **백년 간의** n. **100주년**
- century[séntʃuri] n. ① **1세기** ② **백년**

It was the **bicentennial** of Mozart's birth.
모차르트 탄생 200주년 행사가 있었다.

## 184. bimonthly
[baimʌ́nθli]
bi(two)+month+ly(형접)

'두 달마다' 는 → a. ① **두 달에 한 번씩** ② **한 달에 두 번씩**이지
- daily (weekly, bimonthly, monthly) journal **일간(주간, 월2회, 월간) 신문 (잡지)**

He launches a **bi-monthly** women's magazine.
그는 격월 여성 잡지를 발행했다.
① launch 시작하다, (상품을) 출시시키다
② launching(론칭) 착수, 개시, 개업

## 185. diplomacy
[diplóuməsi]
di(two)+plo(fold)+ma+cy(명접)

'둘이 겹쳐 있는' 것이 → n. ① (다른 나라와 관계면) **외교** ② (다른 나라와 일을 처리하는 능력을 말하면) **외교적 수완**이라고 말하지
- diplomat[dípləmæt] n. **외교관**
- diploma[diplóumə] n. ① **졸업장** ② **학위**

## 186. dual [djúːəl]
du(two)+al(형접)

'두 가지' 는 → a. ① **이중의** ② **이원적인** 것이 된 거지
- **dualism**[djúːəlìzm] n. ① **이중성** ② **이원론**
- **duet**[djuét] n. ① **이중주** ② **듀엣**
- **duo**[djúːou] n. ① **2인조** ② **짝패**
- **duel**[djúːəl] n. ① **다툼** ② **투쟁**(p137)
- **duumvirate**[djuːʌ́mvərət] n. **쌍두마차** ② **양두정치**
- **dual** nationality(citizenship) **이중 국적**
- **dual** personality **이중인격**

The standards include citizens with **dual** citizenship.
기준은 이중 국적을 가진 시민을 포함하고 있다.

## 187. dubious [djúːbiəs]

du(two)+bio(to be)+ous(형접)

'두 개로 존재하는' 것을 → a. ① **의심스러운** ② **수상쩍은**
　　　　　　　　　　　③ **모호한** 입장이라고 하지
- syn. **doubtful**(의심스러운), **suspect**(의심스러운), **unsure**(불확실한),
　**uncertain**(불명확한)

We need to know more about the **dubious** goals.
우리는 의심스러운 목표에 대해 더 알 필요가 있다.

## 188. duplicate [djúːplikeɪt]
du(two)+pli(fold)+ate(동접)

'두 개를 겹치게 하는' 것이 → v. ① **복사하다** ② **중복해서 하다**
　　　　　　　　　　　　　 n. **사본** a. ① **똑같은** ② **사본의** 가 된 거지
- **duplication**[djùːplikéiʃən] n. ① **복제** ② **중복** ③ **복제품**
- **duplicity**[djuːplísəti] n. ① **이중성** ② **표리부동**
- syn. **replicate**(복제하다), **copy**(복사), **clone**(복제, 호환 기종)
- a **duplicate** sample **예비 견본**
- in **duplicate** 2통

Is this a **duplicate** or the original?
이것은 사본인가요? 원본인가요?

## 189. twilight [twáilàit]
twi(two)+light

'두 갈래의 빛' 이 존재하는 것이 → n. ① **황혼** ② **석양** ③ **쇠퇴기**
　　　　　　　　　　　　　　　 a. ① **불가사의한** ② **중간 지대의** 가 된 거지
- syn. **dusk**(황혼, 땅거미), **early evening**(초저녁), **semi-darkness**(
　어둑어둑함)

I am in the **twilight** of life.
나는 인생의 황혼기에 접어들었다.

## 190. **twist** [twist]
twi(two)+st(동접)

'(진실을) 두 개로 하는' 것이 → v. ① **왜곡하다** ② **비틀다** ③ **접 지르다** n. ① (방식) **전환** ② **전개** ③ (도로.강의) **굽이** ④ **트위스트 춤** 같은 표현이 된 거지

> They **twist** the truth.
> 그들은 진실을 왜곡했다.

◆ 어원 TIP
- **bi**focals → bi(two)+focus(초점)+als → 두 개의 초점이 있는 것 → 이중 초점 안경
- **bi**lateral → bi+lateral(측면의) → 두 개의 측면으로 → 쌍방향의
- **bi**lingual → bi+lingua(언어)+al(형접) → 2개 국어를 병용하는
- **bi**llionaire → bi(double)+millionaire(백만장자) → 백만장자 두 배 → 억만장자
- **bi**nary → bi+ary(형접) → 이진법의
- **bin**oculars → bin(double)+ocul(eye)+ars → 이중으로 보는 것 → 쌍안경
- **bi**partisan → bi+partisan(당파의) → 두 당파의 → 양당의
- **bi**ped → bi+ped(foot) → 두 발의 → 두 발 동물
- **bis**cuit → bis(twice)+cuit(baked) → 두 번 굽는 것 → 비스킷
- **bi**sect → bi+sect(to cut) → 두 개로 자르다 → 이등분하다, 양분하다
- **di**lemma[dilémə] → di(two)+lemma(to grasp, 붙잡다) → 두 개를 잡고 있는 (상황) → 진퇴양난, 딜레마

### ■ 우리말 대화로 단어 복습하기

가. 북핵 위기를 외교적으로 슬기롭게 해결할 방안이 없을까?

나. 최근 **황혼**(twilight)에 접어든 **외교관**(diplomat) 출신 원로들이 **두 달에 한 번**(bimonthly) 모이기로 했다는군.

나. 모임의 목적이 북핵 위기 대처방안을 모색한다는군.

가. 논의된 무슨 방안이라도 있어?

나. 국내외 **이중의**(dual) 어려움을 **극복하고**(overcome) **외교**(diplomacy)적으로 문제를 풀기 위한 방안이 제시되었어.

가. 그게 뭔데?

나. 1) **모호하고**(dubious) **왜곡된**(twisted) 말로 상대를 자극하지 않을 것

2) **분단된**(divided) 국가를 **통합시키기**(combine) 위해 단계적으로 남북문제를 접근할 것

3) 체결된 협약 **사본**(duplicate)을 투명하게 공개하여 국민적 이해를 구할 것

4) **반년 마다**(biannual) 북한 문제 **전문가**(expert)들이 모여 정부의 대응 논리를 보조할 것

---

| 접두사 12 **숫자** | TRI- : 셋(three) |

## 191. **tribe** [traib]
tri(three)+be(존재하다)

'셋으로(여러 집단으로) 존재하는' 것을 → n. ① (같은 조상의 지역공동체면) **부족** ② (조상이 같은 사회집단이면) **종족** ③ (생활의 집합체면) **집단**이라고 하지
- **tri**bal[tráibl] a. ① **종족의** ② **부족의** n. **부족민**
- syn. **clan**(씨족, 집단)

> We protect indigenous **tribes** around the world.
> 우리는 전 세계 토착 부족을 보호한다.
> **indigenous** 토착의, 원산의

## 192. trivial [tríviəl]

tri(three)+via(way)+al(형접)

길이 세 개인 → 중요한 길이 아닌 → a. ① **사소한** ② **하찮은** 것이 된 거지
- **tri**fle[tráifəl] n. ① **약간** ② **하찮은 것**
- syn. **un**important(하찮은), **in**significant(무의미한) ↔ ant. im**port**ant(중요한), signific**ant**(중요한)

> The work may have seemed **trivial**.
> 그 일은 사소하게 보일 수도 있었다.

◆ 어휘 플러스

**tri**angle 삼각형, 트라이앵글 / **tri**athlete 철인 3종 경기 선수 / **tri**athlon 철인 3종 경기 / **tri**dent 삼지창 / **tri**ennial 3년마다 한 번씩 있는 / **tri**llion 1조 / **tri**o 트리오, 삼중주 / **tri**ple 3배의, 세 겹의, 삼자간의, 3배로 하다 / **tri**plet 세쌍둥이 / **tra**vel 여행하다, 여행

■■■■ **우리말 대화로 단어 복습하기**

가. 아프리카 한 국가에서 전투가 발생했다는데 이유가 뭐야?
나. **부족(tribe)** 간 **사소한(trivial)** 문제가 발단이 되었다는군.

---

| 접두사 12<br>**숫자** | HEMI-, SEMI-, DEMI- : 반(half), 부분적으로(partly) |
| --- | --- |

## 193. hemisphere
### [hémisfìər]

hemi(half)+sphere(round body(구))

'구의 절반' 이 → n. ① (지구의) **반구** ② (뇌의) **반구**가 되는 거지
- **hemi**plegia[hèmiplí:dʒiə] n. ① **반신불수** ② **반신마비**
- **hemi**cycle[hèmisáikl] n. **반원**
- the northern/southern **hemisphere** 북반구/남반구

> Winters in the northern **hemisphere** are set to get colder.
> 북반구의 겨울이 점점 추워지고 있디.

## 194. semiannual
### [sèmiǽnjuəl]

semi(half)+ann(year)+al(형접)

'반년의' 는 → a. ① **반년 마다의** ② **한 해에 두 번의** ③ (식물 등의) **반년생의** 의미가 된 거지
- ann**ual**[ǽnjuəl] a. **연간의**

> **Semiannual** can be used to mean "every six months."
> Semiannual은 6개월 마다를 의미하는 데 사용될 수 있다.

## 195. semiconductor
### [sèmikəndʌ́ktər]

semi(half)+conductor(전도체)

'(전기나 열의)반 전도체' 를 → n. ① **반도체** ② **반도체를 사용한 장치**라고 하지
- conduct**or**[kəndʌ́ktər] n. ① **지휘자** ② **안내자** ③ **전도체**

> Demand for **semiconductors** has slumped over the past year.
> 지난해 반도체 수요는 급감했다.
> ① demand 수요 ↔ supply 공급 ② slump 급감하다, 폭락하다

## 196. semiconscious
[sèmikánʃəs]
semi(half)+conscious(의식하는)

'반 의식하는' 것을 → a. ① **의식이 완전하지 않은** ② **반의식이 있는** 이라고 하지
- **unconscious**[ʌnkánʃəs] a. ① **의식이 없는** ② **무의식적인**
- **subconscious**[sʌbkánʃəs] a. **잠재의식의** n. **잠재의식**

They found the arrested man **semi-conscious**.
그들은 체포된 남자가 의식이 완전하지 않다는 것을 발견했다.

## 197. semiskilled
[sèmiskíld]
semi(half)+skilled(숙련된)

반 숙련된 → a. **반 숙련의**
- **skilled**[skild] a. **숙련된**
- **unskilled**[ənskíld] a. ① **미숙련된** ② **기술이 없는**

Gap is widening between skilled and **semi-skilled** workers.
숙년공과 반숙년공 사이에 차이가 벌어지고 있다.

---

◆ 어원 TIP
- **demi**god → demi(half)+god → 반신반인, 신격화된 통치자

---

◆ 어휘 플러스
**semi**circle 반원 / **semi**detached 반쯤 떨어진, 두 채 연립의 / **semi**final 준결승의 / **semi**monthly 반달마다의 / **semi**permanent 반영구적인 / **semi**weekly 주 2회(의) / **semi**colon(;) 마침표(period)《.》보다 약하고, 쉼표 (comma)《,》보다는 강한 구두점으로 접속사 역할을 대신함

---

### ■ 우리말 대화로 단어 복습하기
가. **의식이 완전하지 않았던(semiconscious)** 남반구(hemisphere)의 한 **기술자(technician)**가 **반년정도의(semiannual) 혼수상태(coma)**에서 깨어났다는군.
나. 또 하나의 기적이 일어났군. 후속 기사는 없어?
가. 원래는 **반 숙련(semiskilled)**공으로 **반도체(semiconductor)**회사에서 일했는데 지금은 새로운 기술을 익히고 있다는데...

---

접두사 13
## 기타

BE- : ~하게 만들다(to make, 일반적으로 명사, 형용사, 자동사 앞에 놓여 타동사를 만듦), ~곁에· 옆에(by), 강조(intens)

## 198. behave [bihéiv]
be(to make)+have(to hold)

'가지게 만들다' 가 → 마음·자세면 → v. ① **행동하다** ② **처신하다**가 되는 거지
- **behavior**[bihéivjər] n. **행동**

Can books teach children to **behave** badly?
책이 아이들을 나쁘게 행동하도록 가르칠 수 있을까?

## 199. belong [bilɔ́ːŋ]
be(intens)+long(to be suitable, ~에 적합하게 하는)

'강하게 ~에 적합하게 하는' 것이 → v. ① (관계면) **속하다** ② (갖기 위한 거면) **소유하다** ③ (조화를 위한 거면) **어울리다**가 된 거지
- **belongings**[bilɔ́ːŋɪŋz] n. ① (부동산을 제외한) **재산** ② **소유물**

The islands **belong** to Argentina.
그 섬들은 아르헨티나 소유이다.

## 200. **be**wilder [biwíldər]
be(make)+wilder(길을 잃다)

'길을 잃게 만들다' 가 → v. ① **어리둥절하게 만들다**
　　　　　　　　　　　 ② **혼란스럽게 만들다**가 된 거지
* **be**wilder**ing**[biwíldəriŋ] a. **당황스럽게 하는**
* **be**wilder**ment**[biwíldərmənt] n. ① **당혹** ② **당황**

Such actions will **bewilder** adults.
그러한 행동들은 어른들을 당혹스럽게 할 것이다.

◆ 어원 TIP
* **be**devil → be+devil(악마) → 악마로 만들다 → **몹시 괴롭히다**
* **be**fall → be+fall → 떨어지게 만들다 → (안 좋은 일이) **닥치다**
* **be**lieve → be(to make)+lieve(to like) → 좋아하게 만들다 → **믿다**
* **be**guile → be+guile(교활) → 교활하게 하다 → **구슬리다, 현혹시키다**
* **be**siege → be+siege(포위) → 포위하게 만들다 → **포위하다, 에워싸다**
* **be**tray → be(intens)+tray(trade변형; to hand over, 건네주다) → 강하게 건네주다 → (적에게 정보를) **넘겨주다,
　배반하다**

◆ 어휘 플러스
**be**calm (범선을) 멈추게 하다, 진정시키다 / **be**fit ‒ 에 적합하다, 걸맞다 / **be**get (남자가) 자식을 보다, 아비가 되다
/ **be**grudge 시기하다 / **be**half ~을 대신하여 / **be**hind 뒤에 / **be**hold (바라) 보다 / **be**lie 착각하게 만들다, 거짓임을
보여주다 / **be**lief 믿음 / **be**little 하찮게 보다, 과소평가하다 / **be**queath (유언으로) 물려주다, 유증하다(p493) /
**be**quest 유산 / **be**side ~옆에 / **be**sides ~외에도, 게다가 / **be**stow 부여하다 / **be**ware 조심하다 / **be**yond 너머

### ■■■ 우리말 대화로 단어 복습하기
가. 왜 그렇게 혀를 차며 웃어?
나. 남이 **소유한(belong)** 물건을 훔친 도둑이 아무런 잘못이 없는 것처럼 **행동하는(behave)** 모습이 주인을 **어리둥절하게
만든(bewilder)** 동영상을 보고 있어.

| 접두사 13<br>**기타** | EN- : ~하게 만들다(to make), 주다(to give) / 형용사나 명사 앞·뒤에 en이 오면 일반적으로<br>타동사가 됨 |
|---|---|

## 201. **en**able [inéibl]
en(to make)+able

'할 수 있게 만들다' 는 → v. ① **가능하게 하다** ② **~할 수 있게 하다**가 되는 거지
* ant. **dis**able(할 수 없게 하다)

Architects **enable** wellbeing and comfort to us.
건축가들은 우리에게 행복과 안락함을 가능하게 한다.
　　　　　　　　　　　　　　　　　　　　　　**architect** 건축가

## 202. enrich [inríʧ]
en(to make)+rich

'부유하게 만들다' 가 → v. ① **풍요롭게 하다** ② **질적으로 향상시키다**
③ **부유하게 하다** ④ (식품에 영양소를) **강화하다**
⑤ (액체나 물질이면) **농축하다**가 된 거지
- **enrichment**[inríʧmənt] n. ① **풍부하게 함** ② **풍부** ③ **농축** ④ **강화**
- **enriched uranium 농축 우라늄**

> Education will **enrich** your life
> 교육은 당신의 삶을 풍요롭게 할 것이다.

## 203. enlighten [inláitn]
en(to make)+lighten(밝히다)

'밝게 만들어 주는' 것이 → v. ① (가르쳐 깨우치면) **계몽하다** ② (올바른
방향으로 이끌면) **교화시키다** ③ (분별하는 것이면) **이해시키다**가 된 거지
- **enlightenment**[inláitnmənt] n. ① **계몽** ② **이해** ③ **깨우침**

> The book can **enlighten** us.
> 그 책은 우리를 계몽할 수 있다.

---

◆ **어휘 플러스**

**un**avoid**able** 불가피한 / **un**bear**able** 참을 수 없는 / **un**bias**ed** 편견이 없는 / **un**block 차단을 해제하다 / **un**certain 불확실한 / bright**en** 밝게 하다 / broad**en** 넓히다 / dead**en** 약하게 하다 / **en**large 확대하다 / **en**liven 활기를 띠게 하다 / **en**rapt**ure** 황홀하게 만들다 / length**en** 길게 하다 / less**en** 줄이다 / short**en** 짧게 하다/ tight**en** 팽팽하게 하다

---

### ■■■ 우리말 대화로 단어 복습하기

가. **미개인(barbarian)**을 **계몽시켜(enlighten)** 그들의 삶을 **풍요롭게 하는(enrich)** 것이 가능하게 할 수 있을까?
나. **가능하다(enable)**고 봐. 인류의 역사를 보면...

---

| 접두사 13 **기타** | TELE- : 먼, 멀리(far, distant) |
|---|---|

## 204. telecommute [tèləkəmjúːt]
tele(far)+commute(통근하다)

'원격으로 통근하다' 가 → v. **재택 근무하다**가 된 거지
- **telecommuting 재택근무**

> **Telecommuting** is rapidly on the rise.
> 재택근무는 급속하게 증가하고 있다.

## 205 telepathy [təlépəθi]
tele(far)+pathy(sense, 감각)

'먼 곳에서 느낌' 을 공유하는 것을 → n. ① **텔레파시** ② **정신 감응**이라고 하지

> There is a lot of evidence to support the existence of **telepathy**.
> 텔레파시 존재를 뒷받침해주는 많은 증거가 있다.

## 206. **tele**scope [téləskòup]

tele(far)+scope(to see)

'멀리까지 보는' 것이 → n. **망원경** v. ① (서로 포개면) **짧아지다** ② (시간을) **단축하다**가 된 거지

● microscope[máikrəskòup] n. **현미경**

> No one knows when the **telescope** was invented.
> 망원경이 언제 발명되었는지 아는 사람은 아무도 없다.

---

◆ 어휘 플러스

**tele**banking 텔레뱅킹 / **tele**communication 전기 통신, 전자 통신 / **tele**diagnosis 원격 진단 / **tele**education 원격 교육 / **tele**marketing 전화 판매 / **tele**gram 전보 / **tele**graph 전보 / **tele**phone 전화(기) / **tele**thon 장시간에 걸친 텔레비전 방송 / **tele**vision 텔레비전

---

■■■ **우리말 대화로 단어 복습하기**

가. 내 카톡봐.

나. 왜?

가. **재택근무하고**(telecommute) 있는 친구와 같은 내용으로 같은 시간에 서로 전송한 것 봐봐.

나. 두 사람이 **망원경**(telescope)으로 서로를 보고 있는 것처럼 **정신 감응**(telepathy)이 통했군.

---

### ☙☙☙☙ 생활 속 영단어로 어원 친해지기 ☙☙☙☙

**티케** : 지난 회에 배운 접두사가 뭐였지?

**고양이** : **숫자 둘 bi, du, di, twi / 숫자 셋 tri**입니다.

**토끼** : **반**(half) semi, hemi, demi와 be, en과 **멀리** tele가 있어요.

**티케** : 일상 속에서 알아낸 사례를 말해주겠니?

**고양이** : 최근 사회저 이슈가 되고 있는 **양극화**(bipolarization)를 어원 분석 해주세요.

**티케** : 좋아요.

○ **bi**polar**ization** → bi(two)+polar(극의)+ization(-화 되는 것, 명접) → (사회가) **두 개의 극이 되는 것** → 양극화

**티케** : 지금까지 배운 접두사를 복습해 보자.

**고양이** : 앞, 뒤 / 위, 아래 / 안, 밖 / 사이, 관통 / 부정, 반대, 긍정 / 분리, 이탈, 결합 / 숫자, 기타가 있어요. .

**티케** : 다음 회에 배울 어근은 act, ag / ac, acr, acu / acro, alt / agoge, agogy / agro, agri / ali, alter, hetero / am, amor / ang, anx / anim / ann, enn / apt, ept, att / arm이지요.

- disarm          v. ~의 무장을 해제하다 ↔ arm 무장하다
- disarmament     n. 무장 해제, 군비 축소 ↔ armament 무장, 군비
- divide          v. 나누다, 쪼개다 ↔ multiply 늘리다, 증가하다, 곱하다
- dissuade        v. 단념시키다 ↔ persuade 설득하다
- domestic        a 길들여진 = tame ↔ wild 야생의 2) 국내의 ↔ overseas 해외의
- downstairs      ad. 아래층으로 ↔ upstairs 위층에, 위층으로 n. 위층
- downward(s)     ad. 아래쪽으로 a. 쇠퇴하는 ↔ upward(s) 위쪽으로 a. 상승하는
- drunken         a. 술에 취한 ↔ sober 술 취하지 않은, 냉철한
- dry             a. 마른, 건조한 ↔ wet 젖은
- dryness         n. 건조, 무미건조 ↔ wetness 젖어 있음, 축축함
- dull            a. 1) (날이)무딘 ↔ keen, sharp 날카로운, 예리한

                  2) (색깔·빛·소리 따위가) 흐릿한, 뚜렷하지 않은 = dim ↔ vivid, bright 생생한, 뚜렷한

                  3) 우둔한, 멍청한 = stupid ↔ clever, smart 영리한, 똑똑한

                  4) 지루한 = uninteresting, tedious ↔ interesting
- dynamic         a. 역동적인 n. 역학 ↔ static 고정된, 정지 상태의

E

- earn            v. 벌다 ↔ spend 소비하다
- earthly         a. 세속적인 = worldly ↔ heavenly 하늘의, 천국의
- easily          ad. 쉽게, 용이하게 = with ease ↔ with difficulty 어렵게
- easiness        n. 쉬움, 평이 ↔ difficulty 어려움
- ebb             n. 썰물, 간조 ↔ flow, tide 밀물, 만조
- egoism          n. 이기주의 ↔ altruism 이타주의
- egoist          n. 이기주의자 ↔ altruist 이타주의자
- egocentric      a. 자기중심적인 이기적인 = self-centered ↔ altruistic 이타적인
- elective        a. 1) 선거로 선출된(직책. 권리) ↔ appointive 임명에 의한

                  2) (과목이) 선택의 = optional ↔ required, compulsory 필수의
- emigrant        n. (국외로) 이민자 ↔ immigrant
- emperor         n. 황제, 제왕 ↔ empress 여제, 황후
- employ          v. 고용하다 ↔ dismiss, fire, lay off 해고하다
- employer        n. 고용주, 사장 ↔ employee 직원
- employment      n. 고용 ↔ unemployment 실직
- enable          v. 할 수 있게 하다 ↔ disable 할 수 없게 하다

# Exercise 5

**1.** (A)에 제시된 접두사의 의미를 가장 적절하게 표현한 것을 (B)에서 찾아 쓰시오.

| (A) | (B) |
|---|---|
| 1) CON-, CO-, COL-, COR, SYM, SYN _____ | ⓐ 셋(three) |
| 2) UNI, MON, MONO _____ | ⓑ 처음, 우선(first) |
| 3) TRI _____ | ⓒ 반(half), 부분적으로(partly) |
| 4) EN _____ | ⓓ ~하게 만들다(to make), ~강조(intens) |
| 5) TELE _____ | ⓔ 떨어져(apart) |
| 6) AB, A, ABS, APO _____ | ⓕ 먼, 멀리(far) |
| 7) PRIM, PRIN _____ | ⓖ 하나(one) |
| 8) BI, DU, DI, TWI _____ | ⓗ ~로부터(from), 멀리(away), 떨어져(off) |
| 9) SE _____ | ⓘ 함께(together), 같이(with) |
| 10) SEMI, HEMI _____ | ⓙ 둘(two) |
| 11) BE _____ | ⓚ ~하게 만들다(to make), 주다(to give) |

**2.** 제시된 단어 중 가장 의미가 적절한 것을 찾아 괄호 안에 넣으시오.

> ⓐ simplify ⓑ enlighten ⓒ aberrant ⓓ monopoly ⓔ diplomacy ⓕ dual ⓖ soliloquy ⓗ secede ⓘ sever
> ⓙ primitive ⓚ bewilder ⓛ collide ⓜ telecommute ⓝ compact ⓞ hemisphere ⓟ symptom ⓠ universal
> ⓡ dubious ⓢ twist ⓣ conciliate

| | | | |
|---|---|---|---|
| 1) ( ) : 외교 | 2) ( ) : 반구 | 3) ( ) : 어리둥절하게 만들다 | 4) ( ) : 의심스러운 |
| 5) ( ) : 재택 근무하다 | 6) ( ) : 계몽하다 | 7) ( ) : 독점 | 8) ( ) : 단순화하다 |
| 9) ( ) : 원시적인 | 10) ( ) : 보편적인 | 11) ( ) : 달래다 | 12) ( ) : 소형의 |
| 13) ( ) : 정도를 벗어난 | 14) ( ) : 탈퇴하다 | 15) ( ) : 이중의 | 16) ( ) : 절단하다 |
| 17) ( ) : 충돌하다 | 18) ( ) : 왜곡하다 | 19) ( ) : 독백 | 20) ( ) : 증상 |

**3.** 제시된 단어와 <u>반대되는</u> 의미로 가장 적절한 것을 찾아 괄호 안에 넣으시오.

> ⓐ earthly ⓑ employ ⓒ egoist ⓓ divide ⓔ ebb ⓕ drunken ⓖ elective ⓗ dynamic ⓘ disarm ⓙ easiness
> ⓚ dull ⓛ earn ⓜ emigrant ⓝ dissuade

| | | | |
|---|---|---|---|
| 1) ( ) : dismiss | 2) ( ) : appointive | 3) ( ) : arm | 4) ( ) : static |
| 5) ( ) : persuade | 6) ( ) : multiply | 7) ( ) : difficulty | 8) ( ) : sober |
| 9) ( ) : altruist | 10) ( ) : immigrant | 11) ( ) : spend | 12) ( ) : keen |
| 13) ( ) : tide | 14) ( ) : heavenly | | |

**4.** 밑줄 친 단어와 가장 유사한 것을 고르시오.

1) Children as young as three are suffering from **severe** toothache.
  ① cruel          ② harsh          ③ stern          ④ extreme

2) Reading in prison is not a **trivial** story.
  ① important      ② interesting    ③ insignificant  ④ subtle

3) I had received a **duplicate** some months earlier.
  ① original       ② copy           ③ article        ④ authenticity

4) Economists await the organization's **semiannual** survey.
  ① biannual       ② biennial       ③ perennial      ④ bimonthly

5) It takes us five extra days to **compile** evidence.
  ① edit           ② consent        ③ confer         ④ publish

**5.** 아래에 제시된 단어 중 밑줄 친 우리말의 의미에 맞게 빈칸에 적절한 것을 골라 넣으시오.

> belong / sympathetic / union / syndrome / semiconscious / enrich / commission / priority / combine / primary

1) 그것은 다운 **증후군**을 유발한다.
  ⇒ It causes Down's (              ).

2) 수학과 과학이 학교에서 **우선순위**가 되어야한다.
  ⇒ Mathematics and science should be a (              ) for schools.

3) 노동**조합**은 그러한 동맹을 통해 힘을 다시 얻을 수 있었다.
  ⇒ Labor (              ) could regain strength from such an alliance.

4) 이슬람과 민주주의가 힘을 **결합했다**.
  ⇒ Islam and democracy (              ) forces.

5) 아이들은 부모 **소유**가 아니**다**.
  ⇒ Children do not (              ) to their parents.

6) **초등**학교 4% 이상이 새로운 기준을 맞추는 데 실패했다.
  ⇒ More than 4% of (              ) schools failed to meet the new standards.

7) 시위자들의 명분이 **동정적인** 반응을 이끌어냈다.
  ⇒ The protesters' cause drew a (              ) reaction.

8) 12명의 불법 이민자들이 **의식이 완전하지 않는** 상태에서 발견되었다.
  ⇒ Twelve illegal immigrants were found in a (              ) state.

9) 그 프로젝트는 가난한 사람들을 **풍요롭게 하는** 것이다.

   ⇒ The project is to (       ) the poor.

10) 16명으로 구성된 **위원회**가 구성원들의 질문을 받았다.

   ⇒ The 16-person (       ) was asked by members.

---

## 그리스로마신화로 어원 익히기

티케 : 그리스 신화에서 영웅 오디세우스가 마녀 키르케와의 사이에서 낳은 아들이 **텔레고노스(Telegonus)**야.

티케 : '멀리서 태어난 자'를 의미하고 접두사 **tele**의 어원이 된 거지.

티케 : 텔레고노스 아들이 **이탈로스(Italos)**인데 **이탈리아(Italy)**라는 지명은 그의 이름에서 유래했어.

티케 : 그리스신화에서 페르세우스가 베어온 고르곤의 목을 보고 돌이 되어버린 세리포스 섬의 왕 **폴리덱테스 (polydectes)**야.

티케 : '많은 것을 받은 사람'을 의미하지. **poly**의 어원이 된 거지.

티케 : **poly**는 그리스어로 **much**를 뜻하지. 유사한 의미로 **multi**도 있어.

티케 : 로마신화 조화와 평화의 여신이 **콘코르디아(Concordia)**야.

티케 : **con, com, co(together 함께)**와 **cord(heart 마음)**의 어원이 된 거지.

티케 : 그리스신화에 따르면 흑해 입구에 두 개의 바위섬은 스스로 움직여 지나가는 배를 침몰시켰지. 이름을 **신플레가데스(Symplegades)** 라고 하지.

티케 : **sym, syn**이 어원이 된 거지.

---

■ poly관련 어휘 정리

• **poly**ester 폴리에스테 / **poly**ester fiber 폴리에스테 섬유 / **poly**gamy[pəlígəmi] 일부다처제 ↔ **mono**gamy 일부일처제 / **poly**math[pálimæθi 박식한 사람 / **Poly**nesia[pàləní:ʒə] 폴리네시아 / **poly**theism[páliθi:izəm] 다신교 ↔ **mono**theism[mánəθi:ìzəm] 일신교

■ multi관련 어휘 정리

• **multi**channel 다중 채널의 / **multi**cultural 다문화의 / **multi**generational 다세대의 / **multi**lateral 다자간의, 다각적인 / **multi**national 다국적의 / **multi**plex 다중의, 복합상영관 / **multi**racial 다민족의 / **multi**tasking 다중 작업

2.
어근

## 어근 1 — ACT, AG(ON) : ~하다, 행하다(to do)

### 207. activate [ǽktəvèit]
act(to do)+iv+ate(동접)

'하도록 하는' 것이 → v. ① (사회나 조직, 화학이나 물리적 변화를) **활성화시키다**
② (원기나 기운이) **활기를 띠게 하다** ③ (기계를) **작동시키다**가 되었지

- **act**ivity[æktívəti] n. ① **활동** ② **활기**
- **act**ivation[æktəvéiʃən] n. ① **활동적으로 하기** ② **활성화** ③ **부대 신설**
- **act**ion[ǽkʃən] n. ① **행동** ② **동작** ③ **소송**
- **act**ive[ǽktiv] a. ① **활동적인** ② **적극적인**
- **counter**act[kaʊntərǽkt] v. **대응하다**
- syn. **set off**(촉발시키다), **start**(시작하다), **initiate**(개시하게 하다) ↔ ant. **stop**

> We go through an automated **activation** process.
> 우리는 자동화된 활성화 과정을 거쳤다.

### 208. actual [ǽktʃuəl]
act(to do)+u+al(형접)

'하는 것' 이 → a. ① **실제의** ② **사실상의** 의미가 된 거지

- **act**uality[æktʃuǽləti] n. ① **실제** ② **현실**
- **act**ualize[ǽktʃuəlaɪz] v. ① **현실로 만들다** ② **실현하다**
- **act**ualization[æktʃuəlaɪzéiʃən] n. ① **현실화** ② **실현**
- **act**ually[ǽktʃuəli] ad. ① **실제로** ② **정말로** ③ **실지로**

### 209. agonize [ǽgənàiz]
agon(to do)+ize(동접)

'행하는' 것이 → 번뇌와 고민거리면 → v. ① **고뇌하다** ② **몹시 괴롭히다**
③ **고민하다**가 되는 거지

- **agon**y[ǽgəni] n. ① **고통** ② **고뇌**
- **ant**agonize[æntǽgənàiz] v. ① **적대감을 불러일으키다** ② **반감을 사다**
- **ant**agonism[æntǽgənìzəm] n. ① **적의** ② **적대감**
- **ant**agonist[æntǽgənist] n. ① **적대자** ② **적수** ③ **경쟁자**

> Would-be parents **agonize** over the decision.
> 예비 부모들은 결정을 고민하고 있다.
>
> **would-be** 되려고 하는

---

◆ 어원 TIP
- **ag**ile → ag(to do)+ile(easy, 형접) → ~하기 쉬운 → **민첩한**
- **ex**act → ex(out)+act(to do) → 밖에서 해보는 → **정확한, 정밀한**
- **ex**amine → ex(out)+am(to do)+ine → 밖에서 수행하다 → **검토하다, 진찰하다**
- **prod**igal → prod(forth)+ig(to do)+al(형접) → (돈·시간·에너지·물자를) **밖으로 하는** → (돈·시간·에너지·물자를) **낭비하는**

---

■ **우리말 대화로 단어 복습하기**

가. **침체된**(stagnant) 도시를 **실제적**(actual)으로 **활성화시키는**(activate) **방법**(method)에 대해 이야기해보세요.

나. 지역 특성에 맞게 개발계획을 세우는 것이 중요하다고 생각합니다.

가. 그러나 **무분별한(imprudent)** 개발은 도시 **젠트리피케이션(gentrification)** 같은 또 다른 문제가 발생할 수 있어요.

나. 시장님이 **고뇌(agony)**하고 있는 바를 충분히 고려하여 개발계획을 수립하겠습니다.

---

**◆ 상식 TIP**

gentrification → gentry(신사계급)+fic(to make)+ation(−화하는 것) → 신사계급화 하는 것 → '구도심이 번성해 중산층 이상의 사람들이 몰리는 현상' 즉 '도심에 사람들이 몰리면서 개발이 가속되고 임대료가 오르면서 원주민이 바깥으로 내몰리는 현상'을 말함

---

## 어근 2

**AC, ACER, ACR, ACU** : 날카로운(sharp), 날카롭게하다(to sharpen), 고통(pain), 바늘(needle)
**ALGIA(접미사)** : 아픔(pain), …통(痛)

---

### 210. ache [eɪk]
ache(pain, 고통)

'고통' 을 → v. ① (몸, 마음, 문제로) **아프다** ② (하고 싶어) **못 견디다**
　　　　　 n. ① **아픔** ② **통증**이라고 하지
- **headache**[hédèik] n. ① **두통** ② **두통거리**
- **stomachache**[stʌ́məkèik] n. ① **위통** ② **복통**
- **toothache**[túːθèik] n. **치통**
- syn. **pain**(고통), **suffer**ing(고통)

> My heart **aches** for the helpless children.
> 무기력한 아이들 때문에 내 마음이 아프다.

### 211. acumen [əkjúːmən]
acu(to sharpen)+men(사람)

'날카로운 사람' 이 → n. ① (일에 관한 거면) **감각** ② (일과 사물에 대한) **통찰력 [예리함]** ③ (일을 꾸미거나 치러나가는) **수완**이 된 거지

> It is hard to find anyone with financial **acumen**.
> 재정적인 통찰력을 갖춘 사람을 찾기 어렵다.

### 212. acute [əkjúːt]
acu(sharp)+te(형접)

'날카로운' 것이 → a. ① (날씨, 자금, 교통 등이) **극심한** ② (질병이) **급성의** ③ (도구, 관찰력, 판단력이) **예리한** 의미를 갖게 된 거지
- **acu**ity[əkjúːəti] n. ① **명민함** ② (시각·청각·사고의) **예리함**
- **acu**ate[ǽkjuət] a. (끝이) **뾰쪽한**

> She was taken to the hospital with **acute** appendicitis.
> 그녀는 급성 맹장염으로 병원에 실려 갔다.
>
> **appendicitis** 맹장염

---

**◆ 어원 TIP**
- **neur**algia[njuərǽldʒə] → neur(nerve)+algia(pain) → 신경이 아픈 것 → 신경통
- **nost**algia[nastǽldʒə] → nost(to return)+algia(pain) → 과거로 돌아가고 싶은 아픔 → 향수
- **acer**bic → acer(bitter 쓴)+ic(형접) → 맛이나 말이 쓴 → 떫은, 신랄한
- **ac**me → ac(point) +me(명접) → 뾰족한 끝 → 정점
- **acri**monious → acr(sharp)+mon(state, 상태)+ious(형접) → 날카로운 상태의 → 매서운, 신랄한
- **acu**puncture → acu(needle)+puncture(찌르기) → 바늘로 찌르기 → 침술

### ■ 우리말 대화로 단어 복습하기

가. 내 친구가 **급성 맹장염(acute appendicitis)**으로 죽을 뻔했어.

나. 맹장염으로 죽지는 않지. 너무 뻥이 심한 것 아냐?

가. 친구가 너무 아파 몇몇 병원을 찾았는데 처음에는 원인을 알 수 없다고 했지.

가. 시간은 흐르고 고통은 점점 심해지고 **호흡(respiration)**이 곤란해지는 상황이 된 거지.

가. 다행이도 **예리한(acute) 통찰력(acumen)**을 가진 의사가 친구의 **고통(ache)** 원인을 **진단했다(diagnose)**고 하네.

---

## 어근 3

> ACRO : 처음(first), 높은(high), 꼭대기(top) / ALT, ALTI : 높은(high)

### 213. **acro**phobia
[æ̀krəfóubiə]
acro(high)+phobia(fear)

'높은 곳에 대한 두려움' 을 → n. **고소 공포증**이라고 하지
● **acrobatic**[æ̀krəbǽtik] a. **곡예의**

> His **acrophobia** was a major problem.
> 그의 고소 공포증이 중요한 문제였다.

### 214. **alt**ar [ɔ́ːltər]
alt(high)+ar(명접)

'높은 곳에' 풍년을 기원하여 만든 것이 → n. **제단**이 되었지
● **alter**[ɔ́ːltər] v. **바꾸다**     ● high **altar** 중앙 제단

> The officers destroyed the **altar**.
> 장교들이 제단을 파괴했다.

### 215. **alt**itude [ǽltətjùːd]

'(해수면을 기준으로) 높은 곳'이란 → n. ① **고도** ② **고지**라고 하지
● **altimeter**[æltímitər] n. **고도계**     ● **altitude** sickness **고산병**
● **altitude** above sea level **해발고도**

> Populations have adapted to life at high **altitude**.
> 많은 사람들은 높은 고도의 삶에 적응해 왔다.

---

◆ 어원 TIP

● **acronym**[ǽkrənìm] → acro(first)+onym(name) → 이름의 처음(글자) → **두문자어, 약어**

● **acrobat** → acro(top)+bat(to walk) → 꼭대기를 걷는 → **곡예사**

● **alto** → alto(high) → (음악의) **알토, 최고음**

● **ex**alt → ex(out)+alt(high) → 밖으로 높이 올리는 것 → **승격[격상]시키다, 칭찬하다**

---

### ■ 우리말 대화로 단어 복습하기

가. 해발**고도(altitude)** 2000m에 세워진 저 **제단(altar)**은 보기에도 아찔하군.

나. 아마 많은 사람들이 **고소 공포증(acrophobia)**을 느꼈을 거야.

AGOGE, AGOGY : 이끌다(to lead)  ※ 동의 어근 DUC, DUCT(어근 81)

## 216. demagogy
[démagòudʒi]
dem(people)+agogy(to lead)

'사람들을 이끌어' → n. (남을 부추기면) **민중 선동**이 되는 거지
● demagogue[démagàg] n. **선동 정치가**

> I'm very angry about the **demagogy**.
> 나는 민중 선동에 매우 화가 난다.

## 217. pedagogy
[pédagòudʒi]
ped(child)+agogy(to lead)

'아이들을 이끄는' 것이 → n. (교육에 관한 이론 연구면) **교육학**이라고 말하지
● pedagogical[pèdagádʒikəl] a. **교육학의**

> Online learning is the meeting of technology and **pedagogy**.
> 온라인 학습은 기술과 교육학의 만남이다.

◆ 어원 TIP
● hegemony[hidʒémani] → hegemon(to lead)+y(명접) → 이끌려고 하는 것 → 헤게모니, 패권

■■■ 우리말 대화로 단어 복습하기
가. 히틀러 같은 **독재자(dictator)**들은 교육을 철저히 정권에 이용하지.
나. 맞아. **선동 정치가(demagogue)**들은 **민중 선동(demagogy)** 목적으로 **교육학(pedagogy)**을 왜곡하지(twist).

AGRI, AGRO : 땅, 흙(soil, field, earth)
※ 동의 어근 GEO (어근114) / HUM (어근126) / TER (어근299)

## 218. agriculture
[ǽgrikλltʃər]
agri(soil)+cult(to grow)+ure(명접)

'땅에서 키우는 것' 이 → n. **농업**이지
● agricultural[ǽgrikλltʃərəl] a. ① **농업의** ② **농예의** ③ **농학의**
● agrarian[əgréəriən] a. **농업의**
● agricultural chemical **농약**
● agricultural cooperative **농업 협동조합**
● syn. farming(농업), husbandry(농업)

> Making **agriculture** a priority will help to fight malnutrition.
> 농업을 우선시하는 것이 영양실조와 싸움에 도움을 줄 것이다.

◆ 합성어 이해
● agritourism → agriculture+tourism(관광) → 농촌 체험 관광
● agritainment → agriculture+attainment(성취) → 체험학습
● agroecosystem → agro+ecosystem(생태계) → 농업 생태계

## 219. alibi [金ləbài]
ali(other)+bi(to be)

'(범죄 현장이 아닌) 다른 곳에 존재하는' 것이 → n. ① **현장 부재 증명**
② **알리바이** ③ **변명 거리**가 된 거지
* **ali**as[éiliəs] n. ① **가명** ② (컴퓨터) **에일리어스** ③ **별명**

> Three men could confirm his **alibi**.
> 세 사람이 그의 알리바이를 확인해줄 수 있었다.

## 220. alienate [éiljənèit]
alien(생경한)+ate(동접)

'생소하게 하는 것' 이 → v. ① (사람이나 사물을) **멀리하다** ② (남이 나에게 한다면) **소외감을 느끼게 하다** ③ (사람을 갈라놓을 목적이면) **이간질하다**가 되는 거지
* **alien**ation[èiljənéiʃən] n. ① **멀리함** ② **소외** ③ **이간** ④ **양도**
* **ali**en[éiliən] n. ① **외국인** ② **외계인** a. ① **생경한** ② **이질적인** ③ **외국의**

> They **alienate** their friends.
> 그들은 친구들을 멀리했다.

## 221. alternate [ɔ́ːltərnèit]
alter(other)+n+ate(동접)

'다른 것으로 한다는' 것이 → v. ① **대체하다** ② **번갈아 하다** ③ **교체하다**
a. ① **하나 거르는** ② **번갈아 생기는** n. ① **대체 요원** ② **대리인**이 된 거지
* **alter**[ɔ́ːltər] v. ① **바꾸다** ② **변경하다** ③ **달라지다** cf. **altar** 제단
* **alter**nation[ɔ̀ːltərnéiʃən] n. ① **변화** ② **개조** ③ **변경**
* **alter**native[ɔːltə́ːrnətiv] n. ① **대안** ② **대체** a. ① **대체 가능한** ② **대체의**
* **alternative** energy **대체 에너지**

> They supply water on **alternate** days.
> 그들은 격일제로 물을 공급한다.

## 222. altruism [金ltruːìzm]
alt(other)+ru+ism(주의)

'다른(사람을 배려하는) 주의' 를 → n. ① **이타주의** ② **이타심**이라고 하지
* **altru**ist n. **이타주의자**
* syn. **selfless**ness ① **자기를 돌보지 않음** ② **사심이 없음**

> Volunteerism is built on **altruism**.
> 자원봉사활동은 이타심로 이루어진다.

## 223. parallel [pǽrəlèl]
para(side by side)+all(other)+el

'다른 것이 나란히' 있는 것이 → n. ① **평행** ② **유사점** ③ **상응한 사람**(물건)
a. ① **비슷한** ② **평행한** v. ① **유사하다** ② **~에 필적하다**가 된 거지
* syn. **equival**ent(동등한 것), **counter**part(대응인(물)), **similar**ity(유사점)
  ↔ ant. **diff**erence(차이)

> Computers offer proof of **parallel** universes.
> 컴퓨터가 평행 우주에 대한 증거를 제공한다.    **proof** 증거

◆ 어원 TIP
• heterodoxy[hétərədàks] → hetero(other)+ dox(to teach)+y(명접) → (교리와) **다르게 가르치는 것** → **이교, 이단**
• alien → ali(other)+en(사람) → **다른 사람** → **외계인, 외국인, 생경한**

■■■ **우리말 대화로 단어 복습하기**

가. 그 친구 **이간질하려는(alienate) 이웃(neighbor)** 때문에 **사건(incident)**에 휘말린 것으로 아는데 잘 해결되었어.

나. **이타심(altruism)**이 많은 친구가 **대리인(alternate)**으로 나서 사건 당시 **현장 부재 증명(alibi)**을 할 수 있는 **상응한 물건(parallel)**을 찾아줘서 죄를 면할 수 있었다네.

---

## 어근 7 | AM, AMOR : 사랑하다(to love), 친구(friend) ※ 동의어근 PHIL(어근221)

### 224. am**enity** [əménəti]
am(to love)+en+ity(명접)

'좋아하는 것' 이 → n. ① (몸과 마음에) **쾌적함** ② (편리하고 가까이 있으면) **편익** ③ (편리하고 가까이 있는) **편의시설**이 된 거지
• am**enable**[əmíːnəbl] a. ① **말을 잘 듣는** ② **순종하는** ③ **처리할 수 있는**
• facil**ity**[fəsíləti] n. ① (pl.) (편의) **시설** ② **기능** ③ **재능**
• comp**li**m**entary**[kàmpləméntəri] a. ① **무료의** ② **칭찬하는**

> The stadium is close to all local **amenities**.
> 그 경기장은 지역의 모든 편의 시설과 가깝다.

### 225. am**iable** [éimiəbl]
am(to love)+i+able(형접)

'사랑할 수 있는' 사람을 → a. ① **상냥한** ② **쾌활한** ③ **정감 있는** 성격을 가졌다고 말하지

> Her personality was kind and **amiable**.
> 그녀의 성격은 친절하고 상냥했다.

### 226. am**icable** [ǽmikəbl]
am(to love)+ic+able(형접)

'사랑할 수 있는' 이 → a. ① (개인이나 나라면) **우호적인** ② (일의 진행, 성격, 관계면) **원만한** 것이 되는 거지
• **amicable** attitude **우호적인 태도**
• **amicable** relationship **우호적인 관계**
• **amicable** settlement **원만한 해결**

> We had reached an **amicable** agreement.
> 우리는 원만한 합의에 도달했다.

### 227. am**orous** [ǽmərəs]
amor(to love)+ous(형접)

'사랑하려는' 이를 → a. ① **연모하는** ② **사모하는** 거지
• **amorous** song **연가**

> They are the expression of **amorous** obsession.
> 그들은 사랑의 강박 관념을 표현한 것이다.

## 228. **enemy** [énəmi]
en(not)+emy(friend)

'친구가 아닌' 것이 → n. ① (군대, 사물, 스포츠의) **적** ② (전쟁의) **적군**
③ **장애물**이 된 거지
- public **enemy** 공공의 적
- syn. **ant**agon**ist**(적수), **oppon**ent(상대), **foe**(적) **ad**vers**ary**(적)

Near **enemies** are much harder to spot.
가까이에 있는 적을 발견하기 훨씬 힘들다.
**spot** 점, 작은 삽화, 발견하다

◆ **어원 TIP**
- **en**amor → en(in)+amor(love) → 사랑 안으로 → **반하게 하다, 매혹하다, 애호하다**
- **am**ateur → am(to love)+ate+ur → 좋아하는 것을 하는 사람 → **아마추어, 비전문가, 취미로 하는**

███ **우리말 대화로 단어 복습하기**
가. 집 근처 **편의시설(amenities)** 있는 영화관에서 무슨 영화가 상영되고 있니?
나. **줄거리(synopsis)**는 **원만하고(amicable) 상냥한(amiable)** 여성이 **적(enemy)**군을 **연모하는(amorous)** 영화야.

┌─────────┐
│ **어근 8** │   **ANG, ANX** : 쥐어짜다(to squeeze) → 부정적으로 이해 필요
└─────────┘

## 229. **anguish** [ǽŋgwiʃ]
ang(to squeeze)+u+ish(명접)

'쥐어짜는 것' 이 → n. ① (몸과 마음의) **괴로움** ② (슬퍼서 아픈) **비통**이 된 거지
- **ang**er[ǽŋgər] n. ① **화** ② **분노** v. **화나게 하다**
- syn. **ag**on**y**(고통), **sorr**ow(슬픔), **tor**ment(고통), **dist**ress(고통),
  **de**spair(절망)

Such behaviors reflect their **anguish**.
그러한 행동들은 그들의 고통을 반영한다.

## 230. **anxiety** [æŋzáiəti]
anx(to squeeze)+ie+ty(명접)

'쥐어짜는 것' 이 → n. ① (압박으로 생각하면) **불안** ② **걱정** ③ (바라는 거라면)
**열망**이 된 거지
- **ang**st[ɑːŋkst] n. ① **불안** ② **고뇌** (독일어에서 차용)
- **anx**ious[ǽŋkʃəs] a. ① **열망하는** ② **불안한** ③ **걱정스러운**
- syn. **mis**giving(걱정), **ang**st(불안), **un**easiness(불안)

A third of the population will suffer from an **anxiety** disorder.
인구의 1/3이 불안장애를 앓게 될 것이다.

She is **anxious** to know the truth.
그녀는 몹시 진실을 알고 싶어 한다.
**be anxious to** 몹시 ~하고 싶어 한다.

## 231. **strangle** [stræŋgl]
str(strong)+ang(to squeeze)+le

'강하게 쥐어짜는' 것이 → v. ① **목 졸라 죽이다** ② **옭죄다** ③ **억누르다**
④ **진압하다**가 된 거지
- syn. su**ffocate**(질식시키다), **choke**(질식시키다), **smother**(질식시키다), **quell**(진압하다), re**press**(억누르다)

> She began to **strangle** a soldier.
> 그녀는 군인을 목조르기 시작했다.

### ▬▬ 우리말 대화로 단어 복습하기
가. 장애아를 **목 졸라 죽이려한**(strangle) 아버지가 긴급 **체포됐다**(arrest)는군.
나. 이유가 뭐야?
가. 생활고 **걱정**(anxiety)과 **괴로움**(anguish) 이라고 하지.

---

## 어근 9

> ANIM : 생명(life), 정신(spirit), 마음(mind)
> ※ 동의어근 MENT(어근166) / PSYCH(어근237)

## 232. **animate** [ǽnəmèit]
anim(life)+ate(동접)

'생명을 주다' 가 → v. **생기를 불어넣다** a. **살아 있는** 의미가 된 거지
- **animation**[ænəméiʃən] n. ① **생기** ② **애니메이션**
- syn. en**liven**(생기를 불어넣다), in**spire**(영감을 주다)

> Scientists use artificial intelligence software to **animate** the animal.
> 과학자들은 인공지능 소프트웨어를 이용하여 동물에 생명을 불어넣어 주었다.
> **artificial intelligence** 인공지능(줄여서 AI로 자주 씀)

## 233. **animus** [ǽnəməs]
anim(spirit)+us(명접)

'(부정적인) 정신' 이 → n. ① **반감** ② **적대감**이 된 거지
- **animosity**[ænəmάsəti] n. ① **반감** ② **적의**
- syn. **bad blood**(악감정)

> It was the peak of five years of **animus**.
> 그것은 5년간의 반감에 정점이었다.

## 234. **equanimity** [iːkwəníməti]
equ(same)+anim(mind)+ity(명접)

'같은 마음' 을 → n. ① **평정** ② **침착** ③ **냉정**이라고 하지
- **equanimous**[iːkwǽnəməs] a. ① **침착한** ② **차분한**
- syn. **calmness**(침착), se**renity**(차분함), tranquil**ity**(평정)

> She is smart enough to bear it with **equanimity**.
> 그녀는 침착하게 그것을 참아낼 만큼 영리하다.

## 235. **unanimity** [jùːnəníməti]
uni(one)+anim(mind)+ity(명접)

'하나의 마음' 을 → n. **만장일치**라고 하지
- **unanimous**[juːnǽnəməs] a. **만장일치의**
- **landslide** n. ① **산사태** ② **압도적인 승리**

The leader wins **unanimous** support.
그 지도자는 만장일치의 지지를 획득했다.

◆ 어원 TIP
- magnanim**ity** → magn(great)+anim(mind)+ity(명접) → 큰마음 → 아량, 관대함
- anim**al** → anim(life)+al(명접) → 생명이 있는 것 → 동물

■ **우리말 대화로 단어 복습하기**

가. 사장이 **만창 일치(unanimity)**로 사장에 재추대된 이유가 뭐야?

나. 조직에 **생기를 불어넣고(animate) 적대감(animus)**을 가진 사원을 **침착(equanimity)**하게 **대응한(respond)** 공로가 인정받은 거지.

---

## 어근 10 | ANN, ENN : 년(year)

### 236. **anniversary**
[æ̀nəvə́ːrsəri]
ann(year)+verse(to turn)+ary(명접)

'해년 마다 돌아오는 것' 을 → n. ① **주년** ② **기념일**이라고 하지
- school **anniversary** 개교기념일

It's our silver wedding **anniversary** in July.
7월에 우리의 은혼식(결혼 25주년 기념해)이 있다.

### 237. **annual** [ǽnjuəl]
ann(year)+u+al(형접)

'1년의' 는 → a. ① **연간의** ② **연례의** ③ **매년의**
n. ① **연감** ② **일년생 식물** 같은 의미가 된 거지
- semi**annual** a. **반년 마다의**
- bi**annual**[baiǽnjuəl] ① **1년에 두 번이** ② **반년 마다의**
- bi**ennial**[baiéniəl] ① **2년에 한 번씩의** ② **격년의**
- bi**monthly**[baimʌ́nθli] a. ① **두 달에 한 번씩** ② **한 달에 두 번씩**
- bi**centennial**[bàisenténiəl] a. ① **200년마다의** ② **2백년에 걸친**
  n. **200년 기념일**
- yearly[jíərli] a. ① **매년의** ② **연 1회의**    • **annual** income **연간 소득**

an average **annual** growth rate of 8%
연평균 8%의 성장률

### 238. **perennial** [pəréniəl]
per(through)+enn(year)+ial(형섭)

'해를 거쳐 계속되는' 것이 → a. ① **지속되는** ② **영속적인** ③ **다년생의**
n. **다년생 식물**이 뇐 거지
- syn. con**tinual**(계속되는), last**ing**(영속적인), con**stant**(항구적인)

**Perennial** broccoli are very hardy.
다년생 브로콜리는 매우 강인하다.

가. 누가 **연례적인(annual)** 단어를 넣어 문장을 완성해볼까?

나. 저요. 우리의 **광복절(Independence Day)**은 **연례적인(annual) 기념일(anniversary)**로 **지속될(perennial)** 것이다.

---

## 어근 11 | APT, EPT, ATT : 적합하게하다(to fit)

### 239. aptitude [ǽptətjùːd]
apt(fit)+i+tude(상태, 명접)

'적합하게 한 상태' 가 → n. ① (성질이나 성격의) **적성** ② (타고난) **소질** ③ **재능**이 된 거지

- apt[æpt] a. ① **~하는 경향이 있는** ② **적절한** ③ **타고난**
- be **apt** to 동사원형 ① **~하는 경향이 있다** ② **~하기 쉽다**

> Students will have to take an **aptitude** test.
> 학생들은 적성 시험을 받아야 될 것이다.

> We can be **apt** to forget something.
> 우리는 무언가를 잊어버리기 쉽다.

### 240. adapt [ədǽpt]
ad(to)+apt(to fit)

'적합하게 되는' 것이 → v. ① (상황이나 환경이면) **적응시키다** ② **맞추다** ③ (각본을 고치거나 꾸미는 거면) **각색하다**가 된 거지

- ad**apt**ation[ædəptéiʃən] n. ① **각색** ② **적응** = adaption
- ad**apt**abili**ty**[ədæptəbíləti] n. ① **임기응변** ② **적응력** ③ **융통성**
- ad**apt**er n. **어댑터**
- syn. **ad**just(맞추다), **alter**(바꾸다), **re**model(개조하다), **tail**or(맞추다), **modi**fy(변경하다)

> It took years to **adapt** the novel.
> 소설을 각색하는데 여려 해가 걸렸다.

### 241. adept [ədépt]
ad(to)+ept(to fit)

'(일에) 적합해지는' 것이 → a. ① **숙련된** ② **능숙한** 것이 되지

- **in**ept[inépt] a. ① **서투른** ② **부적절한** ③ **솜씨 없는**
- syn. **skil**ful(능숙한), **skill**ed(숙련된), **proficient**(능숙한), **expert**(숙달된)
- be **adept** at ~**에 능숙하다** ↔ be poor at ~**에 서툴다**

> He is **adept** at explaining the problems.
> 그는 문제를 설명하는 데 능숙했다.

### 242. attitude [ǽtitjùːd]
att(to fit)+i+tude(명접)

'적합하게 되는 것' 이 → 몸이나 대처하는 자세면 → n. ① **태도** ② **자세** ③ **마음 자세**라고 하지

- syn. **posit**ion(입장), **post**ure(자세)

> It is vital that we adopt a more positive **attitude**.
> 우리가 더욱 긍정적인 태도를 취하는 것이 중요하다.

가. **적성(aptitude)**에 맞지 않은 일을 해야 한다면 어떻게 대처하는 것이 좋을까요?

나. **긍정적인(positive) 태도(attitude)**로 **적응하다(adapt)** 보면 **능숙한(adept)** 숙련공**(skilled worker)**이 될 수도 있어요.

---

## 어근 12

ARM : 무기(weapon) → 인류 최초의 무기는 팔

---

### 243. d**is**arm [disɑ́ːrm]
dis(away)+arm(weapon)

'무기를 멀리하는' 것은 → v. ① **무장을 해제하다** ② **군비를 축소하다**

③ (무기를 화나 비판적인 사고로 비유한다면) **마음을 누그러뜨리다**가 되는 거지

- d**is**arm**ament**[disɑ́ːrməmənt] n. ① **군축** ② **무장 해제**
- arm**ament**[ɑ́ːrməmənt] n. ① **군비** ② **무기** ③ **군비 확충**
- arm**y**[ɑ́ːrmi] n. **군대**　　• arm**s**[ɑ́ːmz] n. **무기**
- arm**or**[ɑ́ːrmər] n. **갑옷**
- syn. d**e**militar**ize**(비무장화하다), d**is**band(군대를 해산하다), d**e**mobil**ize**(부대를 해산하다)

> Language has the power to **disarm** the citizens.
> 언어는 시민들을 무장해제할 힘을 가지고 있다.

### 244. armisti**ce** [ɑ́ːrməstis]
arm(weapon)+sti(to stand)+ce(명접)

'무기를 세워두는 것' 이 →n. ① **휴전** ② **정전**이 된 거지

- syn. **ceasefire**(휴전), **truce**(정전)

> Germany signed the **Armistice** agreement.
> 독일은 휴전 협정에 서명했다.

---

가. 북한과 **항구적인(everlasting)** 평화로 가는 길이 없을까요?

나. 북한이 **휴전(armistice) 협정(agreement)**을 **준수(observance)**하고 **핵무기(nuclear arms)**를 **폐기(dismantlement)** 하는 것이 우선이지.

나. 그리고 궁극적으로 **무장을 해제하는(disarm)** 것이지.

---

### ✿✿✿✿✿ 생활 속 영단어로 어원 친해지기 ✿✿✿✿✿

**티케** : 지난 회에 배운 어근 중 일상 속에서 쓰고 있는 사례를 말해주겠니?

**고양이** : BTS 팬클럽 **아미(ARMY)**, 스포츠 선수나 연예인 **대리인(agent)**, **여행사(travel agency)**, 회의의 안건이나 **의제(agenda)**, pdf Acrobat**(곡예사) Reader** 등이 있더라구요.

**토끼** : 제가 어깨가 안 좋아 침 맞으러 한의원에 갖는데 신체부위별 '경혈점(침의 혈)' 표시된 그림을 보았는데 영어로 침의 혈**(acupuncture point)**로 쓰여 있었어요.

**티케** : 좋아요. 참고로 **AD(기원후)**와 **BC(기원전)**도 '년'을 의미하는 어근 'ann'과 관련이 있어. AD는 Anno **Domini(예수 탄생의 해)**의 줄임이고, BC는 Before **Christ(예수 탄생 전)**의 줄임이지.

**티케** : 이번 회에 배울 어근은 art / aster, astr, astro / aud / aug, aux / aut, auto / avi / arch이지요.

| 어근 13 | ART : 솜씨, 기술(skill), 연결하다(joint) → 재료를 연결하여 솜씨를 발휘하는 것이 예술 / <br> ARTHRO : 연결하다(joint) → 모음 앞에서는 ARTHR |
|---|---|

## 245. artificial [ὰːrtəfíʃəl]
art(skill)+fic(to make)+ial(형접)

'(사람이) 솜씨를 (발휘하여) 만든 것' 이 → a. ① **인공의** ② **인위적인** ③ (사실이 아닌) **거짓된** 의미가 된 거지
- artifact[άːrtəfӕkt] n. ① **인공물** ② **공예품**
- art**less** a. ① **꾸밈없는** ② **소박한** ③ **솜씨 없는**
- artwork n. ① **삽화** ② **미술품** ③ **미술 작품**
- art**ist**[άːrtist] n. ① **화가** ② **예술가**
- artificial intelligence (AI) **인공지능**
- syn. **counter**feit(가짜의), **man-made**(인공의), **imitat**ed(모조의) ↔ ant. **authent**ic(진짜의), **natur**al(천연의)

> We have the primitive forms of **artificial** intelligence.
> 우리는 원시적인 형태의 인공지능을 가지고 있다.

## 246. article [άːrtikl]
art(to joint)+cle(명접)

'합쳐진 것' 이 → n. ① (신문 등에서 사실을 알리는) **기사** ② (법률) **조항** ③ (쓸 용도면) **물품**이 된 거지
- syn. **item**(항목, 조항)

> This is a news **article** about a scientific paper.
> 이것은 과학 논문에 대한 뉴스 기사이다.

◆ 어원 TIP
- arth**ritis**[ɑːrθəráitis] → arthr(joint, 관절)+itis(inflammation 염증) → 관절 염증 → 관절염
- arthro**pod**[άːrθərəpὰd] → arthro(joint, 이음매)+pod(foot 발) → 발에 두 이음매가 있는 동물 → 절지동물(곤충, 거미, 게 등)

■■■ 우리말 대화로 단어 복습하기
가. 오늘 문화면에서 **찬사**(compliment)를 받은 **기사**(article)가 무엇인가?
나. 아름다운 **인공적인**(artificial) **공예품**(artifact)을 심층적으로 탐사한 기사입니다.

| 어근 14 | ASTER, ASTR, ASTRO : 별(star)   ※ 동의어근 STELL(어근 281) |
|---|---|

## 247. asteroid [ӕstərɔ̀id]
aster(star)+oid(shape)

'별 모양' 의 → 작은 행성을 → n. **소행성**이라고 하지

> A 50-meter **asteroid** has skimmed past the Earth.
> 50미터 소행성이 지구를 스치듯 지나갔다.
>
> **skim** 스쳐 지나가다

## 248. astrology [əstrάlədʒi]
astro(star)+logy(speaking)

'별로 말하는 것' 이 → n. (점을 치는 것이면) **점성술**이라고 하지
- astro**loger**[əstrάlədʒər] n. **점성술사**
- astro**logical**[æstrəlάdʒikəl] a. **점성술의**

> It's easy to make fun of **astrology**.
> 점성술을 비웃기 쉽다.

## 249. astronomy [əstrάnəmi]
astro(star)+nom(law)+y(명접)

'별의 법칙을 연구하는 학문' 은 → n. **천문학**이지
- astronom**ical**[æstrənάmikəl] a. ① **천문학의** ② **천문학적인** ③ **방대한**
- astronom**er**[əstrάnəmər] n. **천문학자**
- astro**naut**[ǽstrənɔ̀ːt] n. **우주 비행사**

> **Astronomy** is becoming a fast-changing science.
> 천문학은 빠르게 변화하는 과학이 되고 있다.

## 250. disaster [dizǽstər]
dis(away)+aster(star)

'별이 멀리서 떨어져 내리는 것' 이 → n. ① (과거에는 뜻하지 않는) **재난**
② **재앙** ③ (일을 그르치는 징조로) **실패**라고 생각했지
- **dis**astrous[dizǽstrəs] a. ① **처참한** ② **비참한** ③ **참담한**
- syn. **cata**strophe(대재앙), fiasco(큰 실수), fail**ure**(실패)

> Fukushima nuclear **disaster** is warning to the world.
> 후쿠시마 핵 재난은 세계에 경고하고 있다.

◆ 어원 TIP
- aster**isk** → aster(star)+isk(명접) → 별 같은 모양 → **별표**
- **de**sire → de(from)+sire(star) → 별에게서 (무언가를) **기대하는 것** → **욕구, 갈망, 바라다**

■■■ 우리말 대화로 단어 복습하기

가. **한국천문학회**(Korean Astronomical Society) **연례**(annual) 세미나에서 **천문학자**(astronomer)들은 내년에 **소행생**(asteroid)이 지구에 근접할 것이라고 발표했다는군.

나. 일부 **점성술사**(astrologer)들은 **점성술**(astrology)을 이용해서 **재앙**(disaster)을 예고했어.

---

## 어근 15

AUD : 듣다(to hear)

## 251. audible [ɔ́ːdəbl]
aud(to hear)+ible(형접)

a. **들을 수 있는**
- aud**ience**[ɔ́ːdiəns] n. **청중**
- ant. **in**audible(들리지 않는)

> The sound of footsteps was clearly **audible**.
> 발자국 소리가 또렷하게 들렸다.

## 252. audit [ɔ́ːdit]
audi(to hear)+it(to go)

'들으러 가는 것' 이 → n. ① (회계 보고의 정확 여부를 확인하면) **회계 감사**
② (품질·수준에 대한) **검사** v. ① **회계 감사하다** ② **청강하다**가 된 거지
- **auditor**[ɔ́ːditər] n. ① **회계 감사** ② **방청인** ③ **청강생**
- **auditorium**[ɔ̀ːditɔ́ːriəm] n. ① **강당** ② **객석** ③ **청중석**
- **auditory**[ɔ́ːditɔ̀ːri] a. **청각의**

> The **audit** report reflected a lack of capacity.
> 그 회계 감사보고서는 능력 부족을 반영했다.

◆ 어원 TIP
- audition → aud(듣다)+it(to go)+ion(명접) → 들으러 가는 것 → 심사, 오디션.

### ■■■ 우리말 대화로 단어 복습하기
가. 회사 **강당(auditorium)**에서 **회계 감사(audit)**를 지금도 받고 있는가?
나. 지금 담당 **회계사(accountant)**가 누구나 **들을 수 있는(audible)** 목소리로 보고서를 **설명하고(explain)** 있어요.

---

## 어근 16

**AUG, AUX(O)** : 성장하다, 늘리다, 증가시키다(to increase)
※ 동의어근 CRE, CRET(어근58) / ESCE(어근87)

## 253. auction [ɔ́ːkʃən]
auc(to increase)+t+ion(명접)

'(사고파는 물건의 가격을) 올리는' 것이 → n. **경매** v. **경매를 하다**가 된 거지

> The **auction** room was packed.
> 경매실은 사람들로 가득 찼다.

## 254. augment [ɔːgmént]
aug(to increase)+ment(동접)

'증가하는 것' 이 → v. ① (양, 수, 가치를) **늘리다** ② (수량을) **증가시키다**
③ (화면을) **확대하다**가 된 거지
- **augmentation**[ɔ̀ːgmentéiʃən] n. ① **증가** ② **증대** ③ **증가율**

> The committee would **augment** the work of the bank.
> 그 위원회는 은행 업무를 증가시킬 것이다.

## 255. auxiliary [ɔːgzíljəri]
aux(to increase)+ili+ary(형접)

'늘리는' 것이 → a. ① (도와주거나 거드는) **보조의** ② (대비하여 마련한)
**예비의** n. ① **보조원** ② **조동사**가 된 거지
- **auxiliary** workers/services **보조 일꾼들/지원 부대**
- **auxiliary** battery/equipment **보조 배터리/보조 장비**

> It doesn't change form like **auxiliary** verbs do.
> 그것은 조동사 do처럼 형태가 변하지 않는다.

## 256. **inaugurate**

[inɔ́ːgjurèit]

in(into)+aug(to increase)+ur+ate(동접)

'안으로 늘리는' 것이 → v. ① (맡은 일의 시작이면) **취임식을 거행하다** ② (업무 시작이면) **개소시키다** ③ (기관의 활동 시작이면) **발족시키다**가 된 거지
- **inauguration**[inɔ́ːgjuréiʃən] n. ① **취임** ② **개시** ③ **개통** ④ **준공식**

> We gather to **inaugurate** a president.
> 우리는 대통령 취임식을 거행하기 위하여 모였다.

### ■ 우리말 대화로 단어 복습하기

가. 오늘 두 행사 준비를 철저히 준비했지?

나. 대통령 **취임식을 거행하기(inaugurate)** 위해 행사는 **보조원(auxiliary)**을 **증가시켜(augment)** 차질이 없도록 했구요.

나. **전임 대통령(ex-president)**이 **자선(charity)** 목적으로 내놓은 **골동품(antique)**에 대한 **경매(auction)**는 순조롭게 진행되고 있습니다.

---

## 어근 17 | AUT, AUTO : 자신(self)

## 257. **authentic** [ɔːθéntik]

aut(self)+hent(to achieve)+ic(형접)

'자신이 달성한' 것이 → a. ① **진짜의** ② **진본인** ③ **실제의** 의미가 된 거지
- **forgery**[fɔ́ːrdʒəri] n. ① **위조** ② **위조죄** ③ **위조품** ④ **위폐**
- ant. **counterfeit**(가짜의), **artificial**(인조의), **imitated**(모조의)

> My works are **authentic**.
> 내 작품은 진본이다.

## 258. **autobiography**

[ɔ̀ːtəbaiɑ́grəfi]

auto(self)+bio(life)
+graph(to write)+y(명접)

'자신의 삶을 쓴' 것은 → n. **자서전**이지
- **biography**[baiɑ́grəfi] n. **전기**

> Writing one's own personal history is called **autobiography**.
> 자기 자신의 개인적인 역사를 쓰는 것을 자서전이라고 불린다.

## 259. **autocracy** [ɔːtɑ́krəsi]

auto(self)+cracy(rule, 통치)

'혼자서 통치하는' 것을 → n. ① **독재 정치** ② **독재 국가** ③ **전제 군주국**이라고 하지
- **autocrat**[ɔ́ːtəkræt] n. **독재자**

> He denies charges of **autocracy**.
> 그는 독재혐의를 부정했다.

## 260. **automation**

[ɔ̀ːtəméiʃəl]

auto(self)+mat(to think)+ion(명접)

'(기계가) 스스로 생각해서 하는 것'은 → n. **자동화**이지
- **automatic**[ɔ̀ːtəmǽtik] a. ① **자동의** ② **무의식적인**
- **automaton**[ɔːtɑ́mətàn] n. ① **자동 장치** ② **기계적으로 행동하는 사람**

The same principle could improve the **automation** technology.
그 같은 원리는 자동화 기술을 개선시킬 수 있다.
① **principle** 원리, 원칙 ② **principal** 중요한, 교장

◆ 어원 TIP
● aut**ism** → aut(self)+ism(상태, 명접) → 자신의 세계에 갇혀있는 상태 → 자폐증

### 우리말 대화로 단어 복습하기

가. **독재 정치**(autocracy)를 펼친 **독재자**(autocrat)가 자화자찬하는 **자서전**(autobiography)을 썼다는데 **진짜인**
(authentic) 거야?
나. 네. 산업 **자동화**(automation) 등 국가 경제발전에 **기여했다**(contribute)고...

## 어근 18 | AVI : 새(bird), 갈망하다(to desire)

### 261. avarice [ǽvəris]

'갈망하는' 것이 지나치면 → n. **탐욕**이 되지
● avar**icious**[ævəríʃəs] a. ① **탐욕스러운** ② **욕심 많은**
● syn. **greed**(탐욕)

He has extreme **avarice**.
그는 지나친 탐욕을 갖고 있다.

### 262. aviation [èiviéiʃən]
avi(bird)+ate(~화하다)+ion(명접)

'새가 되려고 하는 것' 이 → n. ① **비행** ② **항공(술)** 이 된 거지
● avi**an**[éiviən] a. ① **조류의** ② **새의**
● **avian** influenza **조류 독감**

We protect aircraft and other **aviation** assets.
우리는 항공기와 다른 항공자산을 보호한다.

### 263. avid [ǽvid]
avi(to desire)+d(형접)

'갈망하는' 것은 → a. ① **열심인** ② **열렬한** ③ **열망하는** 의미가 된 거지
● avi**dity**[əvídəti] n. ① **탐욕** ② **갈망** ③ **욕망**
● avi**dly**[ǽvidli] ad. ① **탐욕스럽게** ② **열심히**
● an **avid** reader **열렬한 독자**

The bookshops are filled with **avid** young readers.
서점들은 열렬한 젊은 독자로 가득 차 있다.
**be filled with** ~로 가득 차 있다

### 264. auspice [ɔ́:spis]
aus(bird)+p+ice(명접)

'새 같은' 역할이 → n. ① **원조** ② **찬조** ③ **길조**가 된 거지
● under the **auspice** 원조 아래

◆ 어휘 플러스

● avian influenza → avi(bird)+an(형접) influenza(독감) → 조류독감(AI)

● artificial intelligence(AI) 인공지능

● augur[ɔ́ːgər] ① 전조가 되다 ② 예언하다 → 고대 로마에서 새가 나는 방식이나 울음소리 등으로 길흉을 예언한 사람에서 기원

■■■ 우리말 대화로 단어 복습하기

가. **대륙(continent) 횡단 비행(aviation)**을 하려던 조종사가 **탐욕(avarice)**에 빠져 계획을 그르쳤다며?

가. **열렬한(avid) 후원자(sponsor)**의 **후원(auspice)**이 물거품 되었군.

---

### 생활 속 영단어로 어원 친해지기

**티케** : 지난 회에 배운 어근이 뭐였더라?

**고양이** : 13. 솜씨, 예술 art / 14. 별 aster, astr, astro / 15. 듣다 aud

**토끼** : 16. 증가하다, 성장하다 aug, aux / 17. 자신 aut, auto / 18. 새 avi 입니다.

**티케** : 일상 속에서 배운 사례를 말해주겠니?

**고양이** : 얼마 전 포켓몬 열풍이 불어서 AR(증강현실) 게임이 유행 했는 데, 검색을 해보니 AR이 Augmented Reality의 줄임말이었고, **저자(author)**, 권위, **권한(authority)**, 대공원 **조류관(aviary)**도 있어요.

**토끼** : augment(늘리다, 증가시키다) 의미이고 ed를 붙여서 '증가된' 뜻으로 되는 거지요.

**티케** : 설명을 덧붙이면, author, authority를 생각해냈으면, 앱으로 연관된 단어((authorities(정부 당국), authorship(원작자), authorize(권한을 부여하다), authoritarian(권위주의적인))를 정리하는 습관을 가지는 것이 중요해요.

○ author[ɔ́ːθər] → aut(to increase)+h+or(사람) → (자신의 생각을) **증가시키는 사람** → 저자

○ authority[əθɔ́ːriti] → author(저자)+ity(명접) → 저자의 것 → **권위, 권한**

○ aviary[éivièri] → avi(bird)+ary(장소, 명접) → 새가 있는 장소 → **조류관**

**티케** : 항상 우리 주변에서 접하는 단어에 관심을 갖는 것이 중요하지.

**티케** : 다음 회에 배울 어근은 ball, bull, bla / ball / ban / bar / bas /bat / bell / bio이지요

- encourage     v. 용기를 북돋우다, 격려하다 ↔ discourage 낙담시키다
- enemy     n. 적, 반대자 ↔ friend 친구
- enmity     n. 적대감 ↔ friendship 우정
- entrance     n. 입구 ↔ exit, way out 출구
- epic     n. 서사시 ↔ lyric 서정시
- epilogue     n. 끝, 맺음말 ↔ prologue 머리말
- eternal     a. 영원한 = everlasting, forever ↔ temporary 일시적인
- exclude     v. 제외하다 ↔ include 포함하다
- exhale     v. (숨·연기 등을) 내쉬다, 내뿜다 ↔ inhale 들이 마시다
- explicit     a. 분명한, 명쾌한 ↔ implicit 함축적인
- express     v. 나타내다, 표현하다 ↔ imply 함축하다, 암시하다
- external     a. 외부의 ↔ internal 내부의
- extraordinary     a. 비범한, 보통이 아닌 ↔ ordinary 보통의, 평범한
- extrovert     n. 외향성인 사람 ↔ introvert 내향적인 사람

F

- facile     a. 쉬운, 용이한 ↔ difficult 어려운
- failure     n. 실패, 실패자 ↔ success 성공, 성공한 사람
- falsehood     n. 허위, 거짓 ↔ truth 진실, 진리
- fast     a. 1) 빠른 ↔ slow   2) 고정된 ↔ loose 느슨한, 헐렁한
- fasten     v. 매다, 고정시키다 ↔ unfasten, loosen 풀다, 느슨하게 하다
- fat     a. 살찐 ↔ lean, thin 마른
- fertile     a. 비옥한, 기름진 ↔ sterile, barren, infertile 불모의, 메마른
- fiction     n. 소설, 허구 ↔ nonfiction 실화, 논픽션
- fiery     a. 불같은, 뜨거운 ↔ icy 차가운, 얼음 같은
- finite     a. 한정된, 유한한 ↔ infinite 무한한
- float     v. 뜨다 ↔ sink 가라앉다
- flourish     v. 번창하다 ↔ decline 쇠퇴하다
- foolish     a. 어리석은, 바보 같은 = silly ↔ wise, clever, smart
- foreign     a. 외국의, 해외의 ↔ domestic 국내의

# Exercise 6

**1.** (A)에 제시된 어근의 의미를 가장 적절하게 표현한 것을 (B)에서 찾아 쓰시오.

| (A) | (B) |
|---|---|
| 1) AVI _____ | ⓐ 솜씨(skill), 예술 |
| 2) AGRO _____ | ⓑ 날카로운(sharp), 통렬한(bitter) |
| 3) ANG, ANGX _____ | ⓒ 땅, 흙(soil) |
| 4) AUD _____ | ⓓ 무기(weapon) |
| 5) ART _____ | ⓔ 년(year) |
| 6) AUG, AUX _____ | ⓕ 자신(self) |
| 7) ACT, AG _____ | ⓖ 듣다(to hear) |
| 8) AC, ACR, ACU _____ | ⓗ 새(bird) |
| 9) ALI, ALTER _____ | ⓘ 별(star) |
| 10) ANIM _____ | ⓙ 알맞은, 적합한(fit) |
| 11) APT, EPT _____ | ⓚ 사랑하다(to love) |
| 12) ASTER, ASTR, ASTRO _____ | ⓛ 다른(other) |
| 13) AUT, AUTO _____ | ⓜ ~하다, 행하다(to do) |
| 14) ARM _____ | ⓝ 높은(high) |
| 15) ANN, ENN _____ | ⓞ 이끌다(to lead) |
| 16) AGOGE, AGOGY _____ | ⓟ 짜내다(to squeeze), 매달다(to hang) |
| 17) ACRO, ALT _____ | ⓠ 생명(life), 정신(spirit), 마음(mind) |
| 18) AM, AMOR _____ | ⓡ 증가하다(to increase), 성장하다(to grow) |

**2.** 제시된 단어 중 의미가 가장 적절한 것을 찾아 괄호 안에 넣으시오.

ⓐ avid ⓑ disaster ⓒ automation ⓓ auxiliary ⓔ equanimity ⓕ adept ⓖ audit ⓗ animus ⓘ augment
ⓙ anguish ⓚ unanimity ⓛ autocracy ⓜ alternate ⓝ attitude ⓞ perennial ⓟ amiable ⓠ strangle ⓡ asteroid

1) (　　) : 만장일치    2) (　　) : 지속적인    3) (　　) : 능숙한

4) (　　) : 소행성    5) (　　) : 회계 감사    6) (　　) : 늘리다

7) (　　) : 독재 정치    8) (　　) : 보조의    9) (　　) : 열심인

10) (　　) : 자동화    11) (　　) : 재난    12) (　　) : 침착

13) (　　) : 반감    14) (　　) : 상냥한    15) (　　) : 목 졸라 죽이다

16) (　　) : 괴로움    17) (　　) : 대체하다    18) (　　) : 태도

**3.** 제시된 단어와 반대되는 의미로 가장 적절한 것을 찾아 괄호 안에 넣으시오.

> ⓐ exhale ⓑ fiery ⓒ epilogue ⓓ float ⓔ foolish ⓕ entrance ⓖ flourish ⓗ express ⓘ enemy ⓙ fasten
> ⓚ failure ⓛ epic ⓜ fertile ⓝ extraordinary

1) (      ) : loosen      2) (      ) : exit      3) (      ) : barren

4) (      ) : friend      5) (      ) : ordinary      6) (      ) : lyric

7) (      ) : inhale      8) (      ) : icy      9) (      ) : sink

10) (      ) : imply      11) (      ) : decline      12) (      ) : success

13) (      ) : wise      14) (      ) : prologue

**4.** 밑줄 친 단어와 가장 유사한 것을 고르시오.

1) **Avarice** will ruin a human being.
     ① friendship      ② greed      ③ amity      ④ regard

2) Can a city dweller **adapt** to country life?
     ① adopt      ② adjust      ③ admit      ④ add

3) The **armistice** is signed.
     ① postwar      ② combat      ③ ceasefire      ④ cold war

4) He displayed signs of **anxiety** and depression.
     ① comfort      ② security      ③ uneasiness      ④ safety

5) Much of the land is not used for **agriculture**.
     ① crop      ② seed      ③ harvest      ④ farming

**5.** 아래에 제시된 단어 중 밑줄 친 우리말의 의미에 맞게 빈칸에 적절한 것을 골라 넣으시오.

> aptitude / annual / astronomy / alibi / auction / authentic / artificial / astrology / alienate / animate

1) 우리는 그녀에게 거짓 **알리바이**를 주었다.
     ⇒ We gave her a false (                ).

2) **인공** 지능이 인간의 사고를 앞질렀다.
     ⇒ (                ) intelligence overtakes human thinking.

3) 영화 스타들이 부산영화제에 **생기를 불어넣었다**.
     ⇒ Movie stars (                ) Busan film festival.

4) 25점의 아메리카 원주민 공예품이 파리에서 **경매**될 예정이다.
     ⇒ 25 Native American artifacts are due to be (                ) in Paris.

5) 우리는 **적성**을 고려해야 한다.

⇒ We should take our (　　　　　) into consideration.

6) 예술과 **천문학**이 만났다.

⇒ Art meets (　　　　　).

7) 속어를 금지하는 것은 젊은이들과 **멀어지게 할 것이다**.

⇒ Banning slang will (　　　　　) young people.

8) 위원회는 **연례**보고서를 발표했다.

⇒ The board has announced its (　　　　　) report.

9) 이것은 가공되지 않은, **진짜**이다.

⇒ This is raw and (　　　　　).

10) **점성술**은 과학이 아니다.

⇒ (　　　　　) is not a science.

---

### 그리스로마신화로 어원 익히기

**티케** : 인류기원 이래 남녀노소를 불문하고 사랑을 갈구했지.

**티케** : 로마 신화에서 사랑의 신은 **큐피드(Cupid)**나 **아모르(Amor)**로 불렀고, 그리스 신화에서는 **에로스(Eros)** 라고 해.

**고양이** : '**사랑, 좋아함**'을 의미하는 **am, amor**의 어원이 된 거에요.

**티케** : 참고로 큐피드는 사랑과 미의 여신 **비너스(Venus)**의 아들이야. 모전자전이라고 할 수 있지. 그리고 알파벳 'A'로 시작하는 그리스 로마신화 중 알아두면 좋을 관련된 어원을 살펴보자구.

**티케** : 극광 **오로라(Aurora)**는 로마의 새벽의 여신 이름이야.

**티케** : 그리스 대장장이 신 **헤파이스토스(Hephaistos)**가 제작한 제우스의 방패가 **이지스(aegis)**인데, 제우스의 번개도 막아낼 만큼 튼튼하고, 흔들면 천둥 번개가 치고 폭풍이 휘몰아 쳤어.

**토끼** : **이지스함(AEGIS)**의 어원이 된 거에요.

**티케** : 그리스 신화의 영웅으로 바다의 여신 **테티스(Thetis)**의 아들이 **아킬레스(Achilleus)**야.

**티케** : **테티스(Thetis)**는 몸을 담그면 영원히 죽지 않는 불사의 몸을 만들어 주는 스틱스 강에서 아킬레스를 세례를 하였어. 그러나 테티스가 발목을 잡고 담갔기 때문에 발뒤꿈치는 강물의 세례를 받지 못해 발뒤꿈치는 아킬레우스의 유일한 약점이 되고 말았지.

**고양이** : 그래서 **아킬레스건(Achilles tendon)**이 '**치명적인 약점**'이 된 것이네요.

**티케** : atlas가 '**지도책**'이라는 건 다 알거야. 그런데 그 유래가 재밌어.

**티케** : 신들의 전쟁에서 티탄신 중 제우스에게 가장 용감하게 맞선 신이 **아틀라스(Atlas)**였어.

**티케** : 전쟁의 패배로 아틀라스는 제우스로부터 영원히 하늘을 떠받치고 있어야하는 형벌을 받았지.

**토끼** : 그래서 atlas가 '**지도책**'이 된 거네요

---

◆ 어원 보너스 ◆

| 어근 | ARCH : 먼저 (first), 고대의(ancient), 중요한(chief), 통치자(ruler) / 접미사 –ARCH : 통치하다(to rule) |
|---|---|

## 1. archaeology
[àːrkiálədʒi]
archaeo(ancient)+logy(학문)

'옛것을 연구하는 학문' 은 → n. **고고학**이지
- archaeo**logical**[àːrkiəládʒikəl] a. **고고학적인**
- archaeo**logist**[àːrkiálədʒist] n. **고고학자**

A nonprofit aimed at learning about **archaeology**.
비영리단체의 목표는 고고학을 배우는 것이다.

## 2. archbishop [áːrtʃbíʃəp]
arch(first)+bishop(주교)

'첫 번째 주교' 을 → n. **대주교**라 하지
- bishop[bíʃəp] n. **주교**

The **Archbishop** decried the political conflict.
대주교는 정치적인 갈등을 비난했다.

## 3. archipelago
[àːrkəpéləgòu]
arch(chief)+pelago(sea)

'중요한 바다' 의 섬의 집단을 → n. ① **다도해** ② **군도**라고 하지

Lion populations are likely to be fragmented into
an **archipelago** of tiny parks.
사자 집단이 다도해 같은 작은 공원으로 분산될 것 같다.
**fragment** 파편, 쪼개다, 분해하다

※ 참고사항
- **archipelago**는 어원이 에게해(Aegean Sea)에서 유래 → 에게해는 그리스·소아시아 사이 지중해 동부의 다도해임

## 4. architecture
[áːrkətèktʃər]
arch(chief)+tect(to build)+ure(명접)

'중요하게 세우는 것' 이 → n. **건축**이지
- architect[áːrkitèkt] n. **건축가**

He had nothing to do with **architecture**.
그는 건축과 전혀 관계가 없었다.
① **have nothing to do with** – 와 전혀 관계가 없다
② **have something to do with** – 와 관계가 있다

## 5. monarch [mánərk]
mono(alone)+arch(to rule)

'혼자서 통치하는' 사람을 → n. **군주**라고 하지
- monarchy[mánərki] n. **군주제**

She is the nation's longest-reigning **monarch**.
그녀는 그 나라에서 가장 장기간 통치한 군주이다.

## 6. anarchism [ǽnərkìzəm]
an(without)+arch(ruler)+ism(주의)

통치자가 없는 주의 → n. **무정부주의**
- anarchist[ǽnərkìist] n. **무정부주의자**

# 제14회

<table>
<tr><td>어근 19</td><td>BALL : 볼, 굴리다, 말다(to roll), 부풀리다(to swell), 춤추다(to dance),<br>BULL, BLA : 부풀리다(to swell)　　※ 동의 어근 ROL, ROT(어근253) / VOLVE(어근336)</td></tr>
</table>

## 265. ballot [bǽlət]
ball(to roll)+ot(명접)

'(후보자 이름이 적혀있는 용지를)말아 놓은' 것이 → n. ① **투표** ② **투표용지**
③ **총투표수** v. **무기명 투표를 실시하다** 등 투표와 관련된 용어가 된 거지
- syn. **vote**(투표), **referendum**(국민 투표)

> I discovered hope in the **ballot** box to bring change.
> 나는 변화를 가져올 투표함에서 희망을 발견했다.

## 266. bulletin [búlitən]
bullet(ball 볼)+tin(주석)

'(고대 로마에서 어린아이의 연령과 부적을 새겨 목에 달아 주는) 주석 볼'이 →
n. ① **단신** ② **공고** ③ **고시**라는 표현이 된 거지
- **bull**et[búlit] n. **총알**
- **bulletin** board **게시판**
- news **bulletin** 임시 속보

> An investor used an internet **bulletin** board.
> 한 투자가가 인터넷 게시판을 이용했다.

---

◆ 어원 TIP
- ball**ad** → ball(to dance)+ad(명접) → 춤을 추기 위한 노래 → 발라드
- bul**k** → bul( to swell) + k(명접) → 부풀려 놓은 것 → 대부분, (큰) 규모, 육중한 것
- bull**et** → bull(to dance)+let(작은 것) → 춤추듯 날아가는 작은 것 → 탄알, 총알
- bull**y** → bull(to swell)+y(명접) → 부풀려 과시하는 사람 → (약자를) 괴롭히는 사람, 괴롭히다
- bla**de** → bla(to swell)+de → 부풀려 나온 것 → (칼, 도구 등의) 날, (엔진 · 헬리콥터 등의) 날개깃
- bull → bull(to swell) → 부풀린 듯 몸집이 큰 것 → 황소

---

◆ 어휘 플러스
**ballet** 발레 / **ballistic missile** 탄도 미사일 / **balloon** 풍선 / **bladder** 방광, 부레 / **blast** 돌풍 / **bucket** 양동이 / **bold** 용감한 / **bulb** 전구, 구근 / **bulge** 튀어나오다, 불거지다 / **bull market** 상승 장세 / **bulldog** 불독

---

■■■ 우리말 대화로 단어 복습하기
가. 저기에 왜 사람들이 몰려있지?
나. **게시판(bulletin board)**에 **투표(ballot)**를 알리는 **공고(bulletin)**가 붙어있어.

<table>
<tr><td>어근 20</td><td>BAN : 명령하다(to order), 금지하다(to prohibit)<br>※ 동의 어근 MAND(어근159)</td></tr>
</table>

## 267. ban [bæn]
ban(to prohibit)

'금지하다' 가 → v. ① **금하다** ② **금지하다** n. ① **금지** ② (금지한 것을
공개적으로 알리는) **공시** ③ (공식적으로 일반에게 발표하는) **포고**가 된 거지

● syn. **bar**(금하다), **block**(막다), **for**bid(금하다) ↔ ant. **per**mit(허락하다)

> Leaders are considering a nationwide smoking **ban**.
> 지도자들은 전국적인 흡연 금지를 고려하고 있다.

### 268. **ban**ish [bǽniʃ]
ban(to order, 명령하다))+ish(동접)

'명령하는' 것이 → v. ① (지역이나 조직 밖으로 쫓아내면) **추방하다** ② (귀양 보내면) **유배를 보내다** ③ (덜어 없애면) **제거하다**가 된 거지
● **ban**ish**ment**[bǽniʃmənt] n. ① **추방** ② **유형** ③ **유배**
● syn. **dis**miss(해고하다), **ex**pel(추방하다), **e**ject(쫓아내다), **ex**ile(추방하다), **de**port(추방하다), **get rid of**(제거하다), **re**move(제거하다)

> We must pass a law to **banish** unhealthy behavior.
> 우리는 불건전한 행동을 추방하는 법을 통과시켜야 한다.

### 269. **a**bandon [əbǽndən]
a(away)+ban(to order)+don(to give)

'명령하여 멀리하는' 것이 → v. ① (사람이나 믿음이면) **버리다** ② (일, 권리, 자격이면) **포기하다** ③ (보호할 사람이나 동물이면) **유기하다** n. ① **방종** ② **자유분방** ③ **자포자기**라는 의미가 된 거지
● **a**bandon**ment**[əbǽndənmənt] n. ① **포기** ② **유기**
● syn. **for**sake(버리다), **de**sert(버리다), **give up**(포기하다)
● self abandonment **자포자기**

> Many Koreans **abandon** their original nationality.
> 많은 한국인들이 원래 국적을 포기했다.

---

◆ 어원 TIP
● **contra**band → contra(against)+band(to order, 명령하다) → 명령에 반하여 들여오는 물건 → 밀수, 밀수품

### ■■■ 우리말 대화로 단어 복습하기
가. 금지(ban) 규정(regulation)을 위반하고(violate) 밀수품(contraband)을 들여온 밀수업자(smuggler)들이 어떻게 되었어?
나. 추방되었고(banish) 결국 국적(nationality)을 포기했다(abandon)는군.

---

## 어근 21 | BAR : 막대(cut wood), 막다(to block)

### 270. **barbar**ian
[bɑːrbέəriən]
bar(cut wood)+bar+ian(사람)

'막대를 (사용하는) 인간' 이 → n. ① **야만인** ② **교양 없는 사람**이 된 거지
● **barbar**ic[bɑːrbǽrik] a. ① **야만의** ② **미개한**
● **barbar**ous[bɑ́ːrbərəs] a. ① **야만적인** ② **잔혹한** ③ **악랄한**

> We expose our weakness to the **barbarians**.
> 우리는 야만인들에게 약점을 노출했다.

## 271. bargain [bάːrɡən]
bar(cut wood)+gain(얻다)

'(물건을 사고파는 수단인) 막대를 얻다'가 → v. **흥정하다** n. ① (정상가 보다) **싼 물건** ② **합의** ③ **흥정**이라는 표현이 된 거지
- **bargain**ing[bάːrɡəniŋ] n. ① **교섭** ② **흥정** ③ **협상**
- collective **bargaining** (노사 간의) **단체 교섭**
- syn. **negoti**ate(협상하다), **deal**(거래하다), **trans**act(거래하다)

> There's still time to book a **bargain** ski break.
> 바겐세일 중인 스키 휴가를 예약할 시간은 아직 있다.　**book** 예약하다

## 272. barren [bǽrən]
bar(cut wood)+ren(형접)

'나무막대만 있는' 것이 → a. ① **메마른** ② **불모의** ③ **불임의** 가 된 거지
- syn. **de**sol**ate**(황량한), **de**sert(사막 같은), **waste**(쓸모없는), **in**fert**ile**(불모의), **un**product**ive**(비생산적인) ↔ ant. **fert**ile(비옥한)

> Rain may bring life to **barren** earth.
> 비가 메마른 대지에 생명을 가져온다.

## 273. barrier [bǽriər]
bar+r+ier(명접)

'(나아갈 방향에) 막대' 는 → n. ① **장벽** ② **장애물** ③ **장애**가 되는 거지
- **bar**rel[bǽrəl] n. ① **배럴** ② (목재·금속으로 된 대형) **통**
- **bar**[bɑːr] n. ① **막대** ② **술집** ③ **법정** ④ **장벽** v. ① **막다** ② **금지하다**
- the language **barrier** 언어 장벽
- syn. **barricade**(장애물), **ob**sta**cle**(장애물), **ob**struct**ion**(방해)

> Israel describes it as a vital security **barrier**.
> 이스라엘은 그것을 중요한 보안 장벽이라고 말했다.

## 274. embarrass [imbǽrəs]
em(in)+bar+ass

'막대를 안에' 두는 것이 → 상대를 곤란하게 하면 → v. ① **당황스럽게 만들다** ② **난처하게 하다** ③ **방해하다**가 되는 거지
- **em**bar**rassment**[imbǽrəsmənt] n. ① **당황** ② **난처함**
- **em**bar**rassing**[imbǽrəsiŋ] a. ① **당황스러운** ② **난처한**
- **em**bar**rassed**[imbǽrəst] a. ① **당황한** ② **쑥스러운**
- syn. **block**(막다), **hind**er(방해하다)

> The vote is likely to **embarrass** leaders.
> 투표가 지도자들을 당황스럽게 할 것 같다.

## 275. embargo [embάːrɡou]
em(in)+bar+go

'안에 막대를 두는' 것이 → 수입이나 수출을 금할 목적이면 → n. ① **금수 조치** ② **통상 금지령** ③ **엠바고**(기사의 보도를 일정 시간까지 유보하는 일) vt. **금수 조치하다**가 되는 거지
- **em**bark[imbάːrk] v. ① **승선하다** ② **착수하다**

> The United Nations imposed an arms **embargo** on North Korea
> UN은 북한에 대해 무기 금수 조치를 강제하였다.

■■■ **우리말 대화로 단어 복습하기**

가. UN은 **야만적인(barbarous)** 00국가에 대해 **무역 장벽(trade barrier)**과 **금수 조치(embargo)**를 단행하였다는군.

나. **엎친 데 덮친 격으로(to make matters worse)** 00국가는 계속된 **가뭄(drought)**으로 대지는 **불모의(barren)** 땅이
되어 식량 **부족(shortage)**을 겪고 있다던데.

가. 하지만 UN은 00국가와 **흥정(bargain)**을 전혀 고려하지 않아 00국가 당국을 **당황스럽게 했지(embarrass)**.

---

| 어근 22 | BAS : 밑바닥, 기초(bottom)   ※ 동의어근 FOUND, FUND(어근106) |
|---|---|

### 276. bas**is** [béisis]
bas(bottom)+is(명접)

'밑바닥' 이 → n. ① (기본이 되는 표준이면) **기준** ② (터전, 의견, 의논이면)
**근거** ③ (바탕, 기본이 되는 토대면) **기반** ④ (초안, 사물, 건물이면) **기초**가 된 거지
● bas**ic**[béisik] a. ① **기초적인** ② **기본적인**
● bas**al**[béisəl] a. ① **기저가 되는** ② **기초가 되는** * 전문용어
● bas**in**[béisn] n. ① **분지** ② **유역** ③ **대야** ④ **양푼**
● bas**e**[beis] n. ① **기반** ② **기초** ③ **토대** a. **천한** v. **기초를 두다**
● **de**bas**e**[dibéis] v. ① (가치,품위를) **저하시키다** ② **떨어뜨리다**
● bas**ement**[béismənt] n. **지하실**
● syn. found**ation**(기초, 재단), groundwork(기초, 토대), foot**ing**(기반)

> There was no legal **basis** for the punishment.
> 처벌에 대한 법적인 근거는 없었다.
>
> **punishment** 처벌

### 277. bas**s** [beɪs]
bas(bottom)+s(명접)

'밑바닥' 이 → n. ① (음역을 말하면) **베이스** ② (음역을 말하면) **최저음**
③ (어류의 서식지를 말하면) **배스**(농어)라고 할 수 있지

> Elephants woo mates with deep **bass** tones.
> 코끼리들은 낮고 굵은 저음으로 짝을 구애한다.
>
> **woo** 구애하다

■■■ **우리말 대화로 단어 복습하기**

가. 회사의 남성 합창단이 곧 **창단될(found)**거 라며, 알고 있어.

가. **합창단(chorus)** 구성인원은 테너 2명, **베이스(bass)** 2명을 **기초(basis)**로 한데.

BAT : 때리다(to strike)
※ 동의어근 CUSS(어근66) / FEND(어근94) / FLICK, FLICT(어근102)

## 278. combat [kəmbǽt]
com(together)+bat(to strike)

'함께 때리는 것' 이 → n. ① 전투 ② 싸움 v. ① (방지하기 위해) 싸우다
② 전투를 벌이다가 된 거지
- syn. fight(싸우다, 싸움), conflict(전투, 충돌), warfare(전투), skirmish(작은 충돌)

We must **combat** climate change.
우리는 기후 변화와 싸워야 한다.

## 279. debate [dibéit]
de(intens)+bate(to strike)

'강하게 싸우는' 것이 → n. ① (다른 의견에 대해) 논쟁 ② (의견을 말하고
논의하는) 토론 v. ① 논쟁하다 ② 곰곰이 생각하다가 된 거지
- syn. discussion(토론), argument(논쟁), dispute(논쟁, 논쟁하다),
controversy(논쟁), discuss(토론하다)

We might hold a **debate** on global warming.
우리는 지구 온난화에 대한 토론을 할 수 있다.

◆ 어원 TIP
- abate → a(from)+bate(to strike) → 때려서 벗어나게 하다 → 누그러뜨리다, 약화시키다
- rebate → re(back)+bate(to strike) → 뒤로 (돈을) 때려주다 → 환불, 할인, 리베이트
- battle → bat(to strike)+tle(명접) → (사람을) 때리는 것 → 싸움
- battery → bat(to strike)+ery(성질 명접) → (음극과 양극이) 때리는 성질 → 배터리

◆ 어휘 플러스
battalion 대대, 부대 / bash 후려치다

**우리말 대화로 단어 복습하기**
가. 종족 간 **전투(combat)**가 결국 **내란(civil war)**으로 확대되었다는데 이유가 뭐지.
가. 황당해. 종족 간 **리베이트(rebate)** 문제로 **토론(debate)**이 격화되어 발생한 일이래.

BELL, DUEL, MARS : 아름다움(beauty), 전쟁(war) → 로마의 '전쟁' 담당이자 '아름다웠던
여신' 'Bellona'에서 기원, 이태리어 원이름은 'Duellona'이며, 다른 로마의 '전쟁신' 'Mars'도 있음

## 280. embellish [imbéliʃ]
em(in)+bell(beauty)+ish(동접)

'안을 아름답게 하다' 가 → v. ① (물건이면) 장식하다 ② (물건이나 이야기를)
꾸미다③ (이야기를) 윤색하다가 된 거지
- embellishment[imbéliʃmənt] n. ① 장식 ② 윤색
- belle[bel] n. 미인　　- syn. decorate(장식하다, 꾸미다)

He **embellishes** many public spaces.
그는 많은 공공 공간을 아름답게 꾸몄다.

## 281. **bellicose** [bélikòus]
bell(war)+lic+ose(성질의, 형접)

'전쟁을 좋아하는' 것이 → a. ① **호전적인** ② **싸우기 좋아하는** 의미가 된 거지
- **bellicos ity**[bèlikάsəti] n. **호전성**
- syn. **ag gress ive**(공격적인, 호전적인), **war like**(호전적인)

> Their **bellicose** language hurts me.
> 그들의 호전적인 언어가 나에게 상처를 주었다.

## 282. **belligerent**
[bəlídʒərənt]
bell(war)+i+ger(to carry)+ent(형접)

'전쟁을 지니고 있는' 것이 → a. ① (마음이면) **적대적인** ② (마음이면) **공격적인**
③ **전쟁 중인** n. **교전국**이라는 표현이 된 거지
- **belligerent** attitude **공격적인 태도**
- syn. **host ile**(적대적인)

> North Korea must end its **belligerent** approach.
> 북한은 적대적인 접근을 끝내야 한다.

## 283. **rebel** [rébəl]
re(back)+bel(war)

'(조국을 향하여) 뒤로 전쟁하는 것'이 → n. ① **반역자** ② **반대자** v. ① **반란을**
**일으키다** ② **반항하다**가 된 거지
- **re bell ion**[ribéljən] n. ① **반란** ② **반항** ③ **폭동** ④ **반역**
- syn. **in surg ent**(반란자), **dis obey**(반항하다), **dis sent**(의견을 달리하다),
  **de fy**(도전하다)

> The **rebels** also lack strong political leadership.
> 반란군 역시 강력한 정치적 지도력이 부족했다.

## 284. **duel** [djúːəl]
duel(war)

'전쟁' 이 → n. ① (결판내거나 승부를 결정하는) **결투** ② (두 사람, 집단사이에)
**싸움**이 된 거지
- **dual**[djúːəl] a. **이중의**
- syn. **con test**(싸움, 경쟁), **fight**(싸움, 전투)

> Environmentalists are in deadly **duel** with whalers.
> 환경보호자들이 포경선과 격렬한 싸움을 하고 있다.
> **deadly** 치명적인, 격렬한, 무적의

## 285. **martial** [mάːrʃəl]

'전쟁 성질의' 는 → a. ① **싸움의** ② **전쟁의** 가 된 거지
- **marit al**[mǽrətl] a. ① **결혼생활의** ② **부부간의**
- **martial** art **무술**
- **martial** law **계엄령**

> A Chinese **martial** arts expert was in custody.
> 중국인 무술 전문가가 구금되었다.
> **custody** 보호, 구금, 억류

가. 오늘 신문 **1면(front page)**을 **장식한(embellish)** 소식은 뭐지?

나. **호전적이고(bellicose) 적대적인(belligerent) 반란(rebel)**군 **무술(martial art) 전문가(expert)**가 **결투(duel)**에 지고 나서 **투항했다(surrender)**는 소식이네.

---

| 어근 25 | BIO : 삶, 생명(life)　　※ 동의 어근 VIVE, VITA(333) |
|---|---|

### 286. **biography** [baiάgrəfi]
bio(life)+graph(to write)+y

'(누군가의) 삶을 기록한 것' 을 → n. **전기**라고 하지
- **autobiography**[ɔ̀ːtəbaiάgrəfi] n. **자서전**
- campaign **biography** 후보자 경력
- a critical **biography** 평전

> The first **biography** of pianist John is published.
> 피아니스트 존의 최초의 전기가 출판되었다.

### 287. **biology** [baiάlədʒi]
bio(life)+logy(학문)

'(자연의) 생명을 (연구하는) 학문' 은 → n. **생물학**이지
- **biologist**[baiάlədʒist] n. **생물학자**

> Physics and **biology** can sometimes collide.
> 물리학과 생물학은 때론 충돌할 수 있다.
> > **collide** 충돌하다

### 288. **symbiosis**
[sìmbióusis]
sym(with)+bio(life)+sis(명접)

'생명이 함께하는 것' 이 → n. ① (서로 돕는) **공생** ② (사물이나 현상이 함께하거나, 서로 도와 존재하는) **공존**이 된 거지

> The most effective form of **symbiosis** occurred.
> 가장 효과적인 형태의 공생이 일어났다.

---

◆ 어원 TIP
- biosphere → bio(life)+sphere(영역) → 생명이 (사는) 영역 → **생물권**
- biodiversity → bio(life)+diversity(다양성) → 생명 다양성 → **생물 다양성**
- barometer[bərάmitər] → baro(pressure)+meter(to measure) → '압력을 측정하는' 것이 → **기압계**, (경제 · 사회 · 정치 상황) **지표**, (사물의 수준이나 상태를 알 수 있는) **바로미터**

---

◆ 어휘 플러스
**biochemical weapons** 생화학 무기 / **biochemist** 생화학자 / **bioengineering** 생명공학 / **biowarfare** 세균전

---

■■■ 우리말 대화로 단어 복습하기

가. 이봐. **책벌레(bookworm)**. 나에게 감동을 줄만한 책 좀 추천해주게?

나. 최근에 **출간된(publish)** 생명체 **공생(symbiosis)** 연구의 **권위자(authority)**에 대한 **전기(biography)**를 읽어봐.

### 어근 26

BOL, BL : 던지다(to throw)
BOL : 부풀리다(to swell)　　※ 동의 어근 JAC, JECT, CAST(어근132)

---

**289. metabolism**
[mətǽbəlìzm]
meta(between)+bol(to throw)
+ism(명접)

'(구성 물질) 사이에서 던져져 교환하는 것' 을 → n. ① **신진대사**
② **물질대사**라고 하지
● meta**bol**ic[mètəbálik] a. ① **신진대사의** ② **물질대사의**

Diet drug increases **metabolism**.
다이어트 약은 신진대사를 증가시킨다.

---

**290. symbol** [símbəl]
sym(together)+bol(to throw)

'함께 던져 만들어 낸 것' 이 → n. ① (사회집단의 약속이면) **상징** ② (어떠한 뜻을 나타내기 위한 거면) **기호**라고 하지
● sym**bol**ize[símbəlàiz] v. ① **상징하다** ② **나타내다**
● syn. em**bl**em(상징), logo(로고), token(상징), meta**phor**(은유), sign(기호)

The umbrella became a **symbol** of democracy.
우산이 민주주의의 상징이 되었다.

---

**291. parable** [pǽrəbl]
para(beside)+ble(to throw)

'옆에 던져진 이야기' 가 → n. (풍자나 교훈을 위한 거면) **우화**라고 하지
● para**bol**e[pǽrəbl] n. ① **비유** ② **직유**
● para**bol**a[pərǽbələ] n. ① **포물선**

Aesop's **fables** had their origins in Africa.
이솝 우화는 아프리카에 기원을 두고 있다.

---

◆ **어원 TIP**
● bold → bol(to swell)+d(형접) → 부풀리는 것 → 용감한, 대담한, 선명한, 굵은
● em**bl**em → em(in)+bl(to throw)+em(명접) → 안에 던져진 것 → 상징
● em**br**yo → em(in)+bry(to swell)+o → 안에서 (형태가) 부풀려지는 것 → 배아, 태아
● pro**bl**em → pro(before)+(to throw)+em(명접) → (일 등이) 앞에 던져진 것 → 문제

---

■■■ **우리말 대화로 단어 복습하기**

가. 춘곤증을 **이겨내며(overcome)** 멋진 봄을 맞는 **지혜(wisdom)**는 없을까?

나. 봄을 **상징(symbol)**하는 **대표적인(typical)** 나물 냉이(shepherd's purse)국을 먹고, 창가에 앉아 재밌는 **우화 (parable)**를 읽는 것도 한 방법이 아닐까?

가. 그런데 **춘곤증(spring fever)**의 원인은 뭐지?

나. 겨울 동안 활동을 줄였던 인체의 **신진대사(metabolism) 기능(function)**들이 봄을 맞아 활발해지면서 생기게 되는 일종의 **피로(fatigue) 증세(symptom)**야.

| 어근 27 | BRACE : 팔(arm) |

**292. brace** [breis]
brace(arm)

'팔' 처럼 지탱해 주는 것이 → n. ① **버팀대** ② **치열 교정기** v. ① **대비하다**
② **단단히 힘을 주다** ③ **떠받치다**가 된 거지
● brace up ① **분발하다** ② **전열을 가다듬다**

California farms **brace** for a big storm.
캘리포니아 농장들은 큰 폭풍우를 대비하고 있다.
**brace for** ~에 대비하다

**293. bracelet** [bréislit]
brace(arm)+let(little thing)

'팔에 찬 작은 물건' 을 → n. **팔찌**라고 하지

My sister's **bracelet** is discovered in my file.
여동생의 팔찌가 내 파일에서 발견되었다.

**294. embrace** [imbréis]
em(in)+brace(arm)

'팔을 안으로' 하는 것이 → v. ① (껴안은 거면) **포옹하다** ② (받아들이면)
**수용하다** ③ (범위 안에 모두 끌어넣으면) **포괄하다** ④ (물건이나 남의 마음을
사는 거면) **매수하다** ⑤ (내편으로 끌어들이면) **포섭하다** 같은 표현이 된 거지
● embracement[imbréismənt] n. ① **포옹** ② **수용** ③ **포용**

The arts must **embrace** this culture.
예술은 이러한 문화를 수용해야 한다.

### 우리말 대화로 단어 복습하기
가. 노란 **팔찌(bracelet)**와 **치열 교정기(brace)**를 끼고 있는 여성과 **포옹하는(embrace)** 여자는 누구지?
나. 그녀의 엄마야.

| 어근 28 | BREV(I), BRIDGE : 짧은(short) → bridge(다리)의 역할로 의미 이해 |

**295. brevity** [brévəti]
brev(short)+ity(명접)

'짧게 한 것' 이 → n. ① **간결** ② **짧음** ③ **덧없음**이 된 거지
● brief[briːf] a. ① (시간) **짧은** ② (말 · 글이) **간단한** ③ (옷) **짧은**
● briefing[bríːfiŋ] n. ① **간단한 보고** ② **요약보고** ③ **브리핑**

**Brevity** is a key characteristic of the newspaper's editorial.
간결성이 그 신문 사설의 핵심적인 특징이다.

**296. abbreviate** [əbríːvièit]
ab(to)+brevi(short)+ate(동접)

'(글을) 짧게 하는' 것이 → v. ① **줄여 쓰다** ② **요약하다**가 된 거지
● abbreviation[əbrìːviéiʃən] n. ① **약어** ② **축약형**
● syn. shorten(생략하다, 짧게 하다), curtail(간략하게 하다, 줄이다)

### 297. **a**bridge [əbrídʒ]
a(to)+bridge(to shorten)

'짧게 하는' 것이 → v. ① (말이나 글이면) **요약하다** ② (시간, 거리면) **단축하다** ③ (한도를 정하면) **제한하다** ④ (지출, 소리, 옷, 크기를) **줄이다**가 된 거지
- **a**bridg**ment**[əbrídʒmənt] n. ① **요약** ② **초본** ③ **축소**
- **abridged** drawing **약도**
- **abridged** edition **요약본**
- syn. **less**en(줄이다), **di**minish(줄이다), curtail(줄이다)

Students must learn how to **abridge** a book.
학생은 책을 요약하는 방법을 배워야 한다.

### 우리말 대화로 단어 복습하기

가. **브리핑(briefing)**의 의미는 뭐죠?
나. 어떤 일이나 **상황(situation)**에 대해서 **간결(brevity)**하게 **요약하여(abridge)** **설명하는(explain)** 것이지.

---

## 어근 29

BURS : 지갑(purse), 자루(sack) → 돈을 넣는 곳 → 돈과 관련해서 이해필요

### 298. **dis**burse [disbə́ːrs]
dis(away)+burse(purse)

'지갑을 여기저기' 뿌리는 것이 → v. ① (돈을 쓰는 거면) **지출[지불]하다** ② (고르게 나누면) **분배하다**가 되는 거지
- **dis**burse**ment**[disbə́ːrsmənt] n. ① **지출** ② **지불** ③ **지불금** ④ **영업비**
- syn. **ex**pend(지출하다)
- a light **disbursement** 소액의 지불금

It is not legal for the city to **disburse** those funds without council approval.
시가 위원회 승인 없이 기금을 지출하는 것은 불법이다.
**approval** 승인, 허가

### 299. **reim**burse
[rìːimbə́ːrs]
re(again)+im(in)+burse(purse)

'다시 (누군가의) 지갑 안으로' 는 → v. ① (빚을) **상환하다** ② (손해를) **배상하다** ③ (빚을) **변제하다**가 되는 거지
- **reim**burse**ment**[rìːimbə́ːrsmənt] n. ① **상환** ② **변상** ③ **변제**
- syn. **re**fund(환불하다), **re**pay(변제하다), **com**pensate(변상하다), pay back(상환하다)

The steps will develop and **reimburse** obesity treatments.
그러한 조치는 비만 치료를 개선하고 치료비를 배상해줄 것이다.
① **step** 조치, 수단 ② **obesity** 비만

◆ 표현 TIP
- sack n. ① (큰 자루) 부대 ② 봉지 ③ 해고 ④ 파면 ⑤ 약탈  v. ① 해고[파면]하다 ② 약탈을 하다
- bagg**age** 수화물 / bag**gy** 자루 같은, 헐렁한

◆ 어휘 플러스
burs**ar** (학교의) 회계 담당자 / burs**ary** 장학금, 학비보조금

## ▬▬ 우리말 대화로 단어 복습하기

가. 계획을 세우지 않고 돈을 **지출하면**(disburse) 어떤 일이 일어나죠?
나. 부족한 **생활비**(living expenses)를 대출(loan)을 받아 **충당해야**(cover) 되지.
나. 결국 **빚**(debt)을 **상환하다**(reimburse)가 인생 쫑나는 거라고.

---

### 생활 속 영단어로 어원 친해지기

**티케** : 지난 회에 배운 어근이 뭐였더라?
**고양이** : 19. 굴리다, 부풀리다 ball / 20. 금지하다 ban / 21. 막대 bar / 22. 밑바닥 bas / 23. 때리다 bat / 24. 아름다움, 전쟁 bell / 25. 삶 bio / 26. 던지다 bol, bl, 부풀리다 bol / 27. 팔 brace / 28. 짧은 brev, bridge / 29. 주머니, 자루 burs이에요.
**티케** : 일상 속에서 경험했던 사례를 말해주겠니?
**토끼** : 얼마 전 시청에 갔는데 주변 도로에 '바리케이드'가 설치되어 있었는데, '시청'은 영어로 'City Hall'이고 '바리케이드'는 영어로 'barricade'로 '장애물'을 의미하였어요.
**토끼** : belle가 '미인'이며 belly dance(벨리 댄스)는 '배꼽춤'인데 지난 회에 배운 것과 관련이 있다고 생각이 들었는데 맞나요.
**티케** : 맞습니다. belle의 bell은 beauty를 뜻하고, belly(to swell 부풀다)는 신체에서 부풀어 오른 곳으로 '배'를 의미하지
**티케** : 헷갈리기 쉬운데 band는 어근 ban(금지하다)과 관계가 없고 bind(묶다)와 어원이 같아요.
**티케** : 그래서 묶는 '띠', 묶여진 집단 '무리'라는 의미를 갖게 되죠. 참고로 붕대가 영어로 bandage라는 걸 알면 이해가 쉽지. 정리하면
○ belle→ bell(beautiful)+e → 아름다운 사람 → 미인(미의 여신 Bellona)
○ bel**ly** → bel(to swell)+ly → 부풀려 나온 곳 → 배
○ band → bind변형 → 밴드, 띠(bandage)
**토끼** : 회사 팀장님이 볼드(bold)체로 버킷리스트(bucket list)를 적어내라고 하는 데, bold와 bucket이 우리가 배운 어근과 관계있나요.
**티케** : 있어요. bold와 bucket 두 단어 모두 '부풀리다'와 관계있어요.
**티케** : bold → (원래보다 부풀린 것이) '용감한, 대담한, 굵은 활자체의, 볼드체' / bucket → (옆으로 부풀려 만든 것) '양동이'가 되는 거지.
○ **버킷리스트**(bucket list); 높은 곳에 밧줄을 매단 뒤 양동이 위에 올라가 목에 밧줄을 걸고 나서 양동이를 걷어차는 식으로 시도된 자살 방법을 일컫는 'kick the bucket'에서 유래한 말
**티케** : 다음 회에 배울 어근은 cad, cas, cid / cand, cens, / cant, cent, / cap, cip, chie / car, char / care, cure, / cede, ceed, cees이지요.

| | |
|---|---|
| • formal | a. 형식적인, 격식을 차리는 ↔ informal 격식을 차리지 않는, 비공식적인 |
| • former | a. 예전의, 전의, 전자의 = prior to ↔ later a. 후의(시간) ad. 나중에 / latter a. 후자의 (순서) / the former 전자 / the latter 후자 |
| • forth | ad. 앞으로 ↔ back 뒤로 |
| • fortune | n. 행운, 운명, 숙명 ↔ misfortune 불운, 불행, 역경 |
| • foul | a. 더러운, 역겨운, 천박한, (날씨가) 사나운 n. 파울, 반칙 ↔ fair 공정한, 규칙에 맞는, (날씨가) 맑은 n. 박람회 |
| • a foul wind | n. 역풍, 맞바람 ↔ a fair wind 순풍 |
| • free | a. 자유로운, 구속을 받지 않는, 무료의 ↔ captive 사로잡힌, 포로의 n. 포로 |
| • freedom | n. 자유 ↔ bondage 속박, 구속, 농노 |
| • freeze | v. 얼다, 얼게 하다, (임금·가격·자산 등을) 동결시키다 ↔ melt 녹다, unfreeze 녹다, 녹이다, (임금·가격·자산 등을) 동결 조치를 풀다 |
| • fresh | a. 1) 신선한 ↔ stale 상한, 진부한<br>2) 소금기가 없는 ↔ salt 소금기가 있는 |
| • fresh water | n. 민물 ↔ salt water 소금물 |
| • friendly | a. 다정한, 친절한 ↔ hostile, unfriendly 적대적인, 불친절한 |
| • friendship | n. 우정, 친선 ↔ hostility, enmity 적대감, 적의 |
| • front | n. 앞면, 앞쪽, 전선 ↔ rear, back 뒷면, 후방 |
| • frown[fraun] | v. 눈살을 찌푸리다, 찡그리다 n. 찡그림, 찌푸림 ↔ smile 미소 짓다 |

G

| | |
|---|---|
| • gather | v. (사람을) 모이다, 모으다, (정보를) 수집하다 ↔ disperse, scatter 흩어지다 |
| • gale | n. 돌풍, 강풍 ↔ breeze 미풍 |
| • general | a. 1) 일반적인, 전반적인 ↔ special, particular 특별한, 특이한<br>2) 개괄적인, 대체적인, 개략의 ↔ specific 구체적인 |
| • generous | a. 관대한, 아끼지 않는, 후한 ↔ stingy 인색한, 쩨쩨한 |
| • genius | n. 천재, 귀재 ↔ fool, idiot, blockhead 바보 |
| • gentle | a. 온화한, 상냥한 ↔ harsh, cruel 가혹한, 잔인한 |
| • genuine | a. 진짜의, 진품의 ↔ bogus, fake, counterfeit 가짜의, 위조의 |
| • giant | n. 거인 ↔ dwarf, pygmy 난쟁이 |

**Exercise 7**

**1.** (A)에 제시된 어근의 의미를 가장 적절하게 표현한 것을 (B)에서 찾아 쓰시오.

| (A) | (B) |
|---|---|
| 1) BAR _____ | ⓐ 밑바닥(bottom) |
| 2) BRACE _____ | ⓑ 명령하다(to order), 금지하다(to prohibit) |
| 3) BAT _____ | ⓒ 아름다움(beauty), 전쟁(war) |
| 4) BIO _____ | ⓓ 짧은(short) |
| 5) BREV, BRIDGE _____ | ⓔ 때리다(to beat) |
| 6) BOL, BL _____ | ⓕ 첫째(first), 막대(bar) |
| 7) BAS _____ | ⓖ 삶, 생명(life) |
| 8) BALL _____ | ⓗ 팔(arm) |
| 9) BELL _____ | ⓘ 굴리다(to roll) |
| 10) BAN _____ | ⓙ 던지다(to throw) |

**2.** 제시된 단어 중 의미가 가장 적절한 것을 찾아 괄호 안에 넣으시오.

> ⓐ abridge ⓑ embellish ⓒ barrier ⓓ martial ⓔ embrace ⓕ brevity ⓖ bulletin ⓗ symbiosis ⓘ barbarian
> ⓙ duel ⓚ banish ⓛ metabolism ⓜ ballot ⓝ belligerent ⓞ rebel ⓟ basis ⓠ combat ⓡ parable

| | | |
|---|---|---|
| 1) ( ) : 신진대사 | 2) ( ) : 전투 | 3) ( ) : 전쟁의 |
| 4) ( ) : 야만인 | 5) ( ) : 투표 | 6) ( ) : 공생 |
| 7) ( ) : 요약하다 | 8) ( ) : 우화 | 9) ( ) : 장벽 |
| 10) ( ) : 공고 | 11) ( ) : 기초 | 12) ( ) : 장식하다 |
| 13) ( ) : 반군 | 14) ( ) : 추방하다 | 15) ( ) : 간결 |
| 16) ( ) : 수용하다 | 17) ( ) : 결투 | 18) ( ) : 호전적인 |

**3.** 제시된 단어와 <u>반대되는</u> 의미로 가장 적절한 것을 찾아 괄호 안에 넣으시오.

> ⓐ gather ⓑ hostile ⓒ stingy ⓓ dwarf ⓔ genuine ⓕ later ⓖ free ⓗ gale ⓘ foul ⓙ harsh ⓚ stale ⓛ special
> ⓜ smile ⓝ freedom

| | | |
|---|---|---|
| 1) ( ) : captive | 2) ( ) : fair | 3) ( ) : fresh |
| 4) ( ) : bondage | 5) ( ) : frown | 6) ( ) : friendly |
| 7) ( ) : general | 8) ( ) : disperse | 9) ( ) : bogus |

10) (　　　) : generous　　　　11) (　　　) : breeze　　　　12) (　　　) : giant

13) (　　　) : gentle　　　　14) (　　　) : former

**4.** 밑줄 친 단어와 <u>가장 유사한</u> 것을 고르시오.

1) Couple **abandon** dream of a new life.

  ① admit　　　　　　② abolish　　　　　　③ adopt　　　　　　④ give up

2) North Korea has a long history of **bellicose** threats.

  ① aggressive　　　　② benign　　　　　　③ benevolent　　　　④ tender

                       * **threat** 위협, 협박

3) The **barren** lands of northern Chile become an ideal location for generating solar energy.

  ① fragile　　　　　　② abundant　　　　　③ durable　　　　　④ infertile

4) It became a **symbol** of Egypt's revolution.

  ① tradition　　　　　② emblem　　　　　　③ custom　　　　　④ culture

5) Health officials **banned** the food company from adding vitamins.

  ① allowed　　　　　② accepted　　　　　③ prohibited　　　　④ permited

**5.** 아래에 제시된 단어 중 밑줄 친 우리말의 의미에 맞게 빈칸에 적절한 것을 골라 넣으시오.

---

embarrass / disburse / biology / brace for / contraband / reimburse / abbreviate / genius / formal / bargain / biography / debate

---

1) 그 **밀수품**은 케냐의 야생보호구역에서 밀렵되었다.

  ⇒ The (　　　　　　　) is poached from reserves in Kenya.

                   *poach 밀렵하다

2) 우리는 세 시간 정도의 **토론**을 개최할 것이다.

  ⇒ We will host three-hour (　　　　　　).

3) 지금 그는 26세이고 수학 **천재**이다.

  ⇒ Now he is 26, and a mathematical (　　　　　　).

4) 연방 관리들이 기금을 **지불하는** 작업을 하고 있다.

  ⇒ Federal officials work to (　　　　　　) the funds.

5) 내가 성장기일 때 아버지는 엄마보다 나를 더욱 **당황스럽게 했다**.

  ⇒ My dad (　　　　　　) me more than my mum when I was growing up.

6) 3월은 **싼 물건**의 중고차를 찾는데 이상적인 달이다.

⇒ March is an ideal month to look for a (                ) on a used car.

7) 사람들은 유독 추운 날씨를 **대비하고 있다**.

⇒ People (                ) the unusual cold weather.

8) 그들은 돈을 **상환하는** 것을 거절했다.

⇒ They declined to (                ) the money.

9) 고인이 된 작가의 새로운 **전기**가 곧 출간될 것이다.

⇒ A new (                ) of the late author will soon be published.

10) 그는 공금을 사용한 후에 **공식적인** 경고 서한을 받았다.

⇒ He has received a (                ) letter of warning after using public money.

11) **생물학**이 우리의 미래건강에 심대한 영향을 미칠 것 같다.

⇒ (                ) is likely to have a profound impact on our future health.

*profound 심대한

12) 예고도 없이 magnitude를 "mag"로 **줄여 쓰지** 말라.

⇒ Don't (                ) magnitude as "mag" without warning.

**티케** : 인류의 역사는 전쟁의 역사라고 해도 과장은 아니지.

**티케** : 로마 신화에서 전쟁의 신은 **마스(Mars)**인데 라틴어로 '**남자의**'를 뜻하는 **mas**와 관련이 있다고 해.

**고양이** : 그래서 '**전쟁의**' martial이고 '**무술**'이 martial art인 된 거죠.

**티케** : 그리고 로마의 전쟁 여신은 Bellona인데 본명은 Duellona야. 키 크고 아름다웠지. 그래서 어원 bell이 '**전쟁**'과 '**아름다움**'을 뜻하게 되었고, duel이 '**결투**'가 되는 것도 일리가 있는 거지

**티케** : 전쟁의 신은 **마스(Mars)**는 '**화성**'을 의미하고 '**화요일**'과 관련이 있지.

**토끼** : 요일이 로마신화와 밀접한 관련이 있다면 이번 기회에 요일과 관련된 어원을 정리해주시죠.

**티케** : 그런데 화요일, 수요일, 목요일, 금요일은 우리가 생각하는 로마신화 속 인물과 맞지 않을 거야.

**티케** : 그 이유는 바이킹족과 게르만 민족의 대이동과 관련이 있어.

**고양이** : 그럼 북유럽과 게르만 민족의 신화 속 인물들로 요일이름이 대체 된 거네요.

**티케** : 그렇지. 언어도 승자의 역사야. 우리도 일제 강점기를 겪어서 알잖아.

---

**※ 요일관련 어원 정리**

● 월요일 : 달의 날 moon day → Monday

● 화요일 : 화성의 날 Mars day → 북유럽 전쟁신 'Tiw'에서 유래 → 오늘날 Tuesday가 됨

● 수요일 : 수성의 날 Mercury day → 북유럽 최고의 신 'Odin'의 고대 영어이름 'Woden'에서 유래 → 오늘날 Wednesday가 됨

● 목요일 : 목성의 날 Jupiter day → 북유럽 천둥 번개 폭풍의 신 'Thor'에서 유래 → 오늘날 Thursday가 됨

● 금요일 : 금성의 날 Venus day → 북유럽 최고의 여신 'Frigg'에서 유래 → 오늘날 Friday가 됨

● 토요일 : 토성의 날 Saturn day → 로마의 농업의 신 'Saturnus'에서 유래 Saturday가 됨

---

**※ mars 및 군대 관련 어휘 정리**

● masculine[mǽskjəlin] a. ① 남자의 ② 남자다운 ③ 용감한

● macho[mάːtʃou] a. 남조다움을 과시하는

● machismo[mɑːtʃíːzmou] n. 남자다움(과시)

● military[mílitèri] a. ① 군사의 ② 무력의 n. ① 군대 ② 군인들

● militarize[mílətəràiz] v. ① 군대를 파견하다 ② 무장시키다 ③ 군대화하다

● demilitarize[diːmílətəràiz] v. ① 무장을 해제하다 ② 비무장지대로 만들다

● militancy[mílətὰnsi(ː)] n. ① 교전상태 ② 투쟁 ③ 호전성

● militarism[mílətərìzəm] n. 군국주의

● militia[milíʃə] n. ① 민병대 ② 의용군

## 어근 30

**CAD(E), CAS(E), CID(E) : 떨어지다(to fall)**
※ 동의어근 HAP(어근123) / LAB, LAPS(어근137)

### 300. accident [ǽksidənt]
ac(to)+cid(to fall)+ent(명접)

'(누군가에게) 떨어져 오는' 것이 → n. ① (뜻밖에 일어난 불행한 사건이면) **사고** ② (인과 관계가 없이 일어난 일이면) **우연**이라고 하지
- accidental[æksədéntl] a. ① **우발적인** ② **우연한** ③ **돌발적인**
- by accident 우연히
- syn. misfortune(불행), mishap(불운), chance(우연), fate(운), fortuity (우연)

> Air bags would reduce **accident**-related injuries.
> 에어백은 교통사고와 관련된 부상을 줄일 수 있다.
> injury 부상

### 301. decadent [dékədənt]
de(down)+cad(to fall)+ent(형접)

'아래로 떨어진' 것이 → a. ① (잘못된 길로 빠지면) **타락한** ② (도의나 풍속이 문란해지면) **퇴폐적인** 거라고 말을 하지
- decadence[dékədəns] n. ① **타락** ② **쇠퇴** ③ **퇴폐**
- decay[dikéi] n. ① **부패** ② **충치** ③ **부식** ④ **쇠퇴** v. ① **쇠퇴하다** ② **썩게 만들다**

> You are currently experiencing our **decadent** culture.
> 당신은 현재 우리의 타락한 문화를 경험하고 있다.
> currently 현재

### 302. incident [ínsədənt]
in(on)+cid(to fall)+ent(명접)

'위에 떨어진 것' 이 → n. ① (문제가 되거나 주목을 받을 일이면) **사건** ② (해를 입히거나 말썽을 일으키면) **사고** ③ (일이 되어 가면) **사태**라고 말하지
- incidence[ínsədəns] n. ① **발생** ② **발생 정도** ③ (빛의) **입사**
- a daily incident 일상사
- incidence rate (의학) **발생률**
- syn. happening(사건), event(사건), affair(사태, 사건), episode(사건, 에피소드)

> You know nothing of this **incident**.
> 당신은 이 사건에 대해 아무것도 모른다.

### 303. coincide [kòuinsáid]
co(together)＋in(on)＋cide(to fall)

'함께 위로 떨어진 것' 이 → v. ① (생각·의견이 어긋나지 않으면) **일치하다** ② (때나 시기면) **동시에 일어니다가** 되는 거지
- coincidence[kouínsidəns] n. ① **우연의 일치** ② **동시 발생**
- coincident[kouínsidənt] a. ① **일치하는** ② **동시에 일어나는**
- syn. agree(동의하다), match(어울리다), accord(일치하다), correspond(일치하다), concur(일치하다), occur simultaneously(동시에 일어나다), synchronize(동시에 일어나다)

The ads **coincided** with the Champions League final.
광고가 챔피언스 리그 결승과 우연히 일치했다.

## 304. occasion [əkéiʒən]
oc(to)+cas(to fall)+ion(명접)

'떨어져 다가온 것' 이 → n. ① (행할 일이면) **행사** ② (놓여있는 조건이나 형편이면) **경우** ③ (일하기에 알맞은 거면) **기회** ④ (근본이 되는 일이면) **원인**
v. ~**원인이 되다**가 된 거지

- occas**ional**[əkéiʒənəl] a. ① **가끔의** ② **때때로** ③ **필요할 때만**
- great occasion **중대시기**
- syn. op**portun**ity(기회), mot**ive**(동기), gener**ate**(초래하다)

This was a landmark **occasion**.
이것은 획기적인 사건이었다.

◆ **어원 TIP**

- cad**aver**[kədǽvər] → cad(to fall)+ver→ (죽어) **쓰러진 것** → **시체, 시신**
- cad**ence**[kéidəns] → cad(to fall)+ence(명접) → (소리의) **떨어짐** → **억양, 운율**
- cascade[kæskéid] → cas(to fall)+cade(to fall) → **연이어 떨어지는** → **작은 폭포, (계단 모양으로) 이어지는 폭포**
- case → case(to fall) → **떨어져 발생하는 일** → **경우(사례), 사건, 소송, 상자**
- cas**ual** → cas(to fall)+ual(형접) → (뜻하지 않게) **떨어진 것이** → **우연한**

### 우리말 대화로 단어 복습하기

가. 잘 나가던 그가 술과 **마약(drug)**에 **의존하는(depend)** **타락한(decadent)** 삶에 빠진 이유가 뭐지?

나. **교통사고(traffic accident)**와 연이은 **사고(incident)**가 **동시에 일어난(coincide)** 것이 **원인(occasion)** 이라는군.

---

## 어근 31

CAND, CENS : 빛(light), 하얀(white)
※ **동의어근 LUC, LUM(어근154) / PHOTO(어근222)**

## 305. candid [kǽndid]
cand(white)+id(형접)

'하얀 것' 이 → a. ① (마음이) **솔직한** ② (사진이) **자연스러운** 것이 된 거지
- cand**or**[kǽndər] n. ① **정직** ② **솔직함**
- a candid interview **솔직한 인터뷰**
- syn. frank(솔직한), **out**spok**en**(솔직한), honest(정직한), **d**irect(솔직한), straightforward(정직한), sinc**ere**(진실한)

World leaders need to be more **candid**.
세계지도자들은 더 솔직할 필요가 있다.

## 306. candidate [kǽndidèit]
cand(white)+id+ate(명접)

고대 로마에서는 공직자들이 하얀 가운을 입은 것에서 유래하여 →
n. ① (선거에 나서는) **입후보자** ② (조직에) **지원자**가 된 거지
- **run for 출마하다**
- syn. ap**plic**ant(지원자)

The ruling party **candidate** held a comfortable lead.
집권 여당 후보가 압도적인 우위를 점하고 있다.

## 307. incense [ínsens]
in+cense(to light)

'안에 불을 켜는' 것이 → n. ① **향** ② (판단 없이 무조건 따르면) **추종** ③ (남에게 잘 보이려고 하는 거면) **아첨** v. ① **향을 피우다** ② (감정을 부추기면) **몹시 화나게 하다**가 된 거지
- cense[sens] v. **향을 피우다**
- cense**r**[sénsər] n. **향로**
- syn. **an**g**er**(화나게 하다), **in**furi**ate**(격노케 하다), **ir**rit**ate**(짜증나게 하다), **in**flame(부추기다), **en**rage(몹시 화나게 하다)

Locals burn **incense** to pray for good fortune.
지역민들이 행운을 빌며 향을 태웠다.

◆ **어원 TIP**
- cand**le** → cand(white)+le(명접) → **하얀 물질** → **양초**
- cand**y** → cand(white)+y(명접) → (초기 사탕은) **하얀 색** → **사탕**

### 우리말 대화로 단어 복습하기
가. 저기 **향로(censer)**에 향을 **피우며(incense)** 당선을 기도하고 있는 사람은 누구지?
나. **솔직한(candid)** 입담으로 **인기 있는(popular)** ○○희극인이야.
나. 이번 **선거(election)**에 **입후보자(candidate)** 중 한사람이지.

## 어근 32

**CANT, CENT : 노래하다(to sing)** ※ 동의 어근 ODE, ODY(어근197)

## 308. accentuate [æksénʧuèit]
ac(to)+cent(to sing)+u+ate(동접)

'(무언가를) 중요시하여 노래 부르는' 것이 → v. ① **~ 을 강조하다** ② **두드러지게 하다**가 된 거지
- accentu**ation**[æksèntʃuéiʃən] n. ① **음의 억양법** ② **강조** ③ **역설**
- syn. **em**phas**ize**(강조하다), highlight(두드러지게 하다), stress(강조하다), **under**line(강조하다), play up(부각시키다) ↔ ant. minim**ize**(최소화하다)

We must **accentuate** the positive behaviour.
우리는 긍정적인 행동을 강조해야한다.

## 309. enchant [inʧǽnt]
en(intens)+chant(to sing)

'세게 노래를 부르는' 것이 → v. ① (남의 마음을 사면) **매혹하다** ② (남의 마음을 어지럽게 하면) **황홀하게 하다** ③ **마법을 걸다**가 되는 거지
- en**chantment**[inʧǽntmənt] n. ① **황홀감** ② **마법**
- en**chanter** n. **마법사**
- chant[tʃǽnt] n. ① **구호** ② **성가** v. ① **구호를 외치다** ② **성가를 부르다**

- syn. **fascin**ate(매혹시키다), **charm**(매혹하다), **en**thral(매혹하다),
captiv**ate**(매혹하다), **be**witch(마법을 걸다), **be**guile(현혹시키다)

His books have power to **enchant** readers.
그의 책은 독자를 매혹시킬 힘을 가지고 있다.

## 310. **in**cent**ive** [insɛ́ntiv]
in(in)+cent(to sing)+ive(명접)

'안으로 노래 부르는 것' 이 → n. ① (의욕을 북돋우는 거면) **인센티브**
② (특별히 잘 해주는 거면) **우대책** ③ (북돋우는 돈이면) **장려금**이 되는 거지
- economic **incentive** 경제적 유인
- syn. **en**courage**ment**(격려), **re**ward(포상)

Extra **incentives** certainly need to be considered.
추가적인 우대책은 반드시 고려할 필요가 있다.

◆ 어원 TIP
- **ac**cent → ac(to)+cent(to sing) → 노래 부르는 톤이 → 억양, 악센트, 말씨, 강조, 강조하다
- **re**cant → re(again)+cant(to sing) → (도로 거두어들이려고) 다시 노래하는 것 → 철회하다, 취소하다
- **con**cent**rate** → con(with)+cent(to sing)+r+ate(동접) → 함께 노래 부르게 하다 → 집중하다, 집중시키다

◆ 어휘 플러스
cant**abile**[kɑːntɑ́ːbilèi] 칸타빌레로; 노래하듯이 부드럽게 / cant**ata**[kəntɑ́ːtə] 칸타타, 교성곡 /
cant**ankerous**[kəntǽŋkərəs] 성미가 고약한, 고집 센 / charm[tʃɑːrm] 매력, 주문, 매혹하다

### ■ 우리말 대화로 단어 복습하기
가. **채용박람회(job fair)**에서 인사담당자들이 **구직자(job seeker)**를 **매혹시키기(enchant)** 위해 사용하는 비책이 뭐가
있을까?
나. **회사(company)**의 **우대책(incentive)**과 **복지(welfare)**를 **강조하는(accentuate)** 것이 기본이지.

## 어근 33
CAP, CIP, CHIE : 머리(head), 취하다·잡다(to take)
※ 동의어근 CEIVE, CEPT, CUPY(어근37) / EMPT(어근84) / PREHEND, PRIS(어근231)
/ RAP, RAV(어근245) / SUM(P) (어근288)

## 311. **cap**able [kéipəbl]
cap(to take)+able(할 수 있는)

'취할 수 있는' 이 → a. ① **~을 할 수 있는** ② (재능이면) **유능한** 의미가 되는 거지
- **cap**abil**ity**[kèipəbíləti] n. ① **능력** ② **역량** ③ (한 국가의) **능력**
- syn. **skill**ed(능숙한), **com**pet**ent**(유능한), **qualifi**ed(자격 있는), **talent**ed
(유능한), **gift**ed(타고난 재능이 있는), **profici**ent(능숙한)
↔ ant. **incap**able(무능한), **in**compet**ent**(무능한)

Afghan women are **capable** of doing anything men do.
아프가니스탄 여성들은 남자가 하는 어떤 일도 할 수 있다.

## 312. **cap**acity [kəpǽsəti]
cap(to take)+ac+ity(명접)

'취할 수 있음' 이 → n. ① (용량이면) **수용력** ② (사람이면) **능력** ③ (신분이면) **지위** ④ (공장이면) **생산 능력** ⑤ (자동차면) **배기량**이 되는 거지
- cap**acious**[kəpéiʃəs] a. ① **널찍한** ② **포용력이 있는**
- syn. **ab**il**ity**(능력), **size**(크기) ↔ ant. **in**cap**acity**(무능)

> They demand short-term measures for more airport **capacity**.
> 그들은 더 많은 공항 수용 능력을 위한 단기대책을 요구했다.
> ① **demand** v. 요구하다 n. 수요, 요구
> ② **short-term** 단기의 ③ **measure** 대책

## 313. **cap**ital [kǽpətl]
cap(head)+it+al(명접)

'(국가·기업·글자의) 머리가 되는 부분' 이 → n. ① **수도** ② **자본금** ③ **자금** ④ **대문자** a. ① **원래의** ② **주요한** ③ **최고급의** 같은 의미가 된 거지
- cap**italism**[kǽpitəlìzəm] n. **자본주의**
- cap**italist**[kǽpitəlist] n. **자본가**
- cap**itol**[kǽpitl] n. **미국 국회의사당**
- **capital** punishment **사형**
- syn. **first-rate**(일류의), **ex**cel**lent**(훌륭한), **superb**(훌륭한)

> The government hopes to attract private **capital**.
> 정부는 개인 자본을 끌어드리기를 바라고 있다.

## 314. **cap**rice [kəpríːs]
cap(head)+rice(curl, 곱슬곱슬하다)

'머리가 곱슬곱슬한' 이 → 생각이 곱슬머리처럼 변화하는 → n. ① **변덕** ② **충동** ③ **갑작스러운 변화**라는 의미가 된 거지
- cap**ricious**[kəpríʃəs] a. ① **변덕스러운** ② **잘 변하는** ③ **변화무쌍한**
- syn. **whim**(변덕), **im**pulse(충동)

> A **caprice** lasts longer than a lifelong passion.
> 변덕이 평생의 열정보다 더 오래 지속된다.

## 315. **cap**tive [kǽptiv]

'붙잡혀 있는' 이 → a. ① **감금된** ② **억류된** ③ **어쩔 도리가 없는** n. **포로**가 된 거지
- cap**tion**[kǽpʃən] n. ① **표제** ② **자막** ③ **타이틀** v. **자막을 붙이다**
- cap**ture**[kǽptʃər] v. ① **포로로 잡다** ② **함락시키다** ③ **점유하다** ④ (마음 등을) **사로잡다** n. ① **포로** ② **함락** ③ **구금**
- cap**tivity**[kæptívəti] n. ① **감금** ② **억류**
- cap**tivate**[kǽptəvèit] v. ① **매혹하다** ② **마음을 사로잡다**
- cap**tivation**[kæptəvéiʃən] n. ① **매혹** ② **매력** ③ **매료**
- syn. **con**fin**ed**(제한된), **im**prison**ed**(감금된), **host**age(인질), **de**tain**ee**(억류자), **prisoner of war**(전쟁포로)

> **Captive** breeding can protect endangered species.
> 포획 사육이 멸종위기에 처한 종을 보호할 수 있다.
> **breeding** 번식, 사육

## 316. achieve [ətʃíːv]
a(to)+chie(head)+ve(동접)

'머리에 도달하는' 것이 → v. ① (목적한 바면) **달성하다** ② (목적한 것이면) **성취하다**가 된 거지
- **achievement**[ətʃíːvmənt] n. ① **업적** ② **성취** ③ **달성** ④ **개가**
- syn. **accomplish**(성취하다), **attain**(도달하다), **carry out**(완수하다), **fulfill**(이행하다), **complete**(완성하다), **perform**(수행하다)

> We can **achieve** a work-life balance.
> 우리는 일과 삶에서 균형을 달성할 수 있다.

## 317. mischief [místʃif]
mis(bad)+chief(head)

'나쁜 머리' 가 → n. ① **나쁜 짓** ② **장난기** ③ (사람 · 평판에 대한) **피해**라는 뜻이 된 거지
- **mischievous**[místʃəvəs] a. ① **짓궂은** ② **해를 끼치는**

> Accusations of **mischief** are ridiculous.
> 장난기에 대한 고소는 터무니없다.
> ① **accusation** 고소 ② **ridiculous** 웃기는, 터무니없는

---

◆ 어원 TIP
- capsize → cap(head)+size(side) → 머리가 측면으로 가는 것 → 뒤집히다
- capstone → cap(head)+stone → 머릿돌 → 갓돌, 최고의 업적

---

◆ 어휘 플러스
cap 모자 / captain 장, 우두머리 / chief 우두머리, 주요한 / cape 곶, 갑 / per capita 1인 당 / precipice 벼랑 / precipitate 촉진하다 / precipitation 강수, 강수량

---

■■■ **우리말 대화로 단어 복습하기**

가. **유능한(capable)** 대통령 자격은 뭐라고 생각하니?

나. **충동(caprice)**적인 **정책(policy)**으로 대중에게 **영합(populism)**하지 않는 것이 중요해.

나. 그리고 **포화상태(saturation)**에 도달한 **수도(capital)**권의 **수용 능력(capacity)**을 고려하여 **지방분권(decentralization)**을 **달성하고(achieve)**...

다. 개인의 명예에 **피해(mischief)**를 끼치는 **가짜뉴스(fake news)** 문제를 **신속하게(rapidly)** 해결해야 한다고 생각해.

---

## 어근 34

**CAR, CHAR** : 바퀴(wheel), 나르다, 운반하다(to carry), 짐을 싣다(to load), 좋아하다(to like)
※ 동의어근 FER(어근95) / GER, GEST(어근115) / LATE(어근138) / PORT(어근229) / VEC, VEH(어근323)

## 318. cargo [káːrgou]

'운반해 가는 것' 은 → n. **화물**이지
- syn. **freight**(화물), **shipment**(선적)

> A **cargo** plane crashed into bus outside the airport.
> 화물 비행기가 공항 밖에서 버스와 충돌했다.

## 319. charge [ʧɑːrdʒ]

char(to load)+ge(명접)

'짐을 싣는 것' 이 → n. ① (대가이면) **요금** ② (허가받지 않은 것이 의심되면) **혐의** ③ (허가받지 않은 것이 분명하면) **기소** ④ (맡은 일이면) **담당** v. ① (요금·값이면) **청구하다** ② **기소하다** ③ **임무를 맡기다** ④ (에너지 축적이면) **충전하다**가 되는 거지

- discharge[disʧɑːrdʒ] v. ① **해고하다** ② **석방하다** ③ (기체·액체를) **배출하다** ④ (에너지를) **방출하다** n. **배출**
- **charge** account **외상 거래**
- take **charge** of ~을 떠맡다　　　　● free of **charge** 무료로
- syn. **fee**(요금, 수수료), **fare**(운임), **rent**(집세), **dues**(수수료, 회비), **toll**(통행료), **rental**(임차료), **tariff**(관세), **rate**(요금)

> We requested a hearing for his **charge** of misconduct.
> 우리는 그의 부정행위 혐의에 대한 청문회를 요구했다.
> ① **request** 요구하다 ② **misconduct** 부정행위

## 320. charity [ʧǽrəti]

char(to like)

'좋아하는 (마음으로) 하는 것' 이 → n. ① **자선** ② **자선단체** ③ **관용**이 된 거지

- **charity** work **자선 사업**
- **charity** auction **자선 경매**
- **charity** bazaar **자선 바자**
- syn. **benevolence**(자선), **endowment**(기부), **donation**(기부)

> The foundation is a private **charity**.
> 재단은 민간 자선단체이다.

---

**◆ 어원 TIP**

- car**eer** → car(wheel)+eer(사람) → 차를 타고 다니는 사람 → **직업**
- carr**ier** → car(to carry)+er(사람) → 운반하는 사람, 보균자

---

**◆ 어휘 플러스**

carr**iage** 객차, 마차 / **chariot**[ʧǽriət] (고대의 전투나 경주용) 마차, 전차

---

### ■■■ 우리말 대화로 단어 복습하기

가. **세계적인(world-class)** 00운송회사가 왜 이렇게 칭송받고 있는 거지?

나. **화물(cargo) 요금(charge)**의 10%를 **자선단체(charity)**에 **기부했다(donate)**는군.

---

| 어근 35 | CARE, CURE : 돌보다(to take care of), 관심(concern), 걱정(worry) |
|---|---|

## 321. curator [kjuəréitər]

cure(to take care of)+at+or(사람)

'(박물관·미술관 등을) 돌보는 사람' 을 → n. ① **관장** ② (박물관·미술관 등의 전시 책임자를) **큐레이터**라고 하지

- cur**ate**[kjúərit] n. ① **목사보** ② **부목사**

## 322. **curious** [kjúəriəs]
curi(care)+ous(형접)

'관심을 두는' 것이 → a. ① **궁금한** ② **호기심이 많은** ③ **별난** 의미가 된 거지
- **curiosity**[kjùəriásəti] n ① **호기심** ② **진기한 것**
- syn. **inquisitive**(호기심 많은), **interested**(흥미를 가진) ↔
ant. **uninterested**(무관심한)

We're **curious** about the world.
우리는 세상에 대한 호기심이 많다.

## 323. **accurate** [ǽkjurət]
ac(to)+cur(care)+ate(형접)

'다가가서 관심을 두는' 것이 → a. ① **정확한** ② **올바른** ③ **정밀한** 의미가 된 거지
- **accuracy**[ǽkjurəsi] n. ① **정확** ② **정확도** ③ **면밀**
- an **accurate** description 정확한 묘사
- syn. **exact**(정확한), **correct**(정확한), **precise**(정밀한) ↔ ant. **inaccurate**
(부정확한)

Doctors are failing to give an **accurate** cause of death.
의사들은 정확한 사망원인을 제시하지 못하고 있다.

## 324. **obscure** [əbskjúər]
obs(over)+cure(care)

'관심 밖에' 두는 것이 → a. ① **무명의** ② **이해하기 힘든** ③ **모호한** v. ① **어렵게
하다** ② **모호하게 하다**가 된 거지
- **obscurity**[əbskjúərəti] n. ① **무명** ② **잊혀짐** ③ **모호함** ④ **어둠**
- syn. **unknown**(무명의), **unfamiliar**(익숙하지 않은), **vague**(모호한),
**unclear**(이해하기 힘든), **ambiguous**(애매한) ↔ **famous**(유명한),
**straightforward**(솔직한)

What that message contains is a bit **obscure**.
메시지가 포함하고 있는 것은 약간 모호하다.

---

### ◆ 어휘 플러스
care**ful** 주의 깊은 / care**less** 부주의한 / care**free** 걱정 없는 / **care about** ~에 관심을 가지다 / **care for** 돌보다,
좋아하다 / **carer** or **care worker** 간병인 / **caretaker** 경비원, 관리인 / **caretaker government** 과도정부 / **cure-
all** 만병통치약 = **panacea** / **cured cheese** 숙성치즈 / **cureless** 불치의 / **childcare** or **daycare center** 탁아소 /
**daycare** 탁아소에 맡기다 / **take care of** 돌보다 / se**cure** 안전한(p87) / pro**cure** 조달하다

---

### ■■■ 우리말 대화로 단어 복습하기
가. **호기심 많은(curious) 미술관장(curator)**이 작가 발굴에 일가견이 있는데 비결이 뭐래?
나. **정확한(accurate)** 판단력으로 장래성 있는 **무명(obscure)**작가를 **발굴한다(discover)**는군.

## 325. cease [siːs]

ceas(to go)+e(동접)

'(일하는 도중에) 가는' 것이 → v. ① **중단하다** ② **그치다**

③ **중단시키다**가 되는 거지

- ceasefire ① **정전** ② **전투중지**  syn. **armistice**
- ceasefire agreement **휴전협정**
- syn. **discontinue**(중지하다), **halt**(멈추다), **end**, **finish**

Tears never **cease**.
눈물이 결코 멈추지 않았다.

## 326. incessant [insésnt]

in(not)+cess(to go)+ant(형접)

'떠나지 않는' 것은 → a. ① **끊임없는** ② **계속적인** 것이 되는 거지

- an **incessant** noise **끊임없는 소음**
- syn. **constant**(끊임없는), **endless**(끝없는), **continuous**(계속되는),
  **continual**(반복되는), **unceasing**(끊임없는), **ceaseless**(끊임없는),
  **perpetual**(끊임없이 계속되는)

The problem is the **incessant** appearance.
문제가 끊임없이 나타났다.

## 327. accede [æksíːd]

ac(to)+cede(to go)

'~로 다가가는' 것이 → v. ① (물음이나 요구, 필요에 맞추면) **응하다**

② (의견이나 행위를 같이하면) **동의하다** ③ (권좌에) **오르다**가 된 거지

- **access**[ǽkses] n. ① **접근** ② **접근권** ③ **접촉 기회**

  v. ① (컴퓨터에) **접속하다** ② **접근하다**
- **accession**[ækséʃən] n. ① **취임** ② **가입** ③ **가맹** ④ **신규 자료**
- **accessibility**[æksèsəbíləti] n. ① **접근성** ② **접근하기 쉬움**
- **accessible**[æksésəbəl] a. **접근하기 쉬운** ↔ **inaccessible** **접근하기 이려운**
- **accessory**[æksésəri] n. ① **부대용품** ② **액세서리** ③ (범행의) **방조자**

There are very good reasons not to **accede** to this.
이것에 응하지 않는 매우 합당한 이유가 있다.

## 328. concede [kənsíːd]

con(together)+cede(to go)

'더불어 가는' 것이 → v. ① (사실을) **인정하다** ② (들어주어) **허락하다**

③ (옳다고 인정하여) **수긍하다**가 된 거지

- **concession**[kənséʃən] n. ① **양보** ② **인정** ③ **할인** ④ **권리** ⑤ **영업권**
- **concession** stand ① **구내 매장** ② **매점**
- syn. **admit**(인정하다), **acknowledge**(인정하다), **allow**(허락하다)

The leader has **conceded** defeat.
그 지도자는 패배를 인정했다.

## 329. **necess**ary [nésəsèri]

ne(not)+cess(to go)+ary(형접)

'가지 못하게 하는' 것을 → a. ① **필요한** ② **필연적인** ③ **불가피한** 것이라고 하지

- **necess**ity[nəsésəti] n. ① **필요성** ② **필수품**
- **necess**itate[nəsésətèit] v. ① **필요로 하다** ② **필요하게 만들다**
- syn. **essen**tial(필수적인), **indispens**ible(필수적인), **inevit**able(피할 수 없는), **unavoid**able(피할 수 없는) ↔ **un**necess**ary**(불필요한), **avoid**able(피할 수 있는)

> We should not be confused with what is **necessary**.
> 우리는 필요한 것과 혼동해서는 안 된다.

---

◆ 어원 TIP

- **ex**ceed[iksíːd] → ex(out)+ceed(to go) → (넘쳐) 밖으로 가다 → 초과하다
- **re**cession[riséʃən] → re(back)+cess(to go)+ion(명접) → (경제가) 뒤로 가는 것 → 불황
- **pre**decessor[prédisèsər] → pre(before)+de(from)+cess(to go)+or(사람) → (어떤 직책)에서 전에 간 사람 → 전임자 ↔ **suc**cessor 후임자

---

◆ 어휘 플러스

**inter**cede 중재하다(p62) / **pre**cede 선행하다(p20) / **pro**ceed 계속 진행하다(p21) / **re**cede 물러나다(p24) / **se**cede 탈퇴하다(p87) / **suc**ceed 계승하다, 성공하다

---

■ 우리말 대화로 단어 복습하기

가. **필연적인**(necessary) **성공**(success)에 도달할 좋은 방법이 없을까?

나. 잘못된 길을 가고 있으면 **솔직히**(frankly) 인정하고(concede) 수정하면서,

나. **중단하지**(cease) 않고 **끊임없이**(incessant) 노력하고 **응하는**(accede) 자세라고 생각해.

---

### 생활 속 영단어로 어원 친해지기

**티케** : 지난 회에 배운 어근이 뭐였더라?

**고양이** : 30. 떨어지다 cad, cas, cid / 31. 빛, 하얀 cand, cens / 32. 노래하다 cant, cent / 33. 머리, 취하다 cap, cip, chie / 34. 운반하다 car, char / 35. 돌보다 care, cure / 36. 가다 cede, ceed, cees가 있어요.

**티케** : 일상 속에서 겪었던 사례를 말해주겠니?

**토끼** : 대통령 선거를 보면서 선거 관련 단어들이 떠올랐어요.

**고양이** : 고대 로마에서는 공직자들이 하얀 가운을 입은 것에서 유래하여 '후보'가 candidate라고 했잖아요.

**토끼** : 대통령 선거 president election, 차기 post, 압도적 승리 landslide 등 관련된 단어들도 생각이 났어요.

**티케** : 연관된 단어를 생각하면서 공부하는 것은 매력적인 공부방식이지. 어원 분석하면 다음과 같아.

○ **pre**sid**ent** → pre(앞)+sid(to sit)+ent(사람) → 앞에 앉은 사람 → 대통령

○ **e**lection → e(out)+lect(to choose)+ion(명접) → 밖으로 골라내는 것 → 선거

○ landslide → land+slide(미끄러지다) → 땅이 미끄러지는 것 같은 승리나 상황 → 압도적 승리, 산사태

**티케** : 다음 회에 배울 어근은 ceive, cept, cip, cupy / cel / celer / cell, ceal, cult / cens / cert, cern / chron, chrono / cise, cide이지요.

## 어근 37

CEIVE, CEPT, CIP, CUPY : 취하다(to take)

※ **동의어근** CAP(어근33) / EMPT(어근84) / PREHEND, PRIS(어근231) / RAP, RAV(어근 245) / SUM(P)(어근288)

### 330. conceit [kənsíːt]
con(together)+ceit(to take)

'모든 것을 취하려고 하는' 것이 → n. ① **자만** ② (비슷한 다른 현상이나 사물을 빌려 표현하는) **비유** ③ (기발하긴 하나 성공적이지는 못한 예술을 위한) **장치**가 된 거지
- **con**ceive[kənsíːv] v. ① **마음속으로 품다** ② **임신하다** ③ **상상하다**
- **con**ception[kənsépʃən] n. ① **구상** ② **이해** ③ **신념** ④ **수정**
- **con**cept[kɑ́nsept] n. **개념**

> The **conceit** falls flat.
> 그 장치는 완전히 실패했다.
>                           **fall flat** 완전히 실패하다, 엎어지다

### 331. inception [insépʃən]
in(on)+cept(to take)+ion(명접)

'방향을 잡는' 것을 → n. ① **시초** ② **시작** ③ **개시**라고 말할 수 있지
- syn. **found**ation(설립), **establish**ment(설립)
- at the (very) **inception** of ① **-의 시초에** ② **처음에**

> The company has been a success since its **inception**.
> 그 회사는 개업 이후로 번창해왔다.

### 332. occupy [ɑ́kjupɑ̀i]
oc(to)+cupy(to take)

'취하는 것' 이 → v. ① (공간·지역·시간이면) **차지하다**
② (방·주택·건물이면) **사용하다** ③ (땅이나 영토면) **점령·점거하다**
④ (공직이면) **맡다** ⑤ (정신이면) **몰두하다**가 되는 거지
- **oc**cupancy[ɑ́kjupənsi] n. ① **점유** ② **점거**
- **oc**cupation[ɑ̀kjupéiʃən] n. ① **직업** ② **점령** ③ **심심풀이**
- **oc**cupant[ɑ́kjupənt] n. ① **점유자** ② **거주자** ③ **임차인**
- **preoc**cupy[priɑ́kjupai] v. ① (생각·걱정이) **뇌리를 사로잡다** ② **선점을 하다**
- **preoccupied** (with) ① (어떤 생각·걱정에) **사로잡힌** ② **정신이 팔린**
- syn. **in**habit(거주하다), **own**(소유하다), **take over**(차지하다, 인수하다), **domin**ate(지배하다) ↔ ant. **vac**ate(비우다)

> Students had **occupied** a building.
> 학생들이 건물을 점령했다.

### 333. participate [paːrtísəpèit]
part(부분)+i+cip(take)+ate(동접)

'취하여 일부가 되는 것' 이 → v. ① (모임이나 단체에) **참가하다** ② (어떤 일에 끼어들면) **참여하다**가 된 거지
- **particip**ation[paːrtìsəpéiʃən] n. ① **참가** ② **참여**
- **particip**ant[paːrtísəpənt] n. ① **참가자** ② **참석자**
- syn. **take part in** (참가하다, 참여하다), **be involved in**(참여하다, 관련되다, 연루되다)

Hundreds of women **participate** in a peace march.
수 백 명의 여성들이 평화행진에 참여했다.

### 334. principal [prínsəpəl]
prin(prime)+cip(to take)+al(명접)

'첫째 (자리를) 차지한' 것이 → n. ① (학교면) **교장** ② (금융이면) **원금**
a. ① **주요한** ② **주된** 의미를 갖게 되었지
- principle[prínsəpl] n. ① **원칙** ② **원리** ③ **신념** ④ **법칙**
- in principle 원칙적으로
- syn. headmaster(교장), chief(주요한), leading(주요한), main(주된)

A vice-**principal** married his colleague last summer.
지난여름 교감이 그의 동료와 결혼했다.

◆ 표현 TIP
- vice n. ① **악덕** ② **악** ③ **악습**이지만, 직책 앞에 쓰면 '**대리, 부(副)**' 의미를 갖게 됨
- vice-president 부통령 / vice-chancellor 부총장 / vice-minister 차관

◆ 어휘 플러스
ac**cept** 받아들이다 / anti**cip**ate 예상하다, 기대하다(p18) / de**ceive** 속이다(p37) / ex**cept** 제외하고 / ex**cept**ion 예외 / inter**cept** 가로채다(p62) / per**ceive** 감지하다(p63) / re**ceive** 받다

### ■■ 우리말 대화로 단어 복습하기
가. 오늘 졸업식에서 **교장(principal)**의 **졸업(graduation)**축사 시간 대부분을 **차지한(occupy)** 축사의 핵심은 뭐지?
나. 졸업생들에게 **자만(conceit)**하지 않고, 매사 **시작(inception)**과 끝을 분명히 하고, 사회 **참여(participation)** 중요성을 당부하는 말씀이셨어.

### 어근 38
CELE : 하늘(heaven), 명예(honor) / 하늘처럼 소중한 것 → 명예

### 335. ceiling [síːliŋ]
ceil(heaven)+ing(명접)

'하늘까지' 가 → n. ① (방이면) **천장** ② (정한 정도면) **최고 한도** ③ (항공기면) **상승 한도**가 되는 거지
- ceiling fan 천장 선풍기

Failure to raise the debt **ceiling** would be dire.
채무 한도를 올리는데 실패는 끔찍한 일이 될 것이다.
**dire**[daiər] 심각한, 끔찍한

### 336. celebrate [séləbrèit]
cele(honor)+br+ate(동접)

'명예롭게 하는' 것이 → v. ① (일이나 인물 등을 잊지 않기 위해) **기념하다** ② (남의 경사를 기뻐하고 즐거워하는 거면) **축하하다** ③ (기리고 드러내면) **찬양하다** ④ **기리다**가 된 거지
- cele**bration**[sèləbréiʃən] n. ① **기념행사** ② **축하** ③ **기념**
- syn. com**memo**rate(기념하다), ob**serve**(기념·축하하다)

> Fans **celebrate** his third consecutive title.
> 팬들이 그의 3연속 타이틀 제패를 축하했다.

## 337. cele**brity** [səlébrəti]
cele(honor)+br+ity(명접)

'명예롭게 보는 대상' 을 → n. ① **유명 인사** ② **명성**이라고 하지
- syn. **fame**(명성), **re**putat**ion**(평판) ↔ ant. **obs**cur**ity**(무명)

> It's nothing new for a **celebrity** to advertise a new product.
> 유명인사가 신제품을 광고하는 것은 새로울 것이 없다.

◆ 어휘 플러스
cele**ste**[səlést] 하늘빛 / cele**sti**al[səléstʃəl] 하늘의 / celestial body 천체(天體)

■■■ **우리말 대화로 단어 복습하기**
가. 유명 인사(celebrity)를 **기념하는**(celebrate) 축하파티가 어디서 열리지?
나. **천장**(ceiling)이 화려하게 **장식**(embellishment)된 **연회장**(banquet hall)에서 한다고 들었어.

---

## 어근 39

**CELER** : 서두르다(to hasten), 빠른(fast, swift)
**CEL** : 떠오르다(to rise)　　　**※ 동의 어근 VELO(어근324)**

## 338. ac**celer**ate
[æksélərèit]
ac(to)+celer(to hasten)+ate(동접)

'~늘 향하여 서두르는' 것이 → v. ① **가속화되다** ② **가속화하다** ③ **속도를 높이다** ④ **촉진시키다**가 된 거지
- ac**celer**at**ion**[æksèləréiʃən] n. ① **가속** ② **가속도** ③ **변속**
- ac**celer**at**or**[æksélərèitər] n. ① **액셀러레이터** ② **가속장치** ③ **가속기**
- de**celer**ate[diːsélərèit] v. ① **감속하다** ② **속도를 줄이다**
- **celer**ity[səlérəti] n. ① **민첩함** ② **기민함**
- syn. **speed up**(속도를 올리다), **quick**en(재촉하다)

> Such action has helped **accelerate** business growth.
> 그러한 조치가 사업 성장을 가속화 하는 데 도움을 주었다.

## 339. ex**cel** [iksél]
ex(out of)+cel(to rise)

'(눈에 띄게) 밖으로 떠오른' 것이 → v. ① **뛰어나다** ② **능가하다** ③ **탁월하다**가 된 거지
- ex**cell**ence[éksələns] n. ① **뛰어남** ② **탁월함**
- ex**cell**ent[éksələnt] a. ① **뛰어난** ② **훌륭한**
- syn. **out**do(능가하다), **sur**pass(뛰어나다), **tran**scend(능가하다)

■■■ **우리말 대화로 단어 복습하기**

가. 내가 **뛰어난**(excellent) **업무역량**(competence)을 **과시할 수 있는**(show off) 좋은 방법이 없을까?

나. **엑셀**(Excel)프로그램을 사용하면 업무 **속도를 높일**(accelerate) 수 있고, 너의 역량을 과시할 수 있지.

---

| 어근 40 | **CELL, CEAL, CULT** : 작은방(small room, hut), 숨기다(to hide), 덮다(to cover)<br>※ **동의어근 COVER(어근56) / TECT, TEG(어근293)** |
| --- | --- |

## 340. **cell** [sel]
cell(small room)

'작은 방 모양' 과 닮은 것을 → n. ① **세포** ② **건전지** ③ **감방** ④ **암자**라고 하지

- **cell**ar[sélər] n. ① **지하실** ② **지하저장고**
- **cell**ular[séljulər] a. ① **세포의** ② **무선전화의**
- a **cellular** phone **휴대폰**　　　　● **cell** plate **세포판**
- fuel **cell** **연료 전지**

> Scientists developed a technique to transform stem **cells** into bone cells.
> 과학자들은 줄기세포를 뼈세포로 변형시키는 기술을 개발했다.
> **stem** 줄기

## 341. **miscell**any
[mísəlèini]
mis(mix)+cell(small room)+any(명접)

'작은 방 모양(책 모양)의 것을 섞은' 것이 → n. ① **문집** ② **여러 종류의 모음**이 된 거지

- **miscell**aneous[mìsəléiniəs] a. ① **잡다한** ② **여러 가지 종류의**
- a literary **miscellany** **문학 선집**

> We find a collection of travel **miscellany** interesting.
> 우리는 흥미로운 기행 문집을 발견했다.
> **collection** 수집품, 무리, 수집, 모음집

## 342. **con**ceal [kənsíːl]
con(together)+ceal(to hide)

'모두 숨기다' 가 → v. ① **숨기다** ② **감추다**가 된 거지

- **con**ceal**ment**[kənsíːlmənt] n. ① **숨김** ② **은폐** ③ **잠복**
- syn. **dis**guise(위장하다), **mask**(감추다), **camouflage**(위장하다, 감추다), **veil**(감추다) ↔ **re**veal(드러내다)

> She tried to **conceal** evidence.
> 그녀는 증거를 숨기려고 했다.

---

◆ **어휘 플러스**

**cellmate** 감방 친구 / **cellophane** 셀로판 / **oc**cult 주술적인, 불가사의한

가. 그가 **감방(cell)**에 들어가게 된 이유가 뭐야?

나. 중요한 **문집(miscellany)**을 **숨기다(conceal)**가 **발각되었다(uncovered)**는군.

---

| 어근 41 | CENS : 평가하다(to assess), 부과하다(to tax) |

### 343. cens**or** [sénsər]
cens(to assess)+or(사람)

'평가하는 사람' 이 → n. **검열관** v. ① (사람이나 사물을 살피어) **검열하다**
② (검열하여 없애면) **삭제하다**가 된 거지
- cens**orship**[sénsərʃip] n. ① **검열** ② **언론 검열제도**

> She attempts to **censor** our program.
> 그녀는 우리 프로그램의 검열을 시도했다.

### 344. cens**us** [sénsəs]
cens(to assess)+us(명접)

'(세금부과 목적으로) 사람 수를 평가하는 것' 이 → n. **인구 조사**가 된 거지
- cens**ure**[sénʃər] n. ① **비난** ② **불신임** v. ① **비난하다** ② **질책하다**
- census taker **인구 조사원**

> The first planned **census** has been cancelled.
> 최초의 계획된 인구 조사가 취소되었다.

### 345. de**cent** [díːsnt]
de(intens)+cent(to assess)

'강하게 평가해서' 나온 것이 → a. ① (수준이나 질이) **괜찮은** ② (사람이) **품위
있는** ③ (상황에) **적절한** 것이 된 거지
- de**cency**[díːsnsi] n. ① **품위** ② **체면** ③ **예의 바름**
- syn. satisfact**ory**(만족스러운), proper(적절한), suit**able**(적절한),
ap**propri**ate (적합한), decor**ous**(점잖은), chaste(정수한),
mod**est**(겸손한) ↔ ant. in**decent**(버릇없는), un**satisfactory**
(불만족스러운), im**proper**(부적절한)

> He is a **decent** leader.
> 그는 품위 있는 지도자다.

### 346. re**cent** [ríːsnt]
re(again)+cent(to tax)

'세금부과 목적으로 다시 조사한 것' 이 → 얼마 되지 않은 지나간 날이 되므로
→ a. ① **최근의** ② **최신의** 의미가 된 거지
- re**cent**ly[ríːsəntli] ad. **최근**
- syn. up-to-date(최신의), present-day(현대의), mod**ern**(현대의),
nov**el**(새로운)

> A reporter reports some **recent** good news.
> 기자가 몇 가지 최신 희소식을 보도했다.

가. **까다로운(picky)** 고객을 **적절하게(properly)** **대처한(deal with)** 좋은 사례가 없을까?

나. **품위 있는(decent)** **검열관(censor)**이 **최근(recent)** **인구 조사(census)**를 활용하여, 고객 성향 분석을 토대로 무난하게 임무를 완성했다는군.

---

| 어근 42 | CERT, CERN : 확실한(fixed), 분리하다(to separate) |
|---|---|
| | ※ 동의어근 SURE(어근290) |

### 347. certain [sə́:rtn]
cert(to separate)+ain(형접)

'분리해 놓은' 것이 → a. ① (사실관계가) **확실한** ② (믿음이면) **확신하는** ③ **어떤** 의미가 된 거지

● **cert**ainty[sə́:rtənti] n. ① **확실한 것** ② **확실성**
● **as**cert**ain**[æsərtéin] v. ① **확인하다** ② **알아내다**
● syn. con**fid**ent(확신하는), de**finite**(명확한), as**sur**ed(확실한) ↔ ant. un**sure**(불확실한), in**definite**(불명확한), un**likely**(있음직하지 않는)

> Hospitals must stop providing **certain** services.
> 병원들은 어떤 서비스 제공을 중단해야 한다.

### 348. certificate
[sərtífikeɪt]
cert(fixed)+fic(to make)+ate(명접)

'확실하게 만들어 주는 것' 이 → n. ① (문서면) **증서** ② (자격을 인정하는 거면) **자격증** ③ (공적 기관이 증명하는 거면) **인증서**라고 하지

● **cert**ification[sərtífəkèitʃən] n. ① **증명** ② **증명서 교부**
● **cert**ify[sə́:rtəfài] v. ① **증명하다** ② **보증하다** ③ **확신시키다**
● a birth/marriage/death **certificate** 출생/혼인/사망 증명서
● syn. docu**ment**(증서), lic**ence**(면허), war**rant**(증서), author**ization**(공인)

> No one had asked to see his birth **certificate**.
> 아무도 그의 출생증명서 확인을 요청하지 않았다.

### 349. discern [disə́:rn]
dis(apart)+cern(to separate)

'떨어지게 분리하는' 것이 → v. ① **식별하다** ② **분간하다** ③ **알아차리다**가 된 거지

● **dis**cern**ment**[disə́:rnmənt] n. ① **인식** ② **식별** ③ **통찰**
● **dis**cern**ible**[disə́:rnəbl] a. ① **알아볼 수 있는** ② **인식할 수 있는** ③ **식별할 수 있는**
● **in**dis**cern**ible[ìndisə́:rnəbl] a. ① **식별할 수 없는** ② **인지할 수 없는** ③ **잘 보이지 않는**
● syn. spot(알아차리다), re**cog**nize(알아보다), di**stingu**ish(구별하다)

> Children are able to **discern** the subtle differences.
> 아이들은 미묘한 차이를 구별할 수 있다.

---

**◆ 어원 TIP**
● **dis**creet[diskrí:t] → dis(apart)+creet(to separate) → 떼어내서 분리하여 보는 → 신중한, 조심스러운

- **dis**crete[diskríːt] → dis(apart)+crete(to separate) → 떼어내서 분리한 → 별개의, 분리된
- **de**cree → de(from)+cree(to separate) → (법에 근거)해서 분리하는 것 → 법령, 칙령, 포고령
- **se**cern → se(apart)+cern(to separate) → 떼어내서 분리하다 → 식별하다

◆ 어휘 플러스

**dis**cretion 신중함, 재량권 / cert(영국 속어) 확실함, (경마의) 강력한 우승 후보 / **se**cret 비밀(p88) / **se**crete 분비하다 / **se**cretary 비서(p88)

### 우리말 대화로 단어 복습하기

가. 그 **자격증(certificate)**을 가지고 있으면 취업에 도움이 되나요?

나. 그것을 취득하면, 다른 사람과 **식별되고(discern)** 취업에도 **확실히(certainly)** 도움이 되지.

---

## 어근 43

CHRON, CHRONO : 시간(time)  ※ 동의어근 TEMPO(어근295)

### 350. **chronic** [kránik]

chron(time)+ic(형접)

'시간이 지나도' 계속되는 것을 → a. **만성적인** 상태라고 하지
- **chronic** bronchitis / arthritis / asthma **만성 기관지염 / 관절염 / 천식**
- **chronic** fatigue **만성피로**

> Employees suffer such **chronic** fatigue syndrome.
> 직장인들은 만성피로증후군에 시달리고 있다.

### 351. **synchronize**

syn(same)+chron(time)+ize(동접)

'같은 시간에' 일어나면 → v. ① **동시에 발생하다** ② **동시에 진행하다**가 되는 거지
- **syn**chron**ization** 동기화
- **syn**chron**ized** swimming ① **싱크로나이즈드 스위밍** ② **수중발레**

> It is used to **synchronize** time on computer systems.
> 그것은 컴퓨터 시스템의 시간을 동기화시키는 데 사용된다.

---

◆ 어원 TIP

- **ana**chron**ism**[ənǽkrənìzəm] → ana(against)+chron(time)+ism(상태) → 시대에 반하는 상태 → 시대착오

---

◆ 어휘 플러스

**chron**icle[kránikl] 연대기 / **chron**ological 연대순의 / **chron**ometer 크로노미터, 정밀시계

### 우리말 대화로 단어 복습하기

가. 그가 쓰러진 이유가 뭐래?

나. **만성적인(chronic)** 피로(fatigue)에도 업무를 **동시에 진행하다(synchronize)**가 쓰러졌다지.

### 352. concise [kənsáis]
con(together)+cise(to cut)

'함께 잘나낸' 것이 → a. ① (글이면) **간결한** ② (책이면) **축약된** 의미가 된 거지
- conciseness[kənsáisnis] n. ① **간결** ② **간명**
- concise summary **간결한 요약**
- concise dictionary **콘사이스 사전**

Your goals should be **concise** and positive.
네 목표는 간결하고 긍정적이어야 한다.

### 353. excise [éksaiz]
ex(out)+cise(to cut)

'밖으로 잘라낸' 것이 → v. ① **삭제하다** ② **잘라내다** n. ① **소비세** ② **물품세**가 된 거지
- excision[eksíʒən] n. ① **삭제** ② **제거** ③ **적출**

**Excise** on alcohol is to rise by six percentage points.
주류에 대한 소비세가 6% 정도 오를 예정이다.

### 354. incise [insáiz]
in(into)+cise(to cut)

'안으로 자르는' 것이 → v. ① (글씨나 마음이면) **새기다** ② (미술이면) **조각하다** ③ (치료면) **절개하다**가 된 거지
- incision[insíʒən] n. **절개**
- incisive[insáisiv] a. ① (사물 인식 능력이) **예리한** ② **기민한**
- syn. engrave(새기다, 조각하다)

The design is **incised** into a metal plate.
그 디자인이 금속판에 새겨져 있다.

### 355. precise [prisáis]

'(눈)앞에서 자르는' 것은 → a. ① **정확한** ② **꼼꼼한** 것이 되겠지
- precision[prisíʒən] n. ① **정밀** ② **정확** ③ **꼼꼼함**
- syn. accurate[ǽkjərit](정확한), exact(정확한), correct(정확한), spot on(정확한) ↔ ant. inaccurate(부정확한), inexact(부정확한), incorrect(부정확한), faulty(잘못된), vague(애매한)

The marines are trained to be **precise**.
해병대가 정확해지는 훈련을 받았다.

### 356. insecticide [inséktəsàid]
insect(곤충)+cide(to cut)

'곤충을 자르는' 것은 → n **살충제**지
- syn. herbicide(제초제), pesticide(살충제, 농약)

The **insecticide** is lethal to humans.
살충제는 인간에게 치명적이다.

lethal[líːθəl] 치명적인

# 357. suicide [sjúːəsàid]

sui(self)+cide(to cut)

'자신을 자르는' 것은 → n. ① 자살 ② 자살 행위이지

- suicid**al**[sùːəsáidl] a. ① **자살을 하고 싶어 하는** ② **죽음을 초래할**
- murder[məːrdər] n. **살인**
- homicide[hάməsàid] n. (고의적) **살인**
- commit suicide **자살하다**

> Annual **suicide** rate has hovered around 30,000.
> 연간 자살률이 약 3만 명에서 맴돌고 있다.
>
> **hover** 맴돌다

---

## ※ 표현 TIP

- 숫자 앞 around, about, some 의미는 '약'

---

## ◆ 어원 TIP

- sciss**ion**[síʒən] → s+cis(to cut)+ion(명접) → 자르는 것 → 절단
- sciss**ors** → s+cis(to cut)+or(명접) → 자르는 도구 → 가위
- scissor**ing**[sízəriŋ] 가위질
- **de**cide → de(off)+cide(to cut) → 분리해서 자르다 → 결정하다

---

### ■ 우리말 대화로 단어 복습하기

가. 선배님, **정확한(precise) 동기(motive)**가 밝혀지지 않은 **살충제(insecticide)**를 마시고 **자살(suicide)**한 **사건(case)**에 대해 기사를 쓰려면 어떻게 해야 되죠?

나. 쓸데없는 내용을 **삭제하고(excise) 간결한(concise)** 글을 쓰는 법을 마음속에 **새기는(incise)** 것이 중요하지.

---

### ✿✿✿ 생활 속 영단어로 어원 친해시기 ✿✿✿

**티케** : 지난 회에 배운 어근이 뭐였더라?

**고양이** : 37. 잡다 ceive, cept, cip, cupy / 38. 하늘 cel / 39. 속도 celer / 40. 방, 숨기다 cell, ceal, cult / 41. 부과하다, 평가하다 cens / 42. 확실한 cert, cern / 43. 시간 chron, chrono / 44. 자르다 cise, cide 입니다.

**티케** : 일상 속에서 활용한 사례를 말해주겠니?

**토끼** : 음원의 여신 "징짱"의 **Celebrity(유명인)**가 생각났어요.

**고양이** : 저는 **프리미어(premier) 리그(league)** 경기를 자주 시청하는 데 공을 **인터셉트(intercept)** 후 골을 넣고 선수들이 홈팬들과 함께하는 celebration 장면이 늘 인상적입니다. 한편의 cult movie를 보는 것 같은 **카타르시스(catharsis)**를 느끼거든요.

**티케** : 설명을 덧붙이면,

○ leag**ue** → leag(to bind)+ue(명접) → 묶여진 것 → 리그, 연맹, 동맹

○ **inter**cept → inter(between)+cept(to take) → 사이에서 취하다 → 가로채다

○ cathar**sis**[kəθάːrsis] → cathar(to purify 정화시키다)+sis(과정, 명접) → 카타르시스, 정화

**티케** : 다음에 배울 어근은 circ / cite / civi / claim, clam / clare / clim, clin, cliv / close, clude / colo / cord, cour, card / corp / cosmos / cover / cracy / cre, cret / cred이지요.

| 어근 45 | CIRC : 둥근(round)<br>CIRCUM(접두사) : 주변(around)　　※ 동의어근 SPHERE(어근279) |
| --- | --- |

## 358. circle [sə́ːrkl]
circ+le(명접)

'둥근 것' 이 → n. ① 원 ② (집단이면) 그룹 v. (도는 모양이면) 빙빙 돌다가 된 거지
* semicircle[sémisə̀ːrkl] n. 반원
* inner circle ① 핵심층 ② 중추 세력

> The radius of a **circle** is half the diameter.
> 원의 반지름은 지름의 반이다.
> ① radius[réidiəs] 반지름 ※ 수학에서 R은 radius의 첫 글자임
> ② semidiameter n. 반지름

## 359. circuit [sə́ːrkit]
circ(round)+it(to go)

'둥글게 가는' 것이 → n. ① (주기적으로 되풀이되면) 순환 ② (전기) 회로
③ (여러 곳을 돌아다니면) 순회 ④ (단체가 하는 거면) 연맹전이 되었지
* an electric circuit 전기회로

> He explains how to handle a **circuit**.
> 그는 회로를 다루는 방법을 설명했다.

## 360. circulation
[sə̀ːrkjuléiʃən]
circul(round)+ation(명접)

'둥글게 도는 것' 이 → n. ① (화폐나 물품이면) 유통 ② (신문이면) 발행 부수
③ (주기적으로 되풀이되면) 순환 ④ (화폐면) 통화가 되는 거지
* circulate[sə́ːrkjulèit] v. ① 돌다 ② 유포되다 ③ 유통되다
* circular[sə́ːrkjulər] a. ① 원형의 ② 순환하는
　　　　　　　　　　　　 n. ① 회람용 편지 ② 광고 전단

> **Circulation** revenue rose by about 6%.
> 유통 수입이 약 6% 정도 상승했다.
> revenue[révənjùː] 수입, 소득

---

◆ 어원 TIP
* circumference → circum(around)+fer(to carry)+ence(명접) → 주변으로 나르는 것 → 원주, 둘레
* circumscribe → circum(around)+scribe(to write) → 둘레에 선을 긋다 → 제한하다, 억제하다
* circumspect → circum(around)+spect(to see) → 주변을 보는 → 신중한
* circumstance → circum(around)+sta(to stand)+ance(명접) → 주변에 서있는 것 → 환경, 상황
* circulan(써큐란) → circ(round)+lan → '둥근'은 순환을 의미 → 그래서 혈액순환 개선제 이름을 'ciculan(써큐란)'으로
　지었겠지.

■■ 우리말 대화로 단어 복습하기
　　가. 이 동아리는 주로 무엇을 하나요?
　　나. 우리 **동아리(circle)**는 **전기회로(electric circuit) 순환(circulation)** 구조를 연구하지.

### 361. cite [saɪt]
cite(to summon)

'불러오는' 것이 → v. ① (예시를 위한 거면) **예로 들다** ② (글의 필요한 부분을 끌어오는 거면) **인용하다** ③ (죄인이나 대사를) **소환하다**가 된 거지
- **cit**ation[saitéiʃən] n. ① **인용구** ② **표창장** ③ **인용**
- **cite** a case/data **사건/자료를 인용하다**

> Dental surgeons **cite** report.
> 치과의사들은 보도를 인용했다.

### 362. incite [insáit]
in(in)+cite(to urge)

'안으로 재촉하는' 것이 → v. ① **자극하다** ② **선동하다** ③ **유발하다**가 된 거지
- syn. **pro**voke(자극하다), **stir up**(선동하다), **egg on**(부추기다), **in**stig**ate**(부추기다), **spur**(자극하다), **agit**ate(선동하다)

> People **incite** crime or violence on social networks.
> 사람들이 소셜 네트워크를 통해서 범죄나 폭력을 선동한다.

◆ 어원 TIP
- **ex**cite → ex(out)+cite(to call) → 밝으로 불러오다 → 흥분시키다
- **coun**cil[káunsəl] → coun(together)+cil(to call) → (사람을) 함께 불러하는 모임 → (지방 자치 단체의) **의회, 자문 위원회, 협의회, 대책 회의**
- **con**cili**ate** → con(together)+cil(to call)+i+ate(동접) → 함께 부르는 것 → **달래다, 회유하다**
- **recon**cile → re(again)+con(together)+cile(to call) → 다시 함께 부르게 하는 것 → **조화시키다, 화해시키다**

■■■ 우리말 대화로 단어 복습하기
가. 선생님이 지금 **인용하시는(cite)** 글이 뭐지?
나. **상대(opponent)**를 **자극하고(incite) 흥분시키는(excite)** 언어 사례를 보여주고 계셔.

### 363. civic [sívik]
civi(city)+c(형접)

'도시의' 는 → a. ① **시민의** ② **도시의**가 된 거지
- **civic** consciousness **시민의식**
- **civic** group **시민 단체**
- syn. **urb**an(도시의) ↔ ant. **rural**(시골의), **rustic**(시골의)

> The palace may help restore **civic** pride.
> 궁전이 시민의 자부심을 회복시키는데 기여할 수 있다.

## 364. civilization

[sìvəlizéiʃən]

civi(city)+ize(to make)+ation(명접)

'도시를 만드는 것' 이 → n. **문명**이지

- civil**ize**[sìvəlàiz] v. ① **문명화하다** ② **교화하다** ③ **(태도를) 세련되게 하다**
- civil[sívəl] a. ① **시민의** ② **민간의**
- civil**ian**[sivíljən] n. **민간인**
- civil rights **시민권**
- civil war **내전**
- the Civil War **미국의 남북전쟁**

> It may unlock the secrets of the most mysterious **civilization**.
> 그것이 가장 불가사의한 문명의 비밀을 밝혀줄 것이다.

■ 우리말 대화로 단어 복습하기

가. 너는 평화적인 촛불 집회(rally)의 의미가 뭐라고 생각해?

나. 대한민국의 멋진(superb) 시민 의식(civic consciousness)과 문명(civilization)국가임을 전 세계에 과시한 거지.

---

## 어근 48

CLAIM, CLAM : 외치다(to cry out)    ※ 동의어근 CITE(어근46)

---

## 365. claim [kleim]

claim(to cry out)

'외치는' 것이 → v. ① **(권리나 재산을) 주장하다** ② **(필요한 거나 법의 행위를 청하면) 요구하다** ③ **(의견이나 소송이면) 제기하다** ④ **(목숨이면) 앗아 가다** n. ① **주장** ② **청구** ③ **권리**가 된 거지

- claim**ant**[kléimənt] n. ① **청구인** ② **실업수당 청구자**

> Physicists can **claim** a discovery.
> 물리학자들이 발견을 주장 할 수 있다.

---

## 366. disclaim [diskléim]

dis(away)+claim(to cry out)

'벗어나려고 외치는' 것이 → v. ① **회피·거부하다** ② **(책임 등을) 부인하다** ③ **(재산·직함 등에 대한) 권리를 포기하다**가 된 거지

- dis**claim**er[diskléimər] n.① **부인** ② **거부** ③ **포기각서** ④ **기권자** ⑤ **면책조항**
- dis**clam**ation[dìskləméiʃən] n. ① **부인** ② **거부** ③ **권리의 포기**
- syn. re**nounce**(포기하다), de**ny**(부인하다)

> Ministers **disclaim** responsibility.
> 장관들은 책임을 회피한다.

---

## 367. proclaim [proukléim]

pre(before)+claim(to cry out)

'(대중)앞에서 외치는' 것이 → v. ① **선언하다** ② **선포하다** ③ **공표하다** ④ **분명히 보여주다**가 된 거지

- **pro**clam**ation**[pràkləméiʃən] n. ① **선언** ② **선포** ③ **선언서** ④ **성명서**
- syn. **an**nounce(알리다), **de**clare(선언하다)

> I am not ashamed to **proclaim** my political beliefs.
> 나는 정치적인 신념을 공표하는 것이 부끄럽지 않다.

## 368. **re**claim [rikléim]
re(against)+claim(to cry out)

'대항하여 외치는' 것이 → v. ① (기억, 권리, 재산을) **되찾다** ② (버려진 땅을) **개간하다** ③ (천·바다 따위를 메꾸어) **매립하다** ④ (바람직한 상태로 되돌려) **갱생시키다** n. **갱생**이 된 거지
- **re**clam**ation**[rèkləméiʃən] n. ① **개간** ② **간척** ③ **교화**
- **ex**claim[ikskléim] v. ① **외치다** ② **소리치다** ③ **감탄하다**

> Workers can **reclaim** holidays lost to sickness.
> 노동자들이 질병으로 잃은 휴가를 되찾을 수 있다.

---

◆ **어휘 플러스**

clam**ant**[kléimənt] 소란한 / clam**or** 소란, 외침 / clam**orous** 떠들썩한, 시끄러운 / clam**our** 큰 소리로 요구하다

---

■■■ **우리말 대화로 단어 복습하기**

가. 그 책의 **줄거리(summary)**를 말해주겠니?

나. **권리(rights)**를 **되찾기(reclaim)** 위해서는 문제를 **회피하지(disclaim)** 않고 자신이 생각을 **분명히 보여주는 (proclaim)** 것이 중요하다고 **주장합니다(claim)**.

---

### ✿✿✿✿✿ 생활 속 영단어로 어원 친해지기 ✿✿✿✿✿

**티케** : 지난 회에 배운 어근이 뭐였더라?

**토끼** : 45. 둥근 circ / 46. 소환하다, 외치다 cite / 47. 도시의 civi / 48. 외치다 claim, clam이에요.

**티케** : 일상 속에서 겪었던 사례를 말해주겠니?

**고양이** : 제가 2호선을 타는데 **내선순환** 열차를 inner circle, **외선순환** 열차를 outer circle이라고 했어요.

**토끼** : 배운 어근과 관련된 것을 정리하니, 세계 챔피언십 테니스 '순회' 대회 World Championship Tennis Circuit, 서커스 circus, civil war이 '내전'인데 대문자로 미국의 '남북전쟁'이라고 칭하더군요. clam이 '조개'라는 뜻도 있있어요.

**티케** : 좋아요. 설명을 덧붙이면, inner circle 은 '(조직의) 핵심층, 중추 세력'이란 뜻으로 자주 쓰임.

**티케** : 다음 회에 배울 어근은 clare / clim, clin, cliv / close, clude / colo / cord, cour, card / corp / cosmos / cover / cracy / cre, cret / cred이지요.

- gladden[glǽdn]　　　　v. 기쁘게 하다, 즐겁게 하다 ↔ sadden 슬프게 하다
- goodwill　　　　　　n. 호의, 친선, 선의 ↔ ill will, malice, spite, malevolence 악의
- good-natured　　　　a. 마음씨가 착한, 온화한 ↔ ill-natured 성질이 나쁜
- gratitude[grǽtətjùːd]　n. 감사 ↔ ingratitude 배은망덕, 감사할 줄 모름
- groomsman　　　　　n. 신랑 들러리 ↔ bridesmaid 신부 들러리
- guest　　　　　　　n. (초대받은) 손님 ↔ host 주인, 주최자, 사회자 / hostess 여주인
- guilt　　　　　　　n. 유죄, 죄책감 ↔ innocence 무죄, 결백
- guilty[gílti]　　　　a. 유죄의 = criminal ↔ innocent 무죄의, 결백한


H
- handy　　　　　　　a. 솜씨 있는 ↔ clumsy 서투른
- handmade　　　　　a. 손으로 만든, 수공의 ↔ machine-made 기계로 만든
- hard　　　　　　　a. 1) 단단한, 견고한 ↔ soft 2) 힘든, 어려운 ↔ easy
- hardy　　　　　　　a. 강한, 강인한 ↔ flimsy 부실한
- harmful[háːrmfəl]　a. 해로운 ↔ harmless 해가 없는, 무해한
- harmony[háːrməni]　n. 조화, 일치 ↔ discord 불화, 불일치, 부조화
- harsh　　　　　　　a. 거친, 가혹한, 혹독한 ↔ gentle 유순한, 온화한, 심하지 않은
- haste　　　　　　　n. 급함, 서두름 ↔ unhurriedness 느긋함, composure 침착함
- hawk　　　　　　　n. 매, (분쟁 따위에서) 매파, 강경론자 ↔
　　　　　　　　　　　dove 비둘기, (분쟁 따위에서)비둘기(온건)파, 온건론자
- health　　　　　　　n. 건강, 건전 ↔ illness, disease, sickness
- heavenly[hévənli]　a. 천국의, 천체의 ↔ earthly, mundane 현세의, 세속적인
- heavy　　　　　　　a. 무거운 ↔ light 가벼운
- heavy industry　　　n. 중공업 ↔ light industry 경공업
- heel　　　　　　　n. 발뒤꿈치 ↔ toe 발가락, 발끝
- heighten　　　　　　v. 고조시키다, 강화하다 ↔ lower 낮추다, 내리다
- heir[ɛər]　　　　　n. 상속인, 상속자, 후계자 = successor ↔ heiress 여자 상속인
- hell　　　　　　　n. 지옥 ↔ heaven 천국
- hereditary[hərédətèri]　a. 유전적인, 세습되는 = innate, inborn ↔ acquired 후천성의
- high land　　　　　n. 고지, 산지, 고랭지 ↔ low land 저지대, 저지
- high tide　　　　　n. 만조(high water), 밀물, 절정 ↔ low tide 썰물, 간조
- hire　　　　　　　v. 고용하다 = employ ↔ fire 해고하다
- holiday[hálədèi]　　n. 휴일, 공휴일, 휴업일 ↔ workday 근무일, 평일
- homebound　　　　a. 본국행의, 귀항의, 귀가 중인 = inbound ↔ outbound

# Exercise 8

**1.** (A)에 제시된 어근의 의미를 가장 적절하게 표현한 것을 (B)에서 찾아 쓰시오.

| (A) | (B) |
|---|---|
| 1) CANT, CENT _____ | ⓐ 바퀴(wheel), 운반하다(to carry) |
| 2) CARE, CURE _____ | ⓑ 잡다(to take) |
| 3) CELER, CEL _____ | ⓒ 서두르다(to hasten), 떠오르다(to rise) |
| 4) CERT, CERN _____ | ⓓ 작은방(small room) |
| 5) CAND, CENS _____ | ⓔ 둥근(round) |
| 6) CIVI _____ | ⓕ 떨어지다(to fall) |
| 7) CEDE, CESS _____ | ⓖ 노래하다(to sing) |
| 8) CITE _____ | ⓗ 가다(to go) |
| 9) CELL, CEAL _____ | ⓘ 하늘(heaven), 존경(honor) |
| 10) CISE, CIDE _____ | ⓙ 확실한(fixed), 분리하다(to separate) |
| 11) CLAIM, CLAM _____ | ⓚ 자르다(to cut) |
| 12) CENS _____ | ⓛ 부르다(to call) |
| 13) CAD, CAS, CID _____ | ⓜ 외치다(to cry out) |
| 14) CAP, CIP, CHIE _____ | ⓝ 빛(light), 하얀(white) |
| 15) CEIVE, CEPT, CUPY _____ | ⓞ 돌보다, 관심(concern) |
| 16) CEL _____ | ⓟ 도시(city) |
| 17) CHRON, CHRONO _____ | ⓠ 부과하다(to tax), 평가하다(to assess) |
| 18) CIRC _____ | ⓡ 머리(head), 취하다(to take) |
| 19) CAR, CHAR _____ | ⓢ 시간(time) |

**2.** 제시된 단어 중 의미가 가장 적절한 것을 찾아 괄호 안에 넣으시오.

> ⓐ excise ⓑ civic ⓒ cell ⓓ disclaim ⓔ caprice ⓕ circulation ⓖ mischief ⓗ occasion ⓘ cite ⓙ participate ⓚ candid ⓛ decadent ⓜ certificate ⓝ capital ⓞ chronic ⓟ celebrity ⓠ cargo ⓡ principal ⓢ enchant ⓣ cease ⓤ incessant ⓥ censor ⓦ concede ⓧ conceit

| | | |
|---|---|---|
| 1) ( ) : 중단하다 | 2) ( ) : 증서 | 3) ( ) : 인정하다 |
| 4) ( ) : 교장 | 5) ( ) : 나쁜 짓 | 6) ( ) : 회피하다 |
| 7) ( ) : 화물 | 8) ( ) : 만성적인 | 9) ( ) : 변덕 |
| 10) ( ) : 자만 | 11) ( ) : 매혹시키다 | 12) ( ) : 인용하다 |
| 13) ( ) : 행사 | 14) ( ) : 참가하다 | 15) ( ) : 솔직한 |
| 16) ( ) : 검열관 | 17) ( ) : 타락한 | 18) ( ) : 소비세 |
| 19) ( ) : 수도 | 20) ( ) : 시민의 | 21) ( ) : 끊임없는 |
| 22) ( ) : 세포 | 23) ( ) : 유명인사 | 24) ( ) : 유통 |

**3.** 제시된 단어와 <u>반대되는</u> 의미로 가장 적절한 것을 찾아 괄호 안에 넣으시오.

---

ⓐ light ⓑ mundane ⓒ hereditary ⓓ gratitude ⓔ lower ⓕ haste ⓖ fire ⓗ discord ⓘ gladden ⓙ guilty
ⓚ malice ⓛ hard ⓜ dove ⓝ heaven

---

1) (    ) : hell       2) (    ) : heighten       3) (    ) : innocent

4) (    ) : hire       5) (    ) : goodwill       6) (    ) : soft

7) (    ) : heavenly       8) (    ) : hawk       9) (    ) : ingratitude

10) (    ) : acquired       11) (    ) : harmony       12) (    ) : sadden

13) (    ) : composure       14) (    ) : heavy

---

**4.** <u>밑줄 친</u> 단어와 <u>가장 유사한</u> 것을 고르시오.

1) He was accused of **inciting** racial hatred.

    ① tendering       ② easing       ③ impeding       ④ instigating

2) Control orders are a **necessary** resort.

    ① essential       ② certain       ③ hardy       ④ clumsy

3) The organization is failing to **achieve** its aims.

    ① accomplish       ② improve       ③ develop       ④ approach

4) Children of university-educated parents are likely to **excel** at school.

    ① attempt       ② outstand       ③ excite       ④ overlook

5) Our government allows buyers to **conceal** identities.

    ① reveal       ② suspect       ③ hide       ④ assess

---

**5.** 아래에 제시된 단어 중 <u>밑줄 친</u> 우리말의 의미에 맞게 빈칸에 적절한 것을 골라 넣으시오.

---

obscure / incentive / occupy / coincide / discern / civilization / decadent / proclaim / candidate /
capacity

---

1) 아이들이 은행계좌가 필요한 이유를 **파악하기**가 어려울 수 있다.

    ⇒ It may be difficult to (       ) why children need bank accounts.

2) 그들은 당이 영세기업을 위한 정당이라고 **선언했다**.

    ⇒ They (       ) to be their party of small business.

3) 그는 사람들을 변화시킬 더 많은 **능력**을 가지고 있다.

    ⇒ He has more (       ) to change people.

4) 다른 기업들 역시 사람들을 격려할 **우대책**을 제공하고 있다.

⇒ Other companies are also offering (                ) to encourage people.

5) 그 곳은 1970년대의 **퇴폐적인** 분위기였다.

⇒ The place was the (                ) atmosphere of the 1970s.

6) 친 정부 **후보**가 45.4% 득표를 했다.

⇒ Pro-government (                ) takes 45.4% of vote.

7) 당신이 읽었던 책 중에서 최고 이면서 가장 **알려지지 않은** 책은 무엇인가?

⇒ What is the best and most (                ) book you have read?

8) 그녀는 자신의 스마트폰에 **몰두했다**.

⇒ she is (                ) with her smartphone.

9) 그 지역 사회가 **문명**의 뿌리였다.

⇒ The local community is the root of (                ).

10) 그의 생각은 가장 문명화된 국가의 생각과 **일치한다**.

⇒ His idea (                ) with that of most civilized nations.

---

### 그리스로마신화로 어원 익히기

**티케** : 인간은 양면성을 갖고 있다고 하지.

**티케** : 로마의 신 **야누스(Janus)**는 양면신이자 토성의 제10위성 이름이기도 하지.

**티케** : 문·출입구의 수호신이 누구인지 알아. 야누스야. 그래서 한해의 입구가 되는 1월 **January**가 그의 이름에서 유래하게 된 거야.

**티케** : 원래 3월(**March**) 1년이 시작이었으나, 기원전 46년 줄리어스 시저에 의해 **January**를 1년의 시작으로 정했어.

**티케** : 원래 고대 로마에서 1년은 10개월이었는데, 기원전 700년경 **January**와 **February**가 추가되어서 12달이 된 거지.

**티케** : 즉 3월부터 12월이 두 달 씩 뒤로 밀리게 된 거야. 의미를 이해하는 데 도움이 될 거야.

**티케** : 월과 관련된 어원을 정리하면 다음과 같아.

## ※ 월(month) 관련 어원 정리

● **January(1월)**
– 앞뒤로 두 개의 얼굴을 가진 양면신이자 입구를 지키고 시작을 의미하는 신 로마의 야누스(Janus)에서 유래

● **February(2월)**
– 로마인들은 매년 2월이 되면 몸과 마음을 깨끗이 하는 의식을 가졌었는데 '정화, 깨끗함'이라는 뜻의 'februs'에서 유래

● **March(3월)**
– 로마인들은 전쟁신 마르스(Mars) 존경했고 3월은 그의 이름을 붙인 것에서 유래

● **April(4월)**
– 그리스 신화 사랑과 미(美)의 여신 아프로디테(Aphrodite)와 관련 있으며 나무와 꽃이 피어 새 계절이 시작한다는 aprilis에서 유래

● **May(5월)**
– 천상의 신 제우스가 사랑한 여인 마이아(Maia)에서 유래

● **June(6월)**
– 로마 최고의 신 Jupiter의 부인이자 로마의 결혼의 여신 주노(Juno)에서 유래

● **July(7월)**
– 고대 로마의 정치가, 장군, 작가로 로마 공화정이 제정으로 변화하는 데 중요한 역할을 한 줄리어스 시저(Julius Caesar)에서 유래

● **August(8월)**
– 로마의 초대 황제 아우구스투스(Augustus Caesar)의 이름에서 유래

● **September(9월)**
– September는 라틴어로 일곱을 의미하는 '7(seven)'을 뜻하는 라틴어 septem에서 유래

● **October(10월)**
– 숫자 8을 의미하는 라틴어 'oct'가 10월이 되었음
– 관련된 영어단어는 octopus (문어), octave (옥타브)

● **November(11월)**
– 로마의 임신의 여신 노나(Nona)와 관련이 있으며, nona는 임신한 9홉 번째 달을 의미하며 November는 숫자 9를 뜻하는 라틴어 'novem'에서 유래

● **December(12월)**
– 로마의 달력에서는 열 번째 달이기 때문에 숫자 10을 의미하는 'decem'에서 유래
– 이 어원과 관련한 단어 'deci'는 1/10을 의미하고, deca가 10을 뜻하지
– Decameron(데카메론) : 보카치오의 대표작으로 데카메론은 10일간의 이야기란 의미임

## 어근 49

CLARE : 깨끗한, 명백한(clear)

### 369. clarify [klǽrəfài]
clar(clear)+fy(to make)

'명백하게 만들다' 가 → v. ① **명확하게 하다** ② **분명히 말하다**
③ (액체· 버터 등을) **맑게 하다**가 되는 거지
- **clar**ity[klǽrəti] n. ① **명료성** ② **명확성** ③ **선명도**
- **clar**ification[klæ̀rəfikéiʃən] n. ① (액체 등을) **정화** ② **설명** ③ **해명**
- syn. **ex**plain(설명하다), **e**lucidate(명료하게 설명하다), make clear (명료하게 하다)

> The judges should **clarify** the law.
> 판사들은 법을 명확하게 해야 한다.

### 370. declare [diklέər]
de(intens)+clare(clear)

'강하게 명백하게 하는' 것이 → v. ① (방침과 주장을 외부에 정식으로)
**선언하다** ② (말이나 글로써) **언명하다** ③ (세관·세금 당국에) **신고하다**가 된 거지
- **de**claration[dèkləréiʃən] n. ① **선언** ② **신고** ③ **포고** ④ **맹세**
- **de**claratory[diklǽrətɔ̀:ri] a. ① **선언적인** ② **단정적인**
- syn. **an**nounce(발표하다), **pro**claim(선언하다, 공포하다)

> The government recently **declares** natural disasters.
> 정부는 최근에 자연재난을 선포했다.

> Do you have anything to **declare**?
> 신고할 물건이 있나요?

### ■■■ 우리말 대화로 단어 복습하기
가. 우리 정부가 일본 정부에게 **위안부(comfort woman)** 문제해결을 위해 **요구한(request)** 내용이 뭐지?
나. 그 문제를 **명확하게 하고(clarify) 사죄(apology)**를 **선언(declaration)**할 것을 요구했어.

## 어근 50

CLIM, CLIN(E), CLIV : 굽히다(to bend), 경사지다(to slope)
※ 동의어근 FLECT, FLEX(어근101)

### 371. climate [kláimit]
clim(to slop)+ate(명접)

'경사지면서 달라지는 것' 을 → n. ① **기후** ② (주위의 상황이나 환경, 사람이면)
**분위기** ③ (기후와 토지의 상태, 제도나 조건의 비유이면) **풍토**라고 하지

> We can feel the effects of **climate** change.
> 우리는 기후변화의 영향을 느낄 수 있다.

### 372. climax [kláimæks]
clim(to slope)+ax(명접)

'경사진 면' 을 따라 올라간 것이 → n. ① (사물의 진행이나 발전, 극이나
소설의) **절정** ② (연극 · 음악의) **클라이맥스** v. **절정에 이르다**가 된 거지

- **climatic**[klaimǽktik] a. ① **클라이맥스의** ② **절정의** ③ **정점의**
- syn. **culmination**(정점), **summit**(정상, 절정), **highlight**, **zenith**(정점), **peak**(절정), **vertex**(정점)

Grief and anger reach a **climax**.
슬픔과 분노가 절정에 이르렀다.

## 373. **acclimate** [ǽkləmèit]
ac(to)+climate(풍토)

'풍토에 가까워지는' 것이 → v. ① (환경이나 변화에 적응하면) **순응시키다**
② (상황이나 환경에 익숙해지면) **적응하다**가 된 거지
- syn. **ad**apt(적응하다), **ad**just(순응시키다)

I **acclimate** to New York City environment.
나는 뉴욕시 환경에 적응했다.

## 374. **decline** [diklάin]
de(down)+cline(to bend)

'아래로 굽히다' 가 → v. ① (수·가치·품질이) **감소하다** ② (사물이나 힘이) **위축되다** ③ (요구·부탁·물건 따위를) **거절하다** n. ① **감소** ② **위축** ③ **쇠퇴**가 된 거지
- **re**cline[riklάin] v. ① **기대다** ② **뒤로 젖히다**.
- syn. **fall**(떨어지다), **fade**(시들다), **shrink**(줄어들다), **de**crease(감소하다), **re**fuse(거절하다), **re**ject(거절하다), **turn down**(거절하다) ↔ ant. **rise**(오르다), **ac**cept(받아들이다)

A closer look suggests that conflict is **declining**.
자세히 살펴보면 갈등이 감소하고 있음을 암시한다.

## 375. **incline** [inklάin]
in+cline(to bend)

'안으로 굽히다' 가 → v. ① (현상·사상·형세 등이 한쪽으로 기울어지는) **경향이 있다** ② (마음이) ~쪽으로 **기울어지다** ③ (기울어져) **경사지다** n. **경사**가 된 거지
- **in**clination[ìnklənéiʃən] n. ① **성향** ② **경향** ③ **의향**
- syn. **tend**(경향이 있다), **lean**(기울어지다) ↔ ant. **dis**incline(마음이 내키지 않게 하다)

You're **inclined** to distrust the man.
당신은 그 남자를 불신하는 경향이 있다.

---

◆ 어휘 플러스
**clin**ic 병원, 진료소 / **clin**ical 임상의 / **lean** 기울다, 기대다, 야윈 / **ob**lique 완곡한, 간접적인, 비스듬한

---

■■■ 우리말 대화로 단어 복습하기
가. 오늘 연극의 핵심 **주제(theme)**는 뭐야?
나. **주인공(protagonist)**이 새로운 **풍토(climate)**에 **적응하는(acclimate)** 데 어려움을 겪으면서 **위축되고(decline)**,
나. **절정(climax)**에 이르러서는 **마약(drug)**에 빠지는 **경향이 있는(incline)** **이주민(emigrant)** 삶을 그려내고 있어.

CLOSE, CLUDE : 닫다(to shut), 막다(block up)

## 376. **closet** [klάzit]
close(to shut)+t(명접)

'닫힌 작은' 공간이 → n. **벽장**
a. (알려지지 않은 사실이나 사물이면) ① **드러나지 않은** ② **본인만 알고 있는**
v. (남이 출입하지 못하게 하는 거면) **밀실에 들어앉히다**가 된 거지
● clos**ure**[klóu3ər] n. ① **폐쇄** ② (일의) **종료**

> He was locked in a **closet** for hours.
> 그는 몇 시간 동안 벽장 안에 갇혀있었다.

## 377. **disclose** [disklóuz]
dis(off)+close(to block up)

'막아놓은 것을 제거하는' 것이 → v. ① (나쁜 일·음모·비밀을) **폭로하다**
② ( 옳고 그름이나 알려지지 않은 것을) **밝히다** ③ **드러내다**가 된 거지
● **dis**clos**ure**[disklóu3ər] n. ① **폭로** ② **공개** ③ **밝혀진 사실**
● syn. **make known**(알리다), **re**veal(폭로하다), **publ**ish(발표하다),
**ex**pose(폭로하다), **di**vulge(밝히다) ↔ ant. **keep secret**(비밀을 유지하다)

> The managers **disclose** an individual's email address.
> 관리자들이 개인 이메일 주소를 노출했다.

## 378. **enclose** [inklóuz]
en(in)+close(to shut)

'안으로 닫다' 가 → v. ① (같이 넣어 함께할 목적이면) **동봉하다** ② (덧붙이면)
**첨부하다** ③ (담이나 울타리면) **에워싸다** ④ (담이나 울타리면) **둘러싸다**가 된 거지
● **en**clos**ure**[inklóu3ər] n. ① **포위** ② **울타리**
● syn. **en**wrap(두르다), **in**sert(끼워 넣다), **put in**(끼워 넣다), **sur**round
(에워싸다)

> A tent is large enough to **enclose** the entire red brick gateway.
> 텐트는 빨간 벽돌로 된 전체 입구를 에워쌀 만큼 컸다.

## 379. **exclude** [iksklúːd]
ex(out)+clude(to shut)

'밖으로 닫다' 가 → v. ① **제외하다** ② **배제하다** ③ (가입·출입을) **거부하다**
④ (가능성을) **배제하다**가 된 거지
● **ex**clus**ive**[iksklúːsiv] a. ① (논리적으로 상호) **배타적인** ② **독점적인**
③ **고가의** ④ **고급의**
● **ex**clus**ion**[iksklúː3ən] n. ① **제외** ② **배제** ③ **배제되는 것**[사람]
● syn. **bar**(금하다), **ban**(금지하다), **re**fuse(거절하다), **for**bid(금하다), **boycott**
(배척하다), **pro**hibit(금지하다), **dis**allow(금하다), **rule out**(배제하다),
**eli**minate(배제하다), **o**mit(생략하다) ↔ ant. **let in**(들어오게 하다),
**in**clude(포함하다)

> Teenagers **exclude** others to gain power.
> 십대들은 권력을 얻기 위해 다른 사람을 배제한다.

## 380. seclude [siklúːd]

se(apart)+clude(to shut)

'분리해서 닫다' 가 → v. ① (홀로 떨어지는 거면) **고립시키다** ② (세상일을 피하는 거면) **은둔하다**가 된 거지

- **seclus**ion[siklúːʒən] n. ① **격리** ② **은둔**

He does not **seclude** himself at the hotel.
그는 호텔에 은둔하지 않았다.

## 381. clause [klɔːz]

clause(to block up)

'(틀 안에) 막아 놓은 것' 을 → n. ① (문법) **절** ② (법적 서류의) **조항**이라고 하지

- **clause** by clause **조목조목**

An investment **clause** has complicated trade negotiations.
투자 조항이 무역 협상을 복잡하게 하고 있다.

◆ 어원 TIP

- **con**clude → con(together)+clude(to shut up) → 함께 닫다 → **결론을 내리다**
- **pre**clude → pre(before)+clude(to close) → 미리 닫다 → **못하게 하다, 막다**
- **in**clude → in+clude(to shut) → 안으로 닫다 → **포함하다**

### ■■ 우리말 대화로 단어 복습하기

가. 이웃들의 **폭로**(disclosure)로 들어난 엄청난 사실이 도대체 뭐야?

나. 울타리가 **에워싼**(enclose) 집 **벽장**(closet)에 **은둔하면서**(seclude) 외부인과 **교류**(interaction)를 **배제한**(exclude) 채로 지내온 사람에 대한 이야기야.

나. 그리고 지방정부가 그를 지원할 법적 **조항**(clause)을 찾고 있다고 하네.

---

## 어근 52

**COLO(N)** : 재배하다, 경작하다(to cultivate)    ※ **동의어근 CULT(어근63)**

## 382. colony [kάləni]

colo(to cultivate)+y(명접)

'경작하려는' 것이 → n. ① (본국의 밖에 두면) **식민지** ② (자리를 잡으면) **정착촌** ③ (떼 지어 한곳에 모이면) **군집**이라는 의미가 된 거지

- **colon**ize[kάlənàiz] v. ① **식민지를 만들다** ② (동·식물들이) **대량 서식하다**
- **colon**ization[kὰlənizéiʃən] n. **식민지화**
- **colon**ial[kəlóuniəl] a. ① **식민지의** ② **식민시대의** n. **식민지 주민**

Hong Kong, the former British **colony**, returned to Chinese rule in 1997.
전 영국 식민지 홍콩이 1997년 중국에 반환되었다.

◆ 헷갈리는 어원 TIP

- **coloss**al[kəlάsəl] → **거대한, 엄청난**
  syn. huge, enormous, gigantic, immense, tremendous, mammoth
- 고대 로마 시대의 건축물 가운데 하나로 로마 제국 시대에 만들어진 원형 경기장 '콜로세움(Colosseum)'에서 **colossal**의 어원 즉 '**거대한 건축물**'을 의미함

CORD, COUR, CARD : 마음(heart) / CARD, CHART : 종이(paper)
※ 로마신화 '조화와 평화의 여신' 콘코르디아(Concordia)에서 기원

## 383. cordial [kɔ́ːrdʒəl]
cord(heart)+ial(형접)

'마음을 다하는' 것이 → a. ① 화기애애한 ② 우호적인 ③ 진심의가 된 거지
- cordiality[kɔːrdʒiǽlət] n. ① 진심 ② 친절
- cord[kɔːrd] n. ① 끈 ② (전기) 코드
- syn. friendly(우호적인), amicable(우호적인), genial(다정한)

> There was always a genuinely **cordial** relationship.
> 항상 진정으로 우호적인 관계였다.

## 384. courage [kə́ːridʒ]

'마음을 다한 상태' 가 → n. 용기가 된 거지
- courageous[kəréidʒəs] a. 용기 있는
- encourage[inkə́ːridʒ] v. ① 장려하다 ② 격려하다 ③ 권장하다
- encouragement[enkə́ːridʒmənt] n. 격려
- discourage[diskə́ːridʒ] v. ① 낙담시키다 ② 단념시키다 ③ 좌절시키다
- syn. bravery(용기), daring(대담성), mettle(기개), gallantry(용감함) ↔ ant. cowardice

> His **courage** saved his family and followers.
> 그의 용기가 자신의 가족과 추종자를 구했다.

## 385. accord [əkɔ́ːrd]
ac(to)+cord(heart)

'마음이 가까워지는' 것이 → n. ① (협의하여 결정하면) 협정 ② (의견이 일치하면) 합의 v. ① (권위·지위이면) 부여하다 ② (서로 들어맞는 거면) 부합하다가 된 거지
- accordance[əkɔ́ːrdəns] n. ① 일치 ② 조화 ③ 인가
- concord[kánkɔːrd] n. ① 일치 ② 조화
- discord[dískɔːrd] n. ① 불화 ② 불협화음 ③ 알력
- accordingly[əkɔ́ːrdiŋli] ad. 따라서
- in accordance with ① ~에 따라서 ② ~와 일치하여
- according to ~에 따라
- syn. treaty(조약, 협정), agreement(동의, 협정), contract(계약), harmony(조화) ↔ ant. conflict(갈등)

> The government broke the **accord**.
> 정부가 합의를 깨뜨렸다.

## 386. record [rikɔ́ːrd]
re(again)+cord(heart)

'다시 마음속으로' 넣는 것이 → n. ① 기록 ② 등록 ③ 레코드 v. ① 기록하다 ② 녹음하다 a. 기록적인 의미가 된 거지
- syn. document(기록), register(등록)

> The play has set a **record** for advance ticket sales.
> 그 연극은 티켓 예매에서 기록을 세웠다.　**advance sale** 예매

## 387. **dis**card [diskɑ́:rd]
dis(away)+card(paper)

'종이를 멀리하는' 것이 → v. ① **버리다** ② **폐기하다** n. ① **버린 패** ② **버린 것**이 된 거지

> They **discard** works of art they no longer want.
> 그들은 더 이상 원하지 않는 예술 작품을 폐기했다.

### 우리말 대화로 단어 복습하기
가. 한 때 **폐기할(discard) 위기(crisis)**에 직면했던 **협정(accord)**의 **협상(negotiation)**이 어떻게 체결될 수 있었지?
나. 협상 당사자들의 **용기(courage)** 덕분에 **우호적인(cordial)** 분위기속에서 마무리 된 거지.
가. 이번 협상과정은 **역사적인(historic)** 일로 **기록(record)**되여야겠군.

---

## 어근 54

CORP(OR) : 몸(body) → 신체의 구성처럼 '조직'으로 의미가 발전

---

## 388. **corp**or**ation**
[kɔ̀:rpəréiʃən]
corpor(body)+ation(명접)

'(조직의) 몸을 만드는' 것이 → n. ① (큰 규모의) **기업** ② **회사** ③ **법인** ④ **조합**이 된 거지
● **corp**or**ate**[kɔ́:rpərət] a. ① **기업의** ② **회사의**
● **corp**or**eal**[kɔːrpɔ́:riəl] a. ① **형체를 가진** ② **물질적인** ③ **신체의**
● **corp**or**al**[kɔ́:rpərəl] n. (군대의) **상병** a. **신체의**
● **corp**or**ate** tax **법인세**
● **corp**or**al** punishment **체벌**
● syn. **com**pany(회사), **firm**(회사), **enter**prise(기업)

> The **corporation** improves its employees' customer service.
> 회사는 종업원들의 고객서비스를 개선했다.

## 389. **in**corp**orate**
[inkɔ́:rpərèit]
in(into)+corp(body)+ate(동접)

'몸(조직) 안으로 넣다' 가 → v. ① (법인을) **설립하다** ② **포함하다** ③ (둘 이상의 단체나 조직, 국가 등을 하나로) **합병하다** ④ (실행을) **구체화하다**가 된 거지
● **in**corp**orated**[inkɔ́:rpərèitid] a. ① **법인 조직의** ② **영적인** n. **주식회사** = Inc.
● **in**corp**oration**[inkɔ́:rpəréiʃən] n. ① **법인 설립** ② **결합** ③ **혼합**
● syn. **in**clude(포함하다), **con**tain(포함하다), **in**tegrate(통합하다), **merge**(합병하다)

> We want to **incorporate** the amazing experience.
> 우리는 놀라운 경험을 구체화하기를 원한다.

## 390. corp**s** [kɔːr]
corp(body)+s

'조직이 모여 있는' 것을 → n. ① **군단** ② **집단**이라고 하지
- press **corps** **기자단**
- syn. **band**(무리), **troop**(무리)

> The diplomatic **corps** attended the wedding ceremony.
> 외교 사절단이 결혼식에 참석했다.

◆ **어원 TIP**
- corp**se** → corp(body)+se → (숨을 쉬지 않고 있는) **몸 상태** → **시체**

### 우리말 대화로 단어 복습하기
가. 여러 이해 **집단(corps)**이 **토론(debate)**을 하는 이유가 뭐지?
나. 토론을 거쳐 새로운 **법인(corporation)** 설립을 **구체화하려고 한다(incorporate)**는군.

---

## 어근 55

COSMOS : 우주(universe)

### 391. microcosm
[máikrəkàzm]
micro(small)+cosm(universe)

'작은 우주' 를 → n. ① **소우주** ② **작은 세계** ③ **축소판**이라고 하지
- cosmos[kázməs] n. ① **우주** ② **코스모스**
- cosm**ic**[kázmik] a. ① **우주의** ② **장대한** ③ **포괄적인**
- spaceship **우주선** / satellite **위성**

> Earth-like planets are common throughout the **cosmos**.
> 지구와 닮은 행성이 우주 전역에 흔하다.

### 392. cosmopolit**an**
[kàzməpálətn]
cosmo(universe)+politan(citizen)

'우주(같은) 시민' 온 → a. ① (문화의 다양성 면에서) **세계적인** ② **국제적인** n. **세계인**이라고 하지
- metropolit**an**[mètrəpálitən] a. **대도시의**

> Dubai is now the Middle East's **cosmopolitan** commercial hub.
> 두바이는 지금 중동의 세계적인 상업 중심지이다.

### 우리말 대화로 단어 복습하기
가. **우주(cosmos)**산업은 어떻게 진행하는 것이 효율적일까?
나. **국제적인(cosmopolitan) 협력(cooperation)**이 필요하지. **엄청난(colossal)** 비용이 들어.

## 393. cover [kʌ́vər]
cover(to hide)

'숨기다' 가 → v. ① (감추거나 보호하기 위해) **덮다** ② (비용을) **부담하다**
③ **가리다** ④ **방송하다** n. ① **덮개** ② **커버** ③ **대행** 등 다양한 의미로 발전했지
* **covert**[kóuvərt] a. ① **비밀의** ② **은밀한** ③ **암암리의** n. ① **은신처** ② **덤불**
  ↔ ant. **overt** 공공연한
* **coverage**[kʌ́vəridʒ] n. ① **보도(방송)** ② **범위** ③ **보급(률)**
* **discover**[diskʌ́vər] v. ① **발견하다** ② (정보를) **알아내다** ③ (재능을)
  **발견하다** ④ (가수·배우 등을) **발굴하다**
* **discovery**[diskʌ́vəri] n. **발견**
* **cover** version (옛 노래의) **리메이크**
* **cover** letter ① **첨부 편지** ② **자기소개서**
* syn. **conceal**(숨기다), **mask**(숨기다), **disguise**(위장하다), **obscure**(덮다),
  **veil**(숨기다) ↔ ant. **reveal**(드러내다), **uncover**(밝히다)

He is asked to help **cover** up the fact.
그는 사실을 은폐를 도와달라는 부탁을 받았다.

## 394. recover [rikʌ́vər]
re(back)+cover(to take)

'원래대로 가지게 되다' 가 → v. ① (건강이) **회복되다** ② (곤경 등을 벗어나)
**회복되다** ③ (손실 이전의 상태로) **복구하다** ④ **되찾다**가 된 거지
* **re-cover**[rikʌ́vər] v. **커버를 갈다**　　* **recovery**[rikʌ́vəri] n. **회복**
* syn. **recuperate**(회복하다), **mend**(회복되다), **improve**(호전되다), **recoup**(
  되찾다), **restore**(회복하게 하다), **regain**(되찾다), **retrieve**(되찾다), **reclaim**(
  되찾다), **redeem**(만회하다, 되찾다)

The pilots were unable to **recover**.
조종사들은 회복이 불가능했다.

## 395. uncover [ʌnkʌ́və(r)]
un(do the opposite)+cover(to hide)

'숨어있는 것을 반대로 하는' 것이 → v. ① **뚜껑을 열다** ② (모르거나 찾고자
하는 것을) **알아내다** ③ (숨겨진 일이나 물건을 들추어) **적발하다**가 된 거지
* syn. **unveil**(베일을 벗기다), **expose**(드러내다), **reveal**(드러내다), **disclose**(
  드러내다), **divulge**(폭로하다) ↔ ant. **conceal**(숨기다)

She risks everything to **uncover** the truth.
그녀는 진실을 알아내려고 모든 위험을 감수했다.

## 396. undercover
[ʌ́ndərkʌ́və(r)]
under+cover(to hide)

'아래에 숨기는' 것이 → a. ① **비밀의** ② **비밀리에 하는** ③ **은밀한** 것이 되는 거지
* an **undercover** agent **비밀 요원**

A police officer goes **undercover**.
한 경찰관이 잠복근무를 펼치고 있다.

■■■ 우리말 대화로 단어 복습하기

가. 최근 건강을 **회복한(recover)** 김경사는 어디에 있지?

나. 도주한 범인 **은신처(covert)**를 **알아내기(uncover)** 위해 **잠복근무중이야(go undercover)**.

가. 너무 무리하는 것 아냐...

## 어근 57

CRACY : 정치(government), 통치(rule)

CRAT : 특정 정치나 통치를 선호하는 사람 → 둘 다 접미사로 활용됨

### 397. aristocracy
[ӕrəstάkrəsi]

arist(best)+cracy(rule)

'최상위 계층만 통치하는 것'을 → n. ① **귀족 정치** ② **귀족**(계층) 이라고 하지

- aristocrat[ərístəkræt] n. ① **귀족** ② **귀족 정치주의자**
- noblesse[noublés] n. ① **귀족** ② **귀족계급**
- commoner[kάmənər] n. **평민**
- syn. nobility(귀족, 고귀함)

It was fashionable for the **aristocracy** to collect ancient art.

귀족이 고대 미술을 수집하는 것이 유행하였다.

Noblesse oblige(노블레스 오블리주)

높은 신분에 따르는 도덕상의 의무

### 398. bureaucracy
[bjuərάkrəsi]

bureau(desk)+cracy(rule)

'책상에서 통치' 하는 것을 → n. ① **관료주의** ② **요식체계** ③ **관료국가**라고 하지

- bureaucrat[bjúərəkræt] n. ① **관료** ② **관리**
- syn. red tape(관료주의)

Reforms were needed to cut **bureaucracy**.

개혁으로 관료주의를 도려낼 필요가 있었다.

### 399. technocracy
[teknάkrəsi]

techno(skill)+cracy(rule)

'기술자가 통치하는 것' 을 → n. ① **기술자 지배** ② **테크노크라시**라고 하지

- technocrat[téknəkræt] n. **기술 관료**

**Technocracy** is likely to become popular.

테크노크라시가 대세가 될 것 같다.

◆ 어휘 플러스

autocracy 독재 정치 / autocrat 독재자 / democracy 민주주의 / plutocracy 금권 정치 / totalism 전체주의 /

imperialism 제국주의 / tyranny[tírəni] 독재, 압제

■■■ 우리말 대화로 단어 복습하기

가. 권력을 잡고 행하는 정치형태에는 어떤 것들이 있나요?

나. **귀족 정치(aristocracy), 관료국가(bureaucracy), 기술자 지배(technocracy), 금권 정치(plutocracy)** 등 다양하지.

**CRE, CRET** : 자라다(to grow), 증가하다(to increase)
※ 동의어근 **AUG, AUX**(어근16) / **ESCE**(어근87)

## 400. **create** [kriéit]
cre(to grow)+ate(동접)

'자라나게 하는' 것이 → v. ① (전에 없던 것이나 새로운 업적·가치를) **창조하다**
② (어떤 느낌이나 인상을) **자아내다**가 된 거지
- **creation**[kriéiʃən] n. ① **창출** ② **창작**
- **creative**[kriːéitiv] a. ① **창조적인** ② **창의력 있는**
- re**create**[rékrièit] v. ① **기분 전환을 시키다** ② **즐겁게 하다**
- re**creation**[rèkriéiʃən] n. ① **레크리에이션** ② **오락**
- re-**create**[riːkriéit] v. ① **다시 만들다** ② **되살리다** ③ **재현하다**
- re-**creation**[riːkriéiʃən] n. ① **개조** ② **재현**
- job **creation** 고용 창출
- database **creation** 데이터베이스 구축

The company plans to **create** 10,000 new jobs.
그 회사는 일만 개의 새로운 일자리를 창출할 계획이다.

## 401. **concrete** [kánkriːt]
con(together)+crete(to grow)

'함께 성장하는' 것이 → 사물이 일정한 형태나 실제적인 내용을 갖추어 가면 →
a. ① **구체적인** ② **실체가 있는** n. **콘크리트** v. **콘크리트를 바르다**가 된 거지
- **concrete** evidence **구체적인 증거**
- syn. **specific**(구체적인) ↔ ant. **abstract**(추상적인)

We will discuss matters on the basis of these **concrete** suggestions.
우리는 이러한 구체적인 제안에 근거하여 문제를 논의 할 것이다.

## 402. **decrease** [dikríːs]
de(down)+cre(to grow)+ase(동접)

'아래로 자라다' 가 → v. ① **감소하다** ② **줄어들다** ③ **줄이다** ④ **감소시키다**
n. ① **감소** ② **하락**이 된 거지
- in**crease**[inkríːs] v. ① **증가하다** ② **늘리다** ③ **인상되다** n. ① **증가** ② **인상**
- syn. de**cline**(감소하다), **shrink**(줄어들다), **dwindle**(줄다), re**duce**(줄이다),
  **lower**(낮추다), di**minish**(줄이다)

This wage increase will contribute to a **decrease** of the
unemployment rate.
이러한 임금인상이 실업률 감소에 기여할 것이다.
**contribute to** ~에 기여하다

---

◆ **어원 TIP**
- **crescendo**[kriʃéndou] → 점점 증가하듯이 소리가 커지는 것 → **크레센도**, (소리가) 점점 커짐 ↔ de**crescendo** 디크레센도, 점점 약한 / di**minuendo** 디미누엔도, 점점 약하게
- **crescent**[krésənt] → 점점 자라가는 달 → 초승달 = new moon ↔ full moon 보름달
- re**cruit** → re(again)+cru(to grow)+it → (조직을) 다시 자라게 하는 것 → (신입 사원·회원·신병 등을) 모집하다, 신입사원
- ac**crue**[əkrúː] → ac(to)+cru(to grow)+e → 점점 자라다 → 누적되다, 축적하다

가. **실업률(unemployment rate)**이 **감소할(decrease)** 조짐이 보인다지?
나. 신규 직업을 **창출하려는(create)** 정부의 **구체적인(concrete)** 정책들이 경제상황을 **호전(upturn)**시키고 있지.

| 어근 59 | CRED : 믿다(to believe, to trust)　　※ **동의어근 FED, FID(어근93)** |

### 403. **cred**ible [krédəbl]
cred(to trust)+ible(~할 수 있는, 형접)

'믿을 수 있는' 이 → a. ① **신뢰할 수 있는** ② **확실한** ③ **믿을 만한** 거라고 하지
- **cred**ence[kríːdəns] n. ① **신빙성** ② **믿음**
- **cred**ential[kridénʃəl] n. ① **자격증명서** ② **신임장** v. **자격증을 수여하다**
- **cred**ibility[krédəbiləti] n. **신뢰성**
- a **credible** explanation 믿을 수 있는 해명
- syn. **believable**(믿을 수 있는), **reliable**(믿을 수 있는), **trusty**(믿을 만한), **trustworthy**(신뢰할 수 있는), **sincere**(진실한) ↔ ant. **incredible**(믿을 수 없는), **unbelievable**(믿을 수 없는)

> Newspapers describe him as a **credible** candidate.
> 신문은 그를 믿을 수 있는 후보로 기술하였다.

### 404. **credit** [krédit]
cred(to believe)+it(to go)

'믿고 가는' 것이 → n. ① (사람이나 사물이 틀림없다고 믿는) **신용** ② (일정한 금액을 빼는) **공제** ③ (자금을 빌리는) **융자** ④ **신용도** ⑤ (학과의 성적을 평가하는) **학점** ⑥ **공훈** v. ① **입금하다** ② (쌓이면) **공**(업적)이라고 말하다가 된 거지
- **dis**credit[diskrédit] n. **불명예** v. ① **신임을 떨어뜨리다** ② **신빙성을 없애다**
- **credit** card **신용카드** / **debit** card **직불카드**
- tax **credit** 세금 공제
- syn. **prestige**(신망), **reputation**(명성), **esteem**(존중)

> We provide **credit** ratings on consumers.
> 우리는 소비자 대한 신용평가를 제공한다.

### 405. **creed** [kriːd]
creed(to believe)

'믿는 것' 이 → n. ① (종교상의 이치나 원리면) **교리** ② (믿는 마음이면) **신념** ③ (신앙이나 생각을 믿는 거면) **신조**가 된 거지
- syn. **doctrine**(교리, 원칙), **dogma**(교리), **credo**(신조)

> Club soccer no longer excludes any player on grounds of color, **creed**, religion or language.
> 클럽 축구는 피부, 신념, 종교, 언어에 근거해서 어떤 선수도 더 이상 배제하지 않는다.
>
> **on grounds of** ~의 근거로

### 406. **cred**ulous
[krédʒuləs]

'믿는 버릇이 있는' 이 → a. ① **속기 쉬운** ② **잘 믿는** 것이 된 거지
- **cred**ulity[kridʒúːləti] n. **쉽게 믿음**

cred(to believe)+ul
+ous(버릇.성향을 나타내는, 형접)

• ant. in**credulous**(의심 많은)

This is a **credulous** and egocentric viewpoint.
이것은 속기 쉬운 자기중심적인 관점이다.

**egocentric** 자기중심의

■■■ **우리말 대화로 단어 복습하기**

가. **신념(creed)**과 **신용대출(credit loan)**이 서로 관련 있다고 보니?

나. **신뢰할만한(credible)** 신념을 갖춘 사람은 은행이 그를 **잘 믿어(credulous)** 신용대출이 쉬워지지 않겠어?

가. 그런 **궤변(sophistic)**이 어디 있는가?

---

### 생활 속 영단어로 어원 친해지기

**티케** : 지난 회에 배운 어근이 뭐였더라?

**고양이** : 49. 명백한 clare / 50. 굽히다, 경사지다 clim, clin, cliv / 51. 닫다 close, clude / 52. 경작하다 colo / 53. 마음 cord, cour, 종이 card / 54. 몸 corp / 55. 우주 cosmos / 56. 숨기다 cover / 57. 정치 cracy / 58. 자라다 cre, cret / 59. 믿다 cred가 있어요.

**티케** : 일상 속에서 겪었던 사례를 말해주겠니?

**토끼** : 과학, 역사, 자연 분야에 관련된 다큐멘터리(documentary), 논픽션(nonfiction) 프로그램들을 중심으로 방영하는 방송인 디스커버리 채널(Discovery Channel) 자주 보는 데요.

**고양이** : 배운 어근과 관련이 있는 다큐멘터리(documentary), 디스커버리(Discovery)가 눈에 확 들어왔어요. documentary는 → docu(to teach)+ment(명접)+ary(장소) → 가르치려고 만들어 놓은 것 → '기록물'이고, discovery는 → dis(off)+cover → 덮개를 제거하는 것 → '발견'이 되는 거죠.

**티케** : 설명을 덧붙이면,

○ nonfiction은 → non(not)+fiction(허구, 소설) → 허구가 아닌 → 실화

○ channel → chan(cane(줄기), pipe)+nel → 줄기(또는 파이프)처럼 물의 흐름이 있는 곳 → 채널, 수로, 해협이 되는 거지요. cf. canal(운하, 수로)

**티케** : 다음 회에 배울 어근은 crim / crit, cris / culp / cult / cumb / cur cour / cuss이지요.

| 어근 60 | CRIM(IN) : 죄, 범죄(guilt, offense), 분리시키다(to separate) → 범죄를 저지르면 분리시켜야 하지 |
|---|---|

## 407. crim**e** [kraim]
crim(guilt)+e(명접)

'죄를 범하는' 것이 → n. ① **범죄** ② **죄악**이 된 거지
- crim**inate**[krímənèit] v. ① **~에게 죄를 씌우다** ② **~을 기소하다**
- crim**inalize**[krímənlaiz] v. ① **법률로 금지하다** ② (사람을) **범인 취급하다**
- crim**inal**[krímənl] a. ① **범죄의** ② **형사상의** n. ① **범인** ② **범죄자**
- forens**ic**[fərénsik] a. ① **법의학적인** ② **법정의**
- serious **crime 중대한 범죄** = felony **중죄** cf. **mis**demeanour **비행, 경범**
- **criminal** law **형법** / **civil** law **민법**
- syn. **off**ence(위반), viol**ation**(위반), **mis**deed(악행), **mis**conduct(직권남용), trans**gress**ion(범죄), wrongdo**ing**(비행), sin((종교의) 죄악), vice(범죄), lawbreak**ing**(법률 위반), il**legal**ity(불법)

No one has been charged with a **crime**.
아무도 범죄로 기소되지 않았다.

## 408. dis**crim**ination
[diskrìmənéiʃən]
dis(apart)+crimin(to separate)
+ation(명접)

'떼어서 분리하는 것'이 → n. ① (차등하게 분리시키면) **차별** ② (사물을 보고 분별하면) **안목** ③ (분별해 알아보면) **식별**이 되는 거지
- dis**crim**inate[diskrímənèit] v. ① **차별하다** ② **구별하다**
- in**dis**criminate[ìndiskrímənət] a. ① **무차별의** ② **닥치는 대로의** ③ **무분별한**
- syn. **pre**judice(편견), bias(편견), in**just**ice(불공정), favourit**ism**(편애), un**fair**ness(불공평), dis**cern**ment(안목)
- indiscriminate attacks **무차별적인 공격**

She uses words like bias, **discrimination** and civil rights.
그녀는 편견, 차별, 시민권 같은 단어를 이용했다.

◆ 어휘 플러스
crimin**ology** 범죄학 / crimino**logist** 범죄학자

### 우리말 대화로 단어 복습하기
가. 대통령 **선거(election)**에 **출마한(run for) 후보(candidate)**들이 **선거공약(election pledge)**으로 내세운 것이 주로 뭐지?
나. **범죄(crime)**를 척결하고(uproot) **차별(discrimination)** 없는 세상을 만들겠다고 하나같이 주장을 하네.

| 어근 61 | CRIT, CRIS : 구별하다(to discern), 평가하다(to evaluate, to judge) → 두 가지 의미로 이원 이해 필요 |
|---|---|

## 409. crit**ic** [krítik]
crit(to decern)+ic(명접)

'구별하여 평가하는' 사람을 → n. ① **비평가** ② **평론가** ③ **비판하는 사람**이라고 하지
- crit**icize**[krítəsàiz] v. ① **비난하다** ② **비평하다**
- crit**icism**[krítəsìzm] n. ① **비난** ② **비판** ③ **비평**

- crit**ique**[kritíːk] n. ① **비평** ② **평론**
- crit**ical**[krítikəl] a. ① **비판적인** ② **중요한** ③ **중대한**
- crit**erion**[kraitíəriən] n. ① (판단이나 결정을 하기 위한) **기준** pl. crit**eria**
- literary **critic** 문학 비평가(평론가)

A foreign correspondent became a film **critic**.
해외 특파원이 영화비평가가 되었다.
**correspondent** 특파원, 통신원

## 410. cris**is** [kráisis]
cri(to discern)+is(명접)

'구별하여 평가하는' 것이 → n. ① (위험한 고비나 시기이면) **위기** ② (가장 나쁜 시기이면) **최악의 고비**라고 하지
- **crisis** management 위기관리
- syn. **emerg**ency(비상사태), **pl**ight(곤경, 어려운 상태), **predica**ment(곤경), **critical** point(임계점)

Anger over the economic **crisis** spread to many of the poorer countries.
경제위기에 대한 분노가 많은 가난한 나라에 확산되었다.

### ■■■ 우리말 대화로 단어 복습하기

가. **경제 평론가(economic critic)**들이 뭐라고 하는 거야?
나. 이번 **위기(crisis)**를 잘 넘기면 **전반적인(across-the-board) 경제지표(economic indicator)**가 **호전(upturn)**될 것이라고 말하네.

---

## 어근 62

**CULP** : 잘못(fault), 범죄(crime) / **PSEUDO, STEP**(접두사) : 거짓(false)

## 411. culp**able** [kʌ́lpəbl]
culp(fault)+able(형접)

'잘못할 수 있는' 것이 → a. ① **과실이 있는** ② **비난받을 만한** 일이 된 거지
- **in**culp**able**[inkʌ́lpəbəl] a. ① **죄 없는** ② **나무랄 데 없는** ③ **결백한**
- **culpable** negligence 중과실(태만죄)

It is difficult to identify who is **culpable**.
누구의 과실인지를 파악하기 어렵다.

## 412. culp**rit** [kʌ́lprit]
culp(crime)+rit(ready)

'범죄 준비가 되어 있는 사람' 은 → n. ① **죄인** ② (문제를 일으킨) **장본인**이 될 수 있지
- syn. **off**end**er**(범죄자), **crimin**al(범죄자), **fel**on(중죄인), **wrongdo**er(범죄자), **trans**gress**or**(죄인), **evildo**er(악인)

The sun is a major **culprit** in the skin's deterioration.
햇볕이 피부노화의 장본인이다.
**deterioration** 악화, 하락

## 413. inculpate [inkʌ́lpeit]
in(on)+culp(fault)
+ate(~이 되게 하다, 동접)

'(누군가를) 잘못되게 하는' 것이 → v. ① **비난하다** ② **죄를 씌우다**
③ **책망하다**가 된 거지

> They all seem to **inculpate** him.
> 그들 모두 그에게 죄를 뒤집어씌우려 한다.

---

◆ 어원 TIP
- **pseudo**nym → pseudo(false)+onym(name) → 거짓 이름 → 익명
- **step**mother → step(false)+mother → 거짓 어머니 → 의붓어머니, 계모

### 우리말 대화로 단어 복습하기
가. 그 **죄인(culprit)**이 **비난받을 만한(culpable)** 행동을 또 했다면서?
나. **범죄(crime)**를 남에게 **뒤집어씌우려고(inculpate)** 한 거지.

---

## 어근 63

CULT : 경작하다, 배양하다(to till)   ※ 동의어근 COLO(어근52)

---

## 414. cult [kʌlt]
cult(to till)

'(특정한 사상 등을) 배양하는' 것이 → n. ① (남을 무조건 따르는 거면) **추종** ②
(우러러 공경하는 거면) **숭배** ③ **컬트** ④ **광신적 사이비 종교 집단**이 된 거지
- **oc**cult**ism**[əkʌ́ltizəm] n. **신비주의**
- **oc**cult[əkʌ́lt] ① **주술적인** ② **초자연적인** ③ **불가사의한**
- a **cult** movie **컬트영화**
- syn. **de**vot**ion**(헌신), wor**ship**(숭배), sect(종파)

> IS is a **cult** of violence.
> IS는 폭력적인 종교집단이다.

---

## 415. cultivate [kʌ́ltəvèit]
cult(to till)+iv+ate(동접)

'경작하는' 것이 → v. ① (땅을) **경작하다** ② (식물·작물을) **재배하다**
③ (누구와의 관계를) **구축하다** ④ (말·행동 방식 등을) **기르다** ⑤ (능력이나
성품을 기르고 닦는 거면) **함양하다**가 된 거지
- cult**ivation**[kʌ̀ltəvéiʃən] n. ① **재배** ② **경작** ③ **양성**

> Its recreation programs **cultivate** their skills.
> 그것의 오락프로그램이 그들의 기술을 길러주었다.

---

## 416. culture [kʌ́ltʃər]
cult(to till)+ure(명접)

'(땅을) 경작하는 것' 이 → 곡물이 나오고 → 여유가 생겨 → n. ① **문화** ② **문명**
③ **재배** v. (미생물·조직 등을) **배양하다**가 된 거지
- cult**ural**[kʌ́ltʃərəl] a. **문화의**
- **culture** shock **문화충격**
- syn. **civiliz**a**tion**(문명)

The event will highlight his Ethiopian **culture**.
행사의 하이라이트는 그의 에티오피아 문화가 될 것이다.

■■■ **우리말 대화로 단어 복습하기**

가. 특이한 **작물(crop)**을 **재배하고 있는(cultivate)** 사람들이 밝혀졌다면서?

나. 특정 **문화(culture)**를 **추종(cult)**하는 집단이래.

| 어근 64 | CUMB, CUB : 눕다, 누워 있다(to lie down) → cu**cumb**er(오이) 오이는 마치 드러누운 모양의 채소 |
|---|---|

## 417. **encumber**
[inkʌ́mbər]
en(in)+cumb(to lie down)+er(동접)

'안에 눕는' 것이 → v. ① (남의 일을 못하게 하면) **방해하다** ② (성가시고 다루기 어렵게 하면) **거추장스럽게 하다** ③ (부동산 등이 채무의 담보면) **저당잡히다**가 된 거지

● en**cumb**rance[inkʌ́mbrəns] n. ① **지장** ② **짐** ③ **방해**
● dis**en**cumber[dìsenkʌ́mbər] v. ① **해방시키다** ② **풀어주다**
● **cumb**ersome[kʌ́mbərsəm] a. ① **크고 무거운** ② **번거로운**
● syn. **hind**er(방해하다) cf. be**hind** 뒤에

We try not to **encumber** the new operating company.
우리는 새로운 운영회사를 방해하지 않도록 노력했다.

## 418. **incubate** [ínkjubèit]
in+cub(to lie down)+ate(~이 되게 하다, 동접)

'안에 누워있는' 것이 → v. ① (동물의 알이면) **부화하다** ② (세균이면) **배양하다** ③ (병균이면) **잠복하다** ④ (사람이면) **생각해내다**가 된 거지

● in**cub**ation[ìnkjubéiʃən] n. ① **부화** ② **배양** ③ **잠복**
● in**cub**ator[ínkjəbèitər] n. ① (조산아 등의) **인큐베이터** ② **부화기** ③ **기업 인큐베이터**
● business in**cub**ator **벤처 기업 육성 시설**

A venture capital firm helps **incubate** start-ups.
한 벤처자본회사가 신생 기업 창업을 지원하는데 기여하고 있다.
**start-up** 신규기업

## 419. **incumbent**
[inkʌ́mbənt]
in(on)+cumb(to lie down)+ent(형접)

'(공직 등에) 누워있는 사람' 이 → n. ① **현직자** ② **재직자** a. ① **재임 중인** ② (의무의 일부로) **필요한** 의미가 된 거지
● the in**cumb**ent president **현직 대통령**

**Incumbent** politicians have a financial advantage.
현직 정치인들이 재정상 이점을 가지고 있다.

## 420. **succumb** [səkʌ́m]
suc(under)+cumb(to lie)

'아래로 눕다' 가 → v. ① **굴복하다** ② **무릎을 꿇다**가 된 거지
● syn. sub**mit**(굴복하다), **yield**(굴복하다), **give in**(굴복하다), **cave in**(항복하다), sur**render**(항복하다)

■■■ **우리말 대화로 단어 복습하기**

가. **현직(incumbent)** 대통령이 **보건복지부(Ministry of Health and Welfare)** 장관에게 지시한 내용이 뭐지?

나. **잠복하고(incubate)** 있는 **유행성(pandemic) 병균(germ)**을 **박멸(eradication)**할 수 있는 방안을 찾을 것을 지시하였어.

가. 그래서 어떻게 되었는데?

나. 보건관리들은 온갖 **방해(encumbrance)**에도 **굴복하지(succumb)** 않고 결국 방법을 찾아냈다고 하지.

| 어근 65 | CUR, COUR : 달리다, 흐르다(to run) |
|---|---|

## 421. **cour**ier [kə́ːriər]
cour(to run)+i+er(사람)

'달리면서 일하는 사람이나 조직' 을 → n. ① **배달원** ② **택배 회사**라고 하지

- syn. **messeng**er(배달원, 칙사), **carri**er(수송회사, 보균자, 배달원),
- overnight **couri**er **속달**(익일 특급우편) = overnight delivery
- **logistic** company **물류회사**

## 422. **cur**few [kə́ːrfjuː]
cur(to run)+few(많지 않은)

'달리는 것이 거의 없는' 것이 → n. ① **통행금지령** ② **통금시간** ③ (부모가 자녀에게 하는) **귀가 시간**이 된 거지

- impose a **curfew 통금을 실시하다**
- lift the **curfew 통금을 해제하다**

## 423. **cur**rency [kə́ːrənsi]
cur(to run)+r+ency(성질.상태, 명접)

'물이 흐르듯이 가는 것' 이 → n. ① **통화** ② **통용** ③ **화폐**가 되는 거지

- **currency** authorities **통화당국**
- hard **currency 경화**《달러, 또 달러와 교환할 수 있는 화폐》
- soft **currency 연화**《달러와 교환할 수 없는 화폐》
- syn. **circul**ation(통화, 유통), **coin**(동전, 주화), **note**(지폐), **bill**(지폐)

## 424. **cur**rent [kə́ːrənt]
cur(to run)+r+ent(형접)

'흘러가는 것' 이 → a. ① **현재의** ② **통용되는** n. ① (물 · 공기의) **흐름, 해류, 기류** ② **전류** ③ **경향** ④ **추세**가 된 거지

- **cur**rently[kə́ːrəntli] ad. ① **현재** ② **지금**
- ocean **current 해류**
- syn. **pre**sent(현재의), **con**temporary(당대의), up-to-date(최신의),

trendy(최신 유행의), **tend**ency(경향), **trend**(경향, 추세) ↔ ant.
**out-of-date**(시대에 뒤떨어진)

The **current** price is still far too high.
현재 가격은 여전히 지나치게 높다.

## 425. **con**cur [kənkə́ːr]
con(together)+cur(to run)

'(생각이) 함께 달려가는 것' 이 → v. ① **의견 일치를 보다** ② **동의하다**가 된 거지
- **con**cur**rence**[kənkə́ːrəns] n. ① **동의** ② **동시 발생** ③ **의견의 일치**
- **con**cur**rent**[kənkə́ːrənt] a. ① **공존하는** ② **동시에 발생하는**

He does **concur** solving climate change won't be easy.
그는 기후변화 해결이 쉽지 않을 것이라는 데 동의했다.

## 426. **ex**cur**sion**
[ikskə́ːrʒən]
ex(out)+cur(to run)+s+ion(명접)

'밖으로 달려나가는 것' 이 → n. ① **여행** ② **소풍** ③ **견학**이 된 거지

We planned the year-end **excursion** to Singapore.
우리는 싱가포르로 연말 여행을 계획했다.

## 427. **in**cur [inkə́ːr]
in+cur(to run)

'안으로 흐르는' 것이 → v. ① (어떤 결과를 가져오면) **초래하다, 초래시키다**
② (비용이면) **발생시키다, 발생하다**가 되는 거지
- **in**cur**rence**[inkə́ːrəns] n. ① (책임·빚을) **초래함** ② (손해 등을) **입음**
- **in**cur**sion**[inkə́ːrʒən] n. ① **급습** ② **습격** ③ **갑작스러운 등장**
- syn. **pro**voke(유발하다)

It will **incur** charges of $3.5 billion in the fourth quarter.
그것이 4분기에 35억 달러의 비용을 발생시킬 것이다.

## 428. **pre**cur**sor** [prikə́ːrsər]
pre(before)+cur(to run)+s+or(사람)

'먼저 달려간 사람(것)' 을 → n. ① **선구자** ② **전조**라고 하지
- syn. **fore**run**ner**(선구자, 전조), **herald**(전조, 전령사),
**pre**decess**or**(전임자), **harbing**er(징조)

He is considered a **precursor** of the modern novel.
그는 현대소설의 선구자로 간주된다.

## 429. **re**cur [rikə́ːr]
re(again)+cur(to run)

'(문제 등이) 다시 흐르는' 것이 → v. ① **재발하다** ② **반복되다**가 된 거지
- **re**cur**rence**[rikə́ːrəns] n. ① **재발** ② **반복** ③ **되풀이**
- **re**cur**sion**[rikə́ːrdʒən] n. ① **반복** ② **되풀이**
- **re**cur**rent**[rikə́ːrənt] a. ① **되풀이 되는** ② **반복되는** ③ **재발되는**

Ebola and others will always **recur**.
에볼라와 다른 질병들은 항상 재발할 것이다.

- **cursor** → cur(to run)+s+or(동작) → (컴퓨터 화면에서 정보를 향해) **달려가는 동작 → 커서**
- **cursory** → cur+s+ory(~의 성질, 형접) → **달리듯이 일을 하는 → 대충하는**
- **course** → cour(to run)+se(명접) → **달려가는 방향 → 강좌, 코스**
- **curse** → cur(to run)+se(명접) → (사악한 운명에 빠지도록 기도를 위해) **달려가는 과정 → 저주, 악담**
- **discourse**[dískɔːrs] → dis(apart)+cour(to run)+se(명접) → (주제를 놓고 서로) **떨어져 달리는 것 → 담론, 담화, 강연**
- **curriculum** → (학습을 위한) **달리는 코스 → 교과과정**
- **curly** → cur(to run)+ly(형접) → **물이 흐르는 것 같은 → 곱슬머리의**
- **curlicue** (글자체나 디자인의) **소용돌이 모양**

### 우리말 대화로 단어 복습하기

가. 한 **물류**(logistic)회사가 종업원들의 공장 **통행**을 **금지**(curfew)시킨 이유가 뭐지?

나. **현재**(currently) **통용**(currency)되는 시스템이 **반복되는**(recur) 사고를 **초래한**(incur) 것 때문이래.

가. 원인은 밝혀졌어?

나. 담당 **기사**(courier)들의 과로가 심각하데.

가. 그에 따른 해결방안이 뭐래?

나. 담당 기사들에게 휴식과 **여행**(excursion)을 주기로 경영진들이 **의견일치를 보았고**(concur), 앞으로 현 **추세**(current)를 선도하는 업계의 **선구자**(precursor)가 되겠다고 다짐했다는군.

---

## 어근 66

**CUSS** : 때리다(to beat)
※ 동의어근 BAT(어근23) / FEND(어근94) / FLICK, FLICT(어근102)

---

**430. discuss** [diskʌs]
dis(apart)+cuss(to beat)

'(의견 등이) 갈라져 때리는' 것이 → v. ① **논의하다** ② **토론하다** ③ **논하다**가 된 거지

- **discussion**[diskʌʃən] n. ① **논의** ② **토론** ③ **상의**
- syn. **debate**(토론하다, 토론)

> We are ready to **discuss** the crisis.
> 우리는 그 위기를 논의할 준비가 되어있다.

**431. percuss** [pərkʌs]
per(through)+cuss(to beat)

'두루 때리는' 것이 → v. ① (소리가 나도록 치면) **두드리다** ② (의사가 두드려서 증세를 살피면) **타진하다**가 되는 거지

- **percussion**[pərkʌʃn] n. ① **타진** ② **타악기**
- **percussive**[pərkʌsiv] a. ① **처서 소리를 내는** ② **타진의**
- **repercussion**[rìːpərkʌʃən] n. ① **반향** ② **영향**
- **percussion** instruments **타악기들**

> I felt as if he were to percuss the **percussion**.
> 나는 그가 타악기를 두드리는 것처럼 느꼈다.

### 우리말 대화로 단어 복습하기

가. 그 응급환자는 어떻게 되었어?

나. 주치의가 **환자**(patient)의 여기저기를 두드리며 증세를 **타진하고**(percuss) **관련**(related) 의사들과 **수술**(operation) 방안을 **논의했다**(discuss)군.

- hope | n. 희망 ↔ despair 절망 fear 두려움
- horizontal[hɔ̀ːrəzántl] | a. 수평의 ↔ vertical 수직의
- hospitable[háspitəbəl] | a. 환대하는, 친절한, 쾌적한 ↔ inhospitable 불친절한, 적합하지 않은
- hostile[hástil] | a. 적의, 적대적인, 적개심을 나타내는 ↔ amicable 우호적인
- human | a. 인간의, 인간적인 ↔ non-human 비인간의 inhuman 비인간적인
- humble[hʌ́mbəl] | a. 겸손한, 비천한 ↔ arrogant, proud 오만한, 거만한 insolent 무례한
- humility[hjuːmíləti] | n. 겸손 ↔ conceit, arrogance 자만, 오만

I
- ideal[aidíːəl] | a. 이상적인, 관념적인, 가공의 n. 이상 ↔ real 현실적인, 실제의
- idealism[aidíːəlìzəm] | n. 1) 이상주의 ↔ realism 현실주의, 사실주의
   2) 관념론 ↔ materialism 물질주의, 유물론
- idle[áidl] | a. 한가한, 게으른 = lazy ↔ diligent 근면한, 부지런한
- ignoble[ignóubəl] | a. 비열한, 야비한 ↔ noble 고귀한, 귀족의
- ignorant[ígnərənt] | a. 무지한, 무식한 ↔ learned[lə́ːrnid] 학식 있는, 박식한
- illegal[ilíːgəl] | a. 불법의, 불법적인 = unlawful ↔ legal, lawful 합법의, 합법적인
- illiterate[ilítərit] | a. 읽고 쓸 줄 모르는, 무식한, 문맹의 ↔ literate 읽고 쓸 줄 아는
- immoral[imɔ́(ː)rəl] | a. 부도덕한, 비도덕적인 ↔ moral 도덕적인
- import[impɔ́ːrt] | n. 수입 v. 수입하다 ↔ export n. 수출 v. 수출하다
- include[inklúːd] | v. 포함하다 ↔ exclude 배제하다, 제외하다
- income[ínkʌm] | n. 수입, 소득 ↔ outgo, expenditure 경비, 지출 *outcome 결과
- increase[inkríːs] | v. 증가하다 n. 증가 ↔ decrease v. 감소하다 n. 감소
- incredible[inkrédəbəl] | a. 믿을 수 없는 ↔ credible 믿을 수 있는
- incurable[inkjúərəbəl] | a. 불치의, 치료할 수 없는, 구제 불능의 ↔ curable 치료할 수 있는
- indoor[índɔ̀ːr] | a. 옥내의, 실내의 ↔ outdoor 옥외의, 실외의
- inferiority[infìəriɔ́(ː)rəti] | n. 하위, 열등함, 열세 ↔ superiority 우월성, 우위, 우세
- inferiority complex | n. 열등감, 열등의식 ↔ superiority complex 우월감, 우월의식
- inflate[infléit] | v. 부풀다, (가격을) 올리다, (통화를) 팽창시키다
   ↔ deflate 공기를 빼다, 수축시키다, (가격·통화를) 수축시키다
- inflation[infléiʃən] | n. 물가 상승, 통화 팽창, 인플레이션 ↔ deflation 경기 하강, 통화 수축
- informal[infɔ́ːrməl] | a. 비공식의, 격식을 차리지 않는 ↔ formal 공식적인, 격식을 차리는
- inhale[inhéil] | v. 흡입하다, 들이마시다 ↔ exhale 내뿜다, 내쉬다

**Exercise 9**

1. (A)에 제시된 어근의 의미를 가장 적절하게 표현한 것을 (B)에서 찾아 쓰시오.

| (A) | (B) |
|---|---|
| 1) COLO, CULT _____ | ⓐ 몸(body) |
| 2) CLOSE, CLUDE _____ | ⓑ 숨기다(to hide), 갖다(to take) |
| 3) CRE, CRET _____ | ⓒ 깨끗한, 명백한(clear) |
| 4) CORP _____ | ⓓ 믿다(to believe) |
| 5) CUR, COUR _____ | ⓔ 구별하다(to discern), 평가하다(to assess) |
| 6) CRED _____ | ⓕ 드러눕다(to lie down) |
| 7) COVER _____ | ⓖ 경작하다(to till) |
| 8) CLARE _____ | ⓗ 자라다, 성장하다(to grow) |
| 9) CORD, CARD _____ | ⓘ 닫다(to shut) |
| 10) CRACY _____ | ⓙ 굽다(to bend), 경사지다(to slope) |
| 11) CRIM _____ | ⓚ 정치(government) |
| 12) CUSS _____ | ⓛ 때리다(to beat) |
| 13) COSMOS _____ | ⓜ 죄, 범죄(guilt), 분리시키다(to separate) |
| 14) CLIM, CLIN, CLIV _____ | ⓝ 우주(universe) |
| 15) CRIT, CRIS _____ | ⓞ 마음(heart), 종이(paper) |
| 16) CUMB _____ | ⓟ 달리다, 흐르다(to run) |

2. 제시된 단어 중 의미가 가장 적절한 것을 찾아 괄호 안에 넣으시오.

ⓐ declare ⓑ crisis ⓒ closet ⓓ incubate ⓔ discard ⓕ incorporate ⓖ credulous ⓗ climate ⓘ seclude ⓙ cult ⓚ clause ⓛ undercover ⓜ percuss ⓝ cosmos ⓞ bureaucracy ⓟ acclimate ⓠ excursion ⓡ recover ⓢ corps ⓣ discrimination ⓤ aristocracy ⓥ currency ⓦ recur ⓧ concrete ⓨ creed ⓩ colony

| 1) (    ) : 비밀의 | 2) (    ) : 고립시키다 | 3) (    ) : 속기 쉬운 |
|---|---|---|
| 4) (    ) : 우주 | 5) (    ) : 통화 | 6) (    ) : 재발하다 |
| 7) (    ) : 차별 | 8) (    ) : 식민지 | 9) (    ) : 여행 |
| 10) (    ) : 귀족정치 | 11) (    ) : 교리 | 12) (    ) : 순응시키다 |
| 13) (    ) : **구체적인** | 14) (    ) : 군단 | 15) (    ) : **추종** |
| 16) (    ) : 신고하다 | 17) (    ) : 설립하다 | 18) (    ) : 조항 |
| 19) (    ) : 위기 | 20) (    ) : 벽장 | 21) (    ) : 부화하다 |
| 22) (    ) : 풍토 | 23) (    ) : 관료주의 | 24) (    ) : 버리다 |
| 25) (    ) : 타진하다 | 26) (    ) : 회복하다 | |

## 3. 제시된 단어와 <u>반대되는</u> 의미로 가장 적절한 것을 찾아 괄호 안에 넣으시오.

ⓐ conceit ⓑ import ⓒ income ⓓ humble ⓔ horizontal ⓕ hostile ⓖ inferiority ⓗ despair ⓘ real ⓙ lawful
ⓚ diligent ⓛ ignorant ⓜ inflate ⓝ noble

| | | |
|---|---|---|
| 1) ( ) : hope | 2) ( ) : illegal | 3) ( ) : ideal |
| 4) ( ) : ignoble | 5) ( ) : idle | 6) ( ) : deflate |
| 7) ( ) : learned | 8) ( ) : arrogant | 9) ( ) : humility |
| 10) ( ) : superiority | 11) ( ) : expenditure | 12) ( ) : export |
| 13) ( ) : amicable | 14) ( ) : vertical | |

## 4. <u>밑줄 친</u> 단어와 <u>가장 유사한</u> 것을 고르시오.

1) He has a **cordial** relationship with them.
　① unpleasant　　　② offensive　　　③ friendly　　　④ nasty

2) The road unnecessarily **encumber** transportation systems.
　① assist　　　② aid　　　③ involve　　　④ hinder

3) A beautiful investigator tries to **uncover** the truth.
　① breach　　　② unearth　　　③ define　　　④ approach

4) The impact will **decrease** net product revenue.
　① edge up　　　② diminish　　　③ increase　　　④ swell

5) The example of Greece may become a **precursor** to what happens in other countries like Spain.
　① reversal　　　② suspect　　　③ forerunner　　　④ current

## 5. 아래에 제시된 단어 중 <u>밑줄 친</u> 우리말의 의미에 맞게 빈칸에 적절한 것을 골라 넣으시오.

corporation / credulous / clarify / covert / concur / recover / cultivate / discuss / decline / succumb

1) 러시아 관리들이 경제위기를 <u>**논의했다**</u>.
　⇒ Russian officials ( ) economic crisis.

2) 인권단체들은 군부가 위험을 줄이기 위해 조치를 취했다는데 <u>**동의했다**</u>.
　⇒ Human rights groups ( ) that the military has taken steps to reduce the risk.

*take steps 조치를 취하다

3) 나는 다시 유혹에 <u>**굴복할**</u> 것이<u>**다**</u>.
　⇒ I'll ( ) to the temptation again.

4) 농부들은 곡물을 **경작해서** 이익을 얻었다.

⇒ Farmers (                    ) and profit from the crop.

5) 뉴스 기관들이 덜 협력적이고 **잘 속지** 않았다.

⇒ News organizations had been less cooperative and less (                    ).

6) 다섯 명의 후보가 영향력이 큰 **기업**의 같은 직종을 향해 경쟁하고 있다.

⇒ Five candidates are vying for the same job for a high-powered (                    ).

* **vie for** 경쟁하다

7) 그는 전 세계에 **비밀** 임무를 위해 파견되었다.

⇒ He was dispatched on (                    ) missions around the world.

8) 수년간의 **쇠퇴**이후에 카탈로그 숫자가 2013년에 증가했다.

⇒ After years of (                    ), the number of catalogs increased in 2013.

9) 우리는 그 조사에 대해 누가 책임져야하는지를 **명확히 하**기를 원한**다**.

⇒ We want to (                    ) who should be responsible for such searches.

10) 국내수요가 계속해서 **회복되**고 있**다**.

⇒ Domestic demand continues to (                    ).

---

### ❀❀❀❀❀ 생활 속 영단어로 어원 친해지기 ❀❀❀❀❀

**티케** : 지난 회에 배운 어근이 뭐였더라?

**토끼** : 60. 죄 crim / 61. 구별하다, 평가하다 crit, cris / 62. 결점 culp / 63. 경작하다 cult / 64. 드러눕다 cumb, cub / 65. 달리다, 흐르다 cur, cour / 66. 때리다 cuss이에요.

**티케** : 일상 속에서 경험한 사례를 말해주겠니?

**고양이** : 저는 종종 연주회를 가는데 특히 타악기 소리를 좋아하죠. '타악기'가 percussion라고 배웠잖아요. 그래서 다른 악기는 영어로 뭘까 궁금했죠.

**토끼** : 현악기 strings or stringed instrument, 금관악기 brass or, brass instrument or brass wind instrument, 관악기 wind or wind instrument, 목관악기 woodwind or woodwind instrument 더군요.

**티케** : 그래요. 단어 공부는 그렇게 연관된 단어를 생각하고 정리하면 훨씬 효과적이죠. 덧붙이면,

○ per**cuss**ion → per(through)+cuss(to strike)+ion(명접) → 계속 치는 것 → 타악기, 타진(법)

○ in**stru**ment → in+stru(to build)+ment(명접) → 안에 세우는 것 → 도구

○ en**sem**ble → en(in)+sem(together, same)+ble(명접) → 같이 동시에 하는 것 → 합주단, 앙상블이 되는 거지.

**티케** : 다음 회에 배울 어근은 damn / date dit, don, dos, dot, trea / deb / dem, demo / dent, odontos / dei, div / derm, dermato / dexter, droit / dic, dict, / dign / dole, / dom, domin / dorm / doc, doct이지요.

| 어근 67 | DAMN, DEMN : 저주(curse), 손실(loss), 손해·상처를 입히다(to harm) |

### 432. damage [dǽmidʒ]
dam(loss)+age(상태, 명접)

'손실을 입히는 것' 이 → n. ① **피해** ② **손상** ③ **훼손** ④ **손해 배상금**
v. ① **손해를 입히다** ② **피해를 입히다**가 된 거지
- **damn**[dæm] v. ① **헐뜯다** ② **저주하다** 감탄사. **제기랄!**
- **damnation**[dæmnéiʃən] n. ① **천벌** ② **지옥** ③ **저주**
- serious/minor **damage** 심각한/경미한 피해
- syn. in**jury**(손해), com**pens**ation(보상), re**im**bursement(배상),
  spoil(망쳐놓다), in**jure**(손상 시키다), de**vast**ate(유린하다) ↔ ant.
  im**prove**ment(개선), fix(고치다), re**pair**(고치다), mend(고치다)

> There are no immediate reports of **damage**.
> 즉각적인 피해 보고는 없었다.

### 433. indemnify
[indémnəfài]
in(not)+demn(to harm)
+i+fy(to make, 동접)

'손해를 만들지 않게 하는 것' 이 → v. ① **배상을 약속하다** ② **배상하다**가 된 거지
- in**demni**ty[indémnəti] n. ① **배상** ② **면책** ③ **배상금**
- in**demni**fication[indèmnəfikéiʃən] n. ① **보증** ② **면책** ③ **배상**
- syn. com**pens**ate(보상하다)

> They offered to **indemnify** us for our losses.
> 그들이 우리에게 손실분은 배상하겠다고 제의했다.

◆ 어원 TIP
- con**demn** → con(intens)+demn(to harm) → 강하게 해를 끼치다 → 규탄하다, 선고를 내리다

### ■■■ 우리말 대화로 단어 복습하기
가. 네가 **손해(damage)**를 당한 일은 어떻게 되었어?
나. 며칠 내로 나에게 배상하기로 **약속했어(indemnify)**.

| 어근 68 | DATE, DON, DOT, DOS, DIT : 주다(to give)<br>※ 동의어근 TRIBUTE(어근315) |

### 434. outdate [àutdéit]
out(outside)+date(날짜)

'날짜가 벗어난' 것이 → v. ① **시대에 뒤지게 하다** ② **구식이 되게 하다**가 된 거지
- **outdated**[àutdéitid] a. ① **구식의** ② **시대에 뒤떨어진** = out-of-date,
  old-fashioned
- data[déitə] n. (주어진 것이) 데이터
- **outdated** attitude/equipment **구식 태도/장비**
- ant. up**date**(새롭게 하다)

> The change would **outdate** maps and charts.
> 그러한 변화가 지도와 도표를 시대에 뒤지게 하였다.

## 435. donate [dóuneit]
don(to give)+ate(~하다, 동접)

'주려고 하는' 것이 → v. ① **기부하다** ② **헌혈하다** ③ (장기를) **기증하다**가 된 거지
- **donation**[dounéiʃən] n. ① **기부** ② **기증** ③ **기부금**
- **donor**[dóunər] n. ① **기부자** ② **헌혈자** ③ (장기) **기증자**
- a **donor** card **장기 기증자 카드**
- syn. **contribute**(기부하다), **subscribe**(기부하다, 구독하다), **impart**(나누어 주다), **endow**(기부하다)

College sports fans **donate** money to their favorite schools.
대학 스포츠팬들이 좋아하는 학교에 돈을 기부했다.

## 436. pardon [páːrdn]
par(through)+don(to give)

'(처벌을) 면하게 하는' 것이 → n. ① (죄를 용서하면) **사면** ② (죄나 잘못한 일을 벌하지 않으면) **용서** v. ① (죄인에 대해) **사면하다** ② **용서하다**가 된 거지
- **pardonable**[páːrdnəbəl] a. **용서할 수 있는**
- syn. **forgive**(용서하다), **excuse**(용서하다), **acquit**(석방하다), **exonerate**(면제하다), **absolve**(용서하다) ↔ ant. **condemn**(비난하다), **punish**(처벌하다)

The congress **pardoned** a young woman.
의회가 젊은 여성을 사면했다.
**Pardon!** 뭐라고요

## 437. overdose [óuvərdous]
over(too)+dose(to give)

'(약을) 지나치게 주는 것' 이 → n. **과다복용** v. **과다 복용하다**가 된 거지
- **dose**[dous] n. **복용량**
- **dosage**[dóusidʒ] n. ① **투약** ② **처방** ③ **1회분의 복용량**

Four bears were found dead due to a chocolate **overdose**.
네 마리 곰이 초콜릿 과다복용으로 죽은 채 발견되었다.

## 438. antidote [ǽntidòut]
anti(against)+dote(to give)

'대항하도록 주는 것' 이 → n. ① (독기를 없애면) **해독제** ② (일이나 관계를 해결하면) **해소수단** ③ (얽힌 일을 처리하면) **해결책**이 된 거지

A resort would be an **antidote** to the highest unemployment rate.
리조트가 엄청난 실업률에 대한 해결책이 될 것이다.

## 439. anecdote [ǽnikdòut]
an(not)+ec(out)+dote(to give)

'밖으로 꺼내지 않은' 이야기를 → n. ① **일화** ① **비화**라고 하지

He denied an **anecdote**.
그는 어떤 일화를 부인했다.

## 440. tradition [trədíʃən]
tra(across)+dit(to give)+ion(명접)

'(세대를) 가로질러 주는' 것이 → n. ① **전통** ② **관습**이 된 거지
- **traditional**[trədíʃənl] a. ① **전통적인** ② **전통을 따르는** ③ **인습적인**
- **traditionalism**[trədíʃənəlìzm] n. **전통주의**

◆ **어원 TIP**

• **con**done → con(intens)+don(to give)+e(동접) → (용서를) 강하게 주다 → **용서하다**
• **tre**ason[tríːzən] → tre(across)+(d)a(t)(to give)+on(명접) → (정보 등을) 건네 주는 것 → **반역죄**

### 우리말 대화로 단어 복습하기

가. 약물 **과다복용(overdose)**으로 **입원(hospitalization)**한 배우의 숨겨진 **비화(anecdote)**가 밝혀졌다면서?

나. 그 배우는 **시대에 뒤떨어진(outdated) 전통(tradition)**과 **차별(discrimination)**을 철폐하기 위한 **해결책(antidote)**을 제시해온, **용서(pardon)**와 **화해(reconciliation) 재단(foundation)**에 많은 **기부(donation)**를 해왔다는군.

## 어근 69 | DEB-, DU- : 빚(debit), 빚지다(to owe)

### 441. **debit** [débit]
deb(to owe)+it

'빚지는' 것을 → n. ① (기록하면) **차변** ② (돈을 찾으면) **인출(액)** v. **인출하다**가 되는 거지

• a **debit** slip **지불전표**
• **debit** card **직불카드**

### 442. **debt** [det]
deb(to owe)+t

'빚지는' 것을 → n. ① **부채** ② **빚** ③ **채무**라고 하지

• **in**debt[indét] v. ① ~에게 빚을 지게 하다 ② ~에게 은혜를 입히다
• **debt**or[détər] n. **채무자**
• in **debt** **빚을 진**
• **debt** collector **빚을 대신 받아주는 업체**

◆ **어휘 플러스**

**due** 빚지고 있는 / **due to** ~ 때문에 / **dutiful** 충실한, 순종적인 / **duty** 의무, 직무, 세금 / **duty-free** 면세의

### 우리말 대화로 단어 복습하기

가. 너 마이너스 **통장(bankbook)** 관리를 잘 하고 있니?

나. **인출액(debit)**이 많아지면 결국 **부채(debt)**가 증가하는 것을 알고 있어요.

**DEM, DEMO :** 국민, 사람들(people)

※ 동의어근 POP, PUB(어근227) / VULG(어근338)

## 443. democrat
[déməkræt]

demo(people)+crat(지지자)

'국민들이 통치하는 것의 지지자' 를 → n. ① **민주주의자** ② **민주주의 옹호자**라고 하지
- **demo**cracy[dimɑ́krəsi] n. ① **민주주의** ② **민주 국가**
- **demo**cratic[dèməkrǽtik] a. **민주적인**
- **un**democratic[ʌndèməkrǽtik] a. **비민주적인**
- Democrat (미국의) **민주당원** Republican **공화당원**

> The most influential **Democrat** was accused of fraud.
> 가장 영향력 있는 민주당원이 사기혐의로 기소되었다.
> ① **influential** 영향을 미치는 ② **fraud** 사기

## 444. endemic [endémik]
en(in)+dem(people)+ic(형접)

'특정 사람들 속에만 있는' 것이 → a. ① **고유의** ② **고질적인** ③ **풍토성의** 라는 의미가 된 거지
- **pandem**ic[pændémik] n. **전국(전 세계)적인 유행병**
- endemic disease **풍토병**

> Corruption is **endemic** in India.
> 부패는 인도에서 고질적이다.

## 445. epidemic [èpədémik]
epi(on)+dem(people)+ic(형접)

'(병이) 사람들에게 붙어 다니는' 것이 → a. **유행성의**
n. ① **유행병** ② **유행성 전염병** ③ **급속한 확산**이 된 거지
- a flu **epidemic** 유행성 독감

> We cannot say the **epidemic** is under control.
> 우리는 유행성 전염병을 통제하였다고 말할 수 없다.

---

◆ 어원 TIP
- demography[dimɑ́grəfi] → demo(people)+graph(도표)+y(명접) → 사람(변동)을 도표로 표기하는 것 → 인구변동, 인구통계학

---

■■■ **우리말 대화로 단어 복습하기**

가. **민주주의(democracy)**에서는 **통치자(ruler)**가 **입증하여하는(demonstrate)** 가치는 무엇일까?

나. 첫째, **유행성 전염병(epidemic)**이 **발생(outbreak)**하면 **신속하게(rapidly)** 통제할 방안을 제시하는 것.

나. 둘째, **고질적인(endemic) 적폐(deep-rooted evils)**를 **청산(cleanup)**할 수 있는 비전을 제시하는 거라고 생각해.

---

**DENT, ODONTOS :** 치아(tooth)

## 446. dentistry [déntistri]
dent(tooth)+ist(person)
+ry(직업이나 일, 명접)

'치아를 다루는 사람의 직업이나 일' 을 → n. ① **치과** ② **치과 진료**라고 하지
- dentist[déntist] n. **치과의사**
- denture[déntʃər] n. ① **틀니** ② **의치** syn. false teeth
- dent[dent] v. ① **움푹 들어가게 만들다** ② (자신감·명성 등을) **훼손하다**
  n. **움푹 들어간 곳**
- indent[indént] v. ① (글을) **들여 쓰다** ② (해안선이) **들쭉날쭉 하다**

Private schools yield more than a quarter of **dentistry** students.
치과대학 재학생 중 사립학교 출신이 1/4이상을 차지한다.

## 447. dandelion
[dǽndəlàiən]
dand(tooth)+lion

'사자 이빨처럼 생긴 꽃' 을 → n. **민들레**라고 하지

**Dandelions** make me think of a country field in spring time.
민들레는 나에게 봄철의 시골 들판을 떠오르게 한다.

## 448. odontology
[òudantɑ́ləd3i]
odonto(teeth)+logy(학문)

치아를 다루는 학문 → n. **치의학**

He headed the study at the University's Faculty of **Odontology**.
그는 대학 치과 학부 연구를 주도했다.
**faculty** 능력, 학부, 교수진

---

**■■ 우리말 대화로 단어 복습하기**

가. 저기 **민들레(dandelion)**가 **만발한(full-blown) 리조트(resort)**에서 세미나를 하고 있는 사람들은 누구지?
나. **치의학(odontology)**을 **전공한(major in) 치과의사(dentist)**들이야.

---

## 어근 72
DEI, DIV : 신(god)   ※ **동의어근 THEO(어근306)**

## 449. deity [díːəti]
dei(god)+ity(상태, 명접)

n. ① **신** ② **하느님**
- deify[díːəfài] v. ① **신격화하다** ② **신으로 받들다**
- deification[dìːəfikéiʃən] n. **신격화** syn. apotheosis

Even children can spot the difference between a living **deity**
and a living goat.
아이들조차도 살아있는 신과 염소의 차이를 구별할 수 있다.
**spot** n. 얼룩, 장소 v. 알아맞히다, 발견하다

## 450. divine [diváin]
div(god)+ine(속하는, 형접)

'신에게 속하는' 것이 → a. ① **신의** ② **신성한** v. **예언하다**가 된 거지
- divinity[divínəti] n. ① **신성** ② **신** ③ **신학**
- divinity school **신학교**
- syn. holy(신성한)

◆ 어원 TIP
● div**a**[díːvə] → div(god)+a → **신 같은 사람** → (오페라의) **프리마돈나**(prima donna), **유명여가수, 디바**

■ 우리말 대화로 단어 복습하기
가. 자네는 **신(deity)**은 무엇이라고 생각하는가?
나. **신성한(divine)** 존재이며 공평한 사랑을 베푼다고 생각합니다.

| 어근 73 | DERM, DERMAT(O) : 피부(skin) |
|---|---|

451. **dermatology**
[də̀ːrmətɑ́ləʤi]
dermato(skin)+logy(학문)

피부를 연구하는 학문 → n. **피부과(학)**
● **dermatologist**[də̀ːrmətɑ́ləʤist] n. **피부과의사**
● **dermatitis**[də̀ːrmətáitis] n. **피부염**

Yujin, a dermatologist, is the founder of the Center for **Dermatology**.
피부과의사인 유진은 피부과 센터 설립자이다.

452. **epidermis**
[èpədə́ːrmis]
epi(outside)+derm(skin)+is(명접)

'바깥 피부' 를 → n. ① **표피** ② **외피** ③ **상피**라고 하지

The **epidermis** is the outermost layer of skin.
외피는 가장 바깥쪽에 있는 피부층이다.

■ 우리말 대화로 단어 복습하기
가. 지금 **피부과의사(dermatologist)**가 무엇을 하고 있는 건가요?
나. 환자 **외피(epidermis)**에 생긴 **피부염(dermatitis)**을 **진찰(diagnosis)**한 다음 **연고(ointment)**를 발라주고 있어요.

| 어근 74 | DEXTER, DROIT : 오른손(right hand), 숙달된(skilled) → 왼손보다 오른손이 일반적으로 능숙함 |
|---|---|

453. **dexterity** [dekstérəti]
dexter(right hand)+ity(명접)

'오른손을 잘 쓰는 것' 이 → n. ① **손재주** ② **재주** ③ **솜씨**가 된 거지
● **dexterous**[dékstərəs] a. ① **솜씨 좋은** ② **손재주가 있는**
● **ambidextrous**[æ̀mbidékstrəs] a. ① **양손잡이의** ② **양손을 잘 쓰는**
● **ambidexterity**[æ̀mbidekstérəti] n. ① **양손잡이** ② **비상한 손재주**

There is no denying his **dexterity**.
그의 손재주를 부정할 수 없다.

## 454. adroit [ədrɔ́it]
a(to)+droit(skilled)

숙달되어지는 → a. ① **능숙한** ② **노련한**
- **mala**droit[mæ:lədrɔ́it] a. ① **솜씨 없는** ② **서투른**
- **droit**[drɔ́it] n. ① **권리**(권리의 대상) ② **법률** ③ **세금**

> The president proves a deft and **adroit** leader.
> 대통령은 능숙하고, 노련한 지도자임을 입증하였다.
> **deft** 날쌘, 능숙한

■■■ **우리말 대화로 단어 복습하기**
가. 그녀의 **손재주(dexterity)**가 정말 좋지?
나. 그녀는 **능숙한(adroit) 양손잡이(ambidexterity)** 라고.

## 어근 75
DIC, DICT : 말하다(to speak) ※ **동의어근 FA, FESS(어근89) / LOCUT, LOGUE, LOGY, LOQU(어근152) / ORA, ORE(어근202)**

## 455. dictate [díkteit]
dict(to speak)+ate(~하게하다, 동접)

'말하여 하게하는' 것이 → v. ① (글이면) **받아쓰게 하다** ② (시키면) **지시하다**
③ (효과나 작용이 다른 것에 미치게 하면) **영향을 주다** ④ (좌지우지하면)
**좌우하다** n. ① **명령** ② **요구**가 된 거지
- **dict**ator[díkteitər] n. **독재자**
- **dict**ation[diktéiʃən] n. ① **받아쓰기** ② **구술**
- syn. **di**rect(지시하다), **order**(명령), **com**mand(명령)

> The talks continue on the basis of what they **dictate**.
> 회담은 그들이 지시한 것에 근거해서 계속되었다.

## 456. addict [ǽdikt]
ad(to)+dict(to speak)

'(다른 사람이) 말하는 것에 따라가는' 것이 → n. (약물, 사상, 사물에) **중독자**
v. **중독되다**가 된 거지
- **ad**diction[ədíkʃən] n. ① **중독** ② **탐닉**
- **ad**dictive[ədíktɪv] a. ① **중독성의** ② **중독성이 있는**
- syn. **junkie**(마약 중독자), **follow**er(추종자), **en**thusiast(열광적인 지지자)

> He was already working on a book about a drug **addict**.
> 그는 이미 마약 중독자에 관한 책을 집필하고 있는 중이었다.

## 457. dedicate [dédikèit]
de(intens)+dic(to say)
+ate(~하게하다, 동접)

'강하게 말하여 하는' 것이 → v. ① (있는 힘을 다하면) **헌신하다** ② (한 가지
일에만 마음을 쓰면) **전념하다** ③ (책·음악 작품·공연이면) **헌정하다**가 된 거지
- **de**dicated[dédikèitid] a. ① **헌신적인** ② **전용의**
- **de**dication[dèdikéiʃən] n. ① **헌신** ② **헌정식** ③ **헌정사**
- dedicated line **전용회선**
- syn. **de**vote(헌신하다)

> We will **dedicate** to cybersecurity efforts.
> 우리는 사이버보안을 위한 노력에 헌신할 것이다.

## 458. indicate [índikèit]

in(in)+dic(to speak)
+ate(~하게 하다, 동접)

'(마음) 속에 있는 것을 말하는' 것이 → v. ① (사실, 존재, 가능성을) **나타내다**
②(감정·생각이나 의도 따위를 간접적으로) **내비치다** ③ (손가락이나 고갯짓으로)
**가리키다** ④ (글로) **명시하다**가 된 거지
- indication[ìndikéiʃən] n. ① **표시** ② **징후**
- indicator[índikèitər] n. ① **지표** ② **표시기**
- syn. suggest(암시하다), reveal(드러내다), imply(내포하다), demonstrate(증명하다), display(나타내다), manifest(명시하다)

> Large gaps **indicate** the presence of small moons.
> 대규모 틈들은 작은 달의 존재를 나타내준다.

---

◆ 어원 TIP
- dictionary → dict(to speak)+ion+ary(장소) → 말을 풀어 놓은 곳 → 사전
- predicament → pre(before)+dic(to say)+a+ment(명접) → 미리 (어려운 상황을) 말을 해야 하는 상태 → 곤경, 곤궁
- prodigy → pro(before)+di(to say)+gy(명접) → (남보다) 미리 말하는 사람 → 영재, 신동
- abdicate → ab(off)+dict(to speak)+ate(동접) → 말을 해서 (직책 등에서) 떨어져 나가게 하다 → 물러나다
- condition → con(with)+dit(to speak)+ion(명접) → 함께 말해주는 것 → 조건

---

◆ 어휘 플러스
benediction 축복(p80) / malediction 악담(p74) / contradict 모순되다(p66) / preach 설교하다 / predict 예측하다 / prodigious 엄청난, 비범한 / verdict 평결

---

■■ **우리말 대화로 단어 복습하기**

가. 약물 **중독자**(addict) 치료에 **헌신했던**(dedicate) **중독**(addiction)치료센터장이 **퇴임**(retirement) **준비**(preparation)를 **지시했다**(dictate)는데 이유가 뭐지?

나. 자세히는 알지 못하지만 건강상 이유를 **내비치셨다**(indicate)는군.

---

## 어근 76

**DIGN : 가치 있는(worthy)**
※ 동의어근 PRAIS, PREC(어근230) / VAL, VAIL(어근320)

---

## 459. dignify [dígnəfài]

dign(worthy)+fy(to make)

'가치 있게 만들다' 가 → v. ① **품위 있게 보이게 하다** ② **위엄을 갖추다**가 된 거지
- dignity[dígnəti] n. ① **품위** ② **위엄** ③ **존엄성** ④ **자존감**
- indignity[indígnəti] n. ① **수모** ② **모욕** ③ **치욕**
- indignation[ìndignéiʃən] n. ① **분노** ② **분개**

> I don't **dignify** his comments when they are good or bad.
> 나는 좋든 나쁘든 그의 논평을 품위 있게 보이려 하지 않았다.

---

## 460. disdain [disdéin]

dis(away)+dain(worthy)

'가치를 멀리하는' 것이 → v. ① (깔보아 업신여기는 거면) **경멸하다** ② (존재나 가치를 알아주지 않은 거면) **무시하다** n. ① **경멸** ② **무시**가 된 거지
- syn. scorn(경멸하다, 경멸), slight(경멸하다, 경멸), contempt(경멸), deride(조롱하다)

He actually showed **disdain** for the fashion world.
그는 실제적으로 패션세계에 대한 경멸을 나타냈다.

가. 그를 **품위 있어 보이게 하는(dignify)** 핵심은 뭐지?
나. 그가 사람을 대하는 **태도(attitude)**를 보면 상대를 **무시(disdain)**하지 않고, 늘 **겸손(modesty)**하지.

## 어근 77

DOLE : 슬퍼하다(to grieve), 공유하다(to share) → 슬픔은 공유해야 치유되는 거지

### 461. dole [doul]
dole(to share)

'(슬픔을) 공유하는 것' 이 → n. ① **실업수당** ② **슬픔**
                              v. ① **베풀다** ② **한탄하다**가 된 거지
• dole**ful**[dóulfəl] a. ① **슬픔에 잠긴** ② **침울한** ③ **애절한**

We can't continue to **dole** out money.
우리가 계속해서 자금을 나누어 줄 수 없다.
**dole out** 나눠 주다

### 462. condole [kəndóul]
con(with)+dole(to grieve)

'함께 슬퍼하다' 가 → v. ① **조문하다** ② **애도의 뜻을 표하다** ③ **동정하다**가 된 거지
• con**dol**ence[kəndóuləns] n. ① **애도** ② **조문**

They **condole** with her.
그들은 그녀를 위로했다.

### 463. indolent [índələnt]
in(not)+dol(to grieve)+ent(형접)

'(어떤 상황이든) 슬퍼하지 않는' 것은 → a. ① **게으른** ② **나태한** 거지
• in**dol**ence[índələns] n. ① **게으름** ② **나태** ③ **무통(성)**

Lawyers had been **indolent** and ill prepared.
변호사들은 게으르고 준비가 되어있지 않았었다.

◆ 어원 TIP
• **doldrums**[dóuldrəmz] → dol(dull)+drum(북, 북소리) → 무딘 북(소리) → **침울, 침체, 무풍지대**

가. 자네는 친하지도 않은 사람들에게 그렇게 **조문하는(condole)**데 열심인가?
나. 우리는 가족을 잃고 **슬픔(dole)**에 잠긴 사람들을 조문하는 일을 **게을리(indolent)** 해서는 안 되지.
나. 함께 살아간다는 공동체란 무엇인가?

| 어근 78 | DOM, DOMIN : 다스리다(to rule), 집(house), 지붕(roof) / 단어 뒤에 dom이 쓰이면 '상태, 조건, 권력'을 의미하는 명사를 만드는 접미사로 쓰임 |

## 464. domestic [dəméstik]
dom(to rule)+est+ic(~에 속하는, 형접)

'다스리는 곳에 속하는' 영역이 → a. ① (나라면) **국내의** ② (집안이면) **가정의** ③ **가정적인** n. ① **가사 도우미** ② **하인**이 된 거지
- dom**esticate**[dəméstikèit] v. ① (동물을) **길들이다** ② (작물을) **재배하다**
- dom**e**[doum] n. ① **돔** ② **반구형 지붕** ③ **(고척) 돔**
- Gross **Domestic** Product **국내총생산(GDP)**
- syn. **household**(가족의), **homely**(가정적인)

Lawmakers approved a convention against **domestic** violence.
국회의원들은 가정폭력에 반대하는 협약을 승인했다.

## 465. domicile [dáməsàil]
dom(house)+ic+ile(명접)

'집'이 있는 곳을 → n. ① **주소** ② **거주지**라고 하지
- **domicile** of origin **본적지**
- syn. **address**(주소)

He moved his **domicile** to the United States.
그는 주소를 미국으로 옮겼다.

## 466. dominate [dámənèit]
domin(to rule)+ate(~하게 하다, 동접)

'다스리게 하는' 것이 → v. ① (복종, 생각이나 행동을) **지배하다** ② (마음대로 할 수 있도록) **장악하다** ③ **주를 이루다** ④ (경기에서는) **압도적으로 우세하다**가 된 거지
- domin**ance**[dámənəns] n. ① **지배** ② **우세** ③ **우성**
- domin**ant**[dámənənt] a. ① **우세한** ② **지배적인** ③ **우성의**
- dom**ain**[douméin] n. ① **영역** ② **범위** ③ **영토** ④ (컴퓨터의) **도메인**
- **domino** cffcct **도미노 현상**

The United States wants to **dominate** global affairs.
미국은 국제적인 문제를 장악하기를 원한다.

## 467. wisdom [wízdəm]
wis(wise)+dom(state)

'현명한 상태'가 → n. ① (사물의 도리나 이치를 잘 분별하는) **지혜** ② **타당성** ③ (사회·문화적으로 축적된) **지혜**가 된 거지
- ant. **foolishness**(어리석음)

We are privileged to have had the benefit of his **wisdom**.
우리는 그의 지혜에 대한 혜택을 갖는 특권을 누리고 있다.
**privilege** 특권을 주다, 특권

### 우리말 대화로 단어 복습하기
가. **국내의(domestic) 주소(domicile)** 체계를 개편하는 일은 어떻게 진행되고 있지?
나. 관련 분야 **전문가(expert)**들이 **지혜(wisdom)**를 모으고 있고, **압도적으로 우세한(dominate)** 의견이 조만간 발표될 거래.

DORM : 자다(to sleep)

※ 동의어근 HYPNO, SOMN(어근128) / NACRO(어근184)

### 468. dormant [dɔ́ːrmənt]
dorm(to sleep)+ant(형접)

'잠자고 있는' 것이 → a. ① 휴면기의 ② 잠자는 ③ 활동을 중단한 의미가 된 거지
* dormancy[dɔ́ːrmənsi] n. ① 휴면(상태) ② 휴지 ③ 비활동 상태
* syn. inactive(활동하지 않는)
* a dormant volcano 휴화산
* a dormant account 휴면 계좌

The staff minimizes contact with those who have the **dormant** bug.
의료진들은 잠복하고 있는 질병을 가지고 있는 사람들과 접촉을 최소화했다.

### 469. dormitory
[dɔ́ːrmətɔ̀ːri]
dorm(to sleep)+it(to go)+ory(place)

'잠자러 가는 곳' 을 → n. ① 기숙사 ② 숙소 ③ 공동 침실이라고 하지

The university will ban **dormitory** residents from having guests.
대학은 기숙사생들이 손님을 들이는 것을 금지하게 될 것이다.

**ban** 금지하다

### ■■■ 우리말 대화로 단어 복습하기

가. 오늘 **기숙사(dormitory)**생들을 대상으로 특강의 주제가 뭐지?
나. **휴면 계좌(dormant account)** 관리 등 **금융(financial)**분야야.

DOC, DOCT : 가르치다(to teach) / TUT, TUTI : 살펴보다(to watch)

### 470. doctrine [dɑ́ktrin]
doct(to teach)+r+ine(성질, 명접)

'가르쳐 주는 성질' 이 → n. ① (정치 또는 정무를 시행하는 거면) 정책
② (체계화된 이론이나 학설이면) 주의 ③ (정부 정책상의) 원칙 ④ 독트린이 된 거지
* doctrine of creation 창조론
* syn. tenet(주의), dogma(신조, 도그마), principle(원칙)

Catholic school employees doesn't deny the church's **doctrine**.
가톨릭 학교 직원들은 교리를 부정하지 않는다.

### 471. docile [dɑ́səl]
doc(to teach)+ile(easy)

'가르치기 쉬운' 이 → a. ① 가르치기 쉬운 ② 고분고분한 ③ 유순한 의미가 된 거지
* ant. indocile(고분고분하지 않는)

Sheep are not as **docile** as their reputations.
양이 명성만큼 온순하지 않다.

### 472. document

'가르치려고 만든 것' 이 → n. ① 문서 ② 서류 ③ (컴퓨터의) 문서(파일)

[dάkjumənt]
docu(to teach)+ment(상태, 명접)

v. ① (상세한 내용을) **기록하다** ② **서류로 입증하다**가 된 거지
- **docu**mentary[dὰkjuméntəri] n. ① **다큐멘터리** ② **기록물**
  a. ① **문서로 된** ② **기록물의**

France will sign a **document** following all-night talks.
프랑스는 밤샘회담에 뒤따른 문서에 서명할 것이다.

473. **paradox** [pǽrədὰks]
para(beside)+dox(to teach)

'가르치는 내용에서 벗어난 것' 을 → n. ① **역설** ② **모순** ③ **패러독스**라고 하지
- **orthodox**[ɔ́ːrθədὰks] a. **정통의**
- syn. **contradiction**(모순)

We'd realize a consequential **paradox**.
우리는 결과로서 발생하는 역설을 깨닫게 될 것이다.
**consequential**[kὰnsikwénʃəl] ~의 결과로 일어나는

474. **tuition** [tjuːíʃən]
tuit(to watch)+ion(명접)

'보면서 배우는 것' 이 → n. ① **수업** ② **교습** ③ (대가이면) **수업료**라고 하지
- **tutor**[tjúːtər] n. ① **가정교사** ② **개인 지도 교사** ③ (음악) **교본**
  v. **개인 교습을 하다**
- syn. **instruction**(교육)

His family didn't have the **tuition** fee.
그의 가족은 수업료가 없었다.

475. **intuition** [ìntjuːíʃən]
in+tuit(to watch)+ion(명접)

'안으로 들여다보는 것' 이 → 느낌이나 감각이면 → n. ① **직감** ② **직관**
③ **직관력**이라고 하지
- syn. **instinct**(본능, 직관)

She relies on her own **intuition**.
그녀는 자신의 직관에 의지했다.
**rely on** – 에 의지하다 = **depend on, count on, resort to**

◆ 어원 TIP
- **doctor** → **doct**(to teach)+**or**(사람) → 가르치는 사람 → 박사, 의사

■■■ **우리말 대화로 단어 복습하기**
가. 우리학교의 교육 **원칙(doctrine)**이 **문서(document)**로 나왔다며, 내용이 뭐지?
나. **직관(intuition)**을 **배제하고(exclude)**, **모순(paradox)**을 **극복하며(overcome)**, 가르치기 쉬운(docile) 수업(tuition)
교재를 자체개발하는 거라고 들었어.

## 어근 81

DUC(E), DUCT : 이끌다(to lead)    ※ 동의어근 AGOGE, AGOGY(어근4)

### 476. abduct [æbdʌ́kt]
ab(away)+duct(to lead)

'멀리 이끌고 가는' 것이 → v. ① (사람을 속여 데려가면) **유괴하다** ② (억지로 데려가면) **납치하다**가 된 거지
- **abduction**[æbdʌ́kʃən] n. **유괴**    • syn. **kidnap**(유괴하다)

> A group of kidnappers **abduct** her daughter.
> 일단의 납치범들이 그녀의 딸을 유괴했다.

### 477. conduct [kándʌkt]
con(together)+duct(to lead)

'함께 이끄는 것' 이 → v. ① (실행하면) **실시하다** ② (단체의 행동을 통솔하면) **지휘하다** ③ **행동하다** ④ (내용이나 장소를 소개하면) **안내하다** ⑤ (열이나 전기면) **전도하다** n. ① **행동** ② **수행**이라는 의미가 된 거지
- **conductor**[kəndʌ́ktər] n. ① **지휘자** ② **차장**
- **semiconductor**[sémikəndʌ́ktər] n. **반도체**
- **conductibility**[kəndʌ́ktəbíləti] n. **전도성**
- syn. **direct**(지휘하다), **administer**(관리하다), **usher**(안내하다), **steer**(조종하다), **demeanour**(태도), **manner**(태도), **attitude**(태도), **behaviour**(행동), **bearing**(행동), **deportment**(행동)

> HSBC says it deeply regrets past **conduct**.
> HSBC는 과거 행동에 깊은 유감을 표현했다.

### 478. deduce [didjúːs]
de(down)+duce(to lead)

'아래로 이끄는' 것이 → v. ① (생각해서 논하면) **추론하다** ② (논리의 절차를 밟아 결론을 이끌면) **연역하다**가 되는 거지
- **deduct**[didʌ́kt] v. ① **공제하다** ② **감하다**
- **deduction**[didʌ́kʃən] n. ① **공제** ② **추론** ③ **연역**
- standard **deduction** 기초 공제
- syn. **infer**(추론하다), **derive**(추론하다)

> We can **deduce** that the prosecutor was pressured by others.
> 우리는 검사가 다른 사람들에 의해서 압박을 당했다고 추론할 수 있다.
> **prosecutor**[prásəkjùːtər] 검사

### 479. educate [édʒukèit]
e(out)+duc(to lead)+ate(동접)

'밖으로 (지식을) 이끌어 내는' 것이 → v. ① **교육하다** ② **가르치다**가 된 거지
- **education**[èdʒukéiʃən] n. **교육**
- **educational**[èdʒukéiʃənl] a. ① **교육의** ② **교육적인**
- **co-educational** 남녀 공학의

> The activists were trying to **educate** people.
> 활동가들은 사람들을 교육시키려고 노력하는 중 이었다.

## 480. induce [indjúːs]
in+duce(to lead)

'안으로 이끄는' 것이 → v. ① (일정한 방향으로 나아가게 하면) **유도하다** ② (일어난 일의 원인이 되면) **유발하다** ③ (약을 써서) **분만을 유도하다**가 된 거지
- in**duct**[indʌ́kt] v. ① **입성하다** ② **인도하다**
- in**duction**[indʌ́ktʃən] n. ① **인도** ② **인도식(취임식)** ③ **유도분만** ④ **귀납법**

> The fall in government spending would **induce** a fall in private spending.
> 정부지출의 감소는 개인지출의 감소를 유발하게 될 것이다.

◆ 어원 TIP
- aque**duct**[ǽkwədʌkt] → aqu(water)+duct(to lead) → 물을 이끄는 것 → 송수교, 수로
- via**duct**[váiədʌkt] → via(way)+duct(to lead) → 이끄는 길 → 구름다리, 고가교
- **duct** → (물·가스·전선 등을) 이끄는 것 → 배관
- sub**due** → sub(under)+due(to lead) → 아래로 이끌다 → 진압하다, (감정을) 억누르다
- se**duce** → se(apart)+duce(to lead) → 떨어져 나오도록 이끌다 → 유혹하다

■ 우리말 대화로 단어 복습하기
가. 초등학생을 **유괴한**(abduct) 유괴범 **체포**(arrest)를 **지휘할**(conduct) 수사반장이 지금 뭐하고 계시지?
나. 범인을 **함정**(pitfall)으로 **유도하고**(induce) 범행 **단서**(clue)를 **추론하는**(deduce) 방법을 **수사관**(detective)들에게 **교육하고**(educate) 있어.

---

## 어근 82
DUR : (시간을) 지속하다(to last)

## 481. dur**able** [djúərəbl]
dur(to last)+able(할 수 있는)

'지속할 수 있는' 것이 → a. ① **내구력이 있는** ② **오래 견디는** 거지
- dur**ability**[djúərəbílǝti] n. ① **내구성** ② **연속성**
- dur**ance**[djúərəns] n. **감금**
- **due**[djuː] a. ① **예정된** ② **지불해야 하는** ③ **적절한**
- dur**ing**[djúəriŋ] prep. **~하는 동안**
- **due** to **~때문에**(덕분에) syn. thanks to, owing to, because of
- **durable** goods **내구재** • **durable** material **내구성이 뛰어난 물질**
- syn. **long-lasting**(오래 지속되는), en**during**(영속적인), con**tinuing**(연속적인) ↔ ant. **fragile**(망가지기 쉬운)

> Orders for **durable** goods fell 3.4 percent.
> 내구재 주문이 3.4% 하락했다.

## 482. dur**ation** [djuréiʃən]
dur(to last)+ation(명접)

'지속되는 것'을 → n. ① **지속** ② **기간**이라고 하는 거지
- syn. con**tinuance**(연속), peri**od**(기간), term(기간), span(기간, 짧은 기간)

> There's a lot of debate about the **duration** of the current low oil prices.
> 현재의 저유가 지속 여부에 대한 많은 토론이 있었다.

## 483. endure [indjúər]
en(in)+dure(to last)

'(마음) 안으로 지속되다' 가 → v. ① (버티거나 원래 상태를 말하면) **견디다**
② (억누르는 거면) **참다** ③ (참고 견디면) **인내하다** ④ **오래가다**가 된 거지
- en**dur**ance[indjúərəns] n. ① **지구력** ② **인내** ③ **내구성**
- ob**dur**ate[ábdjurit] ① **고집 센** ② **완고한**
- syn. per**sist**(고집하다), with**stand**(견디다), sus**tain**(지탱하다),
  bear(참다, 견디다)

> They **endure** difficult working and living conditions.
> 그들은 어려운 노동과 생활조건을 참아내고 있다.

---

**■■■■ 우리말 대화로 단어 복습하기**

가. 신축 청사는 강한 **지진(earthquake)**에도 **견디는(endure)** 건축물로 설계 되었다지?
나. 맞아. **내구력이 있어서(durable)** 유지 **기간(duration)**도 정말 길다고 하던데.

---

| 어근 83 | EGO : 자아(self) |
|---|---|

## 484. egoist [íːgouist]
ego(self)+ist(사람)

'자기가 (중심인) 사람' 을 → n. ① **자기중심주의자** ② **이기주의자**라고 하지
- ego**ism**[íːgouìzm] n. ① **이기주의** ② **이기심**
- ego**centric**[íːgouséntrik] a. ① **자기중심적인** ② **이기적인**

> She is the type of the selfish **egoist**.
> 그녀는 이기적인 자기중심주의자 유형이다.

---

| 어근 84 | EMPT : 잡다(to take), 가지다(to have) <br> ※ 동의어근 CAP, CIP, CHIE(어근33) / CEIVE, CEPT, CUPY(어근37) / PREHEND, PRIS(어근231) / RAP, RAV(어근245) / SUM(P)(어근288) |
|---|---|

## 485. exemplar [igzémplər]
ex(out)+emp(to take)+lar(명접)

'밖으로 잡아 끄집어낸 것' 이 → n. ① (본받아 배울 만한 본보기면) **모범**
② (사물 전체의 형체이면) **전형**이라고 하지
- ex**emplary**[igzémpləri] a. ① **전형적인** ② **모범적인** ③ **본보기의**
- ex**emplification**[igzèmpləfəkéiʃən] n. ① **예시** ② **실증** ③ **예증**
- ex**emplify**[igzémpləfài] v. ① **예를 들다** ② **좋은 예가되다**
- syn. role model(본보기가 되는 사람), pattern(모범), archetype(전형)

> She was the **exemplar** of humanism.
> 그녀는 인도주의의 본보기였다.

---

## 486. exempt [igzémpt]
ex(out)+empt(to take)

'(책임이나 의무를) 잡지 않는' 것이 → v. **면제하다** a. **면제된** n. **면제자**가 된 거지
- ex**emption**[igzémpʃən] n. ① **면제** ② **공제**
- tax-**exempt** 비과세의
- **duty-free** 면세의    • ant. li**able**(책임이 있는)

A tax-**exempt** group can raise unlimited amounts of money.
비과세 단체는 무제한 양의 자금을 모금할 수 있다.

**raise** 올리다, 모금하다

## 487. premium [príːmiəm]
pre(before)+m(to take)+ium(명접)

'미리 잡는 것' 으로 → 초래되는 비용이면 → n. ① **보험료** ② **할증료** ③ **웃돈**
④ **프리미엄** a. (품질이 뛰어나서 그러면) ① **아주 높은** ② **고급**의 의미가 되는 거지
● at a **premium** ① **품귀 상태인** ② **구하기 힘든**

The offer of $7.30 a share represents a **premium** of 34.6 percent.
주당 7.30달러의 제안은 34.6%의 웃돈에 해당된다.

### ◆ 어원 TIP
● **prom**pt**er** → pro(forth)+(e)mpt(to take)+er → 미리 대사를 취하는 장치 → **프롬프터**
● **prom**pt → pro(forth)+(e)mpt(to take) → 앞으로 취하는 → **즉각적인, 신속한**
● **red**eem → red(back)+eem(to take) → 되받아 취하다 → (결함 등을) **보완[벌충/상쇄]하다, 상환하다**

### ■■■ 우리말 대화로 단어 복습하기
가. 우리 회사의 특가 상품의 주요 특징이 뭐지?
나. 대부분 **할증료(premium)**가 붙지 않고 세금이 **면제되는(exempt)** **전형(exemplar)**적인 **연금(pension)** **보험**
**(insurance)**이지.

---

## 어근 85

EQU : 같은(same) ※ 동의어근 IDEN(어근129) / PAR(어근208) / SEMBLE(어근263) /
SIMIL(어근270)

## 488. equality [ikwáləti]
equ(same)+al+ity(명접)

'같은 상태'를 → n. ① (권리·의무·자격 등이) **평등** ② (고르고 가지런하면)
**균등**이라고 하지
● **in**equ**ality**[ìnikwáləti] n. ① **불평등** ② **불균등**
● **equ**al[íːkwəl] a. ① **같은** ② **동등한** ③ **평등한**
● **equ**ity[ékwəti] n. ① **자기자본** ② **보통주** ③ **공평**
● **equ**ate[ikwéit] v. **동일시하다**
● **equ**alize[íːkwəlàiz] v. ① **동등하게 하다** ③ **균등하게 하다**

The group pushes for gender **equality** in the church.
그 단체는 교회 안에서 성 평등을 추진하고 있다.     **gender** 성

## 489. equator [ikwéitər]
equ(same)+ator(하는 상태, 명접)

'(남북 위도가) 같은 상태' 를 → n. **적도**라고 하지
● **equ**atorial[èkwətɔ́ːriə] a. **적도의**

Climate change is spreading tropical diseases farther from the **equator**.
기후 변화가 적도에서 멀리 떨어진 곳까지 열대성 질병을 확산시키고 있다.

**tropical** 열대의

## 490. equilibrium
### [iːkwəlíbriəm]
equ(same)+libr(balance)+ium(명접)

'동일한 균형을 갖는 것'을 → n. ① **평형** ② **균형** ③ **평형 상태**라고 하지
- equilibrate[iːkwíləbrèit] v. ① **평형 시키다** ② **평형을 유지하다**
- syn. **ba**lance(균형), **sym**metry(균형), **stabili**ty(안정) ↔ ant. **un**balance(불균형)

> Investors are looking for supply-demand **equilibrium**.
> 투자가들은 공급과 수요에서 균형을 찾고 있다.

## 491. adequate [ǽdikwət]
ad(to)+equ(same)+ate(형접)

'(부족한 것이) 같아지면' → a. ① **적당한** ② **충분한** 거지
- adequacy[ǽdikwəsi] n. ① **타당성** ② **적절성**
- syn. **e**nough(충분한), **suffic**ient(충분한), **ap**propriate(적당한) ↔ ant. **in**adequate(불충분한)

> Educated citizens are as important as **adequate** defense for national security.
> 교육받은 시민이 국가 안보를 위한 충분한 방어만큼 중요하다.

---

◆ 어원 TIP
- equanimity[ìːkwəníməti] → equ+anim(mind)+ity(명접) → 같은 마음 상태 → 침착, 평정
- equilateral[ìːkwəlǽtərəl] → equ+lateral(측면의) → 측면이 같은 → 등변의
- equinox[íːkwənὰks] → equ+nox(night) → 낮과 밤이 같은 → 춘(추)분

■■■ **우리말 대화로 단어 복습하기**

가. **적도**(equator) 국가인 **에콰도르**(Ecuador)가 **야심찬**(ambitious) 계획을 추진하고 있다고 들었는데 너 알고 있어?

나. **충분한**(adequate) 검토를 거쳐, 국토 **불균형**(unbalance)과 사회적 **불평등**(inequality)을 해소하고, **균형**(equilibrium)과 **평등**(equality)국가를 향한 **청사진**(blueprint)을 발표했지.

---

## 어근 86

ERR : 돌아다니다(to wander)

## 492. errand [érənd]
err(to wander)+nd(명접)

'돌아다니는 것' 이 → n. ① (남이 시킨 일을 하는) **심부름** ② (다른 사람을 대신해서 해주는) **일**이 된 거지
- errant[érənt] a. **잘못된**
- aberrant[əbérənt] a. ① **도리를 벗어난** ② **일탈적인**
- fool's errand ① **헛걸음** ② **헛고생**

> Predicting how members voted is a fool's **errand**.
> 회원들이 투표한 방식을 예측하는 것은 헛고생이다.

## 493. erratic [irǽtik]
err(to wander)+atic(형접)

'돌아다니는 것' 이 → a. ① (보통과는 다른 상태라면) **이상한** ② (규칙이 없으면) **불규칙한** ③ **일정치 않은** n. (빙하와 관련된 바위이면) **표석**이라고 하지

- syn. **unpredictable**(예측할 수 없는), **variable**(변덕스런), **ir**regular(불규칙한) ↔ **regular**(규칙적인)

> They come to understand her **erratic** behavior.
> 그들은 그녀의 이상한 행동을 이해하게 되었다.

## 494. error [érər]
err(to wander)+or(명접)

'(부주의 하거나 이치에 맞지 않게) 돌아다니는 것' 은 → n. ① **실수** ② **오류**를 만들어 내지
- **err**oneous[iróuniəs] a. ① **잘못된** ② **틀린** ③ **조작된**
- **err**[əːr] v. **잘못을 저지르다**
- **un**erring[ʌnéːrɪŋ] ① **틀림없는** ② **정확한**
- syn. **mis**take(실수), **blunder**(큰 실수), **over**sight(실패), slip(오류)

> He acknowledged and apologized for the **error**.
> 그는 실수를 인정하고 사과했다.

### ■■■ 우리말 대화로 단어 복습하기
가. 몇몇 유학생이 **이상한(erratic) 심부름(errand)**을 하는 **실수(error)**를 저질렀다지?
나. 범죄 집단의 꼬임에 빠진 거지.

---

## 어근 87
ESCE : 자라다(to grow, to increase) ※ **동의 어근 AUG, AUX(어근16) / CRE, CRET(어근58)**

## 495. acquiesce [ækwiés]
ac(to)+qui(to rest)+esce(to grow)

'휴식(침묵)이 자라는' 것이 → v. ① (모르는 체하고 슬며시 인정하면) **묵인하다** ② (다른 사람의 행위·의견을 인정하면) **동의하다**가 된 거지
- **ac**quiescence[ækwiésns] n. ① **묵인** ② **동의**
- **ac**quiescent[ækwiésnt] a. ① **묵묵히 따르는** ② **묵인하는**
- syn. **a**gree(동의하다), **con**sent(동의하다)

> He refused to **acquiesce** to repeated requests.
> 그는 반복된 요구를 묵인하기를 거절했다.

## 496. adolescent [ædəlésnt]
ad(to)+ol+esce(to grow)+ent(형접)

'자라고 있는' 것이 → 사람이면 → a. ① **청소년기의** ② **사춘기의**
n. **청소년**이라고 하지
- **ad**olescence[ædəlésns] n. ① **청소년기** ② **사춘기**

> All these messages prevent **adolescent** obesity.
> 이러한 모든 메시지는 청소년 비만을 예방한다.
> **obesity**[oubíːsəti] 비만

가. 우리애가 최근 게임에 빠져있어. 어떻게 하지?

나. **사춘기의(adolescent)** 작은 **일탈(deviation)**은 성장통으로 이해하고 **묵인할(acquiesce)** 필요가 있어.

| 어근 88 | ESS, EST : 존재하다(to be) |
|---|---|

### 497. **ess**ence [ésns]
ess(to be)+ence(명접)

'존재하는 것' 을 → n. ① **본질** ② **정수** ③ **진수**라고 하지
- **ess**ential[isénʃəl] a. ① **필수적인** ② **근본적인** ③ **없어서는 안 될**

> The **essence** is the same.
> 본질은 동일하다.

### 498. **ab**s**ent** [ǽbsənt]
ab(away)+s(to be)+ent(형접)

'떨어져 존재하는' 것이 → a. ① (학교 밖이면) **결석한** ② (근무하는 곳에서)
**결근한** ③ (빠져서 없거나 모자람을 초래하면) **결여된**
v. ① **결석하다** ② **불참하다**가 된 거지
- **ab**s**ence**[ǽbsəns] n. ① **결근** ② **결석** ③ **부재**
- **absent** minded ① **건망증이 심한** ② **딴 데 정신이 팔린**
- **absent** without leave **무단결근의**

> His father was **absent**.
> 그의 아버지는 부재중이었다.

### 499. **pres**ent [préznt]
pre(before)+es(to be)+ent(형접)

'앞에 존재하는' 것이 → a. ① **현재의** ② **출석한** n. (축하나 고마움을 위한 거면)
**선물** v. ① (선물 등을) **증정하다** ② (의견 등을) **제출하다** ③ **제시하다**가 된 거지
- **pres**ence[prézns] n. ① **존재** ② **주둔** ③ **참석**
- **pres**entation[prèzəntéiʃən] n. ① **프레젠테이션** ② **제출** ③ **발표**
  ④ **수여** ⑤ **증정**

> We will **present** a comprehensive proposal on Wednesday.
> 우리는 수요일에 포괄적인 제안을 제출할 것이다.
> comprehensive[kàmprihénsiv] 포괄적인

◆ 어원 TIP
- **inter**est → inter(between)+est(to be) → 존재 사이에서(생각하는 것) → 관심, 흥미

■■■■ 우리말 대화로 단어 복습하기
가. 문제의 **본질(essence)**은 뭐지?

나. 학교에 **출석한(present)** 학생과 자주 **결석한(absent)** 학생 간의 **학업성취도(academic performance)**에서 **차이(difference)**가 **발생(occurrence)**한다는 것이지.

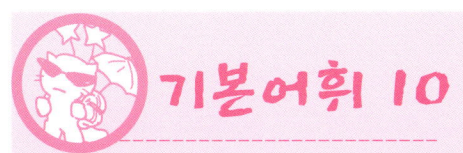

# 기본어휘 10

- **in**nate[inéit]　　　　　a. 타고난, 선천적인 = **in**her**ent** ↔ **ac**qui**red** 후천적인, 후천성의
- **in**ner　　　　　　　　a. 안의, 안쪽의, 내면의. 내면적인 ↔ **out**er 외부의, 바깥쪽의
- **in**sane[inséin]　　　　a. 제정신이 아닌, 미친 = mad ↔ **sane** 제정신의, 온전한
- **in**sanity[insǽnəti]　　n. 정신이상, 광기= mad**ness** ↔ san**ity** 제정신, 온전함
- **in**put　　　　　　　　n. (자본의)투입, 입력 ↔ **out**put 출력, 산출, 생산량
- **in**significant[ìnsigní fikənt]　a. 하찮은, 보잘것없는, 사소한 = meaning**less** ↔
　　　　　　　　　　　　　　　　　significant 중요한, 의미심장한
- **in**take　　　　　　　　n. 섭취, 흡입구, 입학 인원 수 ↔ **out**let 발산 수단, 배출구, 할인점
- **in**tentional[intén ʃənəl]　a. 의도적인, 계획적인 ↔ **ac**ciden**tal** 우연의
- **in**ter**ior**[intíəriər]　　a. 내부의 n. 내륙, 국내 문제 ↔ **ex**ter**ior** 외부의, 바깥쪽의

- **in**ter**nal**[intə́:rnl]　　a. 내부의, 체내의, 국내의 ↔ **ex**ter**nal** 외부의, 외인적인, 대외적인
- **in**ward　　　　　　　　a. 마음속의, 내부의 ad. 내부로 ↔ **out**ward 표면상의, 외부의
- **ir**regula**r**[irégjələr]　a. 불규칙한, 변칙의, 일정하지 않은 ↔ regula**r** 규칙적인, 일정한
- **ir**resist**ible**[ìrizístəbəl]　a. 저항할 수 없는, 거부할 수 없는 ↔ **re**sist**ible** 저항할 수 있는
- **ir**resolu**te**[irézəlùːt]　a. 결단력이 없는, 우유부단한 ↔ **re**solu**te** 결단력이 있는, 단호한
- **ir**respons**ible**[ìrispánsəbəl]　a. 무책임한, 책임감이 없는 ↔ **re**spons**ible** 책임이 있는, 책임지는

## J

- join　　　　　　　　　v. 결합하다, 연결하다 ↔ **un**join 결합을 풀다, 분리하다
- joint　　　　　　　　　a. 공동의 n. 관절
- joy**ful**　　　　　　　　a. 즐거운, 기쁜 = joy**ous** ↔ joy**less** 기쁨이 없는, 따분한
- just　　　　　　　　　a. 공정한, 공평한 = fair ↔ **un**just, **un**fair 부당한, 불공평한
- just**ice**　　　　　　　n. 정의, 공정, 공평 ↔ **in**just**ice** 부당함, 불공정

## K

- kennel[kénəl]　　　　n. 개집, 도랑
- kind　　　　　　　　　a. 친절한, 상냥한 ↔ **un**kind 불친절한
- king　　　　　　　　　n. 왕, 군주, 국왕 ↔ **sub**ject 백성, 신하 queen 여왕
- known[noun]　　　　a. 알려진, 이미 아는 ↔ **un**known 알려지지 않은, 미지의

## L

- lad　　　　　　　　　n. 소년, 청년, 젊은이 ↔ lass 소녀, 아가씨
- landlady　　　　　　n. 여주인, 안주인 ↔ landlord 주인, 집주인
- landmark　　　　　　n. 주요 지형지물, 획기적 사건, 랜드마크 ↔
　　　　　　　　　　　　　seamark 항해 목표, 항로 표시, 위험 표시
- landscape[lǽndskèip]　n. 풍경(화), 경치 ↔ seascape 바다 경치, 바다 풍경

# Exercise 10

**1.** (A)에 제시된 어근을 의미에 맞게 가장 적절하게 표현한 것을 (B)에서 찾아 쓰시오.

| (A) | (B) |
|---|---|
| 1) ERR _____ | ⓐ 국민(people) |
| 2) DOM, DOMIN _____ | ⓑ 오른손(right hand), 숙달된(skilled) |
| 3) DEXTER, DROIT _____ | ⓒ 다스리다(to rule) |
| 4) DAMN _____ | ⓓ 이끌다(to lead) |
| 5) DIC, DICT _____ | ⓔ 잡다(to take) |
| 6) DORM _____ | ⓕ 자라다(to grow) |
| 7) EGO _____ | ⓖ 저주(curse), 해를 끼치다(to harm) |
| 8) ESCE _____ | ⓗ 빚(debit), 빚지다(to owe) |
| 9) DUC, DUCT _____ | ⓘ 피부(skin) |
| 10) DOLE _____ | ⓙ 말하다(to speak) |
| 11) DERM, DERMATO _____ | ⓚ 자다(to sleep) |
| 12) DEB _____ | ⓛ 돌아다니다(to wander) |
| 13) DEM, DEMO _____ | ⓜ 같은(same) |
| 14) DIGN _____ | ⓝ 존재하다(to be) |
| 15) EMPT _____ | ⓞ 가르치다(to teach) |
| 16) DOC, DOCT _____ | ⓟ 가치 있는(worth) |
| 17) ESS, EST _____ | ⓠ 지속하다(to last) |
| 18) EQU _____ | ⓡ 슬퍼하다(to grieve) |
| 19) DATE, DIT, DON, DOS _____ | ⓢ 자아(self) |
| 20) DUR _____ | ⓣ 주다(to give) |

**2.** 제시된 단어 중 의미가 가장 적절한 것을 찾아 괄호 안에 넣으시오.

> ⓐ disdain ⓑ docile ⓒ anecdote ⓓ dormitory ⓔ dole ⓕ dexterity ⓖ damage ⓗ domestic ⓘ duration
> ⓙ epidermis ⓚ condole ⓛ abduct ⓜ pardon ⓝ paradox ⓞ induce ⓟ demonstrate ⓠ endemic ⓡ errand
> ⓢ adroit ⓣ donate ⓤ tuition ⓥ equilibrium ⓦ outdate ⓧ essence ⓨ exemplar ⓩ addict

1) (　　) : 용서 　　　　2) (　　) : 수업 　　　　3) (　　) : 능숙한

4) (　　) : 유괴하다 　　5) (　　) : 입증하다 　　6) (　　) : 지속

7) (　　) : 시대에 뒤지게 하다 　8) (　　) : 모범 　9) (　　) : 중독자

10) (　　) : 균형 　　　11) (　　) : 경멸하다 　12) (　　) : 심부름

13) (　　) : 일화 　　　14) (　　) : 본질 　　15) (　　) : 실업 수당

16) (　　) : 기부하다 　17) (　　) : 기숙사 　　18) (　　) : 고유의

19) (　　) : 손해 　　　20) (　　) : 손재주 　　21) (　　) : 온순한

22) (　　) : 조문하다 　23) (　　) : 국내의 　　24) (　　) : 역설

25) (　　) : 표피 　　　26) (　　) : 유도하다

**3.** 제시된 단어와 <u>반대되는</u> 의미로 가장 적절한 것을 찾아 괄호 안에 넣으시오.

---

ⓐ resistible ⓑ intake ⓒ present ⓓ inner ⓔ responsible ⓕ subject ⓖ erratic ⓗ seascape ⓘ input
ⓙ innate ⓚ joyful ⓛ known ⓜ intentional ⓝ unjust

---

1) (　　) : landscape　　　　2) (　　) : normal　　　　3) (　　) : unknown

4) (　　) : output　　　　　5) (　　) : accidental　　　6) (　　) : acquired

7) (　　) : just　　　　　　8) (　　) : joyless　　　　9) (　　) : absent

10) (　　) : outer　　　　　11) (　　) : outlet　　　　12) (　　) : king

13) (　　) : irresistible　　　14) (　　) : irresponsible

**4.** <u>밑줄 친</u> 단어와 <u>가장 유사한</u> 것을 고르시오.

1) A woman tries to **abduct** young children.
　　① abstain　　　　② abandon　　　　③ hijack　　　　④ kidnap

2) We can **dedicate** more money to teachers and classrooms.
　　① ascribe　　　　② devote　　　　③ describe　　　　④ dictate

3) The volcano was **dormant** in the eighty years.
　　① inactive　　　　② overt　　　　③ obvious　　　　④ loose

4) We will not endure improper **conduct** of any sort.
　　① performance　　② promotion　　③ behaviour　　④ demonstration

5) The last emperor lived an **indolent** life.
　　① idle　　　　　② diligent　　　　③ industrious　　④ hardworking

**5.** 아래에 제시된 단어 중 밑줄 친 우리말의 의미에 맞게 빈칸에 적절한 것을 골라 넣으시오.

---

premium / dignify / dominate / adequate / antidote / intuition / debt / exempt / domicile / equator

---

1) 한 네덜란드 디자이너가 종종 본능과 **직관**에 인도되었다.
　　⇒ A Dutch designer is often guided by instinct and (　　　　　). 　　*instinct 본능

2) 그 문제가 회담을 **지배할** 것으로 예상된**다**.
　　⇒ The problem was expected to (　　　　) the talks.

3) 어류와 야생동물이 **적도**에서 멀리 이동하게 될 것이다.
　　⇒ Fish and wildlife will migrate away from the (　　　　).

4) 그녀는 소득세를 **면제 받았다**.
　　⇒ She is (　　　　　) from the income tax.

5) 투자가들은 높은 **할증료**를 요구할지 모른다.

⇒ Investors might demand a higher (                    ).

6) 약국 체인이 **주소**지를 해외로 옮겼다.

⇒ The pharmacy chain moves its (                    ) overseas.

7) 그 영화는 대응할 **가치가 없다**.

⇒ The film does not (                    ) a response.

8) 뉴욕시 경찰관들은 약물 과다복용 **해독제**를 휴대하기 시작할 것이다.

⇒ New York City officers will begin carrying the overdose (                    ).

9) 정부는 **부채**에 대처할 충분한 자금을 가지고 있다.

⇒ The government has enough money to meet its (                    ).

10) 우리의 외환 보유고는 **충분**하지 않다.

⇒ Our foreign exchange reserves are not (                    ).　　　　　　* **reserve** 비축하다, 비축

---

### 🌸🌸 그리스로마신화로 어원 익히기 🌸🌸

**티케** : 2017년 5월 **랜섬웨어(Ransomware)**란 악성프로그램이 전 세계를 공포를 떨게 했어. 출처는 의견이 분분하지만 이번기회에 그리스로마신화와 관련된 악성코드와 다른 컴퓨터 악성코드를 배워보려고 해.

**티케** : **트로이목마(Trojan Horse)**가 있어. 트로이목마는 겉으로 보기에는 전혀 해를 끼치지 않을 것처럼 보이지만, 컴퓨터의 중요한 정보를 빼가거나 바이러스 같은 위험 인자를 품고 있는 악성 프로그램을 말하지.

**고양이** : 트로이목마 역할과 비슷하네요.

**티케** : 맞아. 그럼 다시 **랜섬웨어(Ransomware)**부터 정리하고 다른 악성코드이름을 살펴볼게.

**티케** : **랜섬웨어(Ransomware)**는 영어로 '**몸값**'을 의미하는 'Ransom'과 '**소프트웨어(software)**'의 'ware'를 합성한 말이지. 사용자 동의 없이 컴퓨터에 설치하여 중요 파일을 암호화하여 파일을 사용할 수 없게 만든 후 암호를 풀어주는 대가로 금품을 요구하는 거지.

**티케** : **웜 바이러스(worm virus)**는 영어로 '**벌레**'를 뜻하는 worm과 virus가 결합된 용어로 네트워크를 통해 자신을 복제하고 전파할 수 있는 악성 프로그램을 말해.

**티케** : **스파이웨어(Spyware)**는 명칭 자체로 추론할 수 있듯이 다른 사람의 컴퓨터에 잠입하여 중요한 개인정보를 빼가는 프로그램을 말하지.

**티케** : **애드웨어(Adware)**는 사용자의 동의 없이 광고를 생성하거나 PC 사용에 불편을 준다고 해.

**티케** : 언급한 김에 **ware**와 **worm**과 관련된 영어단어를 정리해볼 거야.

---

※ **ware**와 **worm** 관련 단어

- **ware**house 창고
- table**ware** 식기류
- book**worm** 책벌레, 독서광

- silver**ware** 은제품
- earthen**ware** 도기, 토기, 도기의
- earth**worm** 지렁이

- hard**ware** 하드웨어, 철물
- cook**ware** 취사도구, 조리도구

## 어근 89

FA, FESS, PHEM : 말하다(to speak)  ※ 동의어근 DIC, DICT(어근75) / LOCUT, LOGUE, LOGY, LOQU(어근152) / ORA, ORE(어근202)

### 500. fable [féibl]
fa(to speak)+ble(명접)

'말로' 만들어진 것이 → n. (풍자나 교훈을 담은 이야기면) **우화**라고 하지
- fabulous[fǽbjuləs] a. ① **멋진** ② **재미있는** ③ **상상의**
- syn. parable(우화)

> Aesop was quite the **fable**-teller.
> 이솝은 대단한 우화 이야기꾼이었다.

### 501. fame [feim]
fa(to speak)+me(명접)

'말이 되고 있는 것' 이 → n. ① (세상에 좋게 알려지면) **명성** ② (세상 사람들의 평가이면) **평판**이라고 하지
- famous[féiməs] a. **유명한**
- infamous[ínfəməs] a. **악명 높은**
- Hall of **Fame** 명예의 전당
- syn. reputation(평판), renown(명성)

> **Fame** for North Korean defectors brings money.
> 탈북자라는 명성이 돈을 가져온다.
>> **defector** 탈주자, 망명자

### 502. defame [diféim]
de(from)+fame(명성)

'명성에서 벗어나게 하는' 것이 → v. ① (근거 없는 말로 남을 비방하면) **중상하다** ② (명예를 손상시키면) **훼손하다** ③ (남의 흠집 내면) **헐뜯다**가 되는 거지
- defamation[dèfəméiʃən] n. ① **중상** ② **명예 훼손**
- syn. slander(중상하다, 중상), speak ill of(흉을 보다), besmirch(손상하다)

> The law makes it a crime to **defame** the king.
> 그 법은 왕의 명예를 훼손하는 것을 범죄로 만들었다.

### 503. affable [ǽfəbl]
af(to)+fa(speak)+able(형접)

'다가가서 말할 수 있다는' 것은 → a. ① **상냥한** ② **붙임성 있는** 사람이라고 하지
- affability[ǽfəbíləti] n. ① **붙임성 있음** ② **상냥함**
- syn. amiable(상냥한), cordial(다정한), genial(상냥한)

> His **affable** nature made him an exceptional colleague.
> 그의 상냥한 천성이 그를 특출한 동료로 만들었다.
>> **exceptional** 예외적인, 특출한

### 504. infancy [ínfənsi]
in(not)+fa(to speak)+n+cy(상태 명접)

'말을 하지 못하는 상태' 를 → n. ① (사람이면) **유아기** ② (발달 단계를 말하면) **초창기**라고 하지
- infant[ínfənt] n. 유아
- syn. beginnings(초기), outset(착수, 시초)

Avoiding certain foods in **infancy** does harm.
유아기에 특정한 음식을 피하는 것은 해가 된다.

## 505. confess [kənfés]
con(together)+fess(to speak)

'모든 것을 말하는' 것이 → v. ① (숨김이 없이) **고백하다** ② (스스로의 죄를) **자백하다**가 된 거지
- con**fess**ion[kənféʃən] n. ① **고백** ② **자백** ③ **고해성사**
- syn. **ad**mit(인정하다), **ac**knowledge(인정하다) ↔ ant. **cover up**(숨기다)

Mental illness led him to **confess** to a crime he never committed.
정신병이 그가 결코 저지르지 않은 범죄를 자백하게 하였다.
**commit** 저지르다, 위탁하다

## 506. profess [prəfés]
pro(before)+fess(to speak)

'앞에서 말하는' 것이 → v. ① (사실이 아닌 것을 사실이라고) **주장하다**
② (입장 등을 드러내서 밝히면) **천명하다** ③ (신조나 감정을 명백하게 공개하면) **공언하다**가 된 거지
- pro**fess**ion[prəféʃən] n. ① **직업** ② **직종** ③ **전문직** ④ **공언** ⑤ **천명**
- pro**fess**ionalism[prəféʃənəlìzm] n. ① **전문성** ② **뛰어난 기량** ③ **전문가 기질**
- pro**fess**ional[prəféʃənl] a. ① **전문의** ② **프로의** ③ **직업의**
- syn. **in**sist(주장하다), **cl**aim(주장하다), **al**lege(단언하다), **as**sert(단언하다), **af**firm(단언하다)

Both **profess** to care for each other deeply.
둘은 서로 깊게 좋아한다고 주장한다.

## 507. prophecy [práfəsi]
pro(before)+phe(to speak)
+cy(행위, 명접)

'미리 말하는 행위' 를 → n. **예언**이라고 하지
- pro**phe**t[práfit] n. **예언자**
- pro**phe**tic[prəfétik] a. ① **예언의** ② **예언자의**
- pro**phe**sy[práfəsài] v. ① **예언하다** ② **예측하다**
- syn. **pre**dict**ion**(예언), **fore**cast(예측), **pro**gnostic**ation**(예지, 예언)

They deliver their **prophecy** to him.
그들은 자신들의 예언을 그에게 전달했다.

---

◆ 어원 TIP
- **eu**phem**ism** → eu(good)+phem(to speak)+ism(명접) → '좋게' (에둘러) 말하는 것 → 완곡어법
- **blas**phem**e**[blǽsfìːm] → blas(evil)+phem(to speak)+e → 사악한 말을 하다 → 신성모욕적인 말을 하다, **불경스러운 말을 하다**
- **para**phrase[pǽrəfrèiz] → para(beside)+phrase(to say, 구, 표현) → 비슷한 표현으로 말을 하다 → (이해를 더 쉽게 하려고) **다른 말로 바꾸어 표현하다, 다른 말로 바꾸어 표현한 것**

가. **초창기(infancy) 우화(fable)**를 **각색(adaptation)**한 아동연극의 **절정(climax)**은 무엇이지?

나. 타인의 **명성(fame)**을 **훼손하고(defame)** 잘못된 **예언(prophecy)**으로 사람을 **기만(deceit)**한 사람이 잘못을 뉘우치고 **고백하는(confess)** 장면이야.

---

| 어근 90 | FACE : 면, 얼굴 / FAB : 맞추다(to fit) |
|---|---|

### 508. **de**face [diféis]
de(away)+face

'얼굴을 벗어나게' 하는 것이 → v. **외관을 훼손하다**가 된 거지
- syn. **dis**figure((외양을) 망가뜨리다)

> It's not illegal to **deface** banknotes.
> 지폐의 외관을 훼손하는 것은 불법이 아니다.
>
> banknote 지폐

### 509. **ef**face [iféis]
ef(out)+face

'얼굴을 제거하는' 것이 → ① (생각이나 기억을) **지우다** ② (없애거나 지워) **삭제하다**가 된 거지
- **ef**face**ment**[iféismənt] n. ① 말소 ② 소멸
- self-**ef**face**ment**[sélfiféismənt] n. ① (겸손하여) **표면에 나서지 않음**
  ② **삼가는 태도**

> These can never **efface** the traditions.
> 이러한 것들이 전통을 결코 지울 수 없다.

### 510. **sur**face [sə́ːrfis]
sur(above)+face

'위로 (들어난) 모습' 이 → n. ① **표면** ② (물이면) **수면** ③ (겉모양이면) **외관**
a, ① **표면의** ② **수면의** v. ① **수면으로 올라오다** ② **표면화되다**가 된 거지
- rise(come) to the **surface** 표면화되다
- syn. **ex**t**er**ior(외부, 표면), facade(전면, 표면), **e**merg**e**(나타나다), come up(떠오르다, 다가가다), material**ize**(구체화되다)

> Some environmental issues lie beneath the **surface**.
> 몇 가지 환경 문제들이 표면아래 놓여있다.

---

◆ **어원 TIP**
- fabric**ate**[fǽbrikèit] → fabric(직물, 구조 to fit)+ate(~화하다, 동접) → '직물을 ~에 맞추려하는' 것처럼 → 날조하다, 조작하다, 조립하다
- fake[feik] → fake(to polish 손질하다, 윤을 내다) → 가짜의, 모조의, 모조품

---

◆ **어휘 플러스**
facade[fəsáːd] 정면, 허울 / facet[fǽsit] 측면, 양상 / facelift 주름제거수술 / face-off 대결 / face**less** 얼굴 없는, 특징 없는, 정체불명의  **pre**face 서문, 머리말

가. 중요 **문화재(cultural assets)** 보수공사(repair work)를 진행하던 과정에서 문제가 발생했다면서?

나. 그래. **외관을 훼손하는(deface)** 문제가 **표면화되었지(surface)**.

---

## 어근 91 | FAC(T), FEC(T), FIC, FY : 만들다(to make)

### 511. facile [fǽsil]
fac(to make)+ile(easy)

'만들기 쉬운' 것이 → a. ① (태도나 경향, 표현을 말하면) **안이한** ② **손쉬운**
의미가 된 거지
- **facil**itate[fəsílətèit] v. ① **촉진시키다** ② **용이하게 하다**
- **facil**ity[fəsíləti] n. ① **시설** ② **기능** ③ **재능**
- **facile** victory **손쉬운 승리**

> They hold **facile** advantages over us.
> 그들은 우리에 비해서 손쉬운 이점을 가지고 있다.

### 512. faction [fǽkʃən]
fac(to make)+ion(명접)

'만들어진 것' 이 → n. ① (정치적 목적을 위해 모인) **당파** ② (개인적인
이해관계에 따라 뭉친) **파벌** ③ (당파를 이루어 서로 싸우면) **당쟁** ④ (실제로
있는 이야기를 바탕으로 쓴) **실화소설** 이라는 표현이 된 거지
- **fact**ious[fǽkʃəs] a. ① **당파적인** ② **당쟁을 일삼는**
- syn. **clique**(파벌), **party**(당파)

> The head of a gang **faction** was arrested.
> 갱단의 우두머리가 체포되었다.

### 513. factor [fǽktər]
fac(to make)+or(동작, 성질, 명접)

'만들어 주게 하는 것' 을 → n. ① **요인** ② **인자** ③ (수학) **인수**라고 하지
- **fact**ual[fǽktʃuəl] a. ① **사실에 입각한** ② **사실을 담은**
- **fact**ory[fǽktəri] n. **공장**
- **fact**[fǽkt] n. **사실**
- syn. **element**(요소)

> Drugs might have been a **factor**.
> 마약이 한 요인일 수 있었다.

### 514. faculty [fǽkəlti]
fac(to make)+ul+ty(성질, 상태 명접)

'(지식을) 만들어 주는' 것이 → 사람과 관련 있으면 → n. ① **교수진** ② **교직원**
③ **학부** ④ **능력**이 되는 거지
- syn. **abil**ity(능력)

> The school will expand its computer science **faculty**.
> 학교는 컴퓨터공학 교수진을 확대할 것이다.

## 515. manufacture
[mæ̀njufǽktʃər]
manu(hand)+fac(to make)
+ure(동작, 명접)

'손으로 만드는 것' 이 → v. ① **제조하다** ② **생산하다** ③ (이야기 변명 등을) **꾸며내다** n. ① **제조** ② **제품**이 된 거지
- manufacturing[mæ̀njufǽktʃəriŋ] n. **제조업**
- manufacturer[mæ̀njəfǽktʃərər] n. **제조업자**
- syn. pro**duce**(생산하다), turn out(생산하다), con**coct**(꾸며내다), make up(지어내다), fabric**ate**(꾸며내다), cook up(꾸며내다), pro**duct**ion(생산)

The company **manufactures** its own sofas.
그 회사는 자체 소파를 생산한다.

## 516. affect [əfékt]
af(to)+fect(to make)

'다가가서 만들다' 가 → v. ① **영향을 미치다** ② **작용하다** ③ **~인체하다** ④ **가장하다** n. ① **정서** ② **감정**이 되었지
- affection[əfékʃən] n. ① **애정** ② **애착**
- affectation[æ̀fektéiʃən] n. ① **가장** ② **꾸밈**
- affectionate[əfékʃənət] a. ① **애정 어린** ② **다정한**
- syn. in**flu**ence(영향을 미치다), act on(-에 작용하다), as**sume**(-인체하다), pre**tend**(-인체하다), simul**ate**(-인체하다)

Individual abilities **affect** work performance.
개인의 능력이 작업성과에 영향을 미친다.

## 517. defect [díːfekt]
de(from)+fect(to make)

'(표준에서) 벗어나게 만들어진 것' 을 → n. ① **결함** ② **결점** v. ① (정당·국가 등을) **버리다** ② **떠나다**가 된 거지
- de**fect**ive[diféktiv] a. **결함이 있는**
- de**fect**ion[difékʃən] n. ① **탈당** ② **변절** ③ **태만**
- de**fect**or[diféktər] n. ① **탈주자** ② **망명자**  • defective goods **불량품**
- syn. de**fic**iency(결핍, 부족), fault(결함), flaw(결점), im**perfect**ion(결함), de**sert**(버리다), re**volt**(배반하다)

Some vehicle models have a **defect**.
몇몇 자동차 모델이 결함을 가지고 있다.

## 518. effect [ifékt]
ef(out)+fect(to make)

'만들어 밖으로 나온' 것이 → n. ① **영향** ② **효과** ③ **결과**라고 하지
- ef**fect**ive[iféktiv] a. **효과적인**
- syn. re**sult**(결과), con**seque**nce(결과), out**come**(결과), im**pact**(영향), in**flu**ence(영향)

Officials were concerned about the **effect** on financial markets.
관리들은 금융시장에 미치는 영향을 걱정했다.

## 519. infection [infékʃən]
in+fect(to make)+ion(명접)

'안으로 만드는 것' 이 → 나쁜 버릇·풍습이나 사상, 병원체면 → n. ① **감염** ② **전염**이 되는 거지

- **infect**[infékt] v. ① **감염시키다** ② **전염시키다**
- **infectious**[infékʃəs] a. ① **감염시키는** ② **전염시키는**
- syn. **contagion**(전염)

> He had symptoms of a viral **infection**.
> 그는 바이러스 감염 증상을 가지고 있었다.
> ① **symptom** 증상, 징후 ② **syndrome** 증후군

## 520. perfect [pə́ːrfikt]
per(through)+fect(to make)

'두루 잘 만드는 것' 이 → a. ① **완벽한** ② **완전한** v. **완벽하게 하다**가 된 거지
- **perfection**[pərfékʃən] n. **완벽**
- **perfectionism**[pərfékʃənìzm] n. **완벽주의**
- syn. **faultless**(결점 없는), **flawless**(흠 없는) ↔ ant. **imperfect**(불완전한

> His health is really **perfect**.
> 그의 건강은 정말 완벽하다.

## 521. feat [fiːt]
feat(to make)

'만들어' 쌓은 것을 → n. ① **위업** ② **업적** ③ **공훈** ④ (일을 처리하는 수단이나 수완, 손이면) **솜씨** ⑤ (어떤 일에 대처하거나 타고난 소질이면) **재주**라고 하지
- syn. **exploit**( 공훈), **accomplishment**(업적), **achievement**(업적), **deed**(공훈)

> No one had managed to match his **feat**.
> 아무도 그의 업적과 필적하지 못했다.

## 522. feature [fíːtʃər]
feat(to make)+ure(결과, 명접)

'만들어진 결과' 가 → n. ① **특징** ② **특질** ③ **특색** ④ (신문·잡지·방송이면) **특집기사** ⑤ (프로그램이면) **코너** v. ① **특징이 있다** ② **특징을 이루다**가 된 거지
- syn. **aspect**(양상), **quality**(특성), **characteristic**(특징), **trait**(특성)

> His works **feature** an extreme use of special effects.
> 그의 작품은 특수효과의 극단적인 사용이 특징이다.

## 523. defeat [difíːt]
de(from)+feat(to make)

'(상대를) 떨어지도록 만드는 것' 을 → v. ① **패배시키다** ② **이기다** ③ **좌절시키다** n. **패배**라고 하지
- **defeatism**[difíːtizm] n. **패배주의**
- syn. **conquer**(정복하다), **vanquish**(정복하다) ↔ ant. **surrender**(항복하다, 넘겨주다)

> His unexpected **defeat** will lose her influence.
> 그의 예상치 못한 패배가 그녀의 영향력을 잃게 할 것이다.

## 524. counterfeit
[káuntərfìt]
counter(opposite)+feit(to make)

'(법에) 반하여 만든 것' 을 → v. **위조하다** a. ① **위조의** ② **모조의** 라고 하지
- **counterfeiting** 화폐위조 = **forgery**[fɔ́ːrdʒəri]
- syn. **fake**(위조의), **imitated**(모조의)

Five teens were accused of making **counterfeit** money.
다섯 명의 10대들이 위조지폐를 만든 혐의로 기소되었다.

525. **deficit** [défəsit]
de(from)+fic(to make)+it

'(기준에서) 벗어나 만들어진 것' 이 → n. ① (지출이 수입을 초과하면) **적자** ② (돈이 필요한 기준에 미치지 못하면) **부족액** ③ (물건의 어느 부분이나 금전이면) **결손** ④ (득점 등의) **불리한 상태**가 된 거지
- **deficient**[difíʃənt] a. ① **부족한** ② **불충분한** ③ **결함 있는**
- **deficiency**[difíʃənsi] n. ① **부족** ② **결함** ③ **결점**
- heavy **deficit** 큰 폭의 적자 　　　• a trade **deficit** 무역적자
- syn. **short**age(부족), **short**fall(적자), **loss**(손실) ↔ ant. **sur**plus(잉여)

The city will face huge **deficits**.
시는 엄청난 적자에 직면할 것이다.

526. **difficult** [dífikʌlt]
dif(not)+fic(to make)+ult(형접)

'만들지 못하는' 것을 → a. ① **어려운** ② **힘든** ③ **곤란한** 경우이지
- **difficulty**[dífikʌlti] n. ① **어려움** ② **곤경** ③ **장애**

The last few days have been incredibly **difficult**.
마지막 며칠을 남겨두고 정말 힘들었다.

527. **efficient** [ifíʃənt]
ef(out)+fic(to make)+ent(형접)

'만들어 낸다는' 것이 → a. ① **능률적인** ② **유능한** ③ **효율적인** 의미가 된 거지
- **efficiency**[ifíʃənsi] n. ① **효율** ② **능률**
- syn. **sy**ste**matic**(체계적인) ↔ ant. **inefficient**(비효율적인)

He didn't invest a dime to make power plants more **efficient**.
그는 발전소를 효율적으로 만드는데 단 한 푼도 투자하지 않았다
**dime** 10센트, (부정문에서) 한 푼

528. **proficient** [prəfíʃənt]
pro(forward)+fic(to make)+i+ent(형접)

'미리 만들어 내는' 것을 → a. ① **능숙한** ② **숙달한** ③ **익숙한** 이 된 거지
- **proficiency**[prəfíʃənsi] n. ① **숙달** ② **능숙** ③ **능란**
- **profit**[práfit] n. **이익**
- syn. **skill**ed(숙련된), **skill**ful(능숙한), **ex**pert(숙달된), **dex**terous(솜씨 좋은), **deft**(능숙한), **ad**roit(솜씨 좋은), **ad**ept(능숙한)

Schools are failing to produce students **proficient**.
학교가 숙달된 학생들을 만드는 데 실패하고 있다.

529. **sufficient** [səfíʃənt]
suf(under)+fic(to make)+i+ent(형접)

'아래부터 (쌓아서) 만든' 것이 → a. (모자람이 없이 넉넉하면) **충분한** 것이 되지
- **suffice**[səfáis] v. **충분하다**
- syn. **ad**equate(충분한), **e**nough(충분한), **ample**(충분한), **plenty**(충분한)
- ↔ ant. **in**sufficient(불충분한)

Antitrust policies are **sufficient** to catch anti-competitive activities.
반독과점 정책은 경쟁체제에 반하는 활동을 억제하기에 충분하다.
**antitrust** 독점금지의

## 530. amplify [ǽmpləfài]
ampli(large)+fy(to make)

'크게 만드는' 것이 → v. ① **확대하다** ② **증폭하다** ③ (설명을 늘어놓는 거면) **부연하다**가 된 거지
- ample[ǽmpl] a. ① **풍부한** ② **충분한** ③ **넓은**
- amplitude[ǽmplitjùːd] n. ① **넓이** ② **진폭**
- ample opportunity 충분한 기회
- syn. expand(확대하다), expatiate(부연하다)

Everyone helps us to **amplify** this message.
모든 사람이 우리가 이 메시지를 확산시키는 데 도움을 주었다.

## 531. qualify [kwάləfài]
quali(what kind)+fy(to make)

'어떤 종류의 (자격에 맞추어) 만든 것' 이이 → v. ① **자격을 얻다** ② **자격을 갖추다**가 된 거지
- qualification[kwὰləfikéiʃən] n. ① **자격** ② **자질**
- disqualification[diskwὰləfikéiʃən] n. ① **자격 상실** ② **실격**
- syn. entitle(자격을 주다) ↔ disqualify(자격을 박탈하다)

To **qualify**, each director must exercise prudent business judgment.
자격을 갖추기 위해, 각 이사는 신중한 사업적 판단을 발휘해야 한다.
① **exercise** 운동, 훈련하다, 발휘하다 ② **prudent** 신중한

## 532. ramify [rǽməfài]
rami(branch)+fy(to make)

'가지를 만들다' 가 → v. ① **가지를 내다** ② (나뉘어서 갈라져) **분기하다** ③ (중심에서 여러 갈래로 나뉘어) **분파하다**가 된 거지
- ramification[rὰməfikéiʃən] n. ① **파문** ② **영향** ③ **결과**
- syn. divide(나누다)

They **ramify** into a labyrinth.
그들은 분기하여 미궁으로 빠져들었다.    **labyrinth** 미로

---

◆ 어원 TIP
- classify[klǽsəfài] → class(등급)+fy(to make) → 등급을 만들다 → 분류하다
- factory[fǽktəri] → fact(to make)+ory(장소) → (물건을) 만드는 장소 → 공장
- sacrifice[sǽkrəfàis] → sacr(holy)+fic(to make)+e(명접) → 신성하게 만들어진 것 → 희생, 희생하다
- fiction → fict(to make)+ion(명접) → 만들어진 것 → 소설, 허구
- nonfiction → non(not)+fiction(허구) → 허구가 아닌 → 논픽션, 실화

---

◆ 어휘 플러스
edify 교화시키다 / forge[fɔːrdʒ] 위조하다, 대장간, 용광로(=furnace[fɔ́ːrnis]) / forgery[fɔ́ːrdʒəri] 위조, 위조죄, 위조품, 위폐 / office 사무실 / officer 장교 / official 공무[직무]상의, (직책과 관련된) 공식적인, 공적인 / benefactor 후원자(p80) / beneficial 유익한(p80) / beneficiary 수혜자(p80)

가. ○○신문 **특집기사(feature)**에 따르면 몇몇 **교수진(faculty)**의 **안이한(facile)** 대응이 ○○대학에 나쁜 **영향을 미쳤다고 (affect)** 보도했군?

나. 내용이 뭔데?

가. **파벌(faction)** 싸움을 **증폭시키면서(amplify) 능숙하고(proficient) 효율적인(efficient)** 대학을 망가뜨렸다는데...

나. 그 것 뿐이야?

가. 더 있어. 그동안 **충분한(sufficient) 업적(feat)**으로 최근 정부가 발주한 프로젝트를 수행할 **자격을 갖추었지(qualify)** 만 그 **여파(aftermath)**로 주요 심사 **요소(factor)**에서 낮은 **평가(evaluation)**를 받았다는 군.

가. 그래서 경쟁대학과 경쟁에서 **패배(defeat)**하였고 대학은 **어려운(difficult)** 재정 **적자(deficit)**에 놓이게 되었다지.

나. 문제가 일파만파로 번지고 있다고 들었는데?

가. **설상가상으로(To make matters worse)** 교직원 일부가 **결손(deficit)**을 메꾸기 위해 서류를 **위조하고(counterfeit)** 회계장부를 **꾸며낸(manufacture)** 혐의로 **검찰(prosecution)**에 고발당하는 사태가 발생하였어.

---

| 어근 92 | **FARE** : 가다(to go) |
| --- | --- |
| | ※ **동의어근** CEDE, CEED, CESS(어근36) / GRAD, GRESS(어근118) |

### 533. fare [fɛər]
fare(to go)

'가는' 것이 → n. ① (대가 따위로 치르는 돈이면) **요금** ② (운송에 대한 삯이면) **운임** ③ (가면서 먹는 거면) **식량** ④ **음식** v. (긍정·부정의 일이) **진척되다**가 된 거지

- **fair**[fɛə(r)] a. **공정한** n. **박람회**
- **pair**[pɛər] n. ① **한 쌍** ② **한 벌**
- **fanfare**[fǽnfɛər] n. **팡파르**
- **fare-beat**er[fɛ́ərbìːtər] n. **무임승차자**
- syn. **charge**(청구 금액, 요금), **cost**(비용), **price**(가격), **fee**(수수료)

> Transcontinental routes have had high premium **fares**.
> 대륙횡단 노선은 높은 할증요금을 받아왔다.

### 534. farewell [fɛɔrwél]
fare+well

'잘 가라고 히는' 것이 → n. **작별**이지

> At a **farewell** ceremony, colleagues praised him for
> his dedicated leadership.
> 송별식에서, 동료들은 그의 헌신적인 지도력을 칭찬했다.
> **dedicate** 헌신하다

### 535. welfare [wélfɛər]
wel(well)+fare

'(삶이) 잘 가도록 하는 것' 이 → n. ① **복지** ② **후생**이지

- **welfare** benefits **복리후생**
- syn. **wellbeing**(복지, 안녕)

> Child-**welfare** advocates said Tuesday's announcement
> was a welcome change.
> 아동복지 지지자들은 화요일 발표를 환영할만한 변화라고 말했다.

가. 자네는 **작별(farewell)**을 고해야할 적폐 중에 **적폐(accumulated evils)**가 뭐라고 생각하는가?

나. 현실을 고려하지 않고 **운임(fare)**을 **터무니없이(exorbitant)** 인상하고 **복지(welfare)**를 후퇴시키는 **정책(policy)**이라고 생각합니다.

---

| 어근 93 | FED, FID : 믿다(to trust)    ※ 동의어근 CRED(어근59) |
|---|---|

### 536. **fed**eral [fédərəl]
fed+er+al(형접)

'믿음으로' 연합한 것이 → a. ① **연방의** ② **연방 정부의**가 된 거지
- fed**eration**[fèdəréiʃən] n. ① **연합** ② **연맹** ③ **연방정부**
- con**fed**eration[kənfèdəréiʃən] n. ① **연합** ② **동맹** ③ **연방**
- **Federal** Reserve Board **연방 준비제도 이사회** (FRB)

> An electric-car start-up is facing two **federal** investigations.
> 신규 전기자동차 회사가 두건의 연방 조사에 직면해 있다.

### 537. **fid**elity [fidéləti]
fid+el+ity(명접)

'믿음이 있는 상태'를 → n. ① **충실함** ② **신의** ③ **지조** 있다고 하지
- in**fid**elity[ìnfədéləti] n. ① **부정** ② **불충** ③ **불성실**
- high **fidelity** ① **고충실도** ② **하이파이**(HI-FI)
- **fidelity** guarantee (고용인) **신원보증**
- syn. loyal**ty**(충성), de**vot**ion(헌신), al**legi**ance(충성) ↔ dis**loyal**ty(불충)

> The man pursued his work with **fidelity**.
> 그는 자신의 업무를 충실하게 이행했다.

### 538. af**fid**avit [æfidéivit]
af(to)+fid+avit(명접)

'믿음으로 접근하는 것'이 → n. ① **진술서** ② **자술서**가 된 거지
- **affidavit** risk **선서보험**

> Prosecutors have described the photos in **affidavits**.
> 검사들은 진술서에 그 사진들을 언급했다.

### 539. **bona fide**
[bóunə, fàid]
bona(good)+fide

'좋게 믿음이 가는' 말을 → a. ① **진실한** ② **진짜의** ③ **명확한** 것이라고 하지

> The employees have **bona fide** chronic illnesses.
> 종업원들은 실제로 만성적인 질병을 갖고 있다.
> chronic 만성적인

### 540. con**fide** [kənfáid]
con(intens)+fide

'강하게 믿는' 것이 → v. ① (신뢰로 연결되면) **비밀을 털어놓다** ② **신뢰하다**
③ **신용하다**가 된 거지
- con**fid**ence[kánfədəns] n. ① **자신감** ② **신뢰**
- con**fid**ent[kánfədənt] a. ① **확신하는** ② **자신 있는**

- confidential[kɑ̀nfədénʃəl] a. ① **기밀의** ② **비밀의** ③ **사적인**
- syn. **re**veal(폭로하다), con**fess**(고백하다), dis**close**(털어놓다), di**vulge**(폭로하다)

> Most of the military personnel **confide** their plans.
> 대부분의 병사들은 자신들의 계획을 털어놓았다.

## 541. fiancé [fìːɑːnséi]
### fi+ance(명접)

'믿음으로 엮인 사람' 이 → n. **약혼자**이지
- fiancée[fìːɑːnséi] n. **약혼녀**

> Her **fiancé's** best man went missing.
> 그녀 약혼남의 절친한 친구가 행방불명되었다.

## 542. defiance [difáiəns]
### de(from)+fi+ance(명접)

'믿음에서 벗어나는 것' 이 → n. ① **저항** ② **반항**이 된 거지
- de**fy**[difái] v. ① **도전하다** ② **반항하다**
- de**fi**ant[difáiənt] a. ① **반항하는** ② **도전적인**
- syn. **re**sist**ance**(저항), dis**obedi**ence(불복종) ↔ ob**edi**ence(복종)

> Given its record of **defiance**, Tehran needs to prove its sincerity.
> 반항적인 전력을 고려해 볼 때, 이란정부는 진정성을 보여줄 필요가 있다.

---

◆ 어원 TIP
- **per**fidy → per(through)+fid(to trust)+y(명접) → 믿음을 통과해 저버린 것 → 배신

---

■■■ **우리말 대화로 단어 복습하기**

가. 신자가 **비밀로 털어놓은(confide) 고해성사(confession)**를 신부가 발설했다지?

나. 사회적 규범에 대한 **명확한(bona fide) 도전(defiance)**이라고 **연방법원(federal court)**은 판결을 내렸어.

나. 다른 내용이지만 **약혼자(fiance)**와 **신의(fidelity)**를 저버린 전력이 있는 사람의 **진술서(affidavit)**가 법원에서 무시되었어.

가. 그렇지. 믿음이 사라진 사회는 불행한 사회지.

---

| 어근 94 | FEND : 치다(to strike) |
|---|---|
| | ※ 동의어근 BAT(어근23) / CUSS(어근66) / FLICK, FLICT(어근102) |

## 543. defend [difénd]
### de(away)+fend(to strike)

'(상대를) 쳐서 떨어지게 하는' 것이 → v. ① **방어하다** ② **옹호하다**
③ **변호하다**가 된 거지.
- de**fend**ant[difénd ənt] n. **피고** ant. plaintiff 원고 = com**plain**ant 원고
- de**fen**se[diféns] n. ① **국방** ② **방위** ③ **수비**
- de**fen**sive[difénsiv] a. ① **방어적인** ② **방어의**
- syn. **pro**tect(보호하다), guard(지키다), shield(보호하다), up**hold**(지지하다), stand up for(옹호하다), speak up for(변호하다)

## 544. offend [əfénd]
of(against)+fend(to strike)

'대항해서 치는' 것이 → v. ① **기분이 상하게 하다** ② **불쾌하게 하다**
③ **법을 위반하다**가 된 거지
- of**fen**ce[əféns] n. ① **범죄** ② **공격** ③ **위반**
- of**fen**sive[əfénsiv] a. ① **모욕적인** ② **불쾌한**
- syn. **di**stress(괴롭히다), **out**rage(격분하게 하다), slight(무시하다),
    **in**sult(모욕하다), break the law(법을 어기다), sin(죄를 짓다) ↔
    please(기쁘게 하다)

They were likely to **offend** again.
그들은 다시 범죄를 저지를 가능성이 있었다.

---

◆ 어휘 플러스
fence 울타리 / fend off 피하다(= ward off) / forfend 막다

---

■■■ 우리말 대화로 단어 복습하기
가. 왜 사람들이 그를 왜면하지?
나. 사람들을 **불쾌하게하면서(offend)** 까지 그를 **변호해줄(defend)** 마음이 없는 거지.

---

### 생활 속 영단어로 어원 친해지기

티케 : 지난 번에 배운 어근이 뭐였더라?

토끼 : 67. 해를 끼치다 damn / 68. 주다 date, dit, don, dos, dot, trea / 69. 빚 deb / 70. 국민 dem, demo /
71. 치아 dent, odontos / 72. 신 dei, div / 73. 피부 derm, dermato / 74. 오른손, 숙달된 dexter, droit /
75. 말하다 dic, dict / 76. 가치 있는 dign / 77. 슬퍼하다 dole / 78. 다스리다 dom, domin / 79. 자다 dorm
/ 80. 가르치다 doc, doct, tut / 81. 이끌다 duc, duct / 82. 지속하다 dur / 83. 자아 ego / 84. 잡다 empt
/ 85. 같은 equ / 86. 돌아다니다 err / 87. 자라다 esce / 88. 존재하다 ess, est / 89. 말하다 fa, fess /
90. 면, 얼굴 face / 91. 만들다 fac, fec, fic / 92. 가다 fare / 93. 믿다 fed, fid / 94. **치다 fend**가 있어요.

티케 : 일상 속에서 활용한 사례를 말해주겠니?

고양이 : 제가 며칠 전 헌혈을 갔다가 영어로 '헌혈'을 찾아보니 'blood donation', (고척)돔(dome), 도메인(domain),
    '더마톱 연고'가 있었어요.

토끼 : 제 나름대로 어원분석을 해봤어요.
○ dermatop ointment→ derma(skin)+top+ointment(연고) → 피부에 최고인 연고 → 더마톱 연고
○ donation → don(to give)+ation(명접) → 주는 것 → 기부가 되니까. '피(blood)를 기부하는 것'이 '헌혈'이 되는
    거잖아요.

고양이 : 4년마다 차기 월드컵 개최국에서 개최되는 **FIFA Confederation Cup**이 있는데 confederation이 '**연합,
    연맹, 동맹**'이고 FIFA도 Federation Internationale de Football Association의 줄임말 이라는 것을 알게
    되었어요. federation은 '**연방, 연합**'이라는 의미로 쓰고 있어요.

티케 : 다음에 배울 어근은 **fer, pher / fin, limi / firm / fix / flag / flam / flat, flect, flex / flick, flict**이지요.

| 어근 95 | FER(T), PHER, : 나르다, 운반하다, 지니다(to carry) |
|---|---|
| | ※ 동의어근 CAR, CHAR(어근34) / GER, GEST(어근115) / LATE(어근 138) / PORT(어근229) |

## 545. fertile [fə́ːrtl]
fer(to carry)+ile(easy)

'지니기 쉬운' 것이 → a. ① (땅이면) **비옥한** ② (여성이면) **가임의** ③ (아이·새끼·물품이면) **다산의** 개념이 된 거지
- **fertility**[fərtíləti] n. ① **비옥** ② **다산** ③ **풍부**
- **fertilizer**[fə́ːrtəlàizər] n. **비료**
- **fecund**[fíkənd] a. ① **다산의** ② **풍부한** ③ **비옥한**
- syn. **pro**lific(다산의, 비옥한) ↔ ant. **bar**ren(불모의, 메마른), ster**ile** (불모의, 메마른)

> Emerging-growth markets prove to be **fertile** ground.
> 신흥 성장 시장은 비옥한 토양으로 입증되었다.

## 546. confer [kənfə́ːr]
con(together)+fer(to carry)

'함께 나르는' 것이 → v. ① (서로 의견을 주고받으면) **의논하다** ② (가치·의의 등을) **부여하다** ③ (칭호·학위를) **수여하다**가 된 거지
- **confer**ence[kánfərəns] n. ① **회견** ② **회의** ③ **회담**
- **confer**ment[kənfə́ːrmənt] n. ① (학위·상 등의) **수여** ② (훈장의) **서훈**
- syn. **dis**cuss(논의하다), **con**sult(의견을 묻다), **g**rant(수여하다), **be**stow (수여하다)

> The bill would **confer** legal status on immigrants.
> 법안은 이민자들에게 합법적인 지위를 부여할 것이다.

## 547. defer [difə́ːr]
de(apart)+fer(to carry)

'분리해서 지니는' 것이 → v. ① (정해진 기한을 늘리면) **연기하다** ② (의견·판단·설정이면) ~**에게 맡기나** ③ (존경하는 뜻이면) **경의를 표하다**가 된 거지
- **de**ference[défərəns] n. ① **조의** ② **경의** ③ **존경**
- **de**ferment[difə́ːrmənt] n. ① **연기** ② **순연** ③ **징병 연기** syn. **de**ferral
- **de**ferential[dèfərénʃəl] a. ① **공손한** ② **경의를 표하는**
- **de**ferentially[dèfərénʃəli] ad. **공손하게**
- syn. **post**pone(연기하다), **de**lay(연기하다), **put off**(연기하다), **sus**pend (보류하다), **procrastin**ate[proukrǽstənèit](연기하다)

> They **defer** the pay hikes promised in their contracts.
> 그들은 계약서에 약속된 임금인상을 연기했다.

## 548. differ [dífər]
dif(apart)+fer(to carry)

'(관점이) 따로 지니는' 것이 → v. ① **다르다** ② **차이가 나다** ③ **생각이 다르다** ④ **의견을 달리하다**가 된 거지
- **differ**ence[dífərəns] n. ① **차이** ② **다름** ③ **차액** cf. **in**difference 무관심
- **differ**ent[dífərənt] a. ① **다른** ② **여러 가지의** ③ **차이가 나는**
- **differ**entiate[dìfərénʃièit] v. ① **구별하다** ② **차별하다**

- **dif**fer**entiation**[dìfərènʃiéiʃən] n. ① **구별** ② **차별** ③ **분화**
- syn. **dis**sent(의견을 달리하다), **dis**agree(일치하지 않다), **dis**pute (논쟁하다) ↔ **a**gree(동의하다)

Fuel economy improvements will **differ** from customer to customer.
연비개선은 운전자마다 차이가 나게 될 것이다.

## 549. **in**fer [infə́ːr]
in(in)+fer(to carry)

'(생각 등을) 안으로 나르는' 것이 → v. ① **추론하다** ② (넌지시 깨우쳐 주면) **암시하다**가 된 거지
- **in**ference[ínfərəns] n. ① **추론** ② **추정** ③ **추리**
- syn. **con**jecture(유추하다), **de**duce(추론하다), **guess**(추측하다), **sur**mise (추측하다), **im**ply(암시하다)

We can't yet **infer** a definitive cause and effect.
우리는 명확한 인과관계를 아직 추론할 수 없다.

## 550. **inter**fere [ìntərfíər]
inter(between)+fer(to carry)+e

'사이에서 나르는' 것이 → v. ① (참견하여) **간섭하다** ② (어떤 일에 끼어들어) **개입하다** ③ (남의 일에 헤살을 놓아) **방해하다**가 된 거지
- **inter**ference[ìntərfíərəns] n. ① **간섭** ② **방해** ③ **개입**
- syn. **meddle**(간섭하다), **inter**vene(방해하다), **butt in**(간섭하다)

Lawmakers have been reluctant to **interfere** in these fights.
국회의원들은 이러한 싸움에 개입하는 것을 꺼려왔다.
**reluctant**[rilʌ́ktənt] 마음 내키지 않는

## 551. **of**fer [ɔ́ːfər]
of(to)+fer(to carry)

'가까이 나르는' 것이 → v. ① (갖다 주어) **제공하다** ② (의안을 내어) **제안하다** ③ (글·말·물증 등을) **제시하다** n. ① **제의** ② **제안**이 된 거지
- **of**fering[ɔ́ːfəriŋ] n. ① **제공되는 것** ② **공물** ③ **제물**
- **of**fering price ① **공모가** ② **매출가격**
- syn. **pro**vide(제공하다), **furn**ish(제공하다), **pro**pose(제안하다), **sug**gest (제안하다) ↔ **with**hold(보류하다)

She plans to **offer** 15% off most purchases.
그녀는 대부분 구매품을 15% 할인된 가격으로 제공할 계획이다.
**purchase**[pə́ːrtʃəs] 구입하다, 구입, 구입품

## 552. **pre**fer [prifə́ːr]
pre(before)+fer(to carry)

'미리 지니는' 것이 → v. ① **좋아하다** ② **선호하다**가 된 거지
- **pre**ference[préfərəns] n. ① **선호** ② **특혜** ③ **편애** ④ **우선권**
  syn. **favorit**ism **편애**
- **pre**ferable[préfərəbl] a. ① **바람직한** ② **나은** ③ **선호하는**
- **preference** stock **우선주**
- syn. **favour**(선호하다)

Traders **preferred** to cash in their gains
무역업자들은 수익을 현금화시키는 것을 선호했다.

## 553. transfer [trænsfə́ːr]
trans(across)+fer(to carry)

'가로질러 운반하다' 가 → v. ① **이동하다** ② **전근가다** ③ **갈아타다**
④ (권력이면) **넘겨주다** ⑤ **이송하다** n. ① **이동** ② **양도**(인계) ③ **인도** ④ **명의
변경** 등이 된 거지
* transfer agent **명의개서 대리인**
* transfer cell **전이세포**
* transfer fee **이적료**
* syn. **trans**port(수송하다), **shift**(바꾸다, 이동, 변화), **hand over**(넘겨주다,
양도하다)

A shuttle bus **transfer** promises to be half the cost of a taxi.
셔틀버스로 이동은 택시비용의 반값에 불과하다.

## 554. periphery [pərífəri]
peri(around)+pher(to carry)+y(명접)

'주위에 지니고 있는' 것을 → n. ① **주변** ② **주위**라고 하지
* **peri**pher**al**[pərífərəl] a. ① **주변의** ② **지엽적인** ③ **말초의**
  n. (컴퓨터의) **주변장치**
* periphery theory **종속이론**
* **peri**phra**sis**[pərífrəsis] n. ① **에둘러 말하기** ② **우회적 표현**
* syn. **fringe**(가장자리)

We spread the Gospel to the **periphery** of society.
우리는 사회주변 곳곳에 복음을 확산시켰다.

---

◆ **헷갈리는 어원 TIP**
* fer**ment**[fə́ːrment] → fer(to boil)+ment(명접) → 끓게 해서 만드는 것 → 발효, 효소, 동요, 발효시키다, 발효되다
* fer**ment**ation[fə̀ːrmentéiʃən] 발효, 동요

◆ **어원 TIP**
* fer**ry** → fer(to carry)+ry(명접) → (짐이나 사람을) 운반하는 것 → (카)페리, 연락선, (보통 짧은 거리를 정기적으로)
  **나르다, 수송하다.**

---

■ **우리말 대화로 단어 복습하기**

가. 우리는 **틀에 박힌**(routine) 삶의 일정을 **연기하고**(defer) 자연과 **의논하며**(confer) 다른 삶으로 **갈아타는**(transfer)
  꿈을 꾸지?
나. 그래. 아무런 **간섭**(interference)을 받지 않고 **비옥한**(fertile) **주변**(periphery) **환경**(surroundings)이 제공하는
  (offer) **행복감**(euphoria)을 즐기는 것을 **좋 아하지**(prefer).

## 555. **fin**ish [fíniʃ]
fin(end)+ish(같은, 형접)

'끝에 도달한 것 같은' 이 → v. ① **끝내다** ② **마치다** n. ① **마무리** ② **끝**
a. [fáiniʃ] (마감한 결과물은) ① **우수한** ② **가느다란** ③ **매우 섬세한**
n. ① (일이면) **마지막 부분** ② (페인트 · 광택제 등의) **마감 칠이 된 거지**
- **fin**ite[fáinait] a. ① **유한의** ② **한정된** ③ **유한**
- in**fin**ite[ínfənət] a. **무한한**
- in**fin**ity[infínəti] n. ① **무한성** ② **무한대**
- in**fin**itesimal[infìnitésəməl] a. ① **극미한** ② **극소의**
- **fin**ished goods 완제품
- syn. **close**(끝내다), **comp**lete(완성하다), **con**clude(끝내다), **wrap up**
  (끝내다), **termin**ate(마무리하다), **round off**(마무리 짓다)

This decision puts us a step closer to **finishing** the investigation.
이번 결정은 우리가 조사를 끝낼 시기가 가까워졌음을 의미한다.

## 556. **fin**ale [finǽli]
fin(end)+ale(명접)

'끝을 장식하는 것' 을 → n. ① **피날레** ② **마지막 부분**이라고 하지
- **fin**al[fáinl] a. ① **최종의** ② **마지막의** n. **결승전**
- **fin**ality[fainǽləti] n. ① **최종적인 상태** ② **결정적임** ③ **최종적임**
- grand **fin**ale 대단원
- syn. **clim**ax(절정), **end**ing(결말), **culmin**ation(정점), **denouem**ent
  [deinú:mɑːŋ](대단원)

They make their grand **finale** a night to remember.
그들은 기억할만한 밤이 될 대단원을 만들었다.

## 557. **fin**ance [fáinæns]
fin(end)+ance(상태, 명접)

'(사업 등의) 최종적인 끝' 은 결국 자금이 필요하여 → n. ① **재무** ② **금융**
③ **재원** v. ① **자금을 대다** ② **재원을 대다**가 된 거지
- **fin**ancial[finǽnʃəl] a. ① **금융의** ② **재정의**
- **fin**ancier[finənsíər] n. ① **자본가** ② **금융업자**
- high **fin**ance ① **거액 융자** ② **대형 금융 거래**
- syn. **fund**(자금을 제공하다, 자금), **capit**al(자본)

A finance professor muses about issues in **finance**.
재무담당 교수가 금융 문제들을 숙고하고 있다.
**muse about** ~을 숙고하다

## 558. **fin**e [fain]
fin(end)+e(형접)

'끝(마무리가)' 이 잘 되면 → a. ① **질 좋은** ② **훌륭한** ③ **미세한**
n. (마무리가 잘못되면) **벌금**이 부과되지
- **fin**esse[finés] n. ① **기교** ② **수완** v. **교묘하게 처리하다**
- **fin**ely[fáinli] ad. ① (알갱이를) **잘게** ② **아름답게** ③ **섬세하게**
- re**fin**e[rifáin] v. ① (어떤 물질을) **정제[제련]하다** ② **개량하다** ③ **다듬다**

- re**fine**ment[rifáinmənt] n. ① **개선** ② **정제** ③ **세련**
- **fine** art ① **미술** ② **예술품**
- syn. ex**cell**ent(우수한), master**ly**(대가다운, 훌륭한), **out**stand**ing**(뛰어난), **de**licate(섬세한) ↔ ant. **coarse**(조잡한)

> The court levied a $1,500 **fine** against him.
> 법원은 그에게 1500달러의 벌금을 부과하였다.
>
> **levy** 부과하다, 징수하다

## 559. **affinity** [əfínəti]
af(to)+fin(end)+ity(명접)

'끝에 접근해 있는 것' 이 → n. ① (사람 사이의) **친밀감** ② (사람 사이의) **친화력** ③ (서로 관계를 맺는) **관련성**이 되는 거지

- **affinity** group 동호인 단체
- syn. at**tract**ion(매력), rapport(관계), similar**ity**(유사성), relation**ship**(관계) con**nect**ion(연고) ↔ ant. hostil**ity**(적개심), **diff**er**ence**(차이)

> We feel an **affinity** for the community.
> 우리는 그 지역사회에 친밀감을 느낀다.

## 560. **confine** [kənfáin]
con(with)+fine(limit)

'(활동 · 주제 · 지역 등을) 함께 제한을 하는' 것이 → v. ① **국한시키다** ② **가두다** ③ **제한하다**가 된 거지

- con**fine**ment[kənfáinmənt] n. ① **감금** ② **구속** ③ (아이의) **분만**
- con**fine**s[káːnfaɪnz] n. ① **한계** ② **범위**
- syn. im**prison**(투옥하다), en**close**(둘러싸다), in**carcer**ate(투옥하다), re**strict**(제한하다)

> Most comedy writers prefer the **confines** of the set.
> 대부분 코미디작가들은 세트에 제한을 두는 것을 선호한다.

## 561. **define** [difáin]
de(from)+fine(to set a limit)

'~로 부터 한계를 정하는' 것이 → v. ① **정의하다** ② **규정하다** ③ **분명히 밝히다**가 된 거지

- de**fin**ite[défənit] a. ① **분명한** ② **확실한** ③ **명확한** n. **확실한 것**[사람]
- in**defin**ite[indéfənit] a. **불명확한**
- de**fin**ition[dèfəníʃən] n. **정의**
- syn. **circum**scribe(한계를 정하다)

> I am not going to let you **define** me.
> 네가 나를 규정하도록 허락하지 않을 것이다.

## 562. **eliminate** [ilímənèit]
e(out)+limin(end)+ate(동접)

'끝에서 아웃시키는' 것이 → v. ① **제거하다** ② **없애다** ③ (시합 등에서) **탈락시키다**가 된 거지

- **elimin**ation[ilìmənéiʃən] n. ① **제거** ② **배제**
- syn. re**move**(제거하다), get rid of(제거하다), do away with(폐지하다), ab**olish**(폐지하다)

### ■ 우리말 대화로 단어 복습하기

가. **불확실성(uncertainty)**을 **제거하고(eliminate) 위기(crisis)**를 극복하기 위해 구성원 모두의 단합한 사례는 없을까?

나. **제한된(confined) 자원(resource)**으로 **재무(finance)**를 **개선하고(improve)** 특유의 **친화력(affinity)**으로 대중의 마음을 사로잡은 교향악단이 있지.

가. 그래. 연주회 한번 가봐야겠는데?

나. 늦었어. 최근 **훌륭하게(finely) 대단원(grand finale)**을 **장식하며(embellish) 정기연주회(regular concert)**를 **끝냈다(finish)**지.

| 어근 97 | FIRM : 강한·굳은(strong), 강하게 하다(to strengthen)<br>※ 동의어근 FORCE, FORT(어근104) |

### 563. firm [fəːrm]
firm(strong)

'강한' 것이 → a. ① **굳은** ② **단단한** ③ **확고한** n. ① **회사** ② **상사** v. ① **다지다** ② (주가·물가 등이) **안정되다** ③ **안정되게 하다**가 된 거지

- **in**firm[infə́ːrm] a. ① **병약한** ② **허약한** ③ **노쇠한** n. **병약자**
- **in**firm**ary**[infə́ːrməri] n. ① **양호실** ② **의무실**
- law firm **법률 사무소**
- syn. **hard**(단단한), **solid**(확고한), **adamant**(확고한), **resolute**(확고한), **determined**(단호한), **stern**(단호한), **steadfast**(변함없는), **indomitable**(굴하지 않는), **unbending**(굽히지 않는), **uncompromising**(타협하지 않는), **unyielding**(고집이 센), **inflexible**(완고한), **definite**(확고한), **rigid**(엄격한), **secure**(확실한), **fixed**(확고한), **strict**(엄격한) ↔ ant. **unstable**(불안정한)

> Our company had terminated its contract with the **firm**.
> 우리 회사는 그 회사와 계약을 종료했다.
> **terminate**[tə́ːrmənèit] 끝내다, 종결시키다

### 564. affirm [əfə́ːrm]
af(to)+firm(to strengthen)

'점점 강해지는' 것이 → v. ① (말이면) **단언하다** ② (사실이나 생각에 대하여 옳다고 인정하여) **긍정하다** ③ (말이면) **확언하다**가 된 거지

- **af**firm**ation**[æfərméiʃən] n. ① **단언** ② **확언** ③ **긍정**
- **af**firm**ative**[əfə́ːrmətiv] a. ① **긍정적인** ② **동의하는** n. ① **긍정** ② **동의**
- affirmative action **차별 철폐 조처**
- syn. **con**firm(확인해 주다), **corroborate**(확증하다), **substantiate**(입증하다)

> Moody's **affirms** the nation's AAA credit rating.
> 무디스는 국가 신용등급을 AAA로 확언해주었다.

### 565. confirm [kənfə́ːrm]
con(intens)+firm(to strengthen)

'강하게 하는' 것이 → 틀림없는 것을 증명하면 → v. ① **사실임을 보여주다** ② **확인하다** ③ **확정하다** ④ **승인하다**가 되는 거지

- **confirm**ation[kὰnfərméiʃən] n. ① 확인 ② 확정 ③ 입증 ④ (기독교의) 견진 성사
- syn. **prove**(증명하다), **back up**(뒷받침하다), **veri**fy(확인하다), **valid**ate (입증하다), rati**fy**(비준하다), sanct**ion**(승인하다)

> No attempt was made by police to **confirm** the identity of the alleged thief.
> 절도 피의자 신원확인을 위한 경찰의 어떤 시도도 없었다.

### ▬▬ 우리말 대화로 단어 복습하기
가. 그의 **증언(testimony)**이 **사실임을 보여주는(confirm)** 단서는 있어?
나. 그가 **확실한(firm)** 증거를 가지고 **확언하는(affirm)** 말들이지.

---

## 어근 98   FIX : 매다, 묶다, 고정시키다(to fasten)

### 566. fix [fiks]
fix(to fasten)

'(삐걱거리는 것을) 고정시키는' 것이 → v. ① **고치다** ② **해결하다** ③ **고정시키다** ④ (날짜·시간·양 등을) **정하다** ⑤ (모임, 음식 등을) **준비하다**가 된 거지
- **fix**ture[fíkstʃər] n. ① **고정 세간** ② **경기(시합)**
- **fix**ed[fikst] a. ① **고정된** ② **정해진** ③ **수리된**
- **fix**able[fíksəbl] a. ① **고정시킬 수 있는** ② **굳어지는** ③ **일정하게 할 수 있는**
- **fix**ate[fíkseit] v. ① **응시하다** ② **고정시키다** ③ **집착하다**
- **fix**ity[fíksəti] n. ① **고정** ② **불변** ③ **정착**
- **fixed** asset/cost **고정자산/비용**
- **fixed** idea **고정관념**
- **fixed** exchange rate **고정 환율**
- syn. **re**pair(고치다), **mend**(고치다), **settle**(결정하다), **de**cide(결정하다), **de**termine(견정하다), **pre**pare(준비하다)

> Toyota **fix** issue with seat belts.
> 도요타는 안전벨트 문제를 해결했다.

### 567. affix [əfíks]
af(to)+fix(to fasten)

'옆에 고정시킨 것' 이 → v. ① **붙이다** ② **첨부하다** n. **접사**가 된 거지
- **affix**ation[æfikséiʃən] n. ① **첨부** ② **접사** ③ **첨가**
- **pre**fix[príːfiks] n. **접두사**
- **suf**fix[sʌ́fiks] n. **접미사**

> North Korea has yet to perfect the art of miniaturizing a warhead to **affix** to missiles.
> 북한은 미사일에 탑재할 수 있는 탄두 소형화 기술을 아직 완벽하게 개발하지 못했다.
> **warhead** 탄두

가. 너 **틈(crack)**이 벌어져 흔들리는 의자를 어떻게 고쳤어?

나. 두꺼운 **판지(cardboard)**를 **붙이니(affix)** 의자가 **고정되었어(fix)**.

---

| 어근 99 | FLAG, FLAM : 불타다(to burn, to flame), 빛나다(to shine) |
|---|---|

### 568. flagrant [fléigrənt]
flag(to burn)+ant(하려는, 형접)

'불타게 하려는' 것이 → a. ① (도리에 완전히 어긋나는 성격이면) **극악무도한**
② **명백한** ③ (숨기지 않는 거면) **노골적인** ④ **새빨간**이 되는 거지
- in **flagrant** delict **현행범으로**
- a **flagrant** lie **새빨간 거짓말**
- syn. blat**ant**(노골적인), hein**ous**[héinəs](흉악한), atroci**ous**(흉악한),
  villain**ous**(악랄한), diabol**ic**(극악무도한), devil**ish**(악마 같은),
  fiend**ish**(극악한), infern**al**(극악무도한)

> The bills are a **flagrant** show of government arrogance.
> 법안들은 정부의 거만함을 보여주는 명백한 사례이다.

### 569. conflagration
[kànfləgréiʃən]
con(intens)+flag(to burn)+r+ation(명접)

'강하게 불타는 상태' 를 → n. ① **큰 화재** ② **대화재**라고 하지
- inferno[infɔ́ːrnou] n. ① (걷잡을 수 없는) **큰 화재** ② **불지옥** ③ **생지옥**

> A heroic fireman managed to rescue people from the **conflagration**.
> 영웅적인 소방관이 대화재로부터 사람들을 구조해냈다.

### 570. flamingo [fləmíŋgou]
flam(to burn)+ingo(명접)

'불에 타는 듯한' 색깔의 새 → n. ① **홍학** ② **플라밍고**
- flamenco[flɑːméŋkou] n. ① **플라멩코(스페인 춤)** ② **플라멩코 기타음악**

> **Flamingos** have many extraordinary qualities.
> 플라밍고는 많은 놀라운 특징을 갖고 있다.

### 571. inflame [infléim]
in(in)+flame(to burn)

'안으로 불타게 하는' 것이 → v. ① (감정을) **자극하다** ② (감정을) **흥분시키다**
③ (상황을) **악화시키다** ④ (붉게 붓거나 아파서 열이나) **염증을 일으키다**가 된 거지
- in**flam**mation[ìnfləméiʃən] n. ① **염증** ② **고양** ③ **격분**
- in**flam**matory[inflǽmətɔ̀ːri] a. ① **강한 분노를 유발하는** ② **자극적인**
  ③ **염증성의**
- flam**e**[fleim] n. ① **불꽃** ② **불길** v. ① **타오르다** ② **불태우다**
- flam**y**[fléimi] n. ① **불꽃같은** ② **불타는 듯한**
- syn. en**rage**(분노하게 하다), stimul**ate**(자극하다), pro**voke**(성나게
  하다), ex**cite**(흥분시키다), anger(화나게 하다), a**rouse**(자극하다),
  rouse(자극하다), in**furi**ate(화나게 만들다), in**stig**ate(선동하다),
  in**cite**(부추기다), stir up(자극하다), agit**ate**(동요시키다),
  ag**grav**ate(악화시키다), kindle(선동하다) ↔ ant. calm(진정시키다)

> The speech has continued to **inflame** emotions.
> 연설이 계속해서 감정을 자극하고 있다.

### 우리말 대화로 단어 복습하기

가. 최근 시집을 펴낸 시인의 감성을 **자극한(inflame)** 것이 있었다지?

나. 마치 **대화재(conflagration)**로 들판이 불타오르는 것 같은 **새빨간(flagrant) 홍학(flamingo)** 군무를 목격한 것이래.

---

## 어근 100

FLAT : (입으로) 불다(to blow), 평평한(level), 매끄러운(smooth)

※ 바람이 빠지거나 부풀린 상태 → (지면이) 평평해진, (표현이) 매끄러운, 경제적 측면에서 활용

---

### 572. deflation [difléiʃən]
de(from)+flat(to blow)+ion(명접)

'바람이 나간 상태' 가 → n. ① (화폐면) **통화수축** ② (경제면) **디플레이션**
③ **물가하락** ④ **공기를 뺌**이 된 거지
- deflate[difléit] v. ① **공기를 빼다** ② **기를 꺾다** ③ **수축시키다**
- deflated[difléitid] a. ① **기분이 상한** ② **기가 꺾인**
- syn. recession(경기침체)

> A debt-**deflation** spiral could reduce economic growth.
> 부채로 인한 디플레이션 소용돌이가 경제성장을 위축시킬 수 있다.

---

### 573. inflation [infléiʃən]
in(in)+flat(to blow)+ion(명접)

'안으로 바람을 불어 넣은 상태' 를 → 경제적 관점에서 → n. ① **인플레이션**
② **물가 인상** ③ **통화팽창** ④ **부풀리기**가 된 거지
- inflate[infléit] v. ① **팽창하다** ② **팽창시키다** ③ (공기나 사실을) **부풀리다**
- inflationary[infléiʃənèri] a. ① **통화 팽창의** ② **인플레이션의**
- syn. expansion(팽창), swelling(팽창), enlargement(확장)

> The **inflation** rate was estimated at 50% last year.
> 지난해 물가상승률이 50%에 달한 것으로 평가되었다.

---

### 574. stagflation [stægfléiʃən]
stag(to stick)+flat(to blow)+ion(명접)

'(경제가) 고정되어 부풀려진 상태' 를 → n. **스태그플레이션**(경기 불황에도 물가가 계속 오르는 현상)이라고 하지

> Unemployment was 7.4% after years of recession and **stagflation**.
> 수년간의 경기침체와 스태그플레이션 이후 실업률은 7.4%에 이르렀다.

---

### 575. flatten [flǽtn]
flat(level)+t+en(to make)

'평평하게 만든 것' 이 → v. ① **납작해지다** ② (사물이나 사람을) **납작하게 만들다** ③ (건물·나무 등을) **깨부수다**가 된 거지
- syn. level(완전히 무너뜨리다), squash(짓누르다), trample(짓밟다), destroy(파괴하다), ruin(파괴하다), demolish(무너뜨리다), knock down(허물어뜨리다), raze(무너뜨리다)

## 576. **flatter** [flǽtər]
flat(smooth)+t+er(동접)

'부드럽게 하는' 것이 → v. ① (환심을 사거나 잘 보이려는 말이면) **아첨하다** ② (스스로 뽐내며 자랑하면) **자만하다** ③ **돋보이게 하다** n. (도구면) **다듬개**라고 하지

- flat**tering**[flǽtəriŋ] a. ① **아첨하는** ② **아부하는**
- flat**tery**[flǽtəri] n. ① **아첨** ② **아부**
- syn. **sweet-talk**(아첨하다), **wheedle**(구슬리다), **soft-soap**(아첨하다), **butter up**(아첨하다), **coax**(구슬리다)

---

◆ **어휘 플러스**

flat**let** 원룸(형 아파트) / **flat rate** 균일 요금, 정액 요금 / flat**ulent** 허세 가득한

---

■ **우리말 대화로 단어 복습하기**

가. **장기화된(prolonged) 스태그플레이션(stagflation)**을 극복할 방안은 없을까?

나. 한국은행장이 권력에 **아첨(flattery)**하지 않고 **통화팽창(inflation)**과 **통화수축(deflation)**을 탄력적으로 운영하면서 **금리(interest rate)**를 조절하는 거라고 생각해.

---

## 어근 101

**FLECT, FLEX : 굽다, 구부리다(to bend)**
**※ 동의어근 : CLIM, CLIN, CLIV(어근50)**

## 577. **flexible** [flǽksəbl]
flex(to bend)+ible(할 수 있는)

'구부릴 수 있는' 것이 → a. ① (생각이면) **융통성 있는** ② (사물이나 일에 대처나 사람의 신체가) **유연한** ③ (사물이나 일을 대처하는 것이) **신축성 있는** 거라고 하지

- flex**ibleness**[flǽksəblnis] n. **구부리기 쉬움**
- flex**ibility**[flèksəbíləti] n. ① **융통성** ② **유연성** ③ **신축성**
- in**flexible**[inflǽksəbl] a. ① **융통성 없는** ② **완고한**
- in**flection**[inflǽkʃən] n. ① **억양** ② **굴절** ③ **어형 변화**
- **flexible** attitude **유연한 태도**
- syn. pli**able**(유연한, 순응하는), **e**las**tic**(탄력 있는), spring**y**(탄력 있는), pli**ant**(유연한), stretch**y**(탄력 있는) ↔ ant. rig**id**(굳은)

## 578. **reflect** [riflékt]
re(back)+flect(to bend)

'뒤로 구부리는' 것이 → v. ① (빛이 반사나 어떤 일에 반사적으로 일어나는 영향을) **반영하다** ② (물체의 표면에 부딪쳐서 방향을 바꾸어) **반사하다**

③ (말이나 행동, 생각의 잘못에 관해) **깊이 생각하다**가 된 거지
- **re**flec**tion**[riflékʃən] n. ① **반영** ② **반성** ③ **반사** ④ **심사숙고**
- **re**flec**tive**[rifléktiv] a. ① **사색적인** ② **반사하는** ③ **투영된** ④ **생각이 깊은**
- **re**flec**tance**[rifléktəns] n. **반사율**
- **re**flex[ríːfleks] v. **반사(작용)을 일으키다** n. ① **반사 행동[운동]** ② **반사(작용)**
  a. **반사적인**
- reflect on ① **되돌아보다** ② **심사숙고하다**
- a conditioned **reflex 조건 반사**
- syn. medit**ate**(숙고하다), ponder(숙고하다)

> His manner should **reflect** that reality.
> 그의 행동 방식은 현실을 반영해야한다.

> The annual occasion **reflects** on the Nazi genocide.
> 그 연례행사는 나치의 종족 학살을 되돌아보게 한다.
> **genocide**[dʒénəsàid] 종족 학살

---

■■■ **우리말 대화로 단어 복습하기**

가. 그가 잘못을 **인정하고(concede) 사과(apology)**했다지?
나. 그와 같이 **융통성 있는(flexible)** 사람은 잘못을 사과하고 **깊이 생각할 줄(reflect)** 알지.

---

| 어근 102 | FLICK, FLICT : 때리다(to strike) |
| --- | --- |
| | ※ 동의어근 BAT(어근23) / CUSS(어근66) / FEND(어근94) |

**579. conflict** [kənflíkt]
con(together)+flict

'함께 때리는 것' 이 → n. ① **갈등** ② **분쟁** ③ **충돌**이 된 거지
- con**flic**tion[kənflíkʃən] n. ① **싸움** ② **충돌**
- con**flic**ting[kənflíktɪŋ] a. ① **상충되는** ② **모순되는** ③ **상반되는**
- con**flic**tive[kənflíktiv] a. ① **갈등하는** ② **대립하는** ③ **갈등적**
- conflict of interests **이해의 충돌**
- conflict of laws **법률의 저촉**
- syn. strife(갈등), dis**cord**(불화), dis**sension**(불화), feud(반목),
  dis**pute**(논쟁), dis**agree**ment(불화), com**bat**(전투), struggle
  (싸움), battle(싸움), clash(충돌), col**lision**(충돌) ↔ ant.
  a**gree**ment(동의), peace(평화)

> This **conflict** has fuel enough to burn for a long time.
> 이번 분쟁은 장기화 될 충분한 여지가 있다.

**580. flick** [flik]
flick(to strike)

'치는 것' 이 → n. ① **가볍게 치기** ② (일정한 의미를 가지고 치고 움직이는
것이면) **영화** ③ **재빨리 움직임** v. ① (튀어나오거나 손가락으로) **튕기다**
② **잽싸게 움직이다**가 된 거지
- flick**er**[flíkər] v. **깜박거리다** n. ① **깜박거림** ② (어떤 감정이 아주 잠깐) **스침**
  ③ (신체 부위의) **움직임[실룩거림]**

## 581. afflict [əflíkt]
af(to)+flict(to strike)

'다가가서 때리는' 것이 → v. ① **괴롭히다** ② **피해를 입히다**가 된 거지
- af**fliction**[əflíkʃən] n. ① **고통** ② **불행**
- syn. tor**ment**(괴롭히다), di**stress**(괴롭히다), **plague**(괴롭히다), **harass**
  (괴롭히다)

## 582. inflict [inflíkt]
in(on)+flict(to strike)

'붙어서 치는' 것이 → 괴로움 등을 → v. ① **가하다** ② **안기다**가 된 거지
- in**fliction**[inflíkʃən] n. ① (고통·벌·타격을) **가함** ② **고통** ③ **형벌**
- syn. im**pose**(지우다)

■■■ **우리말 대화로 단어 복습하기**

가. **왕따(bullying)**로 인한 문제는 무엇이 있나요?

나. 당사자에게 **괴로움을 안기고(inflict) 피해를 입히며(afflict)** 사회 **갈등(conflict)**을 유발할 수 있지.

---

### ✿✿✿ 생활 속 영단어로 어원 친해지기 ✿✿✿

**티케** : 지난 회에 배운 어근이 뭐였더라?

**토끼** : 95. 나르다 fer / 96. 끝, 경계 fin, limi / 97. 강한 firm / 98. 고정시키다 fix / 99. 불타다 flag, flam / 100. **(입으로) 불다 flat** / 101. 구부리다 flect, flex / 102. 때리다 flick, flict가 있어요.

**티케** : 일상 속에서 활용한 사례를 말해주겠니?

**고양이** : 우리 팀장님은 결제를 올리기 전에 본인의 '**컨펌(confirm)**'을 받고 하라고 강조하시거든요.

**토끼** : confirm이 '**확인하다**'라는 의미더군요.

**고양이** : 출퇴근할 때 **갈아타는(transfer)** 지하철, 요즘 과시적 소비를 뜻하는 **플렉스(flex)**가 '**구부리다(to bend)**'라는 의미에서 '팔을 구부려 힘을 과시하다'라는 뜻에서 파생된 것이라고 하네요.

**티케** : 좋아요. 정리하면,

○ con**firm** → con(intens)+firm(to strengthen) → **강하게 하다** → **확인하다**가 되는 거지.

**티케** : 다음 회에 배울 어근은 flu, fluc, flux / force, fort이지요.

| 어근 103 | FLU, FLUC, FLUX : 흐르다(to flow) |
|---|---|
| | ※ 동의어근 RIV(어근249) / UND, UNDA(어근316) |

### 583. fluent [flúːənt]
flu(to flow)+ent(형접)

'물 흐르듯이' 란 → a. ① (말이면) 유창한 ② (수완이나 언어가) 능숙한
③ (솜씨이면) 능수능란한 거라고 하지
- fluency[flúːənsi] n. ① 유창함 ② (일의) 능숙함
- fluent speech 능변
- syn. voluble(입담 좋은)

Large numbers of students are not yet **fluent** in English.
대다수의 학생들은 아직 영어에 능숙하지 않다.

### 584. fluctuate [flʌ́ktʃuèit]
fluc(to flow)+tu+ate(~하게 하다, 동접)

'흐르게 하는' 것이 → v. ① (물가, 환율, 상황이면) 변동하다 ② (가격 등이
오름과 내림이 있으면) 등락을 거듭하다가 된 거지
- fluctuation[flʌ̀ktʃuéiʃən] n. ① 동요 ② 변동 ③ 파동 ④ 성쇠 ⑤ 흥망(= ups and downs)
- syn. seesaw(변동하다)

The tolls will **fluctuate** between 25 cents and $1.40.
통행료가 25센트에서 1달러 40센트까지 요동칠 것이다.

### 585. fluid [flúːid]
flu(to flow)+id(형접)

'흐르는' 것이 → a. ① (상황이면) 유동적인 ② (움직임, 디자인, 음악이면)
부드러운[우아한] n. ① 액체 ② 유동체라고 하지
- fluidic[fluːídik] a. ① 유동성의 ② 유체의 ③ 유체 공학의
- fluidics[fluːídiks] n. 유체 공학
- fluidity[fluːídəti] n. ① 유동성 ② 가변성 ③ 우아함
- fluidify[fluːídəfài] v. ① 유동화하다 ② 유체화하다
- syn. liquid(액체), solution(용액)

When you can get dehydrated, so it's important to
replenish your **fluid** supplies.
탈수현상이 있을 때, 수분을 보충해주는 것이 중요하다.
**replenish** 보충하다

### 586. fluke [fluːk]
flu(to flow)+ke(명접)

'(우연히) 흘러들어 얻는 것' 을 → n. ① 요행 ② 요행수라고 하지
- syn. fortune(운), luck(운)

He wasted no time in celebrating his **fluke**.
그는 요행수를 바라면서 시간을 허비하지 않았다.

### 587. influence [ínfluəns]
in(into)+flu(to flow)+ence(명접)

'안으로 흘러서 미치는 것' 이 → n. ① 영향 ② 영향력 v. 영향을 미치다가 된 거지
- influential[influénʃəl] a. ① 영향력 있는 ② 영향력이 큰

- **influent**[ínfluənt] a. ① 유입하는 ② 흘러드는 n. **지류**
- undue **influence 부당 영향**
- in **influential** quarters **영향력이 있는 층에**
- syn. **impact**(영향), **affect**(영향을 미치다)

> The **influence** of London has begun to wane.
> 런던의 영향력은 시들기 시작했다.
>
> **wane** 쇠약해지다

## 588. **influx** [ínflʌks]
in(in)+flux(to flow)

'흘러들어오는 것' 을 → n. ① **유입** ② **쇄도**라고 하지
- **influx** of orders **주문쇄도**
- syn. **inflow**(유입), **inundation**(쇄도, 범람), **inrush**(유입)

> Healthcare providers prepare for an **influx** of new patients.
> 보건의료 제공자들은 새로운 환자 유입을 준비하고 있다.

## 589. **affluent** [ǽfluənt]
af(to)+flu(to flow)+ent(형접)

'흘러넘치는' 것이 → a. ① **부유한** ② **풍부한** 표현이 된 거지
- **affluence**[ǽfluəns] n. ① **풍족함** ② **부유함**
- **maffluent 대규모 부유층**
- in **affluent** circumstances **유복하게**
- syn. **abundant**(풍부한), **plentiful**(충분한), **wealthy**(부유한), **prosperous**(부유한), **well-off**(부유한), **opulent**(풍부한)

> The **affluent**, white Beach has a 2.1% jobless rate.
> 부유한, 백인거주 Beach 지역은 실업률이 2.1%에 불과하다.

## 590. **superfluous**
[supə́ːrfluəs]
super(over)+flu(to flow)+ous(형접)

'위로 넘쳐흐르는' 것을 → a. ① **남아도는** ② **불필요한** ③ **과잉의** 라고 표현하지
- syn. **redundant**(여분의)

> Computer programs have made some of them **superfluous**.
> 컴퓨터프로그램이 그들 중 몇 개를 불필요하게 만들었다.

---

◆ **어원 TIP**
- **influenza** → in+flu(to flow)+enza(명접) → 안에서 흘러나오는 것 → 유행성 감기, 독감 → 줄여서 flu로 쓰임.
- **diarrhea**[dàiəríːə] → dia(through)+rrhe(to flow)+a → (신체를) 통과하여 흐르는 것 → 설사

---

◆ **어휘 플러스**
**fluorescent**[flùərésnt] 형광성의 / **flush** (얼굴이) 빨개지다, (물이) 쏟아져 나오다

가. 물가가 **등락을 거듭하고(fluctuate)** 경제 상황이 **유동적(fluid)**이니까, **부유한(affluent)** 사람들이 한목 챙기려는 주문이 **쇄도(influx)**하고 있다지?

나. 우리 같은 서민은 **요행(fluke)**이나 시류에 **영향(influence)**을 받지 않고, **불필요한(superfluous) 지출(expenditure)**을 억제하고, **능숙한(fluent)** 상황대처가 필요하지.

---

## 어근 104

FORCE, FORT : 강한.힘센(strong) → 물리적.정신적 측면에서 이해필요
**※ 동의어근 FIRM(어근97)**

---

### 591. comfort [kʌ́mfərt]
com(intens)+fort(strong)

'(사람을) 강하게 해주는 것' 이 → n. ① **위안** ② **편안함** ③ **위로**
v. **위로하다**가 된 거지

- **comfort**able[kʌ́mfərtəbəl] a. ① **안락한** ② **기분 좋은** ③ **쾌적한**
- **comfort** woman 종군위안부
- cold **comfort** 도움이 못 되는 위안
- syn. **con**sol**ation**(위로), **pacify**(달래다), **soothe**(위로하다), **con**sole (위로하다), **ap**pease(달래다), **solace**(위로하다, 위로), **heart**en (격려하다) ↔ ant. **an**noyance(성가심), **di**stress(고통)

> Those memories have given me **comfort**.
> 이러한 추억들이 나를 위로해주었다.

---

### 592. enforce [infɔ́ːrs]
in(in)+force

'안으로 (법의) 힘을 가하는' 것이 → v. ① **시행하다** ② **집행하다**
③ **강요하다**가 된 거지

- **en**force**ment**[infɔ́ːrsmənt] n. ① **시행** ② **집행** ③ **강제**
- **law-enforc**er[lɔ́ːinfɔ́ːrsər] n. ① **법의 집행자** ② **경찰관**
- **enforcement** notice ① **위반 통고** ② **개선 명령**
- **enforcement** date **시행일**
- syn. **im**pose(강요하다), **carry out**(수행하다), **ex**ec**ute**(실행하다), **in**sist **on**(고집하다)

> The mayor will **enforce** voter-approved mandates.
> 시장은 유권자가 승인한 권한을 집행할 것이다.

---

### 593. fortress [fɔ́ːrtris]
fort(strong)+r+ess(명접)

'(적의 침투에 대비하여) 강하게 만든 것' 을 → n. ① **요새** ② **성채**
③ **견고한 곳**이라고 하지

- **fort**e[fɔːrt] n. ① **장점** ② **장기** ③ **칼의 가장 강한 부분**
- **fort**issimo[fɔːrtísəmòu] ad. ① **(음악) 매우 세게** ② **포르티시모**
- syn. **castle**(성), **fort**(성채), **stronghold**(요새), **citadel**(성채), **redoubt**(요새)

> The Treasury remains more a **fortress** than a bunker.
> 재무성은 벙커보다는 요새에 가깝다.

**594. fortify** [fɔ́ːrtəfài]
fort(strong)+i+fy(to make)

'강하게 만드는' 것이 → v. ① (감정・태도를) **강화하다** ② **요새화하다**
③ **영양가를 높이다**가 된 거지
- fortification [fɔ̀ːrtəfikéiʃən] n. ① **무장** ② **강화** ③ **요새화**
- syn. strengthen(강화하다), reinforce(강화하다)

> The military courtroom has been **fortified**.
> 군사법정은 요새화되었다.

**595. fortitude** [fɔ́ːrtətjùːd]
fort(strong)+i+tude(상태, 명접)

'(마음이) 강한 상태' 를 → n. ① (불굴의) **용기** ② **배짱** ③ **담력**이 있다고 하지
- intestinal **fortitude** 배짱
- with **fortitude** 의연하게
- syn. courage(용기), bravery(용기), valor(용기)

> People have to have the intestinal **fortitude** to do the right thing.
> 국민들은 올바른 일을 할 배짱을 가져야 한다.

**596. effort** [éfərt]
ef(out)+fort(strong)

'밖으로 강하게 펼치는 것' 을 → n. ① **노력** ② **수고**라고 하지
- collective **effort** 총력
- syn. endeavor(노력), exertion(노력), struggle(노력), toil(노고)

> Any **effort** will be for nothing unless we address the underlying problem.
> 근본적인 문제를 고심하지 않는 다면, 어떤 노력도 소용이 없을 것이다.
> ① **address** 고심하다, 다루다, 주소 ② **underlying** 근본적인

---

### 우리말 대화로 단어 복습하기

가. 백성들의 **노력(effort)**으로 완성된 **요새화된(fortified)** 성채(fortress)를 성주가 부당하게 법을 **집행하여(enforce)** 빼앗으려고 한다는 군?

나. 그렇지만 마음 **편안(comfort)**하게 맞설 **용기(fortitude)**를 가진 자가 과연 몇이나 있을까?

---

### 생활 속 영단어로 어원 친해지기

**티케** : 지난 회에 배운 어근이 뭐였더라?

**고양이** : 103. 흐름 flu, fluc, flux / 104. 강한 force, fort가 있어요.

**티케** : 일상 속에서 활용한 사례를 말해주겠니?

**토끼** : '**조류독감**' Avian Influenza(AI)가 있어요.

**고양이** : 배운 어근과 관련된 것을 정리하다보니, K사 자동차 '**포르테(Forte)**'와 사람이 '**포스(force 힘, 에너지)**'가 있다는 말이 이해되더라구요.

**티케** : 좋아요. 설명을 덧붙이면,

○ avian influenza → avi(bird)+an / in+flu(to flow) +enza → **조류독감**

○ forte는 음악에서 '**강하게**' 명사로 '**장점, 특기**'라는 뜻이니, K사가 왜 자동차 브랜드로 채택했는지 이해되는 거지.

**티케** : 다음 회에 배울 어근은 form / found, fund / fract, frag / franc, frank / front / fug / fum / fuse, found, fund이지요.

---

- lastly     a. 최후로, 끝으로, 결국 = finally ↔ firstly 처음으로, 최초로
- late     a. 늦은 ad. 늦게 ↔ early a. 이른 ad. 일찍이
- latitude[lǽtətjùːd]     n. 위도 ↔ longitude[lάndʒətjùːd] 경도
- learned[lə́ːrnid]     a. 학식이 있는 ↔ ignorant 무지한
- least     a. 가장 적은 ↔ most 가장 많은, 대부분의
- lee, leeward     n. 바람이 불어가는 쪽 ↔ windward 바람이 불어오는 쪽
- lender     n. 빌려준 사람 ↔ borrower 빌린 사람, 차용자
- lie     n. 거짓말, 허언 = falsehood ↔ truth 참, 진실
- lighten[láitn]     v. 밝게 하다, 비추다 ↔ darken 어둡게 하다
- literally     ad. 글자 그대로 ↔ figuratively 비유적으로, 상징적으로
- literate[lítərit]     a. 읽고 쓸 수 있는 ↔ illiterate 읽고 쓸 수 없는
- literacy[lítərəsi]     n. 읽고 쓸 수 있는 능력 ↔ illiteracy 문맹
- load     v. 짐을 싣다 ↔ unload 짐을 부리다
- lock     v. 자물쇠를 채우다 ↔ unlock 자물쇠를 열다
- loose     a. 느슨한, 헐거운 ↔ tight 꽉 끼는, 단단한
- loser     n. 실패자, 패자, 손실자 ↔ winner 승자, gainer 이득자
- loud     a. 시끄러운, 화려한, 야한 ↔ quiet 조용한, 정숙한
- love     n. 사랑 ↔ hatred[héitrid] 미움, 증오 = hate
- lower     v. 낮추다, 낮게 하다 ↔ heighten 높이다, 높게 하다
- loyal[lɔ́iəl]     a. 충실한 ↔ faithless 불충실한 cf. royal[rɔ́iəl] a. 왕의

## M

- major     a. 주된, 주요한 n. 성인, 전공 ↔ minor 작은 쪽의, 소수의 n. 미성년자, 부전공
- major in     v. 전공하다 ↔ minor in 부전공하다
- male     a. 남성의 ↔ female 여성의
- manly     a. 사내다운, 씩씩한, 남자다운 ↔ womanly 여자다운
- marry     v. 결혼하다 ↔ divorce 이혼하다
- master     n. 주인 ↔ servant 하인
- material     a. 물질의, 물질적인 ↔ spiritual 정신적인, 영적인
- matter     n. 물질, 물체 ↔ mind, spirit 마음, 정신
- mature     a. 성숙한, 익은 ↔ immature 미숙한, 미성숙한
- maximum[mǽksəməm]     n. 최대 a. 최대의 ↔ minimum 최소, 최소의
- mental     a. 정신의, 마음의 ↔ physical 육체의
- merit     n. 장점, 미덕 ↔ demerit, defect 단점, 결점
- mild     a. 온순한, 온화한, 부드러운, 순한 ↔ strong
- military[mílitèri]     a. 군대의, 군사적인, 군인의 ↔ civil[sívəl] 민간의, 민간인의
- misfortune     n. 불행, 불운 ↔ fortune 행운
- mishap     n. 불행한 일, 불운 = bad luck ↔ good luck 행운

- **mix**ed     a. 혼합된, 혼성의, 잡다한 ↔ **pure** 순수한
- **mix**ture[míkstʃər]     n. 혼합, 혼합물 ↔ **pur**ity[pjúərəti] 청정, 순수, 청결
- **moder**ate[mɑ́dərət]     a. 적당한, 알맞은 ↔ **ex**treme 극도의, 극단적인
- **moist**     a. 습기 있는, 촉촉한 ↔ **dry, arid** 건조한
- **mon**arch[mɑ́nərk]     n. 군주 ↔ **sub**ject 신하
- **mono**tonous[mənɑ́tənəs]     a. 단조로운 ↔ **vari**ous 다양한
- **mono**tony[mənɑ́təni]     n. 단조로움 ↔ **varie**ty 다양성, 다양함
- **mor**al     a. 도덕적인 ↔ **im**moral 부도덕한
- **mov**able     a. 움직이는, 움직일 수 있는 ↔ **im**movable 동요되지 않는,
  움직이지 않는   n. 움직일 수 있는 것 ↔ **fixture** 고정된 것
- **mor**tal     a. 죽어야할 운명의 ↔ **im**mortal 불멸의, 죽지 않는 = **un**dying
- **mot**ion     n. 움직임, 이동, 운동, 몸짓 ↔ **rest** 휴식, 정지
- **multipl**ication     n. 증가, 곱셈 ↔ **divis**ion 분할, 나눗셈

# Exercise 11

**1.** (A)에 제시된 어근의 의미를 가장 적절하게 표현한 것을 (B)에서 찾아 쓰시오.

| (A) | (B) |
|---|---|
| 1) FLAG, FLAM _____ | ⓐ 만들다(to make) |
| 2) FLICK, FLICT, FEND _____ | ⓑ 끝(end), 경계(boundary), 한계(limit) |
| 3) FA, FESS _____ | ⓒ 굽다, 구부리다(to bend) |
| 4) FARE _____ | ⓓ 믿다(to trust) |
| 5) FER _____ | ⓔ 불타다(to burn) |
| 6) FLU, FLUC, FLUX _____ | ⓕ 강한, 힘센(strong) |
| 7) FLAT _____ | ⓖ 말하다(to speak) |
| 8) FIN _____ | ⓗ 가다(go) |
| 9) FAC(T), FEC(T), FIC _____ | ⓘ 나르다(to carry) |
| 10) FIRM, FORCE, FORT _____ | ⓙ (입으로) 불다(to blow) |
| 11) FED, FID _____ | ⓚ 흐르다(to flow) |
| 12) FIX _____ | ⓛ 때리다, 치다(to strike) |
| 13) FACE _____ | ⓜ 매다, 묶다(to fasten) |
| 14) FLECT, FLEX _____ | ⓝ 면, 얼굴 |

**2.** 제시된 단어 중 의미가 가장 적절한 것을 찾아 괄호 안에 넣으시오.

ⓐ ramify ⓑ fine ⓒ prophecy ⓓ offense ⓔ surface ⓕ defer ⓖ defendant ⓗ flagrant ⓘ bona fide ⓙ flatter ⓚ feature ⓛ eliminate

1) (　　) : 공격

2) (　　) : 피고

3) (　　) : 진실한

4) (　　) : 분파하다

5) (　　) : 특집기사

6) (　　) : 표면

7) (　　) : 예언

8) (　　) : 연기하다

9) (　　) : 벌금

10) (　　) : 제거하다

11) (　　) : 극악무도한

12) (　　) : 아첨하다

**3.** 제시된 단어와 <u>반대되는</u> 의미로 가장 적절한 것을 찾아 괄호 안에 넣으시오.

ⓐ monotonous ⓑ moist ⓒ learned ⓓ literally ⓔ multiplication ⓕ latitude ⓖ material ⓗ master ⓘ marry ⓙ merit ⓚ moderate ⓛ lender

1) (　　) : defect

2) (　　) : figuratively

3) (　　) : various

4) (　　) : arid

5) (　　) : servant

6) (　　) : ignorant

7) (　　) : longitude

8) (　　) : borrower

9) (　　) : extreme

10) (　　) : divorce

11) (　　) : division

12) (　　) : spiritual

**4.** <u>밑줄 친</u> 단어와 <u>전혀 관계없는</u> 것을 고르시오.

1) The law would make it a crime for journalists to **defame** government officials.

① besmirch　　② slander　　③ speak ill of　　④ commend

2) City walls have become **fertile** artistic ground for graffiti art.

① barren　　② abundant　　③ fecund　　④ prolific

3) The F.B.I. declined to comment, not to **confirm** or deny investigations.

① corroborate　　② verify　　③ exaggerate　　④ validate

4) I've watched the **affable** executive demonstrate her management skills.

① amiable　　② adamant　　③ cordial　　④ genial

5) People want communicative president, not president who **profess** a particular ideology.

① claim　　② prevail　　③ allege　　④ assert

**5.** <u>밑줄 친</u> 단어와 <u>가장 유사한</u> 것을 고르시오.

1) They have an **affinity** for antiques.

① hostility　　② antagonism　　③ animosity　　④ liking

2) A new gene might **confer** some advantage.

① bestow　　② induce　　③ contemplate　　④ instill

3) A growing energy shortage helped **inflame** the protests.
    ① suppress      ② assert      ③ stimulate      ④ ensue

4) It's where we close our eyes and **comfort** consumes us.
    ① behavior      ② consolation      ③ convenience      ④ command

5) I got a bad respiratory **infection** last month.
    ① contagion      ② injury      ③ outbreak      ④ symptom

6) Writing for me is an artificial, **superfluous** activity.
    ① meticulous      ② scrupulous      ③ sterile      ④ redundant

7) The attitudes of local residents **reflect** the character of a small Texas town.
    ① refine      ② reveal      ③ request      ④ refer

8) The creative **ferment** and competition sparked the Renaissance.
    ① hardship      ② trouble      ③ turmoil      ④ enzyme

9) They formulated innovation after innovation to fight the **conflagration**.
    ① flame      ② inferno      ③ blaze      ④ ignition

10) It's no small **feat** when a performer, without even trying, makes time stand still.
    ① endeavor      ② substance      ③ heroism      ④ achievement

*6.* 밑줄 친 단어와 반대되는 것을 고르시오.

1) The state's knowledge base is **deficient**.
    ① insufficient      ② adequate      ③ defective      ④ indispensable

2) The American middle class, long the most **affluent**, has lost that distinction.
    ① copious      ② profuse      ③ impoverished      ④ wealthy

3) They are not allowed to **interfere** with the government work.
    ① interrupt      ② obstruct      ③ intervene      ④ sit on its hands

4) It depicts a government that is not just very **proficient**, but also very cruel.
    ① immature      ② dexterous      ③ adroit      ④ adept

5) Affluenza describes the psychological problems that can **afflict** children.
    ① inflict      ② torment      ③ prop up      ④ undermine
    * affluenza 부자병

6) The value of the currency can **fluctuate** suddenly.
    ① seesaw      ② stabilize      ③ ebb and flow      ④ vary

7) **Counterfeit** drugs are suspected of playing a role in hundreds of infant deaths.
    ① forged      ② confiscated      ③ genuine      ④ imitated

8) The best news was found in the so-called euro zone "**periphery**."
　① perimeter　　　② backdrop　　　③ fringe　　　④ core

9) The festivals offer an opportunity to **amplify** their experiences.
　① diminish　　　② magnify　　　③ expand　　　④ intensify

10) Girls are substantially more persistent and more **flexible** than boys.
　① available　　　② reliable　　　③ rigid　　　④ spontaneous

*7.* 아래에 제시된 단어 중 밑줄 친 우리말의 의미에 맞게 빈칸에 적절한 것을 골라 넣으시오.

> welfare / fortitude / fluent / enforce / reflect / influx / prefer / definite / firm / fluid

1) 자산 가격은 사람들의 의지를 주로 **반영한다**.
　⇒ Asset prices mainly (　　　　　) the willingness of people.

2) 영어가 **유창한** 은영은 서울에서 은행 영업사원으로 일하게 되었다.
　⇒ Eunyoung who is (　　　　　) in English, got a job as a bank salesman in Seoul.

3) 아동 **복지**가 우리의 으뜸의 관심사이다.
　⇒ The (　　　　　) of the children is our primary concern.

4) 그들은 정부의 일반적인 법을 **집행하는** 능력을 저해할 것이다.
　⇒ They would inhibit the government's ability to (　　　　　) popular laws.

5) 개인 기부자들은 자신의 이름이 들어가는 건물에 자금을 대는 것을 **선호한다**.
　⇒ Individual donors (　　　　　) to fund buildings that can bear their names

6) 그 회사는 그 나라의 가장 큰 건설**회사** 중 하나이다.
　⇒ The company is one of the nation's largest construction (　　　　　).

7) 중국 관광객의 **유입**이 다른 문제를 초래했다.
　⇒ The (　　　　　) of Chinese tourists has created other issues as well.

8) **용기**가 있는 곳에 위대한 업적이 있다.
　⇒ Where there is (　　　　　), there is great achievement.

9) 이러한 위기 내내, 상황은 매우 **유동적**으로 남아있다.
　⇒ Throughout this crisis, the situation remains very (　　　　　).

10) 나는 보기 좋은, 오래 유지되는, 중요한 예술에 대한 **명확한** 기준을 가지고 있다.
　⇒ I've got (　　　　　) criteria for good- looking, long-lasting, important art.

**티케** : 요즘 경기도 안 좋고 다들 로또에 당첨되는 꿈을 한번 쯤 가졌을 거야.

**고양이** : 염치없지만 저는 당첨되는 행운을 매주 바래요.

**티케** : 욕심도 많네. '**행운, 운명**'이 fortune도 그리스 로마신화와 관련이 있어.

**티케** : 로마의 '**행운, 운명의 여신**'이 '**포르투나(Fortuna)**'이지, 그리스신화에서는 '**티케(Tyche)**'라고 해.

**티케** : 운명의 수레바퀴를 맡아 사람들의 운명을 결정했다고 해. 미국의 격주간 종합경제지 '**포춘(Fortune)**'도 행운의 운명을 바라면서 이름을 지었겠지.

**티케** : 운명은 어쩔 수 없다고 생각하지 말고 강해야 운명을 개척할 수 있지. 그래서 어근 '**fort**'가 '**strong**'이 되는 걸 거야.

**티케** : 배운 어근과 관련은 없지만 'f'로 시작하는 그리스로마신화 중 우리에게 친숙한 단어와 관련된 신화가 있어.

**토끼** : 뭔데요.

**티케** : 너도 여자 친구나 부모님에게 꽃을 선물한 적 있지.

**고양이** : 물론이죠. 저도 한 낭만 해요. 그런데 갑자기 꽃을...

**토끼** : 아. 꽃과 관련된 신화를 말하려는 거죠

**티케** : 맞아. 로마신화의 꽃의 여신은 **플로라(Flora)** 이지. 라틴어로 **flos**는 flower를 의미하지. 그래서 **플로라(Flora)**가 flower어원이 된거지

**티케** : **플로라(Flora)**는 봄의 여신이며, 서풍신 **제퍼(Zephyr)**의 아내야.

**티케** : 어쩌면 어느 봄날 꽃을 든 남자가 되어 서풍신 **제퍼(Zephyr)**가 산들바람을 몰고 봄의 여신 **플로라(Flora)** 에게 사랑 고백을 하지 않았을까?

**티케** : 그리스신화에서는 서풍신을 **제피로스(Zephyrus)**, 북풍신은 **보레아스(Boreas)**로 북풍, 삭풍을 뜻하고, 동풍과 가을의 신은 **에우로스(Eurus)**, 북서풍신 **스케이론(Skeiron)** 또는 **스키론(Skiron)**, 남풍의 여신 **노토스(Notos)** 또는 **노투스(Notus)** 로마신화에서는 **아우스테르(Auster)**라고 하며 한여름 뜨거운 바람을 불게 하여 곡물을 태우고 늦여름 나쁜 날씨를 초래했어.

Flora

Zephyr

어근 105 | FORM : 형태, 모양(shape)

### 597. formal [fɔ́ːrməl]
form(shape)+al(형접)

'형태를 갖춰서 하는' 것을 → a. ① **공식적인** ② **정식의** ③ **형식적인** 것이라고 하지
- formality[fɔːrmǽləti] n. ① **의례** ② **형식**
- formalize[fɔ́ːrməlàiz] v. ① **공식화하다** ② **형식을 갖추다**
- format[fɔ́ːrmæt] n. ① **구성방식** ② **포맷** ③ **판형**
- formation[fɔːrméiʃən] n. ① **형성** ② **구성** ③ **대형**
- informality[infɔːrmǽləti] n. ① **비공식** ② **약식**
- syn. serious(진지한), stiff(딱딱한), official(공무상의) ↔ ant. informal
  (형식을 따지지 않는)

> The remittances estimates include unrecorded transfers through **formal** channels.
> 송금액 산정은 공식통로로 기록되지 않는 이체도 포함한다.
> ① **remittance**[rimítəns] 송금 ② **estimate**[éstəmèit]
> v. 견적하다, 평가하다 n. 평가, 견적

### 598. conform [kənfɔ́ːrm]
con(together)+form(shape)

'형식을 같이하는' 것이 → v. ① **따르다** ② **순응하다** ③ **일치하다**가 된 거지
- conformation[kànfɔːrméiʃən] n. ① **구조** ② **형태** ③ **확인**
- conformity[kənfɔ́ːrməti] n. ① **일치** ② **부합** ③ **순응** syn. conformance
- conformable[kənfɔ́ːrməbl] a. ① **적합한** ② **상응하는** ③ **비슷한**
- syn. comply(응하다), obey(복종하다), match(어울리다)

> Parents **conform** to the norms around teenagers.
> 부모들이 십대들의 규범에 따른다.

### 599. deform [difɔ́ːrm]
de(off)+form(shape)

'형태에서 벗어나게 하는' 것이 → v. ① **변형시키다** ② **기형으로 만들다**가 된 거지
- deformation[diːfɔːrméiʃən] n. ① **변형** ② **기형**
- deformed[difɔ́ːrmd] a. **기형의**
- deformity[difɔ́ːrməti] n. **기형**

> The steel structure is designed to **deform** and redistribute crash energy.
> 강철 구조는 충돌에너지를 변형시켜 재분배하도록 설계되었다.

### 600. inform [infɔ́ːrm]
in(in)+form(shape)

'안으로 형식을 주는' 것이 → v. ① **알리다** ② **통보하다**
   ③ (정보를) **알아내다**가 된 거지
- informant[infɔ́ːrmənt] n. ① **정보원** ② **정보 제공자**
- information[ìnfərméiʃən] n. **정보**
- syn. notify(통보하다)

A positive step will help **inform** the public debate.
긍정적인 조치가 대중적인 논쟁을 알리는데 기여할 것이다.

## 601. re**form** [rifɔ́ːrm]
re(again)+form(shape)

'형태를 다시 하는' 것이 → n. ① (제도나 체제이면) **개혁** ② (고쳐 다시 정하는 거면) **개정** ③ (책이나 조직이면) **개편** ④ (나쁜 폐단이나 묵은 것을 없애는 거면) **쇄신** v. ① **개혁하다** ② (가르치고 이끌기 위한 거면) **교화시키다**가 된 거지
* re**form**ation[rèfərméiʃən] n. ① **교정** ② **교화** ③ **개혁**
    = e**dification**① **계몽** ② **교화**
* re**form**atory[rifɔ́ːrmətɔ̀ːri] n. **소년원**
* syn. im**prove**ment(개선), re**habilit**ation(갱생), im**prove**(개선하다), cor**rect**(교정하다)

He **reforms** the Vatican bureaucracy.
그는 바티칸 관료체계를 개혁했다.
**bureaucracy**[bjuərάkrəsi] 관료정치

## 602. trans**form**
[trænsfɔ́ːrm]
trans(across)+form(shape)

'형태 전체를 바꾸는' 것이 → v. ① **변형시키다** ② (모습·성격을) **완전히 바꿔 놓다**가 된 거지
* trans**form**ation[trænsfərméiʃən] n. ① **탈바꿈** ② **변신** ③ (조직의) **민주화**
* syn. con**vert**(개조하다), **alter**(바꾸다), trans**mute**(변형시키다), re**model**(형태를 고치다)

He has **transformed** a once-neglected area.
그는 한때 방치된 지역을 탈바꿈시켰다.

---

◆ 어휘 플러스
**form**less 형체 없는 / cruci**form**[krúːsəfɔ̀ːrm] 십자형의 / uni**form** 제복, 유니폼 / **form**ula 공식, 제조법, 문구, (경주차) 포뮬러 / **form**ulate 만들어내다, 표현하다 / re**form**ulate 재공식화하다, 달리 표현하다

---

■■■ 우리말 대화로 단어 복습하기
가. 사장이 **전면적인**(overall) **개혁**(reform)에 착수하여, 조직을 **탈바꿈시키겠다**(transform)고 **통보한**(inform) 이유가 뭐야?
나. **공식적인**(formal) **제조법**(formula)과 **일치하면서**(conform) **변형**(deformation)되지 않는 **부품**(parts)을 만드는 것의 중요성을 강조했음에도 불구하고, 또다시 문제가 발생한 거지.

---

## 어근 106

FOUND, FUND : 밑바닥, 기초(bottom)
※ **동의어근 BAS(어근22) / 의미가 다른 어근 FUND, FOUND : 붓다(pour)(어근112)**

## 603. **found** [faund]
found(bottom)

'밑바닥을 닦는' 것이 → v. ① **설립하다** ② **기초를 세우다**가 된 거지
* **found**ation[faundéiʃən] n. ① **재단** ② **기반** ③ **창립** ④ **토대**
* **found**ry[fáundri] n. **주물 공장**

- founding[fáundiŋ] n. 설립
- founder[fáundər] n. 설립자
- cofounder[koufáundər] n. 공동 설립자
- syn. establish(설립하다), institute(설치하다), organize(조직하다), constitute (구성하다)

> He co-**founded** Microsoft.
> 그는 마이크로소프트를 공동 설립했다.

## 604. profound [prəfáund]
pro(forward)+found(bottom)

'(어떤 것의) 밑바닥 까지' 가는 것이 → a. ① (사상이나 이론이) **심오한** ② (사상이나 이론이) **깊은** ③ (미치는 크기가) **지대한** ④ (병, 날씨가) **극심한** 것이 된 거지
- profundity[prəfʌ́ndəti] n. ① **심오함** ② **난해함** ③ **격심함**
- the vast profound **망망대해**
- profound anger **끓어오르는 분노**
- thought neither original nor **profound** 새롭지도 깊지도 않는 사상
- syn. fundamental(근본적인), learned(학식 있는), abstruse(심오한), acute(극심한), intense(강렬한)

> The injuries have caused **profound** distress to her.
> 부상이 그녀에게 극심한 고통을 초래했다.

## 605. fund [fʌnd]
fund(bottom)

'(조직의) 밑바닥을 닦는' 것이 → n. ① **기금** ② **자금** v. **자금을 대다**가 된 거지
- fundamental[fʌndəméntl] a. ① **근본적인** ② **본질적인**
- fundamentalism[fʌndəméntəlìzəm] n. ① **근본주의** ② **원리주의**
- fund-raising ① **모금활동** ② **자금조달**
- hedge fund **헤지 펀드**
- fund manager **펀드 매니저**
- syn. capital(자본), finance(자금을 조달하다)

> The federal **fund** would guarantee home loans.
> 연방 기금은 주택자금융자를 보증해줄 것이다.
> **guarantee**[gæ̀rəntíː] 보증, 보증하다

### ■ 우리말 대화로 단어 복습하기

가. 회사를 **설립할(found)** 때, **자금(fund)**을 철저하게(thoroughly) 관리하는 것이 왜 중요하죠?

나. 사업 **기반(foundation)**을 확실히 다져, **성공(success)**하는데 **지대한(profound)** 영향(influence)을 미치기 때문이지.

---

## 어근 107

**FRACT, FRAG, FRING** : 깨뜨리다, 깨지다(to break)
※ 동의어근 ROB(어근250) / RUPT(어근254)

## 606. fragile [frǽdʒəl]
frag+ile(easy, 형접)

'깨지기 쉬운' 것이 → a. ① **깨지기 쉬운** ② **취약한** ③ (힘이나 기운이면) **허약한** 이 된 거지
- fragment[frǽgmənt] n. ① **조각** ② **파편** v. ① **산산이 부서지다** ② **조각조각 내다**

- **frag**mentary[frǽgmǝntèri] a. ① **단편적인** ② **부분적인**
- **frag**mentarily[frǽgmǝntèrili] ad. ① **단편적으로** ② **부분적으로**
- **fragile** habitus[hǽbǝtǝs] **허약 체질**
- syn. **un**stable(불안정한), weak(약한), vulner**able**(상처 입기 쉬운),
  in**secure**(불안정한), flims**y**(취약한), frail(무른), brittle(부서지기
  쉬운) ↔ ant. dur**able**(튼튼한)

> The **fragile** economic recovery would be threatened by
> a further walkout.
> 취약한 경기회복은 한층 과격해진 파업으로 위협받을 것이다.

## 607. **fract**ion [frǽkʃǝn]
fract(to break)+ion(명접)

'깨진 것' 을 → n. ① **일부** ② **부분** ③ **분수** ④ **파편**이라고 하지
- **fract**ure[frǽktʃǝr] n. **골절**
- **fract**ional currency ① **소액 통화** ② **보조 통화**
- syn. **port**ion(일부, 부분)

> Only a **fraction** manage their health.
> 극히 일부만이 자신의 건강을 관리하고 있다.

## 608. **in**fraction [infrǽkʃǝn]
in(in)+fract+ion(명접)

'깨뜨리고 들어가는' 것을 → n. ① (법령·약속·명령·계약 등을 어기면) **위반**
② (침범해서 해를 끼치면) **침해**라고 하지
- **in**fract[infrǽkt] v. ① **위반하다** ② **침해하다**
- syn. **viol**ation(위반), brea**ch**(침해), **in**fringe**ment**(위반, 침해)

> Farmers market vendors are fined for minor **infractions**.
> 농산물 직매장 상인들은 경미한 법위반으로 벌금을 부과 받았다.
> **vendor** 상인

## 609. **re**fraction [rifrǽkʃǝn]
re(back)+fract(to break)+ion(명접)

'뒤로 깨지는' 것을 → n. ① (빛이나 소리 방향이 바뀌면) **굴절** ② (눈의) **굴절력**
③ (천체가 눈에 보이는 방향과 실제 방향과의 차를) **대기차**라고 하지
- **re**fract[rifrǽkt] v. (물·공기·유리·광선·음파 등을) **굴절시키다**

> The leaves reflect and **refract** the sound waves.
> 잎은 소리의 파장을 반사시켜 굴절시킨다.

## 610. **suf**frage [sʌ́fridʒ]
suf(under)+frag(to break)

'아래가 쪼개진' 것이 → 투표를 위한 용지면 → n. ① **참정권** ② **투표권**
③ **선거권** 행사가 되는 거지
- **suf**frag**ette**[sʌ́frǝdʒét] n. **여성 참정권 운동가**
- universal **suffrage** 보통 선거권

> The law has protected the **suffrage** rights of blacks.
> 법은 흑인들의 참정권을 보호해왔다.

## 611. infringe [infrínd3]
in(in)+fringe(to break)

'(법이나 규칙 등을) 깨뜨리고 들어가면' → v. ① **침해하다** ② **어기다**
③ **위반하다**가 되는 거지

- infringe**ment**[infrínd3mənt] n. ① **위반** ② **침해**
- fringe[frind3] n. ① **주변부** ② **앞머리**
- infringement of privacy **사생활 침해**
- infringement of patent right **특허권 침해**
- syn. break(위반하다), violate(위반하다)

Apple did **infringe** Samsung's patents.
애플이 삼성의 특허를 침해했다.

### ■ 우리말 대화로 단어 복습하기
가. **일부(fraction)** 법령들은 **법적(legal)**근거가 **취약한(fragile)** 부분이 있다고 들었는데?
나. 그대로 시행하면 **참정권(suffrage)**을 **침해하고(infringe) 위반(infraction)**할 가능성이 높아.

## 어근 108
**FRAN, FRANK : 자유로운(free)**

## 612. frank [fræŋk]
frank(free)

'자유로운' 것이 → a. ① (거짓이나 숨김이 없으면) **솔직한** ② (숨기지 않고 있는 그대로 드러내면) **노골적인** v. ① (우편물에) **요금 납부인을 찍다**
② (우편물을) **무료로 보내다**가 된 거지

- frank**ness**[fræŋknis] n. **솔직함**
- frankly speaking **솔직히 말해서**
- syn. candid(솔직한), direct(솔직한, 노골적인), straightforward(정직한, 솔직한), outspoken(솔직한) ↔ ant. secretive(숨기는)

Tho music was built around **frank** but poetic ruminations about daily life.
그 음악은 일상에 대해 솔직하지만 시적인 사색을 담고 있다.
**rumination** 반추, 사색

## 613. frantic [fræntik]
fran+t+ic(형접)

'자유로운' 것이 → 바른 정신에서 벗어나면 → a. ① **제정신이 아닌**
② **미친 듯한[열광적인]** 거라고 말을 하지

- frenz**y**[frénzi] n. ① **광분** ② **광란**
- syn. frenz**ied**(광분한), furious(격노한), distracted(미친 듯한), hectic(흥분한), frenetic(열광적인, 미친 듯한) ↔ calm(조용한)

Her 119 call included her **frantic** cries.
119 통화내용은 그녀의 미친 듯한 울부짖음이 담겨있었다.

## 614. franchise [frǽnʧaiz]
franc+ch+ise(동접)

'자유로운' 것이 → n. ① (시장을 지배하고 이익을 독차지할 권한을 받는 거면) **독점 판매권[영업권]** ② (경영·자본 등이 같은 계열로 인정받으면) **체인점** ③ (투표할 권리를 말하면) **선거권** v. ① **사용권을 허가하다** ② **참정권을 부여하다**가

된 거지
- fran**chisee**[frænʧaizíː] n. ① **가맹점** ② **체인점**
- dis**fran**chise[disfrænʧaiz] v. ① **선거권을 박탈하다** ② **특권을 박탈하다**
- **franchise** tax ① **면허세** ② **영업세**

> The Dodgers' streak of 15 consecutive wins is the longest in **franchise** history.
> 다저스는 팀 역사상 가장 긴 15연승을 기록 중에 있다.
> **consecutive**[kənsékjətiv] 연속적인

■■■ **우리말 대화로 단어 복습하기**

가. 최근 **공정거래위원회(Fair Trade Commission)**의 전면적인 **조사(survey)**와 **시정 명령(correction order)**을 받은 것이 어떤 분야야?

나. **가맹점(franchisee) 본사(headquarters)**의 **노골적인(frank)** 갑질과 **제정신 아닌(frantic)** 행동들이지.

## 어근 109    FRONT : 앞[면], 이마(forehead)

### 615. **frontier** [frʌntíər]
front+ier(명접)

'앞[면]' 이 → n. ① (나라와 나라 사이의 경계이면) **국경** ② (나라의 경계가 되는 변두리면) **변경** ③ (지식 · 활동 영역이면) **한계** ④ (아직 개척하지 못한 땅이나 분야면) **미개척지**라고 하지
- delivered at **frontier** 국경인도조건
- syn. **border**(국경), **bound**ary(경계), **edge**(가장자리), **verge**(가장자리)

> Lighting is one of the last **frontiers**.
> 빛은 마지막 미개척지 중 하나이다.

### 616. **confront** [kənfrʌnt]
con(together)+front

'앞면을 함께하는' 것이 → v. ① (어떤 일이나 사물을 말하면) **직면하다** ② (얼굴·의견·상황이면) **맞서다** ③ (일이나 사물이 가까이 다다르면) **닥치다** ④ (사물이면) **마주하다**가 되는 거지
- con**front**ation[kὰnfrəntéiʃən] n. ① **대치** ② **대립**
- con**front**ationist[kὰnfrəntéiʃənist] n. **대결주의자** a. **대결주의의**
- syn. **cope with**(대처하다), **face**(직면하다), **tack**le(다루다), **de**fy (도전하다) ↔ ant. **e**vade(피하다)

> An identity crisis **confronts** an authentic self.
> 정체성 위기는 진정한 자아 문제와 마주한다.

### 617. **front-page**
[frʌntpéidʒ]
front+page(쪽)

'(신문의) 앞쪽' 은 → 기사의 비중을 말하면 → a. ① **신문의 제1면에 실을 만한** ② **매우 중요한** v. **제1면에 보도하다**가 되는 거지
- **front page** 제1면

The story had disappeared from the **front pages**.
그 이야기는 1면에서 사라진지 오래다.

◆ 어휘 플러스

front yard 앞뜰 / cold front 한랭 전선 / warm front 온난 전선

### ■■■ 우리말 대화로 단어 복습하기

가. 오늘 **신문 1면(front-page)**을 장식한 **기사(article)**가 뭐니?

나. **국경(frontier)**을 마주하고 있는 중국과 인도가 전쟁에 **직면했다(confront)**는 소식이야.

---

## 어근 110  | FUG : 도망치다(to flee)

### 618. refuge [réfjuːdʒ]
re(back)+fuge

'뒤로 도망치는' 것이 → n. ① (재난을 피하면) **피난** ② (몸을 숨겨 위험을 피하면) **피신** ③ (피하는 곳이면) **도피처** ④ (위험이나 곤란 따위가 미치지 않도록 보살피는 곳이면) **보호 시설** ⑤ **쉼터**가 된 거지

- re**fug**ee[rèfjudʒíː] n. ① **난민** ② **망명자**
- re**fug**eeism[rèfjudʒíːizm] n. **망명자 상태**
- a **refugee** camp ① **난민 수용소** ② **난민촌**
- **refugee** capital (국외) **도피 자본**
- syn. **sanctu**a**ry**(피난처), **asylum**(보호 시설), **shelter**(은신처)

The sanctuary provides **refuge** for orphaned critters.
그 피난처는 고아가된 동물을 위한 쉼터를 제공한다.

**critter** 생물

### 619. fugitive [fjúːdʒətiv]
fugi+itive(형접)

'도망치는 것' 이 → a. ① (몸을 피하는 거면) **도피하는** ② (한때나 한동안만을 의미하면) **일시적인** n. (피하여 달아나는 사람이면) ① **도망자** ② **탈주자**가 된 거지

- **fugitive** warrant **지명 수배**
- syn. **runaway**(도망자), re**fug**ee(피난민), e**scap**ee(도망자)

He was one of the nation's most wanted **fugitives**.
그는 전국적으로 지명 수배된 탈주자 중 한명이다.

### 620. centrifugal [sentrífjugəl]
centri(center)+fug+al(형접)

'가운데서 도망치려고 하는' 힘을 → a. ① **원심성의** ② **원심력의** 라고 말하지

- **centri**petal[sentrípətl] **구심의**
- **centrifugal** force **원심력** ↔ **centripetal** force **구심력**

Love stories have a terrible gravity and a **centrifugal** force.
사랑 이야기는 무서운 중력과 원심력을 가지고 있다.

## 621. subterfuge
[sʌ́btərfjùːdʒ]
subter(below)+fuge

'아래로 도망치는 것 이 → n. ① (남을 속이려는 목적이면) **속임수**
　　　　　　　　　　　　② (둘러대는 거면) **핑계**가 되는 거지
● employ **subterfuge** 얼버무리다
● transparent **subterfuge(guile)** 얕은 꾀

> Under that **subterfuge**, he was able to get close to the main building housing.
> 그러한 속임수로, 그는 본사 건물에 접근할 수 있었다.

### ■ 우리말 대화로 단어 복습하기
가. **원심력(centrifugal force)**이 강한 사회의 문제점을 **날카롭게(sharply) 풍자(satire)**한 소설이 화제라며?
나. 그래. 그 소설은 **속임수(subterfuge)**에 능한 **도망자(fugitive)**들의 **도피처(refuge)**를 배경으로 인간심리를 적나라하게 보여주고 있다고 해.

## 어근 111
FUM(E) : 연기가 나다(to smoke)

## 622. fume [fjuːm]
fume(to smoke)

'연기가 나는' 것이 → n. ① **연기** ② **가스** ③ **증기** v. ① (화가 나서) **씩씩대다**
② **연기를 내뿜다**가 된 거지
● fumes[fjuːmz] n. ① (유독) **가스** ② **매연**
● exhaust **fumes** 배기가스
● syn. **gas, smoke**(연기), **vapor**(수증기)

> The shortage of cash handouts gets him **fuming**.
> 현금보조금 부족이 그를 씩씩대게 했다.
> **cash handout** 현금 보조금

## 623. perfume [pə́ːrfjuːm]
per(intens)+fume(to smoke)

'강하게 (향기가) 나는' 것이 → n. ① **향수** ② **향료** v. **향기를 풍기다**가 된 거지
● syn. **fragrance**(향기), **aroma**(향기)

> A heady **perfume** accompanies moths' wakening.
> 자극적인 향기가 나방을 깨어나게 한다.
> ① **heady** 자극적인 ② **accompany** 동반하다

### ■ 우리말 대화로 단어 복습하기
가. **향기(fragrance)**가 좋고 **저렴해서(inexpensive)** 대중들에게 **인기(popularity)**가 높은 **향수(perfume)** 업체가 신제품을 출시했다면서?
나. 최근 **연기(fume)**가 나지 않는 **장식용(ornament)** 양초를 개발했다는군.

## 624. confuse [kənfjúːz]
con(together)+fuse(to pour)

'함께 붓는' 것이 → v. ① (뒤죽박죽되게 하면) **혼란시키다** ② (뒤섞어서 잘못 판단을 일으키면) **혼동하다** ③ (주제를) **혼란스럽게 하다**가 된 거지
- confusion[kənfjúː3ən] n. ① **혼란** ② **혼동** ③ **논란**
- syn. bewilder(당황하게 하다), perplex(당황케 하다)

They'd been **confusing** insecurity and angst with an emotional connection.
그들은 불안과 공포를 감정적인 유대와 혼동하고 있다. **angst** 고뇌, 공포

## 625. fusion [fjúː3ən]
fus(to pour)+ion(명접)

'(여러 종류를) 부어서' 섞은 것을 → n. ① **융합** ② **결합** ③ **핵융합**
④ **퓨전음악(요리)** 이라고 하지
- fusionism[fjú3ənìzm] n. ① (정당·당파의) **연합주의** ② **합동 정책**
- fusion cuisine **퓨전요리**
- fusion reaction **핵융합 반응**

The cuisine is a **fusion** of African and European influences.
그 요리는 아프리카와 유럽의 영향이 가미된 퓨전 음식이다.

## 626. futile [fjúːtl]
fut(to pour)+ile(easy)

'쉽게 쏟아 버리는' 것은 → a. ① **헛된** ② **소용없는** 일이 되지
- futility[fjuːtíləti] n. ① **무익** ② **헛됨** ③ **헛된 노력** ④ **무용지물**
- futile effort **헛된 노력**
- syn. useless(쓸모없는), vain(헛수고의), worthless(가치 없는), fruitless (결실 없는)

We are all flawed and **futile** human beings.
우리 온갖 결함투성이고 하찮은 인간에 불과하다.

## 627. defuse [diːfjúːz]
de(from)+fuse(cord)

'퓨즈(신관)를 제거하는' 것이 → v. ① (긴장, 위험을) **완화시키다** ② (폭탄의) **신관을 제거하다**가 된 거지
- fuse[fjuːz] n. ① **신관** ② **도화선** ③ **퓨즈** v. ① **융합시키다** ② **녹다(이다)**
- light the fuse (of) **도화선에 불을 붙이다**

The authorities moved swiftly to **defuse** the situation
당국은 상황을 완화시키기 위해 신속하게 움직였다.

## 628. diffuse [difjúːz]
dif(apart)+fuse(to pour)

'떨어져 붓는' 것이 → v. ① (널리 퍼지게 하면) **퍼뜨리다** ② (널리 퍼지게 하면) **확산시키다** ③ (빛을) **산란시키다** a. ① **분산된** ② **산만한** 것이 되지
- diffusion[difjúː3ən] n. ① **확산** ② **전파** ③ **산만** ④ **보급**
- syn. disseminate(퍼뜨리다, 전파하다)

He attempted to **diffuse** the situation better.
그는 상황을 우호적으로 확산시킬 시도를 하였다.

629. **effuse** [ifjúːz]
ef(out)+fuse(to pour)

'밖으로 붓는' 것이 → v. ① (액체·빛·향기면) **발산시키다** ② (액체·빛·향기면) **유출시키다** ③ (심정을) **토로하다** a. 흩어 뿌려진 의미가 된 거지
- **effus**ion[ifjúːʒən] n. ① 유출 ② (감정을) 토로

He has been known to **effuse** about his wife.
그는 자신의 아내에 대한 심경을 토로한 것으로 알려졌다.

630. **infuse** [infjúːz]
in(in)+fuse(to pour)

'안으로 붓는' 것이 → v. ① (사상, 감정이면) **불어넣다** ② **영향을 미치다** ③ (어떤 물건을 물에 담가 우러나게) **우리다**가 된 거지
- **infus**ion[infjúːʒən] n. ① **주입** ② **투입** ③ **우려낸 차**
- syn. **in**still(주입시키다)

Royal-baby fever will **infuse** the British economy.
왕손출생의 열풍이 영국경제에 활력을 불어넣을 것이다.

631. **profuse** [prəfjúːs]
pro(forth)+fuse(to pour)

'앞으로 붓는' 것이 → a. ① (양이 넉넉하고 많아서 그러면) **풍부한** ② (많은 양이면) **다량의** ③ (선한 목적이면) **마음이 후한** ④ (헛되이 쓰는 거면) **낭비하는** 의미가 된 거지
- **profus**ion[prəfjúːʒən] n. ① **다량** ② **풍부함** ③ **사치**
- **profus**ely[prəfjúːsli] ad. ① **풍부하게** ② **실컷** ③ **지나치게**
- **profuse** tears **하염없이 흐르는 눈물**
- syn. **gener**ous(관대한), **pro**dig**al**(풍부한) ↔ ant. **de**fici**ent**(부족한), **sting**y(인색한)

An employee attributed their **profuse** growth to the heavy early snows.
직원은 엄청난 호황을 이른 폭설 때문이라고 말했다.
① **attribute A to B** A를 B 탓으로 돌리다 ② **heavy snow** 폭설

632. **refuse** [rifjúːz]
re(back)+fuse(to pour)

'뒤로 붓는' 것이 → v. ① (의견이나 제안이면) **거부하다** ② (요구·부탁·물건이면) **거절하다** n. [réfjuːs] **쓰레기**가 된 거지
- **refus**al[rifjúːzəl] n. ① **거부** ② **거절**
- a (garbage/rubbish/**refuse**) dump **쓰레기 처리장**
- syn. **de**cline(거절하다), **re**ject(거절하다), **turn down**(거절하다) ↔ **all**ow (허락하다)

He continues to **refuse** to eat.
그는 계속해서 식사를 거절하고 있다.

## 633. transfuse
[trænsfjúːz]
trans(across)+fuse(to pour)

'가로질러 붓는' 것이 → v. ① **수혈하다** ② **옮겨 붓다** ③ (비유적으로 사상, 주의 등을) **불어넣다**가 된 거지
● trans**fusi**on[trænsfjúːʒən] n. ① **수혈** ② **주입** ③ **옮겨 붓기**

> They need blood **transfusions**.
> 그들은 수혈이 필요하다.

## 634. refund [ríːfʌnd]
re(back)+fund(to pour)

'(돈을) 뒤로 붓는' 것을 → v. ① **환불하다** ② **환급하다** n. **환불** 이라고 하지
● syn. **re**pay(상환하다), **re**pay**ment**(상환), **re**imburse**ment**(변제)

> Airlines and travel suppliers rarely give **refunds**.
> 항공사와 여행사는 환불을 거의 해주지 않았다.

## 635. confound [kənfáund]
con(together)+found(to pour)

'(무차별적으로) 함께 붓는' 것이 → v. ① (정신을 얼떨떨하게 하면) **어리둥절하게 만들다** ② **틀렸음을 입증하다**가 된 거지
● **confounding** factors **혼란변수**
● a **confounded** idiot **바보 천치**
● syn. **per**plex(혼란케 하다)

> I **confound** all the prejudices people have.
> 나는 사람들이 가지고 있는 모든 편견이 틀렸음을 입증하였다.

---

■■■ **우리말 대화로 단어 복습하기**

가. 최근 개봉한 영화 중 볼만한 것 있니?

나. 헛된(futile) 욕망과 풍부한(profuse) 부를 열망(aspiration)하여, 도시로 상경한 시골청년의 직장 적응과정을 재미있게 그려낸 영화가 볼만해.

나. 가끔 동료들을 어리둥절하게 만들(confound)지만, 직장에 활기를 불어넣고(infuse), 긍정적인 분위기(atmosphere)를 확산시키지(diffuse).

가. 주인공(protagonist) 담당부서는?

나. 환불(refund)업무 담당인데, 초기 혼란(confusion)을 극복하고(overcome), 유쾌함을 발산시키면서(effuse), 조직의 긴장을 완화시키고(defuse), 융합(fusion)되어가는 과정을 정말 재미있게 그려내고 있어.

---

### 🎀🎀🎀 생활 속 영단어로 어원 친해지기 🎀🎀🎀

**토끼** : 배운 어원과 관련된 영단어는, 화장품(cosmetic), **헌혈(blood donation), 수혈(transfusion), 가맹점(franchisee), 난민(refugee)**이 있어요.

**티케** : 설명을 덧붙이면,

○ **cosm**etic → cosm(order or to arrange)+etic → (얼굴에) **질서 있게 배열하는 것** → 화장품
○ franchisee → fran(free)+chis+ee(받은 사람) → (영업권을) **자유롭게 사용하도록 허가받은 사람** → 가맹점
○ **re**fugee → re(back)+fug(to flee)+ee(사람) → (전쟁, 재난을 피해) **뒤로 도망치는 사람** → 난민, 망명자

| 어근 113 | GEN, GENE, GENI, GN : 탄생(birth), 인종(race), 종류(kind), 부류(class)<br>※ 동의어근 NAI, NAT(어근183) |
|---|---|

## 636. gene [dʒiːn]
gene(birth)

'출생' 에 작용하는 것을 → n. **유전자**라고 하지

- gene**tics**[dʒənétiks] n. **유전학**
- gene**tic**[dʒənétik] a. ① **유전적인** ② **유전학의**
- gene**sis**[dʒénəsis] n. ① **기원** ② **발생**
- gene**alogy**[dʒiːniǽlədʒi] n. ① **계보학** ② **족보** ③ **가계도**
- **midwife**[mídwàif] n. ① **산파** ② (일의 성립·발기에 수고하는) **산파역**
- a dominant/recessive **gene** 우성/열성 유전자

> Males try to spread their **genes** more widely.
> 수컷들은 자신의 유전자를 널리 확산시키려고 노력한다.

## 637. general [dʒénərəl]
gene(kind)+r+al(형접)

'종류' 를 나열한 것이 → a. ① (다른 것이 없는 보통의 것이면) **일반의**
② **대체적인** ③ (개개의 것을 한데 모아놓으면) **종합적인** ④ (직급을 나타내어)
**총[장]** n. **장군**이라는 표현이 된 거지

- gene**ralize**[dʒénərəlàiz] v.① **일반화하다** ② **개괄적으로 말하다** ③ **보편화하다**
- gene**ralization**[dʒènərəlizéiʃən] n. **일반화**
- gene**rous**[dʒénərəs] a. ① **관대한** ② **너그러운**
- gene**rosity**[dʒènərásəti] n. ① **관대함** ② **너그러움**
- **un**gene**rous**[ʌndʒénərəs] a. ① **옹졸한** ② **비열한** ③ **인색한**
- UN Secretary **General** UN 사무총장
- **general** contractor 종합 건설업자
- **general** election 총선        in **general** 일반적으로
- syn. pub**lic**(공공의), **com**mon(공통의), uni**versal**(보편적인) ↔ ant.
  **in**dividual(개별의)

> He received a subpoena from the attorney **general**.
> 그는 검찰총장으로부터 소환장을 받았다.
> **subpoena**[səbpíːnə] 소환장

## 638. generate [dʒénərèit]
gene(birth)+r+ate(동접)

'탄생시키는' 것이 → v. ① **발생시키다** ② **만들어 내다** ③ **초래하다**가 된 거지

- gene**ration**[dʒènəréiʃən] n. ① **세대** ② **발생(창출)**
- gene**rator**[dʒénərèitər] n. **발전기**
- gene**sis**[dʒénəsis] n. ① **기원** ② **발생**
- syn. **pro**duce(일으키다), cre**ate**(창조하다), **en**gender(발생시키다)

> The updated service is going to **generate** another $500 million
> in annual revenue.
> 최신화된 서비스가 년 간 5억 달러의 추가수익을 안겨줄 것이다.
> **revenue**[révənjùː] 소득, 수입

## 639. genial [dʒíːnjəl]
gen(birth)+ial(형접)

'(좋은 성격을) 타고난' 이를 → a. ① **친절한** ② **온화한** ③ **따뜻한** 사람이라고 하지
- **con**gen**ial**[kəndʒíːnjəl] a. ① **마음이 맞는** ② **성격에 맞는** ③ **적절한**
- **con**gen**ital**[kəndʒénətl] a. ① (질병의) **선천적인** ② **타고난** ③ **성격상의**
- **gen**ius[dʒíːnjəs] n. ① **천재** ② **영재**
- **gen**re[ʒɑ́ːnrə] n. (예술작품의) **장르**
- syn. **warm-heart**ed(따뜻한), **friend**ly(친절한)

A steely resolve lies beneath Francis' **genial**, grandfatherly manner.
교황 프란치스의 온화하고 인자한 방식 이면에는 강철 같은 단호함이 있다.
① **resolve**[rizɑ́lv] 결심하다, 결심, 결의 ② **grandfatherly** 인자한

## 640. genuine [dʒénjuin]
gen(birth)+u+ine(형접)

'탄생' 그대로 인 것을 → a. ① **진짜의** ② **진품의** ③ **진실한** 것이라고 하지
- **gen**uine**ness**[dʒénjuinnis] n. ① **진짜** ② **순수** ③ **진위**
- syn. **authent**ic(진짜의), **hon**est(정직한), **frank**(솔직한), **cand**id(정직한), **forth**right(솔직한), **out**spoken(솔직한) ↔ ant. **counter**feit(가짜의), **hypo**crit**ical**(위선의)

What is needed is **genuinely** inclusive reconciliation.
필요한 것은 진실하고 포괄적인 화해이다.
**reconciliation**[rèkənsìliéiʃən] 화해

## 641. genocide [dʒénəsàid]
gen(race)+cide(to kill)

'인종을 죽이는 것' 이 → n. ① **대량학살** ② **종족학살**이 된 거지
- syn. **massacre**(대량학살), **holocaust**(대학살)

Balloting ended decades of civil war and **genocide**.
투표가 수십 년의 내전과 종족학살을 종식시켰다.

## 642. degenerate
[didʒénərèit]
de(from)+gene(race)+r+ate(동접)

'인종에서 이탈하는 것' 이 → v. ① (도덕적·육체적·정신적으로) **악화되다** ② (수준이나 정도가) **퇴보되다** a. **퇴폐적인** n. **타락한 사람**이 된 거지
- **de**gene**ration**[didʒènəréiʃən] n. ① **타락** ② **퇴보** ③ **변질**
- **de**gene**racy**[didʒénərəsi] n. ① **퇴보** ② **퇴화** ③ **타락**
- **re**gene**rate**[ridʒénərèit] v. ① (지역·시설 등을) **재건하다** ② (손상된 생물체의 일부를) **재생되다** ③ **재생시키다**
- **anti**gen[ǽntidʒən] n. **항원**
- syn. **de**terior**ate**(타락하다), **de**cad**ent**(퇴폐적인), **im**moral(부도덕한)

The debate **degenerated** into a debate in spreading copycat riots.
토론이 모방폭동확산 문제로 퇴보했다.
**copycat** 모방의

## 643. ingenious [indʒíːnjəs]
in(in)+gen(birth)+ious(형접)

'안으로 타고난' 것이 → ① **기발한** ② **독창적인** ③ **교묘한** 의미가 된 거지
- **in**gen**uity**[ìndʒənjúːəti] n. ① **기발한 재주** ② **독창성**

● syn. cre**ative**(창의적인), ori**gin**al(독창적인) ↔ ant. **un**imagin**ative** (상상력이 없는)

> They use **ingenious** structural solutions.
> 그들은 기발한 구조적인 해법을 이용하였다.

◆ 어원 TIP
● **ge**rm[dʒəːrm] → ge(birth)+rm → 출생하게 하는 것이 → 모든 생명체의 기원과 관련되면 → **세균, 미생물, 기원**
● **endogen**ous[endάdʒənəs] → endo(in)+gen+ous(형접) → 안에서 출생한 → (생물체 내부) **내생적인**, (외부의 자극 없이 내부에서) **내발적인, 내부적 원인에 의한**
● **pre**gn**ant**[prégnənt] → pre(before)+gn(birth)+ant(형접) → 출생하기 전의 → **임신한**

◆ 어휘 플러스

**gen**der 성 / **gen**ome 게놈 / **gent**ry 상류층, 신사들 / **gent**rify (지역) 고급화하다, 품위 있게 만들다 / **gene**alogist [족보]학자 / **exogen**ous[eksάdʒənəs] 외인성의, 외부적 원인에 의한 / **pro**genit**or** 조상 / **pro**geny 자손

## 우리말 대화로 단어 복습하기

가. 새로 개발된 **독창적**(ingenious)이고 **종합적인**(general) 유전자(gene) 검사를 통해 지도자의 성격을 **만들어내는** (generate), **진짜**(genuine) 원인을 밝혀냈다면서?

나. **대량학살**(genocide)을 자행한 **타락한**(degenerate) 독재자(dictator)의 성격과, 진실하면서 **온화한**(genial) 성품을 가진 **민주적**(democratic) 지도자 성격을 밝혀낸 거지.

| 어근 114 | GEO : 땅, 지구(earth)<br>※ 동의어근 AGRO(어근5) / HUM(어근126) / TER(어근299) |
|---|---|

### 644. **geography** [dʒiάgrəfi]
geo(earth)+graph(to write)+y(명접)

'땅에 쓰인' 것이 → n. ① (지구 표면의 현상들을 연구하면) **지리학** ② **지리** ③ **지형**이 된 거지
● geograph**ical**[dʒiːəgrǽfikəl] a. ① **지리적인** ② **지리학적인** = geograph**ic**
● geo**logy**[dʒiάlədʒi] n. **지질학**

> Economy and **geography** make public transportation.
> 경제와 지형이 대중 운송수단을 만들었다.

### 645. **geometry** [dʒiάmətri]
geo(earth)+metr(to measure) +y(명접)

'땅을 측정하는 것' 이 → n. (도형 및 공간에 관한) **기하학**이 된 거지
● geometr**ic**[dʒiːəmétrik] a. **기하학적인**
● a **geometric** series[progression] **기하급수**

> High **geometry** isn't a prerequisite for the relevant education.
> 고등 기하학이 관련 교육을 위한 선행 조건은 아니다.
> **prerequisite** 선행 조건

**646. apogee** [ǽpədʒìː]
apo(from)+gee(earth)

'지구(땅)에서 벗어나' → n. ① (절정이나 맨 꼭대기나 도달하면) **정점**
② (최고의 경지에 도달하면) **절정** ③ (달이 가장 멀리 떨어지는 지점이면)
**원지점** 이라고 하지
- apex[éipeks] n. ① **정점** ② **꼭대기**　　- ant. **peri**gee(근지점)

> His predecessors governed at the **apogee** of U.S. power after the Cold War.
> 그의 전임대통령들은 냉전 후 미국의 힘이 정점에 이르렀을 때 통치했다.
> predecessor[prédisèsər] 전임자, 선배 ↔
> successor[səksésər] 계승자, 후임

◆ 어원 TIP
- **peri**gee[péridʒìː] → peri(near)+gee(the earth) → (달이) 지구 가까이 있는 것 → (천체 궤도의) **근지점**
- **geotherm**al → geo(earth)+therm(열)+al(형접) → 땅의 열의 → **지열의**

### 우리말 대화로 단어 복습하기

가. 그녀는 **지리학**(geography)과 **기하학**(geometry)에 정통한 학자라더군?
나. 그것만이 아니야. 그녀는 **원지점**(apogee)과 **근지점**(perigee)을 정확하게 측정할 수 있는 **천문학**(astronomy)에도 조예가 깊어.
가. 대단한 여성이군.

---

## 어근 115

**GER, GEST** : 나르다, 지니다(to carry, to bear)
※ 동의어근 CAR, CHAR(어근34) / FER(어근95) / LATE(어근138) / PORT(어근229) / VEC, VEH(어근323)

---

**647. digest** [didʒést]
di(apart)+gest(to carry)

'분리해서 지니는' 것이 → v. ① (배운 지식이나 기술, 음식이면) **소화하다**
② (사리분별, 말이나 글이면) **이해하다** n. **요약[문]**이 된 거지
- **di**gest**ion**[didʒéstʃən] n. ① **소화** ② **소화력** ↔ ant. **indi**gest**ion**(소화불량)
- **di**gest**ant**[didʒéstənt] n. **소화제**
- syn. **ab**sorb(흡수하다), **as**simil**ate**(이해하다), summ**ary**(요약), **abs**tract(요약), **epi**tome(개요), **syn**op**sis**(개요)

> Two-thirds of their students can **digest** complicated texts.
> 2/3의 학생들이 복잡한 교재를 소화할 수 있다.

**648. congest** [kəndʒést]
con(together)+gest(to carry)

'함께 나르는' 것이 → v. ① (한데 뒤섞여서 어수선하면) **혼잡하게 하다**
② (많이 모이게 하면) **축적하다** ③ **가득 채우다** ④ (혈관에 흐르는 혈액의 양을 많게 하면) **충혈 시키다**가 된 거지
- **con**gest**ion**[kəndʒéstʃən] n. ① **혼잡** ② **정체** ③ **충혈**
- **congestion** charge 교통 혼잡 부담금
- traffic **congestion** 교통 혼잡
- syn. **over**crowd(혼잡하게 하다)

## 649. ingest [indʒést]
in(into)+gest(to carry)

'안으로 나르는' 것이 → v. ① (좋은 요소나 양분을 몸속으로) **섭취하다**
② (목 안으로 넣으면) **삼키다**가 된 거지
- ingestion[indʒéstʃən] n. **섭취**
- ingesta[indʒéstə] n. **섭취물**

There were no big problems getting subjects to **ingest** seafood.
해산물을 섭취할 대상 확보는 그리 어려운 문제가 아니었다.

## 650. suggest [səgdʒést]
sug(under)+gest(to carry)

'아래로 나르는 것' 이 → v. ① (의안을 내어놓으면) **제안하다** ② (적합한
대상을 책임지고 소개하면) **추천하다** ③ (넌지시 깨우쳐 주면) **암시하다**
④ (넌지시 · 간접적으로) **말하다**가 된 거지
- suggestion[səgdʒéstʃən] n. ① **제안** ② **의견** ③ **제의** ④ **암시**
- suggestive[səgdʒéstiv] a. ① **도발적인** ② **시사하는** ③ **연상시키는**
- syn. recommend(권하다), propose(제안하다), indicate(넌지시 말하다),
imply(암시하다)

Recent financial reports **suggest** the two airlines are thriving.
최근 금융보고서는 두 항공사가 번창하고 있음을 시사한다.

## 651. register [rédʒistər]
re(back)+gist(to carry)+er(동접)

'뒤로 나르는' 것이 → 문서에 올리거나 적기 위한 → v. ① **등록하다**
② **기록하다** ③ **나타내다** n. ① **등록** ② **명부**라는 의미가 된 거지
- registration[rèdʒistréiʃən] n. ① **등록** ② **신고** ③ **등록서류**
- gist[dʒist] n. ① **요점** ② **골자** ③ **요지**
- registration stamp **등기 우표**
- register office **등기소**
- syn. enroll(등록하다)

Voyager **registers** this change.
보이저호가 이러한 변화를 기록하였다.

---

◆ 어원 TIP
- gesticulate[dʒestíkjulèit] → gest(to carry)+icul+ate(동접) → (손을) 나르면서 하는 것 → **몸짓[손짓]으로 이야기하다, 몸짓[손짓]으로 전달하다**
- gestation → gest(to carry)+ation(명접) → (몸에) 지니고 있는 것 → **임신, 잉태,** (생각, 계획의) **구상**

---

◆ 어휘 플러스
gestosis[dʒestóusis] 임신중독 / gesture[dʒéstʃər] 제스처, 몸짓, 손짓[몸짓]을 하다

가. 의사가 눈 **충혈(congestion)**과 **소화불량(indigestion)** 원인이 뭐라 하던가?

나. **섭취(ingestion)**할 음식과 적절한 휴식을 **제안하면서(suggest)**, **처방(prescription)**내용을 진료기록부에 **기록하는 (register)**데. 웃음을 참는 라고 죽는 줄 알았어.

가. 왜?

나. 의사가 **과장(exaggeration)**된 **몸짓으로 전달하는(gesticulate) 제스처(gesture)**가 너무 웃겼거든.

---

## 어근 116 GN(O), SCI, QUAINT : 알다(to know) ※ 동의어근 NOT(어근194)

### 652. **diagnosis**
[dàiəgnóusis]

dia(between)+gno(to know)+sis(명접)

'사이에서 알아보는' 것이 → n. (질병·문제의 원인의) **진단**이 된 거지
- **diagnose**[dáiəgnòus] v. (질병·문제의 원인을) **진단하다**
- **diagnostic**[dàiəgnástik] a. **진단의** n. **진단법**

> A **diagnosis** of paranoid schizophrenia sidelined his music ambitions.
> 편집광적인 정신분열증 진단이 그의 음악적 야망을 접게 하였다.
> ① **paranoid**[pǽrənòid] 편집성의
> ② **schizophrenia**[skìzəfríːniə] 정신분열증

### 653. **ignorant** [ígnərənt]
i(not)+gno(to know)+r+ant(형접)

'알지 못하는' 것이 → a. ① **무지한** ② **무지막지한** 사람이라고 하지
- **ignorance**[ígnərəns] n. ① **무지** ② **무식**
- **ignore**[ignɔ́ːr] v. ① **무시하다** ② **모르는 체하다**
- syn. **uneducated**(교육받지 못한), **unlearned**(무식한), **illiterate**(문맹의)
  ↔ ant. **educated**(교육받은), **literate**(읽고 쓸 수 있는)

> Anyone can teach on the University of Google, how **ignorant**.
> 아무리 무지하여도, 구글 대학에서는 누구나 가르칠 수 있다

### 654. **prognosis**
[pragnóusis]

pro(before)+gno(to know)+sis(명접)

'미리 아는 것' 이 → n. ① (의학) **예후** ② **예상** ③ **예측** ④ **전망**이 된 거지
- **prognose**[pragnóus] v. ① **예측하다** ② **예지하다**
- **prognosticate**[pragnástikèit] v. ① **예언하다** ② **예지하다** ③ **예측하다**
- **prognostication**[pragnàstikéiʃən] n. ① **예지** ② **예언**

> It was pretty clear that the **prognosis** was not good.
> 전망이 좋지 않음이 분명했다.

### 655. **recognize** [rékəgnàiz]
re(again)+co(together)
+gn(to know)+ize(동접)

'다시 힘께 일아보는 깃' 이 → v. ① (옳고 틀림 등을 확실히 하어) **인정하다**
② (사물을 분별하고 판단하여) **인식하다** ③ **알아보다**가 된 거지
- **recognition**[rèkəgníʃən] n. ① **인정** ② **인식** ③ **승인**
- **recognizance**[rikǽgnəzəns] n. ① (범죄자의 법정 출두) **서약** ② **서약 담보금**
- **reconnaissance**[rikǽnəsəns] n. **정찰**
- **cognition**[kagníʃən] n. ① **인지** ② **인식**

- cognize[kágnaiz] v. **인식하다**
- incognito[inkágnitòu] ad. ① **익명으로** ② **자기 신분을 숨기고**
- reconnaissance plane **정찰기**
- syn. acknowledge(인정하다)

> The most countries **recognize** the full citizenship rights.
> 대부분 국가들은 완전한 시민권을 인정한다.

## 656. acquaint [əkwéint]
ac(to)+quaint(to know)

'알아 가는 것' 이 → v. ① **익히다** ② **숙지하다** ③ (깊고 자세히 하면) **정통하다**
④ **안면이 있다**가 된 거지
- acquaintance[əkwéintəns] n. ① **아는 사람** ② (약간의 친분은) **면식** ③ **지식**
- acquaintanceship[əkwéintənsʃɪp] n. ① **안면** ② **면식**

> The airlines clearly need to **acquaint** their staff.
> 항공사들은 직원들을 명확하게 숙지하게 할 필요가 있다.

## 657. conscience [kánʃəns]
con(together)+sci(to know)
+ence(명접)

'함께 아는 것' 이 → n. ① (도덕적인 가치를 판단하여 옳고 그름을 말하면)
**양심** ② (양심의) **가책** 이라는 의미가 된 거지
- conscientious[kànʃiénʃəs] a. ① **양심적인** ② **성실한**
- conscious[kánʃəs] a. ① **의식하는** ② **의식이 있는** ③ **의식적인**
- consciousness[kánʃəsnis] n. ① **의식** ② **지각**
- semiconscious[sèmikánʃəs] a. ① **의식이 완전하지 않은** ② **반의식이 있는**
- subconscious[sʌbkánʃəs] a. **잠재의식의**
- unconscious[ʌnkánʃəs] a. ① **무의식적인** ② **의식을 잃은**
- syn. remorse(후회, 가책)

> An attack of **conscience** costs him his job.
> 양심 문제 공격이 그에게 실직의 대가를 치르게 했다.

---

◆ 어원 TIP
- science → sci(to know)+ence(명접) → (보편적인 진리나 법칙을) **알려고 하는 것** → **과학**
- agnostic[ægnóustik] → a(not)+gno(to know)+st+ic(형접) → (신의 존재를) **알 수 없는** → (인간의 인식에 관한 믿음에서) **불가지론자, 불가지론의**
- agnosticism[ægnástəsìzm] n. **불가지론**

---

■■■ **우리말 대화로 단어 복습하기**

가. **불가지론의(agnostic) 정통한(acquaint)** 의사인 그가 **질병(disease)**의 **예후(prognosis)**를 정확하게 맞추는 것으로 **인정(recognition)**받고 있다지?

나. 그래. **무지한(ignorant)** 환자가 방문하더라도 **양심(conscience)**을 걸고 정확한 **진단(diagnosis)**을 하시지.

GRAC, GRAT : 감사하다(to thank), 칭찬하다(to praise)

## 658. grace [greis]
grac(to praise)+e(명접)

'칭찬하는' 것이 → ① (고상하고 기품 있는 아름다움을 말하면) **우아함**
② (사람이 갖추어야 할 기품이나 위엄이면) **품위** ③ (시일을 미루거나 늦춤을 말하면) **유예** v. ① **빛내다** ② **아름답게 꾸미다**가 된 거지
- **grac**ious[gréiʃəs] a. ① **자애로운** ② **우아한** ③ **관대한**
- **dis**grace[disgréis] n. ① **불명예** ② **망신** v. **명예를 더럽히다**
- **grace** period **유예기간**
- syn. **eleg**ance(우아), **re**fine**ment**(세련) **ad**orn(장식하다), **decor**ate(장식하다), **em**bell**ish**(아름답게 하다)

Technological innovation can be a harbinger of societal change with **grace**.
기술 혁신은 품격 있는 사회적 변화의 선구자가 될 수 있다.
harbinger[háːrbindʒər] 선구자, 전조

## 659. congratulate
[kəngrǽtʃulèit]
con(together)+grat(to thank)
+ul+ate(동접)

'함께 감사하는' 것이 → v. ① (남의 경사를 기뻐하면) **축하하다**
② **자랑스러워하다**가 된 거지
- **con**grat**ulation**[kəngrætʃuléiʃən] n. **축하**
- syn. **compli**ment(경의를 표하다)

We **congratulate** the nominees.
우리는 후보들에게 축하를 해주었다.
nominee[nàməníː] 지명된 사람

## 660. gratitude [grǽtətjùːd]
grat(to thank)+i+tude(상태, 명접)

'감사하는 상태'를 → n. ① **감사** ② **고마운** ③ **사이**라는 표현을 하지
- **grat**ify[grǽtəfài] v. ① **기쁘게 하다** ② **만족시키다**
- **grat**ification[grætəfikéiʃən] n. ① **만족** ② **희열**
- **grat**uity[grətjúːəti] n. ① **팁** ② **퇴직금**
- **grat**uitous[grətjúːətəs] a. ① **무료의** ② **불필요한** ③ **이유 없는**
- **in**grat**itude**[ingrǽtətjùːd] n. ① **배은망덕** ② **고마움을 모름**
- **gratuitous** service **무료 봉사**
- **gratuitous** conveyance/contract **무상양도/계약**

The family expressed **gratitude** to the hundreds of volunteers.
그 가족은 수 백 명의 자원봉사자에게 고마움을 표시했다.

---

**■■■■ 우리말 대화로 단어 복습하기**

가. **졸업식**(graduation ceremony)은 잘 진행되었어?

나. 부모님에 대한 **감사**(gratitude)와 **졸업생**(graduates)을 **축하하는**(congratulate) 말들이 오가는 가운데 **품위**(grace)있게 진행됐지.

GRAD, GRESS : 가다(to go), 단계(step), 등급(rank)
※ 동의어근 CEDE, CESS(어근36) / FARE(어근92) / IT(어근131)

## 661. gradual [grǽdʒuəl]
grad(step)+u+al(형접)

'단계를 거쳐' 서 → 서서히 조금씩 나아가면 → a. ① 점진적인 ② 완만한
의미가 되는 거지
- graduate[grǽdʒeɪt] v. 졸업하다 n. [grǽdʒuit] 대학졸업자
- undergraduate[ʌndərgrǽdʒuit] n. ① 학부생 ② 대학생 a. ① 대학의 ② 학부의
- postgraduate[poustgrǽdʒuit] n. 대학원생
- syn. steady(꾸준한), progressive(점진적) ↔ ant. sudden(갑작스런), radical(급진적인)

> The administration might be content with a gradual approach.
> 행정부는 점진적인 접근방식에 만족할 것이다.
> be content with ~에 만족하다

## 662. degrade [digréid]
de(down)+grade(rank)

'등급이 아래로 가는' 것이 → v. ① (올바른 길에서 벗어나면) 타락하다
② (신분이나 위치이면) 지위를 낮추다 ③ (상대방을 업신여기면) 비하하다
④ (사물을 낱낱으로 나누면) 분해되다가 된 거지
- degradation[dègrədéiʃən] n. ① 강등 ② 비하 ③ 저하
- upgrade[ʌpgreɪd] v. ① 개선하다 ② 승격시키다
- syn. degenerate(타락하다), debase(떨어뜨리다), demote(강등시키다)

> We seriously degrade or destroy nature.
> 우리는 자연을 심각하게 훼손시키거나 파괴한다.

## 663. ingredient [ingríːdiənt]
in(into)+gred(to go)+ient(명접)

'안으로 들어가는' 것이 → n. ① (물건을 만드는 원료이면) 재료 ② (물체를
이루는 바탕이면) 성분 ③ (하나로 만드는 필요한 부분이면) 구성요소라고 하지
- syn. component(구성요소, 성분), element(구성요소, 성분)

> All the ingredients are made in-house.
> 모든 재료는 집에서 만들었다.

## 664. aggress [əgrés]
ag(to)+gress(to go)

'앞으로 가는' 것이 → v. ① (적을 치는 거면) 공격하다 ② (옳음과 그름을
따지면) 시비를 걸다가 된 거지
- aggressive[əgrésiv] a. ① 공격적인 ② 적극적인
- aggression[əgréʃən] n. ① 공격 ② 침략 ③ 공격성
- congress[káŋgris] n. ① 의회 ② 회의

> North Korea is not the one they can easily aggress.
> 북한은 그들이 쉽게 공격할 수 있는 나라가 아니다.

## 665. digress [daigrés]
di(apart)+gress(to go)

'떨어져 가는' 것이 → v. ① (길이나 주제이면) **벗어나다** ② **다른 말을 하다**가
된 거지
- digression[daigréʃən] n. ① **여담** ② **지엽으로 흐름** ③ **탈선**

> If I may **digress**, he does prompt a subsidiary question.
> 내가 주제를 벗어나면, 그는 부수적인 질문을 유도했다.
> ① **prompt**[prɑmpt] 촉구하다, 자극하다
> ② **subsidiary**[səbsídièri] 보조의, 부차적인

## 666. progress [prɑ́gres]
pro(before)+gress(to go)

'앞으로 나아가는' 것이 → n. ① **진전** ② **발전** ③ **진행** v. ① **진전을 보이다**
② **나아가다**가 된 거지
- progressive[prəgrésiv] a. ① **진보적인** ② **점진적인**
- regress[rigrés] v. ① **퇴보하다** ② **회귀하다** ③ **역행하다**
- regression[rigréʃən] n. ① **퇴보** ② **퇴행** ③ **회귀**
- syn. development(발전), advance(진전), improvement(개선)

> The idea of history as **progress** is underpinned by a hidden theology.
> 진보로서 역사의 개념은 보이지 않는 신학에 근거한다.
> underpin 뒷받침하다, 근거하다

---

■■■ **우리말 대화로 단어 복습하기**

가. **토론(debate)**이 **진전(progress)**을 이루지 못하고 상대를 **비하하고(degrade) 공격하는(aggress)** 난장판으로 변해버렸다면서?

나. 건강한 밥상을 위한 **요리재료(ingredient)**에 대한 토론을 하다가, 한 참가자가 **주제에 벗어난(digress)** 정치 이야기를 하면서부터야.

---

### 🎀🎀🎀 생활 속 영단어로 어원 친해지기 🎀🎀🎀

**티케** : 지난 회에 배운 어근이 뭐였더라?

**고양이** : 113. 탄생, 종류 gen, gene / 114. 땅 geo / 115. 나르다, 운반하다 ger, gest / 116. 알다 gn(o), sci, quaint / 117. 감사하다 grac, grat / 118. 가다 grad, gress가 있어요.

**티케** : 일상 속에서 활용한 사례를 말해주겠니?

**토끼** : 제가 최근 '소화불량' 때문에 고생했거든요. 그래서 '소화제'를 먹고 나아는 데, 영어로 '소화불량'이 indigestion, '소화제'가 digestant였어요.

**고양이** : 지구에 관한 진실을 흥미롭게 전하는 세계적인 잡지 '내셔널 지오그래픽' National Geographic, 유전자 조작 식품 'gmo'가 genetically modified organism의 약자였어요.

**티케** : 좋아요. 설명을 덧붙이면,

　○ di**gest**ant → digest(소화하다)+ant(동사에 붙여 '행위자'를 나타내는 명접) → 소화 촉진을 도와주는 **행위자** → **소화제**

　○ indi**gest**ion → in(not)+di(apart)+gest(to carry)+ion(명접) → 분리해서 나르지 못하는 것 → **소화불량**이 되는 거지

**티케** : gmo는 genetically(유전적으로) modified(수정된) organism(유기체)를 의미함.

　○ modify → mode(manner)+fy(to make) → **방식을 만들다** → **수정하다, 바꾸다**가 되는 거지.

**티케** : 다음 회에 배울 어근은 gram, graph / grav / greg이지요.

| 어근 119 | GRAM, GRAPH : 철자(letter), 쓰다(to write) |
|---|---|
| | ※ 동의어근 LITERA(어근150) |

### 667. diagram [dáiəgræm]
dia(through)+gram(to write)

'두루 쓰는' 것이 → n. ① (그림으로 나타내면) **도표** ② (그림을 끼워서 설명하면) **도해**가 된 거지
- anagram[ǽnəgræm] n. **철자 순서를 바꾼 말**
- epigram[épəgræm] n. ① **경구** ② **짧은 풍자시**
- monogram[mɑ́nəgræm] n. ① **모노그램** ② **합일 문자**
- syn. **chart**(도표), **graph**(도표)

Can the financial crisis be explained with a **diagram**?
금융위기를 달랑 도표 하나로 설명할 수 있는가?

### 668. telegram [téligræm]
tele(distant)+gram(to write)

'글을 멀리 보내는' 것을 → n. ① **전보** ② **전문**이라고 하지
- telegraph[téligræf] n. ① **전신** ② **전보** v. **전보를 보내다**
- telegraphic transfer **전신환**(cable transfer); TT

The singing **telegram** is 75 years old this week.
이번 주는 노래하는 전보가 만들어진지 75년이 되었다.

### 669. cryptogram [kríptəgræm]
crypto(hidden)+gram(to write)

'숨은 글씨' 를 → n. ① **암호** ② **암호문**이라고 하지
- encryption[inkrípʃən] n. **암호화**
- encrypt[enkrípt] v. **암호화하다**
- decipher[disáifər] v. **해독하다** = decode
- syn. cipher[sáifər](암호)

This club has recited its mysterious **cryptogram**.
이 클럽은 정체를 알 수 없는 암호를 낭독한다.

### 670. graphic [grǽfik]
graph(to write)+ic(형접)

'글자가 살아있는' 것 같은 → a. ① **그래픽의** ② **생생한** n. **그래픽**이라고 하지
- syn. vivid(생생한), explicit(분명한) ↔ ant. vague(애매한)

The pathologist offers **graphic** testimony.
그 병리학자는 생생한 증언을 했다.
① **pathologist** 병리학자 ② **testimony**[téstəmòuni] 증언

### 671. epigraph [épəgræf]
epi(upon)+graph(to write)

'위에 새겨진 글씨' 가 → n. ① (비석이면) **비명** ② (비석이면) **비문** ③ (책·시문 등의 표제의 이름이면) **제명**이 된 거지
- monograph[mɑ́nəgræf] n. (단일 주제에 관해 보통 단행본 형태로 쓴) **논문**
- orthography[ɔːrθɑ́grəfi] n. ① **철자법** ② **맞춤법**
- epithet[épəθèt] n. ① **별칭** ② **욕설**

> **Epigraphs** are about more than literary adornment.
> 명언들은 문학적인 장식품 이상을 의미한다.
>
> **adornment**[ədɔ́ːrnmənt] 꾸미기, 장식품

## 672. cartography
[kɑːrtɑ́grəfi]
carto(heart)+graph(to write)+y(명접)

'마음으로 새기는' 것이 → n. **지도 제작(법)** 이지

> Google is already the king of online **cartography**.
> 구글은 이미 온라인 지도제작의 제왕이다.

## 673. stenography
[stənɑ́grəfi]
steno(small)+graph(to write)+y(명접)

'(빨리 적기 위해) 작게 쓴 글씨' 를 → n. ① **속기** ② **속기술**이라고 하지
● syn. **shorthand**(속기)

> Aztec dancers became a sort of **stenographer** for the
> indigenous community.
> 아즈텍 춤꾼들은 토착 사회를 위한 일종의 속기사였다.
>
> **indigenous**[indíd3ənəs] 토착의

---

◆ 어원 TIP
● **ana**gram[ǽnəgrǽm] → ana(back)+gram → 반대로 쓴 글자 → 철자 순서를 바꾼 말
● **epi**gram[épigrǽm] → epi(upon)+gram → 위에 쓴 것 → 경구; 짧은 풍자시
● **pro**gram[próugrǽm] → pro(before)+gram(to write) → 미리 써놓은 것 → 프로그램
● **topo**graphy[toupɑ́grəfi] → topo(place)+graph+y → 장소를 쓴 것 → 지형, 지형학

---

◆ 어휘 플러스
biography 전기 / autograph (유명인의) 사인, 사인을 해주다 / autobiography 자서전 / filmography
**필모그래피**; 특정한 배우가 출연하거나 특정 감독이 만든, 또는 특정한 주제를 다룬 영화 목록

---

### 우리말 대화로 단어 복습하기

가. **속기사**(stenographer)이면서 **지도제작**(cartography) **대가**(master)의 **일생**(lifetime)을 기록한 **전기**(biography)
가 출간되었다며, 반응은 어때?

나. **생생한**(graphic) **도표**(diagram)와 **암호**(cryptogram) 같은 **비문**(epigram), **전보**(telegram)를 해석하는 방법이
수록되어 독자들에게 **인기**(popularity)가 많지.

---

## 어근 120

GRAV, GRIEV : 무거운(heavy) → (물질·문제·상황이) '무거운' '심각한'으로 이해

## 674. grave [greiv]
grav(heavy)+e(형접)

'무거운' 것이 → a. ① (매우 중요한 일이면) **중대한** ② (상태나 정도가 매우
중대하고 절박하면) **심각한** n. **무덤** v. ① **조각하다** ② **새기다**가 된 거지
● gravitate[grǽvəitèit] v. ① (중력 작용으로) **움직이다** ② **가라[내려]앉다**

어근 **279**

③ (~에) **자연히 끌리다**
- grav**ity**[grǽvəti] n. ① **중력** ② **중대함**
- grav**el**[grǽvəl] n. **자갈**   • **en**grave[ingréiv] v. ① **새기다** ② **조각하다**
- grav**el**-voiced ① (목소리가) **귀에 거슬리는** ② **굵고 쉰 목소리의**
- early **grave** 요절   • **gravity**-free state **무중력 상태**
- syn. ser**ious**(심각한), press**ing**(긴급한), tomb(무덤) ↔ ant. trifl**ing**(하찮은)

A strike has had **grave** effects.
파업은 심각한 영향을 끼쳤다.

## 675. grieve [griːv]
griev(heavy)+e(동접)

'(마음을) 무겁게 하는' 것이 → v. ① **슬퍼하다** ② **대단히 슬프게 만들다**가 된 거지
- grief[griːf] n. ① **비통** ② **비탄** ③ **큰 슬픔**
- griev**ance**[gríːvəns] n. ① **불만** ② **불평**
- griev**ous**[gríːvəs] a. **통탄할만한**
- grievance committee (노동조합의) **고충 처리 위원회**
- syn. mourn(슬퍼하다), lament(슬퍼하다) ↔ ant. gladd**en**(기쁘게 하다)

We **grieve** our friend and colleague.
우리는 친구와 동료를 슬프게 만들었다.

## 676. aggravate [ǽɡrəvèit]
ag(to)+grav(heave)+ate(make)

'점점 무거워지게 하는' 것이 → v. ① (질병이나 좋지 못한 상황이면) **악화시키다**
② **화나게 하다**가 된 거지
- **ag**grav**ation**[æɡrəvéiʃən] n. ① **악화** ② **심화** ③ **도발**
- **ag**grieve[əɡríːv] v. ① **괴롭히다** ② **고통을 주다** ③ **감정을 해치다**
- aggravated punishment **가중처벌**
- syn. wors**en**(악화시키다), **ex**acerb**ate**(악화시키다), an**noy**(짜증나게 하다), **pro**voke(자극하다) ↔ ant. **im**prove(개선하다), please(기쁘게 하다)

Harmful fine particles **aggravate** lungs.
해로운 미세입자가 폐를 악화시켰다.

### 우리말 대화로 단어 복습하기

가. **미세먼지 오염**(fine dust pollution)이 **심각한**(grave)데 관계 **당국**(authorities)의 **근본적 대책**(fundamental measures)이 필요한 것 아니니?

나. 그렇지 않아도, 최근 **호흡기**(respiratory organs) 환자의 병세를 **악화시켜**(aggravate) 사망케 한 사건이 발생했어.

나. 그래서 **슬퍼하는**(grieve) 유가족을 중심으로 미세먼지 개선 목소리가 확대되고 있어.

---

## 어근 121

GREG : 떼·무리(flock, herd)

## 677. gregarious
[griɡɛ́əriəs]
greg(flock)+ar+ious(형접)

'무리지어 있는' 것을 → a. ① (좋아하는 사람이면) **사교적인** ② (동물이나 새이면) **군집성의** 라는 표현을 쓰지
- syn. soci**able**(사교적인), out**go**ing(사교적인)

## 678. aggregate [ǽgrigèit]
ag(to)+greg(herd)+ate(동접)

'무리지어 합쳐진' 것이 → n. [ǽgrigət] ① **총계** ② **합계** ③ (건설 자재용)
**골재** a. [ǽgrigət] ① (경제 또는 스포츠) **종합한** ② **총** v. **종합하다** 등 세 개의
품사로 활용되고 있지
- **ag**greg**ation**[ægrigéiʃən] n. ① **집합** ② **집합체** ③ **집성**
- in (the) aggregate ① **전체적으로** ② **모두 합쳐**
- syn. **total**(총계), **sum**(총계), **gross**(총계), **collective**(집단적)

Their **aggregate** net worth approaches $2.2 million.
그들의 순 자산 합계는 2백 20만 달러에 근접한다.

**net** 순, 그물

## 679. congregate
[káŋgrigèit]
con(together)+greg(flock)+ate(동접)

'무리지어 함께 하는' 것이 → v. **모이다**가 된 거지
- **con**greg**ation**[kàŋgrigéiʃən] n. ① **신도** ② **신자들** ③ **모임** ④ **집회**
- syn. **as**semble(모이다), **gather**(모이다)

Marine mammals **congregate** on Central Coast.
해양 포유동물이 Central Coast에 모여들었다.

**mammal**[mǽməl] 포유동물

## 680. segregate [ségrigèit]
se(apart)+greg(flock)+ate(동접)

'무리해서 떼어 놓는' 것이 → v. ① **분리하다** ② **차별하다** ③ **떼어놓다**가 된 거지
- **se**greg**ation**[sègrigéiʃən] n. ① **분리** ② **차별** ③ **격리**
- **de**se**gregate**[diːségrigèit] v. **인종 차별 정책을 철폐하다**
- syn. **di**vide(나누다), **se**parate(분리하다), **dis**sociate(분리하다)

I was never one to **segregate** edibles and ornamentals.
나는 결코 식용과 장식용을 구별하지 않았었다.
① **edible**[édəbəl] 식용의, 식용
② **ornamental**[ɔ̀ːrnəméntl] 장식의, 장식용

---

■■■ **우리말 대화로 단어 복습하기**

가. **집회(congregation)**에 모인 사람들의 **총계(aggregate)**에서 어떻게 나눌까요?

나. **사교적인(gregarious)** 집단과 비사교적인 집단으로 **분리하는(segregate)** 작업을 우선 진행해주게.

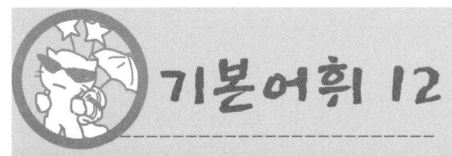

## N

- naked eyes      n. 육안, 맨눈 ↔ armed eyes 시력을 보강한 눈
- narrow[nǽrou]      a. 폭이 좁은, 가는 ↔ broad, wide 넓은
- narrow-minded      a. 속이 좁은, 편협한 ↔ broad-minded 마음이 넓은, 관대한
- nasty[nǽsti]      a. 끔찍한, 형편없는, (성격이) 못된, 험악한 ↔ nice 좋은, 멋진, (성격이) 좋은
- natural      a. 자연의, 자연스러운, 가공하지 않은, 타고난 ↔ artificial 인공적인, factitious[fæktíʃəs] 인위적인
- navy      n. 해군 ↔ army 육군 naval[néivəl] a. 해군의 navel[néivəl] n. 배꼽
- nay[nei]      ad. = no, nope 아니 ↔ yea, yes, yep 예
- near      ad. 가까운, 비슷한 ↔ far 멀리, 멀리 떨어져
- necessary[nésəsèri]      a. 필요한, 없어서는 안 될 ↔ unnecessary 불필요한, 무익한
- negation      n. 부정, 부인, 취소 ↔ affirmation[æfərméiʃən] 긍정
- negative      a. 부정적인, 비관적인, 소극적인 ↔ affirmative 긍정하는, positive 긍정적인, 낙관하는
- nephew[néfjuː]      n. 남자 조카, 생질 ↔ niece[niːs] 여자 조카, 질녀
- nighttime      n. a. 야간(의) ↔ daytime 주간(의)
- noble      a. 고귀한, 귀족의, 고상한 ↔ ignoble 천한, 비천한, 비열한
- nocturnal      a. 야행성의, 밤에 일어나는 ↔ diurnal 주간의, 낮에만 활동하는
- noisy      a. 시끄러운 ↔ quiet 조용한
- nominal[nάmənl]      a. 이름뿐인, 명목상의, 유명무실한 ↔ real 진짜의, 실질적인
- nonfiction      n. 실화 ↔ fiction 소설, 꾸며낸 이야기
- nonviolence      n. 비폭력(주의) ↔ violence[váiələns] 폭력
- normal      a. 정상적인, 표준의, 정규의 ↔ abnormal 비정상적인

## O

- obedience[oubíːdiəns]      n. 복종, 순종 ↔ disobedience 불복종, 불순종
- objective[əbdʒéktiv]      a. 객관적인 n. 목표, 목적 ↔ subjective 주관적인
- objectivity      n. 객관성, 객관적 타당성 ↔ subjectivity 주관성, 주관적 타당성
- obscure[əbskjúər]      a. 이해하기 힘든, 모호한 = vague ↔ clear
- Occident[άksədənt]      n. 서양 = the West ↔ Orient 동양 = the East
- odd[ɑd]      a. 홀수의, 이상한, 특이한 ↔ even 짝수의, 평평한
- odd number      n. 홀수 ↔ even number 짝수
- officer[ɔ́(ː)fisə]      n. 장교 ↔ soldier 병사
- official      a. 공무상의, 공적인, 공식적인 ↔ unofficial 비공식적인, 공인되지 않은
- optimism[άptəmìzəm]      n. 낙천주의, 낙관주의 ↔ pessimism 비관주의, 비관론
- optimist      n. 낙관론자, 낙천주의자 ↔ pessimist 비관론자
- optional      a. 선택적인, 임의적인 = elective ↔ compulsory[kəmpʌ́lsəri], required 필수적인, 의무적인

| | |
|---|---|
| ● oral | a. 구두의, 구술의, 입으로 하는 ↔ aural 귀의, written 필기의 |
| ● original[ərídʒənəl] | n. 원본 ↔ copy 사본 |
| ● orthodox[ɔ́ːrθədɑ̀ks] | a. 정통의, 정통적인 ↔ heterodox 이단의 |
| ● outer | a. 밖의, 외부의 ↔ inner 안의, 내부의 |
| ● outcome | n. 결과 = result ↔ cause |
| ● outlet | n. 출구 ↔ inlet 입구 배출구, 배수구 ↔ intake 흡입구 |
| ● outsider | n. 국외자, 외부인 ↔ insider 내부자 |

# Exercise 12

**1.** (A)에 제시된 어근의 의미를 가장 적절하게 표현한 것을 (B)에서 찾아 쓰시오.

| (A) | (B) |
|---|---|
| 1) GRAV _____ | ⓐ 밑바닥(bottom) |
| 2) GEO _____ | ⓑ 붓다(to pour), 끈(cord) |
| 3) FRONT _____ | ⓒ 알다(to know) |
| 4) GRAC, CRAT _____ | ⓓ 떼, 무리(flock, herd) |
| 5) FUM _____ | ⓔ 가다(to go) |
| 6) FORM _____ | ⓕ 탄생(birth), 종류(kind), 부류(class) |
| 7) GRAD, GRESS _____ | ⓖ 깨지다(to break) |
| 8) GREG _____ | ⓗ 앞, 이마(forehead) |
| 9) GER, GEST _____ | ⓘ 나르다(to carry) |
| 10) FUG _____ | ⓙ 철자(letter), 글(writing) |
| 11) FUSE, FOUND, FUND _____ | ⓚ 연기(smoke) |
| 12) GNO, SCI, QUAINT _____ | ⓛ 형태, 모양(shape) |
| 13) GRAM, GRAPH _____ | ⓜ 자유로운(free) |
| 14) FOUND, FUND _____ | ⓝ 도망치다(to flee) |
| 15) FRANC, FRANK _____ | ⓞ 땅, 지구(earth) |
| 16) GEN, GENER, GENIT _____ | ⓟ 감사하다(to thank) |
| 17) FRACT, FRAG _____ | ⓠ 무거운(heavy) |

**2.** 제시된 단어 중 의미가 가장 적절한 것을 찾아 괄호 안에 넣으시오.

ⓐ defuse ⓑ fragile ⓒ genocide ⓓ frantic ⓔ conscience ⓕ reform ⓖ stenography ⓗ effuse ⓘ informality ⓙ acquaint ⓚ foundation ⓛ degenerate ⓜ infraction ⓝ digress ⓞ ingest ⓟ conform ⓠ diagnosis ⓡ fundamental ⓢ exaggerate ⓣ subterfuge

| 1) ( ) : 비공식 | 2) ( ) : 순응하다 | 3) ( ) : 개혁 |
|---|---|---|
| 4) ( ) : 재단 | 5) ( ) : 근본적인 | 6) ( ) : 깨지기 쉬운 |
| 7) ( ) : 위반, 침해 | 8) ( ) : 제정신이 아닌 | 9) ( ) : 속임수 |
| 10) ( ) : 완화시키다 | 11) ( ) : 섭취하다 | 12) ( ) : (주제에서) 벗어나다 |
| 13) ( ) : 과장하다 | 14) ( ) : 양심 | 15) ( ) : 악화되다 |
| 16) ( ) : 정통하다 | 17) ( ) : 대량학살 | 18) ( ) : 발산시키다 |
| 19) ( ) : 속기 | 20) ( ) : 진단 | |

**3.** 제시된 단어와 <u>반대되는</u> 의미로 가장 적절한 것을 찾아 괄호 안에 넣으시오.

> ⓐ clear ⓑ positive ⓒ narrow ⓓ nice ⓔ heterodox ⓕ artificial ⓖ subjective ⓗ pessimism ⓘ diurnal
> ⓙ abnormal ⓚ compulsory ⓛ real ⓜ niece ⓝ even

| 1) ( ) : normal | 2) ( ) : orthodox | 3) ( ) : nominal |
|---|---|---|
| 4) ( ) : optional | 5) ( ) : nocturnal | 6) ( ) : optimism |
| 7) ( ) : nephew | 8) ( ) : odd | 9) ( ) : negative |
| 10) ( ) : wide | 11) ( ) : natural | 12) ( ) : obscure |
| 13) ( ) : nasty | 14) ( ) : objective | |

**4.** 밑줄 친 단어와 <u>전혀 관계없는</u> 것을 고르시오.

1) The **diagram** above is being used by the technical department.
　　① table　　　　② graph　　　　③ sequence　　　　④ chart

2) He wanted to **infuse** politics with values such as responsibility and hard work.
　　① imbue　　　　② instill　　　　③ inject　　　　④ manipulate

3) To be **frank** with you, the work is beyond my ability.
　　① candid　　　　② modest　　　　③ outspoken　　　　④ straightforward

4) He offers a **genial** walking tour of the players.
　　① capricious　　　　② amiable　　　　③ cordial　　　　④ warm-hearted

5) Western diplomats in Kiev are **diffusing** the Ukraine-Russia crisis.
　　① spread　　　　② circulate　　　　③ disseminate　　　　④ dissipate

**5.** 밑줄 친 단어와 <u>가장 유사한</u> 것을 고르시오.

1) The agreement requires him to **perform** a worldwide tour.
　　① determine　　　　② carry out　　　　③ involve　　　　④ develop

2) Economists have a frank conversation about their **prognosis**.
　　① forecast　　　　② prevalence　　　　③ remission　　　　④ severity

3) The content doesn't plagiarize from anyone or **infringe** a copyright or trademark.

*plagiarize[pléidʒiəràiz] 표절하다

① legitimize      ② indemnify      ③ transgress      ④ prosecute

4) The difference between the polls might reflect **genuine** changes in attitude.

① authentic      ② contemporary      ③ thorough      ④ intimate

5) 20 surgical procedures to save him proved out in a **futile** effort.

① stunning      ② adequate      ③ vigorous      ④ vain


*6.* 밑줄 친 단어와 <u>반대되는</u> 것을 고르시오.

1) The advent of the birth control pill catalyzed **profound** changes in family life.

① immense      ② enormous      ③ fundamental      ④ insignificant

2) Despite its **gradual** slide, the party has managed to retain power.

① transitive      ② steady      ③ drastic      ④ gentle

3) American officials offered **profuse** apologies.

① lavish      ② stingy      ③ prolific      ④ generous

4) The arrival of democracy has had a **centrifugal** effect in strengthening power.

① centripetal      ② inertial      ③ orbital      ④ dense

5) The disgraceful fever reached its historic **apogee** in 1944.

① apex      ② zenith      ③ pinnacle      ④ nadir

6) The waters remain the most volatile section of the inter-Korean **frontier**.

① verge      ② pivot      ③ perimeter      ④ border

7) The system presents an **ingenious** alternative.

① dexterous      ② inventive      ③ unimaginative      ④ indispensable


*7.* 아래에 제시된 단어 중 <u>밑줄 친</u> 우리말의 의미에 맞게 빈칸에 적절한 것을 골라 넣으시오.

> fugitive / front-page / cryptograms / refugee / endogenous / congregate / segregate / franchise /
> suffrage / agnostics

1) 이스라엘군이 예루살렘 북쪽에 있는 팔레스타인 **난민**촌을 급습했다.
   - An Israeli army raided at a Palestinian (          ) camp north of Jerusalem.

*raid 급습하다

2) 그 회사는 인도를 벗어나 처음으로 두바이에 **가맹점**을 열었다.
   - The company opened a (          ) in Dubai for the first time beyond India.

3) 사람들이 폐쇄된 공간에 **모이는** 경향이 있다.
　　– People tend to (　　　　　　) in enclosed spaces

4) 중국 정부는 보통 **선거권**을 위한 명확한 일정표를 제시했다.
　　– The Chinese government provided a clear timetable for universal (　　　　　).

5) 대부분 **암호**는 너무 짧아 효과가 없었다.
　　– Most (　　　　　) are too short for it to work.

6) 센터 보고서는 대부분의 난민들이 **탈주자**임을 보여준다.
　　– The center's report showed that most of the displaced were (　　　　　).

*the displaced 난민들

7) 우리는 **내부적인 요인의** 기술변화 같은 역동적인 모델을 고려하고 있다.
　　– We consider a dynamic model of (　　　　　) technological change.

8) 어떤 대안도 사람들의 세대 간 접촉을 **분리시키**지 못했**다**.
　　– An alternative doesn't (　　　　　) people from intergenerational contact.

9) 점점 많은 모임들이 **불가지론자**나 무신론자를 위한 프로그램을 제공한다.
　　– A growing number of meetings offer programs for (　　　　　) or atheists.

*atheist[éiθiist] 무신론자

10) 어떤 기사를 **일면**에 배치할 것인지 문제는 구태의연하게 보인다.
　　– The matter of what stories are picked for (　　　　　) display seems archaic.

---

### 생활 속 영단어로 어원 친해지기

**티케** : 지난 회에 배운 어근이 뭐였지?
**고양이** : 119. 철자, 글 gram, graph / 120. 무거운 grav / 121. 무리 greg가 있어요.
**티케** : 일상 속에서 활용한 사례를 말해주겠니?
**토끼** : 사진(photograph), 중력(gravity), 연필의 원료인 흑연(graphite)이 생각났어요.
**티케** : 설명을 덧붙이면,
　○ photograph → photo(light)+graph(to write) → 빛을 (활용해) 쓰는 것 → 사진, 사진을 찍다
　○ graphite → graph(to write)+ite(광물) → 쓰는데 (활용되는) 광물 → 흑연이지
　　– dynamite 다이너마이트를 생각하면 이해가 쉽지
**티케** : 다음 회에 배울 어근은 habit, hav, hibit / hap / here, hes / hod, od / hum, hom, anthropo / hydro / hypno, somn / iden / insul, is / it, iter이지요.

## 어근 122

HABIT, HAV, HIBI(T) : 가지다(to have), 갖고 있다(to hold)

### 681. behave [bihéiv]
be(to make)+have

'갖게 만드는' 것이 → v. ① (몸의 움직임이나 동작, 행위이면) 행동하다
② (세상을 살아감에 있어 가져야 할 몸가짐이면) 처신하다가 된 거지
- behavior[bihéivjər] n. ① 행동 ② 거동 ③ 태도 ④ 품행 ⑤ 행실
- misbehave[mìsbihéiv] v. ① 못된 짓을 하다 ② 비행을 저지르다
  ③ 잘못 행동하다
- syn. conduct(행동하다), demean(처신하다)

> Such beliefs cause people to **behave** in self-abusive ways.
> 그러한 믿음은 사람을 자기학대방식으로 행동하게 할 위험이 있다.

### 682. habit [hǽbit]
habit(to have)

'(사람이) 가지고 있는' 것을 → n. ① 습관 ② 버릇 ③ (약물·알코올·흡연의)
습성이라고 하지
- habitation[hæbitéiʃən] n. ① 거주 ② 거주지
- habitat[hǽbətæt] n. 서식지    · habitus[hǽbitəs] n. ① 체질 ② 기질
- habituate[həbítʃuèit] v. ① 길들이다 ② 습관이 되다
- inhabit[inhǽbit] v. ① 거주하다 ② 서식하다 ③ 살다
- inhabitant[inhǽbətənt] n. ① 주민 ② 서식 동물
- cohabit[kouhǽbit] v. 동거하다
- syn. mannerism(버릇), practice(습관), custom(관습), characteristic
  (특성), tendency(성향), propensity(버릇)

> Online shopping **habit** dies hard.
> 온라인 쇼핑습관은 떨쳐버리기 힘들다.

### 683. rehabilitate
[rìːhəbílətèit]
re(back)+habi(to have)+lit+ate(동접)

'원상태로 가지게 하는' 것이 → v. ① (환자면) 재활시키다 ② (건물·지역이면)
복원시키다 ③ (생활 태도나 정신이면) 갱생을 돕다 ④ (명예면) 회복시키다가 된 거지
- rehabilitation[rìːhæbìlətéiʃən] n. ① 재활 ② 재건 ③ 갱생
- habilitate[həbílitèit] v. ① (대학교수의) 자격을 얻다 ② (광산에) 투자하다
  ③ 훈련시키다
- syn. renew(갱생시키다), restore(회복시키다), reestablish(재건하다)

> The program **rehabilitated** them and discouraged recidivism.
> 그 프로그램은 그들을 갱생시키고 재범을 막았다.
> recidivism[risídəvìzəm] 상습적 범행, 재범

### 684. exhibit [igzíbit]
ex(out)+hibit(to hold)

'밖으로 가지고 나오는' 것이 → v. ① (여러 가지 물품을 사람들에게 보이게
하는) 전시하다 ② (감정·특질 등을) 보여주다 n. ① 전시품 ② 증거물이 된 거지
- exhibition[èksəbíʃən] n. ① 전시 ② 발휘 ③ 표현
- syn. display(전시하다), reveal(드러내다), manifest(나타내다)

The Museum's new **exhibit** shows 1970s styles.
박물관의 새로운 전시품은 1970년대 스타일을 보여준다.

### 685. inhibit [inhíbit]
in(in)+hibit(to hold)

'안으로 가지고 있는' 것이 → v. ① (감정·욕망·행동이면) **억제하다** ② **못하게 하다**가 된 거지
- inhibition[ìnhəbíʃən] n. ① **억제** ② **금지**
- inhibitor[inhíbitər] n. ① (화학 반응) **억제제** ② **억제 유전자**
- syn. suppress(억압하다), check(억제하다), stamp down(짓밟다), subdue(억제하다), curb(억제하다), restrain(억제하다)

Budget cuts would **inhibit** the government's ability.
예산삭감은 정부의 능력을 억제하게 될 것이다.

### 686. prohibit [prouhíbit]
pre(before)+hibit(to hold)

'앞에 붙들고 있는' 것이 → v. ① (법이면) **금지하다** ② **하지 못하게 막다** ③ (헤살을 놓는 거면) **방해하다**가 된 거지
- prohibition[pròuibíʃən] n. ① **금지** ② **금지법** ③ **금주**
- syn. forbid(금지하다), ban(금지하다), interdict(금지하다), proscribe (금지하다), impede(방해하다), veto(거부하다), disallow(금지하다)

The bill would **prohibit** federal funding.
그 법안은 연방기금 사용을 금지하게 될 것이다.

---

◆ 어휘 플러스
haven 안식처 / havoc[hǽvək] 대 파괴, 큰 피해, 혼란

---

### ■■■ 우리말 대화로 단어 복습하기

가. **전시되었다(exhibit)**가 **훼손된(damaged)** 문화재(cultural properties)를 원형그대로 **복원시키는(rehabilitate)** 일이 정말 어렵다고 하더군?

나. 맞아. 마치 우리가 **행동하는(behave)** 습관(habit)을 금지하고(prohibit) **억제한다(inhibit)**고 해도 쉽게 바꾸기 어려운 것처럼 말이야.

---

## 어근 123

HAP : 떨어지다(to fall)
※ **동의어근 CAD, CAS, CID(어근30) / LAPS, LAB(어근137)**

### 687. happen [hǽpən]
hap(to fall)+p+en(동접)

'떨어진' 것이 → v. ① (일·사건·현상의 생기면) **일어나다** ② (어떤 일이나 사물이 생겨나면) **발생하다** ③ (인과 관계가 없이 일어난 거면) **우연히 ~하다**가 되는 거지
- happening[hǽpniŋ] n. ① (흔히 이상한) **일[사건]** ② **돌발사건**
- happiness[hǽpinis] n. **행복**
- syn. occur(일어나다), befall(닥치다), take place(일어나다)

> The greatest thing **happens** to Major League Baseball.
> 가장 위대한 일이 메이저리그 야구에 일어났다.

**688. mishap** [míshæp]
mis(wrong)+hap(to fall)

'잘못 떨어진' 것이 → n. ① (작은) **사고** ② (작은) **불행**이지
- without **mishap 무사히**
- syn. **mis**fortune(불행)

> The crate protects the young sequoia from **mishap**.
> 나무상자가 어린 세쿼이아를 사고로부터 보호해준다.
> **crate 나무상자**

◆ 어원 TIP
- haphazard[hǽphǽzərd] → **hap(to fall)+hazard(위험)** → '떨어진 위험'처럼 → 아무렇게나 하면 → **무계획적인, 되는 대로의, 두서없는**
- hap**py** → **hap(to fall)+y(형접)** → (좋은 것이) **우연히 떨어진** → **행복한**

■■■ **우리말 대화로 단어 복습하기**
가. 작은 **사고(mishap)**가 자주 **발생하는(happen)** 것 같아. 예감이 안 좋아.
나. 맞아. 큰 사고를 예고하는 **징후(symptom)**가 될 수 있어.

## 어근 124

HERE, HES : 달라붙다(to stick, cleave), 물려주다(to leave behind)

**689. hesitate** [hézətèit]
hes(to stick)+it+ate(동접)

'달라붙게 하는' 것이 → v. ① (머무거리며 망설이며) **주저하다** ② (머무거리고 결정하지 못하면) **망설이다**가 된 거지
- hesit**ation**[hèzətéiʃən] n. ① **주저** ② **망설임** ③ **우유부단함**
- **hesitate** in speaking **말을 더듬거리다**
- syn. **waver**(망설이다), **falter**(더듬거리다), **dither**(망설이다)

> Small businesses **hesitate** to hire school leavers.
> 영세기업들은 갓 졸업한 학생 채용을 주저한다.

**690. adhere** [ədhíər]
ad(to)+here(to stick)

'가까이 달라붙는' 것이 → v. ① (굳게 지키면) **고수하다** ② (끈기, 자리, 집중을 말하면) **들러붙다**가 되는 거지
- ad**her**ence[ədhíərəns] n. ① **충실** ② **고수**
- ad**hes**ion[ədhíːʒən] n. ① **접착력** ② **지지**
- ad**her**er[ədhíərər] n. ① **부착물** ② **집착하는 사람**
- ad**her**ent[ədhíːərənt] n. **지지자**
- ad**hes**ive[ədhíːsiv] n. **접착제** a. **들러붙는**
- syn. **stick**(고수하다), **cling**(달라붙다)

The transition to democracy needed to **adhere** to nonviolence.
민주주의로 가는 이행과정은 비폭력을 고수할 필요가 있다.

### 691. cohere [kouhíər]
co(together)+here(to stick)

'함께 붙어있는' 것이 → v. ① (태도나 방법이) **일관성이 있다** ② (사고나 추리, 이치, 연관성이) **논리 정연하다** ③ (협력하여 계획적으로) **긴밀히 협업하다**가 된 거지
- coherence[kouhíərəns] n. **일관성**
- coherent[kouhíərənt] a. ① **논리적인** ② **일관성 있는** ③ **조리 있게 말하는**
- cohesion[kouhíːʒən] n. ① **결합** ② **화합** ③ **응집력**
- incoherent[ìnkouhíərənt] a. ① **논리적 맥락이 없는** ② **앞뒤가 맞지 않는**

The finale makes contrasting styles **cohere**.
피날레는 대조되는 스타일이 조화를 이루게 한다.

### 692. inhere [inhíər]
in(in)+here(to stick)

'안에 붙어있는' 것이 → v. ① (선천적으로 지닌 것이면) **타고나다** ② (권리이면) **부여되어 있다** ③ (함께 들어 있으면) **포함되어 있다**가 된 거지
- inherence[inhíərəns] n. ① **타고남** ② **고유** ③ **내재적 속성**
- inherent[inhíərənt] a. ① **내재된** ② **고유한** ③ **타고난**

Democratic principles **inhere** in the plan
민주적인 원칙들이 그 계획에 포함되어 있다.

### 693. inherit [inhérit]
in(in)+herit(to leave)

'안에 남겨진 것' 이 → v. ① (재산에 관한 권리·의무를 이어받으면) **상속받다** ② (업무면) **이어받다** ③ (유전적 특징이면) **물려받다**가 된 거지
- inheritance[inhérətəns] n. ① **상속** ② **유산**
- inheritance tax **상속세**
- syn. succeed(계승하다)

If one partner died, the other would **inherit** without paying estate taxes.
배우자가 죽는다면, 남은 배우자는 부동산세를 납부하지 않고 재산을 상속받을 수 있다.

### 694. heredity [hərédəti]
here(to leave)+d+ity(명접)

'남겨진 것' 이 → n. (조상의 성격·체질·형상이면) **유전**이지
- heritage[héritidʒ] n. **유산**
- hereditary[hərédətèri] a. ① **유전적인** ② **세습되는**
- heir[εər] n. ① **후계자** ② **상속인**

Some savants say **heredity** is everything.
일부 학자들은 유전이 결정적인 요소라고 말한다.
savant[sævάːnt] 학자

## 695. heresy [hérəsi]
her(to take)+e+sy(명접)

'취하는 것' 이 → 교리에 어긋나는 이론이나 행동이면 → n. ① **이단**
② **이설**이라고 하지
- heretic[hérətik] n. ① **이단자** ② **이교도**
- syn heterodoxy[hétərədàksi](이단) ↔ ant. orthodoxy(정설, 통설)

Female officiants commit **heresy**.
여성사제들이 이단행위를 저질렀다.
**officiant**[əfíʃiənt] 사제

◆ 어원 TIP
- un**apt** → un+apt(적성이 있는) → 적성에 맞지 않는 → 부적당한
- clin**ch** → clin(to stick)+ch(동접) → 달라붙게 하다 → 성사시키다, 결말을 내다, 끌어안음
- clin**g** → clin(to stick)+g(동접) → 달라붙게 하다 → 달라붙다, 매달리다
- cli**p** → cli(to stick)+p(명접) → 달라붙게 하는 것 → 클립, 핀, 클립으로 고정시키다

◆ 어휘 플러스
cliche[kli(:)ʃéi] 진부한 표현, 상투어구 / clique[kliːk] 파벌

■ 우리말 대화로 단어 복습하기
가. **이단(heresy)** 종파를 **물려받은(inherit) 계승자(successor)**가 자기성찰을 통하여 이단을 **고수(adherence)**하지
않기로 했다면서?
나. 분명히 부모에게 **타고난(innate) 유전적인(hereditary)** 성격이 있을 텐데 대단하다고 생각해.
가. 맞아. 그는 잘못된 것을 **주저(hesitation)**하지 않고 **일관성 있게(cohere)** 고쳐 나가려는 강한 신념을 갖고 있다고 해.

## 어근 125
**HOD, OD** : 길(way), 가다(to go)   ※ 동의어근 VIA, VEY, VOY(어근329)

## 696. exodus [éksədəs]
ex(out)+od(way)+us(명접)

'(적대적인 환경에서) 길 밖으로 나가는 것' 이 → n. ① (많은 사람들이 동시에
하는) **탈출** ② (다른 곳이나 나라에 옮기면) **이주** ③ **출애굽기**가 된 거지
- syn. evacuation(소개, 피난)

The continued **exodus** has officials contemplating more
drastic measures.
계속된 탈출은 관리들이 더욱 과감한 대책을 강구하게 하였다.
① **contemplate**[kántəmplèit] 심사숙고하다 ② **drastic**[dræstik] 과감한

## 697. odometer
[oudámətər]
od(way)+meter(to measure)

'(가는) 길을 측정하는' 것을 → n. **주행거리계**라고 하지
- syn. hodometer[houdámitər](주행거리계)

The innermost circle is a digital display of **odometer**.
자동차 내부의 핵심은 주행거리계 같은 디지털표시장치이다.

## 698. episode [épəsòud]
epi(upon)+s+od(way)+de

'길 위에서' 벌어지는 것이 → n. ① **1회 방송분** ② (인생 · 소설 등에서 중요하거나 재미있는) **사건** ③ 에피소드가 된 거지
- syn. event(사건, 행사), happening(사건), affair(사건, 일)

> A report from a US Senate subcommittee described an **episode**.
> 미국 상원 소위원회에서 나온 보고서는 한 사건을 담고 있다.
> ① Senate[sénət] (미국·캐나다·프랑스 등의) 상원
> ② subcommittee 소위원회, 분과위원회

## 699. method [méθəd]
met(between)+hod(way)

'길 사이에서' 찾는 것이 → n. ① (나아가거나 목적을 이루기 위한) **방법**
② (통일한 조직 구성이) **체계성** 되었지
- methodical[əθádikəl] a. ① **체계적인** ② **꼼꼼한**
- Methodism[méθədìzm] n. **감리교**
- syn. manner(방법), technique(기법), mode(방식), system(체계), procedure(절차), process(과정)

> The situation could not be handled by traditional **methods**.
> 그 상황은 전통적인 방식으로는 처리될 수 없다.
> handle 처리하다, 다루다, 핸들

## 700. periodic [pìəriádik]
peri(around)+od(to go)+ic(형접)

'주변으로 가는' 것이 → a. ① (일정한 간격을 두고 되풀이 되면) **주기적인**
② (정해진 시기에 일이 행해지면) **정기적인** 것이라고 하지
- periodical[pìəriádikəl] n. **정기간행물**
- period[píːəriəd] n. ① **기간** ② **시기** ③ (지리) **…기**
- the Jurassic period 쥐라기
- syn. regular(규칙적인), cyclical(주기적인)

> Heat from the volcano causes the **periodic** eruptions.
> 화산에서 나온 열이 주기적인 분출을 초래한다.
> eruption 폭발, 분출

### 우리말 대화로 단어 복습하기

가. 이번 **회 방송분(episode)**은 뭐지?

나. 비만 **탈출(exodus)**을 원하는 사람들에게 **주기적인(periodic) 방법(method)**으로 운동할 수 있도록 **주행거리계(odometer)**가 달린 실내자전거를 이용한 운동 방식이야.

| 어근 126 | HUM, HOM(O) : 땅(earth), 인간(human), 젖은(wet) → 땅은 인간이 나고 돌아가는 곳.<br>ANTHROPO : 인류(mankind)<br>※ 동의어근 AGRO(어근5) / GEO(어근114) / TER(어근299) |
|---|---|

## 701. humble [hʌ́mbəl]
hum(earth)+ble(형접)

'땅에 닿을 수 있는' 것이 → a. ① (자신을 낮추면) **겸손한** ② (겉모양이면) **초라한** ③ (신분·지위이면) **미천한** v. ① **겸손하게 하다** ② (강력한 상대를) **쉽게 꺾다**가 된 거지
- humility[hjuːmíləti] n. **겸손**
- eat humble pie **잘못을 인정하다**
- syn. modest(겸손한), mean(미천한) ↔ ant. arrogant(거만한), distinguished(눈에 띄는)

He's incredibly **humble**.
그는 대단히 겸손하다.

## 702. humdrum [hʌ́mdrʌm]
hum(earth)+drum(echo)

'땅에서 (울리는) 메아리' 가 → a. ① (가락이나 장단, 사물의 변화를 말하면) **단조로운** ② (따분하고 싫증나면) **지루한** ③ (변화 없이 비슷비슷하면) **천편일률적**이라고 표현하지
- syn. dull(지루한), boring(지루한), monotonous(단조로운)

**Humdrum** utterance of the voice has authenticity.
단조로운 목소리의 말투가 진정성을 갖게 한다.
① utterance[ʌ́tərəns] 말씨, 발언
② authenticity[ɔ̀ːθentísəti] 진짜임, 진실성

## 703. humidity [hjuːmídəti]
humid(습한)+ity(명접)

'습한 상태' 가 → n. ① (수증기의 정도를 말하면) **습도** ② (축축한 기운을 말하면) **습기**라고 하지
- humidify[hjuːmídəfài] v. ① **축이다** ② **축축하게 하다**
- humidifier[hjuːmídəfàiər] n. **가습기** ↔ dehumidifier **제습기**
- humidex[hjúːmidèks] n. **불쾌지수**
- syn. moisture(습기), damp(습기)

I hope to escape the **humidity** and traffic of Manila.
나는 마닐라의 습도와 교통지옥을 탈출하기를 희망한다.

## 704. humiliate [hjuːmílièit]
hum(earth)+ili+ate(동접)

'땅에 닿게 하는' 것이 → v. (남을 억눌리는 거면) **굴욕감을 주다**라고 표현하지
- humiliation[hjuːmìliéiʃən] n. ① **창피함** ② **굴욕** ③ **굴복** ④ **면목 없음**
- syn. shame(망신시키다)

Deputies were not permitted to **humiliate** inmates.
교도관들은 재소자들에게 모멸감을 주는 것이 허락되지 않았다.
① deputy[dépjəti] 대리인, 교도관 ② inmate 죄수

## 705. exhume [igzjúːm]
ex(out)+hume(earth)

'땅 밖으로' 가져오는 것이 → v. ① (유물, 인재를) **발굴하다** ② (검시를 위해 시체를) **발굴하다**가 된 거지
- exhumation[èkshjuméiʃən] n. ① **시체 발굴** ② (매장물 등의) **발굴**

They can ask her to **exhume** the body.
그들은 그녀에게 시신 발굴을 요청할 수 있다.

## 706. inhuman [ìnhjúːmən]
in(not)+human

'인간이 아닌' 것 같은 행동을 → a. ① **잔혹한** ② **비인간적인** ③ **인정머리 없는** 사람이라고 말할 수 있지
- inhum**ane**[ìnhjuːméin] a. ① **몰인정한** ② **비인간적인** ③ **잔인한**
- inhum**anity**[ìnhjuːmǽnəti] n. ① **비인간적 행위** ② **몰인정** ③ **잔인함**
- syn. **brutal**(잔인한), **cruel**(잔인한), **cold-heart**ed(냉담한), **heart**less(무정한), **sev**ere(가혹한), **rel**ent**less**(가차 없는)

He admits his disgusting and **inhuman** conduct.
그는 역겨운 비인간적인 행위를 인정했다.
**disgust**[disgʌ́st] 혐오감, 역겨움, 역겹게 만들다

## 707. homage [hάmidʒ]
hom(man)+age(상태, 명접)

'인간으로 대하는 상태' 가 → n. ① (남을 높이는 거면) **존경** ② (존경을 표하면) **경의**라고 말할 수 있지
- pay **homage** to **경의를 표하다**
- syn. **re**spect(존경), **wor**ship(숭배), **rev**erence(존경) ↔ ant. **con**tempt(경멸)

The K-pop superstar G-Dragon attempted his **homage** to Trayvon Martin.
K팝 스타인 G-Dragon은 Trayvon Martin에게 존경을 표했다.

## 708. homicide [hάməsàid]
hom(man)+cide(to cut)

'사람을 자르는' 것은 → n. **살인**이지
- syn. **murder**(살인)

He has been charged with **homicide**.
그는 살인 혐의를 받아왔다.

---

◆ 어원 TIP
- anthropo**logy**[æ̀nθrəpάlədʒ] → anthropo(mankind)+logy(학문) → 인류를 연구하는 학문 → **인류학**
- anthropo**id**[ǽnθrəpɔ̀id] → anthropo(mankind)+id(형접) → **사람과 비슷한, 유인원**
- anthropomorph**ism**[æ̀nθrəpəmɔ́ːrfìzm] → anthropo(mankind)+morph(form)+ism(행위) → (사람이 아닌 것을) 사람의 형태로 만든 행위 → **의인화, 의인법**
- hum**or** → hum(wet)+or(행위, 명접) → 딱딱한 분위기를 촉촉하게 하는 행위 → **유머**

◆ 어휘 플러스
humanitar**ian**[hjuːmæ̀nətέəriən] 인도주의적인 / human**ity** 인류, 인간성 / human**ism** 인본주의

가. 장기 **미제(unsolved)** 사건으로 경찰에 **굴욕감을 준(humiliate) 잔혹한(inhuman)** 살인 사건이 해결되었다면서?

나. 그렇다네. **천편일률적(humdrum)** 수사방식을 버리고, 범행 현장의 **습도(humidity)**, 바람, 환경 등을 입체적으로 **분석(analysis)**한 **첨단(hightech)** 수사 기법을 활용하였다고 들었어.

나. 첨단기법으로 **유기된(abandoned) 시신(corpse)**을 발굴하고(exhume) 범인을 검거한 경찰이, **겸손한(humble) 태도(attitude)**로 더욱 **존경(homage)**받게 되었다네.

---

## 어근 127

**HYDR(O)** : 물(water) ※ **동의어근 LIQU, AQUA(어근149)**

### 709. hydrogen
[háidrədʒən]
hydro(water)+gen(birth)

'물의 탄생' 에 → n. **수소**가 없으면 섭섭하지
- hydrogen**ate**[háidrədʒənèit] v. ① **~을 수소와 화합시키다**
  ② **수소로 처리하다**
- hydraul**ic**[haidrɔ́:lik] a. ① **수력학의** ② **수압의** ③ **유압의**
- hydraul**ics**[haidrɔ́:liks] n. ① **수력학** ② **유압식 기계**
- hydroelectric power station(plant) **수력발전소**
- hydrogen bond **수소 결합**

> The agency's dollars will go toward installing **hydrogen** fuel stations.
> 그 기관의 자금이 수소연료충전소를 설치하는 데 투입될 것이다.
> **install**[instɔ́:l] 설치하다

### 710. dehydrate
[di:háidreit]
de(off)+hydr(water)+ate(동접)

'물을 제거하는' 것이 → v. ① **건조시키다** ② (사람이) **탈수 상태가 되다**가 된 거지
- de**hydr**ation[dì:haidréiʃən] n. ① **탈수** ② **건조** ③ **탈수증**

> There are other ways to **dehydrate**.
> 건조시키는 다른 방법들이 있다.

---

가. 그 탈수 **장치(apparatus)**는 **건조시키는(dehydrate)** 방식이 특이하다면서?

나. **수압의(hydraulic) 원리(principle)**를 이용한다고 들었어.

---

## 어근 128

**HYPNO, SOMN** : 잠자다(to sleep) → 로마신화 '잠의 신', '**Somnus**', '그리스신화', '**Hypnos**'에서 기원 ※ **동의어근 DORM(어근79) / NACRO(어근184)**

### 711. hypnosis [hipnóusis]
hypno(to sleep)+sis(명접)

'잠자는 상태' 가 ⋅ 인위적으로 사람을 잠이든 것처럼 만들며 ⋅ n. ① **최면** ② **최면 상태**가 되는 거지
- hypno**tic**[hipnɑ́tik] a. ① **최면을 일으키는** ② **최면술의** n. **수면제**
- hypno**tize**[hípnətàiz] v. ① **최면을 걸다** ② **혼을 빼놓다**
- de**hypno**tize[di:hípnətàiz] v. **최면에서 깨어나게 하다**
- hypno**tism**[hípnətìzəm] n. **최면술**

- **hypnotherapy** 최면치료
- auto(self) **hypnosis** 자기최면
- **hypnotic** suggestion 최면암시

Call it what you want, it is brainwashing, **hypnosis**.
당신 좋을 대로 뭐라고 부르든, 그것은 세뇌, 최면상태 일뿐이다.
**brainwashing** 세뇌

## 712. insomnia [insómniə]
in(not)+somn(sleep)+ia(병)

'잠이 오지 않는 병' 을 → n. ① **불면증**이라고 하지
- **in**somni**ac**[insómniæk] n. **불면증 환자**
- **somnambul**ist 몽유병 환자
- **a**pnea[æpníːə] n. **무호흡**
- syn. **sleepless**ness(불면증)

It is important for you to beat **insomnia**.
네가 불면증을 이겨내는 것이 중요하다.

## 713. somniloquy
[samníləkwi]
somni(sleep)+loqu(to speak)+y(명접)

'잠자면서 말하는 것' 을 → n. **잠꼬대**라고 하지
- **somnipathy**[samnípəθi] n. **수면장애**

**Somniloquy** is a parasomnia that refers to talking aloud while asleep.
잠꼬대는 잠자는 동안 큰소리로 말을 하는 반응소실증이다.
**parasomnia** 반응소실증

■■■■ **우리말 대화로 단어 복습하기**

가. **최면 상태(hypnosis)**를 이용한 **최면치료(hypnotherapy)**가 불면증 치료에 **효과(effect)**가 있는 것으로 나타났다면서?
나. 그래. 업무상 스트레스로 **불면증(insomnia)**과 심한 **잠꼬대(somniloquy)**로 **수면장애(somnipathy)**를 겪고 있는 직장인을 대상으로 **실험(experiment)**하였는데 효과가 있었나봐.

## 어근 128

IDEN, HOM(O) : 같은, 동일한(same)
※ 동의어근 EQU(어근85) / PAR(어근208) / SEMBLE(어근263) / SIMIL(어근270)

## 714. identify [aidéntəfài]
iden(same)+ti+fy(to make)

'(대조하여) 같게 만드는' 것이 → v. ① **확인하다** ② (사실을 캐거나 밝히면) **규명하다** ③ (처음 찾아내면) **발견하다** ④ (분별하면) **식별하다**가 된 거지
- **ident**ity[aidéntəti] n. ① **신원** ② **정체** ③ **독자성**
- **identific**ation[aidèntifəkéiʃən] n. ① **신원확인** ② **인지** ③ **신원 증명서** ④ **공감** ⑤ **밀접하게 연관 지음**
- **identity** crisis **정체성 위기** ● syn. **re**cogn**ize**(알아보다)

We did not **identify** what those specific genes might be.
우리는 이러한 특정 유전자가 무엇인지 규명하지 못했다.

- homogenize[həmάdʒənàiz] → homo(same)+gen(birth)+ize(동접) → 출생을 동일하게 하다 → 균질[동질]이 되게 하다, 균질화하다, 통일하다
- homogeneous[hòumədʒíːniəs] 동종의, 동질의 ↔ heterogeneous 이질적인

■■■ **우리말 대화로 단어 복습하기**

가. **정체성 위기(identity crisis)**를 겪고 있는 **다문화(multicultural)** 가정 **청소년(adolescent)**들을 위해 특단의 조치의 필요한 것 같지?

나. 때마침 관련 당국이 그들을 위한 교육프로그램을 확대하겠다고 **확인하여(identify)** 주었어.

---

## 어근 130

INSUL, IS : 섬(isle, island) → 고립되고 배타적이며 소외된 곳 상징

---

### 715. insular [ínsələr]
insul(island)+ar(형접)

'섬과 같은' 것이 → a. ① (남을 배척하는 경향이면) **배타적인** ② (도량이 좁고 너그럽지 못하면) **편협한** ③ **섬의** 라고 말할 수 있지
- insulate[ínsəlèit] v. ① **절연하다** ② **보호하다** ③ **격리하다**
- insulation[insəléiʃən] n. ① **절연체** ② **단열재**

An optimistic buzz has spread beyond an **insular** community.
낙관적인 신바람이 배타적인 공동체를 뛰어넘어 확산되고 있다.
**buzz** 윙윙거림, 신바람

---

### 716. peninsula [pənínsjulə]
pen(almost)+insul(isle)+a

'거의 섬 같은' 지역을 → n. **반도**라고 하지

China is aiming for peace and stability in the Korean **peninsula**.
중국은 한반도의 평화와 안정을 목표로 하고 있다.
**aim for** 목표삼다, 마음먹다

---

### 717. isolate [áisəlèit]
is(isle)+ol+ate(동접)

'섬같이 하다' 가 → v. ① **격리하다** ② **고립시키다** ③ **분리하다** 가 된 거지
- isolation[àisəléiʃən] n. ① **고립** ② **소외**
- islet[áilit] n. **작은 섬**
- an **isolation** ward **격리 병동**
- political **isolation** 정치적 고립
- syn. **se**parate(분리하다), **se**greg**ate**(격리하다), quarantine(격리하다)

The military **isolates** the Brotherhood.
군부는 이슬람형제단을 고립시켰다.

---

■■■ **우리말 대화로 단어 복습하기**

가. 한국과 같은 **반도(peninsula)** 국가는 발전 가능성이 무궁무진하지.

나. 이유는?

가. 스스로를 **고립시키는(isolate)** 섬나라 같이 **배타적(insular)**이지 않고 개방적이지.

IT : 가다(to go),  ITER : 다시(again)
※ 동의어근 CEDE, CESS(어근36) / FARE(어근92) / GRAD, GRESS(어근118)

## 718. sedition [sidíʃən]
se(apart)+d+it(to go)+ion(명접)

'떨어져 가는' 것이 → n. ① (남을 부추겨서 하면) **선동** ② (질서를 어지럽히면)
**난동**이 되는 거지
- **se**dit**ious**[sidíʃəs] a. ① **선동적인** ② **반정부적인**

Both have denounced the allegations of **sedition** against them.
두 사람은 그들을 선동혐의로 비난했다.
① **denounce**[dináuns] 비난하다 ② **allegation**[æligéiʃən] 혐의, 주장

## 719. transit [trǽnsit]
trans(across)+it(to go)

'가로질러 가는' 것이 → n. ① (화물이나 여객을 위한 거면) **운송** ② (지나가면)
**통과** ③ (바꿔 타면) **환승** ④ **교통체계**가 된 거지
- **trans**it**ion**[trænzíʃən] n. ① **이행** ② **전이** ③ **변천**
- **trans**it**ory**[trǽnsətɔ̀ːri] a. ① **일시적인** ② **덧없는**
- **trans**i**ent**[trǽnʃənt] a. ① **일시적인** ② **단기체류의**
  n. ① **단기 체류자**  ② **단기근무자**
- **trans**il**ient**[trænsíliənt] a. ① **급변하는** ② **갑자기 뛰어넘는**
- syn. **trans**fer(환승), **trans**port(수송), **pass**age(통과)

**Transit** unions complained about the law.
운송노조는 그 법에 대해 항의했다.

## 720. itinerary [aitínərèri]
itiner(to go)+ary(명접)

'가는 것' 이 → n. ① (여행의 느낌이면) **여정** ② (계획에 따르면) **여행 일정표**가
된 거지
- **itiner**ant[aitínərənt] a. ① (일자리를 찾아) **떠돌아다니는** ② **순회하는**
- **itiner**ate[aitínərèit] v. ① **순회하다** ② **순방하다** ③ **순회 설교하다**
- **itiner**ancy[aitínərənsi] n. ① **순회** ② **순방** ③ **순회가 필요한 직무** ④ **순회제도**
- an **itiner**ating library ① **순회도서관** ② **회람 문고**
- **exit** poll 출구조사
- syn. **schedule**(계획), **timetable**(일정표)

The travel agency recently added ski **itineraries**.
그 여행사는 최근 스키 일정을 추가했다.

## 721. iterate [ítərèit]
iter(again)+ate(~화하다, 동접)

'다시 하는' 것이 → v. ① ~을 **되풀이하여 말하다** ② (계산 · 컴퓨터 처리
절차를) **반복하다**가 된 거지
- **iter**ation[ìtəréiʃən] n. ① **되풀이** ② **반복**
- re**iter**ate[riːítərèit] v. **반복하다**

We would **iterate** before rolling it out more broadly.
우리는 그것을 광범위하게 구동하기 전에 반복하는 절차를 밟을 것이다.

- circuit[sə́ːrkit] → circu(round)+it(to go) → 돌아가는 것 → 순회, 순환, 회로
- exit → ex(out)+it(to go) → 밖으로 나갈 수 있는 곳 → 출구
- obituary[oubítʃuèri] → ob(to)+it(to go)+u+ary(명접) → (저승)으로 가는 것 → 사망기사, 부고
- perish → per(through)+i(to go)+sh(동접) → (삶을) 두루 거쳐 가다 보면 → 죽다, 소멸되다
- initiate → in+it(to go)+i+ate(동접) → (업무, 조직) 안으로 가게하다 → 개시하다, 접하게 하다, 가입하다
- initial 처음의, 초기의, 머리글자
- initiative 계획, 진취성, 주도권

## 우리말 대화로 단어 복습하기

가. 이번 투어에서 **여행 일정표(itinerary)**를 **반복하여(iterate) 수정하는(correct)** 일이 발생했다면서?

나. 미치겠어. **애매한(ambiguous) 통과(transit)** 일정과 일정 변경을 **선동(sedition)**하는 사람 때문이야.

### 생활 속 영단어로 어원 친해지기

티케 : 지난 회에 배운 어근이 뭐였더라?

고양이 : 122. 가지다 habit, hav, hibit / 123. 떨어지다 hap / 124. 달라붙다 here, hes / 125. 길 hod, od / 126. 땅, 인간 hum, hom, anthropo / 127. 물 hydro / 128. 잠 hypno, somn / 129. 같은 iden, hom(o) / 130. 섬 insul, is / 131. 가다, 다시 it, iter가 있어요.

티케 : 일상 속에서 활용한 사례를 말해주겠니?

토끼 : 우연히 떨어진 '**일, 사건**'을 happening, 제가 좋아하는 노래 '**불면증**' insomnia, 'ID'가 identification 이나, identity의 줄임말 이었어요. 그리고 '**수력발전소**' hydroelectric power plant, '**유산**' 'heritage', '**출구**' 'exit'가 있어요.

티케 : 좋아요. 덧붙이면 2002년 개봉한 심리 스릴러 영화 'INSOMNIA' 한국에서는 '인썸니아'라는 이름으로 개봉되었어요. 정리하면

○ insomnia → in(not)+somn(to sleep)+ia(병) → 잠을 못 자는 병 → 불면증
   cf. neuralgia 신경통, myalgia 근육통

○ hydroelectric → hydro+electric → 물을 이용한 전기의 → 수력전기의

○ heritage → her(to leave behind)+age(명접) → 뒤로 물려준 상태 → 유산

티케 : 다음 회에 배울 어근은 jac, ject, cast / join, junct / journ / jud, jur, jus이지요.

**어근 132**

JAC, JECT, CAST : 던지다(to throw)    ※ 동의어근 BOL, BL(어근26)

## 722. project [prάdʒekt]
pro(before)+ject(to throw)

'앞에 던져진' 것이 → n. ① (앞으로의 선택·계획·방향의) **프로젝트** ② (앞으로 처리하거나 해결해야할) **과제** ③ (목적을 이루기 위한) **목표** ④ (앞으로 할 일의 방법이나 절차의) **계획** v. [prədʒékt] ① **계획하다** ② **예상하다** ③ **비추다** ④ **투영하다** ⑤ **돌출되다**가 된 거지

- projection[prədʒékʃən] n. ① **예상** ② **투영** ③ **돌출** ④ (내적 생각·감정의) **형상화**
- projectile[prədʒéktil] n. **발사체**
- projection booth **영사실**
- syn. scheme(계획), expect(예상하다), forecast(예상하다), predict(예언하다)

> Dead-end **projects** are sucking up a larger portion of new credit.
> 장래성 없는 프로젝트가 상당 부분의 신규여신을 소모하고 있다.
> ① **dead-end** 막다른, 장래성 없는 ② **suck up** 빨아들이다

## 723. adjacent [ədʒéisnt]
ad(to)+jac(to throw)+ent(형접)

'던져서 닿을' 위치는 → a. ① **인접한** ② **가까운** ③ **부근의** 의미가 되는 거지

- adjacency[ədʒéisnsi] n. ① **인접** ② **이웃** ③ (어떤 프로그램의) **직전[직후]의 프로그램**
- coadjacent[kòuədʒéisnt] a. ① **인접한** ② **근접한** ③ **사상적으로 근접한**
- syn. adjoining(인접한), contiguous(인접한), neighboring(이웃하는)

> An explosion occurred **adjacent** to the border.
> 폭발은 국경에 인접한 곳에서 발생했다.

## 724. conjecture [kəndʒéktʃər]
con(together)+ject(to throw)+ure(명접)

'(불확실하여 주사위 등을) 함께 던진' 것이 → n. ① **추측** ② **억측** ③ **예단** v. **추측하다**가 된 거지

- conjectural[kəndʒéktʃərəl] a. ① **추측의** ② **확정적이 아닌** ③ **추측하기 좋아하는**
- hazard conjecture 어림짐작하다
- syn. supposition(추측), guess(추측, 추측하다), speculation(추측), assumption(추정), presumption(추정), suppose(가장하다), speculate(추측하다), assume(추정하다), presume(추정하다), surmise(추측하다)

> The one thing is for people to separate fact from **conjecture**.
> 사람들이 해야 할 한 가지 것은 사실과 추측을 구별하는 것이다.
> **separate A from B** A와 B를 구별하다

## 725. eject [idʒékt]
e(out)+ject(to throw)

'밖으로 던져버리는' 것이 → v. ① (몰아내면) **쫓아내다** ② (빠져나오면) **탈출하다** ③ (물건이나 생각이면) **꺼내다**가 된 거지

- ejection[idʒékʃən] n. ① 분출 ② 퇴장 ③ (토지·가옥에서의) **퇴거**
- ejectment[idʒéktmənt] n. ① **방출** ② **추방** ③ **부동산 점유 회복 소송**
- ejecta[idʒéktə] n. (화산 등에서의) **분출물**
- e-ject (학교나 기관의 불합격 통보를) **이메일로 하다**
- syn. expel(추방하다), remove(제거하다), oust(내쫓다),
  banish (추방하다), evict(쫓아내다)

Olympic officials **eject** four badminton players.
올림픽관계자들은 4명의 배드민턴 선수들을 퇴출시켰다.

## 726. inject [indʒékt]
in(in)+ject(to throw)

'안으로 던진' 것이 → v. ① (액체면) **주입하다** ② (약액을 넣는 거면) **주사하다**
③ (단체·사업 등이 기능을 발휘할 자금을) **투입하다** ④ (지식이나 기술 등을
끌어들여) **도입하다**가 된 거지
- injection[indʒékʃən] n. ① **주입** ② **주사** ③ **자금투입**
- injectable[indʒéktəbl] a. **주사 가능한** n. ① **주사 가능 물질** ② **주입 가능 의약품**
- syn. infuse(주입하다), instil(주입하다)

They have **injected** an estimated $87.1 billion into the U.S. economy.
그들은 평가액 871억 달러를 미국경제에 투입시켰다.

## 727. reject [ridʒékt]
re(back)+ject(to throw)

'뒤로 던지는' 것이 → v. ① **거부하다** ② **거절하다** ③ (상품·원고 등을)
**불합격으로 처리하다** ④ (이식된 장기에 대해) **거부 반응을 보이다**
⑤ **받아들이지 않다** n. **불량품**이 된 거지
- rejection[ridʒékʃən] n. ① **거절** ② **기각** ③ **거부반응**
- rejection slip **거절 쪽지**
- syn. turn down(거절하다), refuse(거절하다), deny(부정하다), veto(거부하다),
  decline(거절하다) ↔ ant. accept(받아들이다), approve(찬성하다)

Manchester United has **rejected** a second offer.
맨유는 두 번째 제의를 거절했다.

## 728. subject [sʌbdʒikt]
sub(under)+ject(to throw)

'아래로 던진' 것이 → n. ① (대화나 연구 등에서 중심이면) **주제** ② (가르치거나
배워야할 영역이면) **과목** ③ (어떤 일의 상대이면) **대상** ④ (임금을 섬기는 거면)
**신하** ⑤ (국가의 구성원이면) **국민** a. ① **지배받는** ② **복종하는** ③ **받기 쉬운**
v. [səbdʒékt] ① **지배하다** ② **복종시키다**가 된 거지
- subjective[səbdʒéktiv] a. **주관적인** ↔ objective[əbdʒéktiv] a. **객관적인**
- subjectivism[səbdʒéktəvìzm] n. ① **주관론** ② **주관주의**
- subjection[səbdʒékʃən] n. ① **복종** ② **정복** ③ **종속**
- be **subject** to ···**의 대상이 되다**
- syn. topic(주제), subordinate(지배받는), obedient(복종하는)

Aren't schools supposed to teach controversial **subjects**?
학교가 논란의 여지가 있는 주제를 가르쳐도 되는가?
**controversial**[kɑ̀ntrəvə́ːrʃəl] 논란이 많은

## 729. jetty [dʒéti]
jet(to throw)+ty(명접)

'던져 놓은' 것이 → n. ① (홍수 예방 물건이면) 둑 ② (파도를 막기 위한 둑이면) **방파제**라고 하지
- **jettison**[dʒétəsn] v. ① **버리다** ② **폐기하다** ③ **포기하다**
- **jet**[dʒet] n. ① **제트기** ② **분사** ③ **분출** ④ **노즐**
- **jet** stream 제트기류

> A family took refuge under a **jetty**.
> 한 가족이 방파제 아래로 대피했다.

---

◆ **어원 TIP**
- **inter**ject → inter(between)+ject(to throw) → (말을) 사이에서 던지다 → 말참견하다
- **broad**cast → broad(넓은)+cast(to throw) → (전파를) 넓게 던지다 → 방송하다
- **fore**cast → fore(before)+cast(to throw) → 앞으로 던지다 → 예측하다
- **tra**ject**ory** → tra(across)+ject(to throw)+ory(명접) → 가로질러 던지는 것 → 탄도, 궤도

---

■ **우리말 대화로 단어 복습하기**

가. 엄청난(enormous) 자본(capital)을 투입하여(inject) 만들어질, 방파제(jetty) 건설 계획(project)이 일단 **보류되었다**(withhold)는군.

나. 이유가 뭐지?

가. 인접한(adjacent) 대상(subject) 지역을 **오염시켜**(contaminate), 어류를 **쫓아내고**(eject), 생태계(ecosystem)를 교란시킬 수 있다는 **추측**(conjecture) 때문에 그렇다네.

---

## 어근 133

**JOIN, JUNCT, JUG** : 결합하다(to bind together, to join)
※ 동의어근 LEG(어근142) / NECT, NEX(어근186) / SERT(어근268) / SOC(어근272)

---

## 730. adjoin [ədʒɔ́in]
ad(to)+join(to bind together)

'결합하는 지점' 을 → v. ① **인접하다** ② **접하다**라고 하지
- **ad**junct[ǽdʒʌŋkt] n. ① **부속물** ② **부가물**
- **adjunct** professor ① **외래 교수** ② (일부 대학의) **부교수**
  = **associate professor**(부교수)

> The spacious living area **adjoins** a separate dining area.
> 넓은 생활공간이 분리된 식사공간에 인접하고 있다.
> **spacious**[spéiʃəs] 넓은

---

## 731. junction [dʒʌ́ŋkʃəl]
junct(to join)+ion(명접)

'결합하는 것' 이 → 도로를 연결하는 거면 → n. ① **교차로** ② **나들목** ③ **합류점** ④ **연결**이라고 하지
- **junct**ure[dʒʌ́ŋktʃər] n. ① (활동·일련의 사건에서 특정) **시점** ② **단계**
- **con**junction[kəndʒʌ́ŋkʃən] n. ① **접속사** ② **결합** ③ **합**
- **con**juncture[kəndʒʌ́ŋktʃər] n. ① **국면** ② **위기** ③ **접합**
- in **conjunction** with ~와 **함께**
- at this **juncture** 중차대한 시기에   • syn. **inter**section(교차로)

## 732. juxtapose
[dʒʌ́kstəpóuz]
juxta(beside)+pose(to place)

'옆에 두는 것' 이 → v. ① **병치하다** ② **나란히 놓다**가 된 거지
- juxtaposition[dʒʌ̀kstəpəzíʃən] n. **병렬** ② **병치**

The compositions themselves **juxtapose** blues and classical flavors.
작품 자체가 블루스와 고전적인 맛을 동시에 풍겼다.

composition[kɑ̀mpəzíʃən] 구성, 작품

◆ 어원 TIP
- subjugate[sʌ́bdʒugèit] → sub(under)+jug(to join)+ate(동접) → 아래로 결합시키다 → 예속시키다, 지배[통제] 하에 두다

■■■■ 우리말 대화로 단어 복습하기
가. 도단당한 자동차를 어디에서 찾았어요?
나. **교차로(junction)**에 **인접한(adjoin)** 곳에 자동차가 **나란히 놓여 있었어(juxtapose)**.

---

## 어근 134

**JOURN** : 하루, 날(day)

---

## 733. journey [dʒə́ːrni]
journ(day)+ey(명접)

'하루' 가 걸리는 것이 → n. ① (일이나 유람의) **여행** ② (여행의 느낌이면) **여정** ③ (길을 가는 거면) **행로** v. ① (장거리를) **여행하다** ② **이동하다**가 된 거지
- journeyman[dʒə́ːrnimən] n. ① (남 밑에서 일하던) **장인** ② (그냥 보통 솜씨이) **장인**
- syn. trip(여행), tour(여행)

This is life's **journey**, from goals to realization.
이것은 목표를 현실화하는 인생 여정이다.

## 734. journal [dʒə́ːrnl]
journ(day)+al(명접)

'날마다' 나오는 것이 → n. ① **신문** ② **저널** ③ **일기** ④ **잡지**가 된 거지
- journalism[dʒə́ːrnəlìzm] n. **저널리즘**; 기사거리를 모으고 기사를 쓰는 일
- syn. gazette(신문), magazine(잡지)

The study was published in the online **journal** Medical Care.
연구 결과는 온라인 잡지 Medical Care에 발표되었다.

## 735. adjourn [ədʒə́ːrn]
ad(to)+journ(day)

'하루에 근접한' 것이 → (일과가 끝나는 시간이 되어) 일의 진행이 어려워 → v. ① (재판·회의 등을) **연기하다** ② **휴회하다**가 된 거지
- adjournment[ədʒə́ːrnmənt] n. ① **연기** ② **휴회** ③ **정회** ④ **산회**

Lawmakers weren't willing to **adjourn** without passing something.
의원들은 안건 통과 없이 휴회할 마음이 없었다.

## 736. **so**journ [sóudʒəːrn]
so(under)+journ(day)

'하루에서 부족한' 것이 → n. (짧게 머무르는) **체류**가 된 거지
● country of **sojourn** 주재국
● a place of **sojourn** 체재지
● syn. **stay**(체류)

The governor's latest **sojourn** is his fourth of the year.
주지사의 최근 체류는 그해 들어 네 번째다.

### ▬ 우리말 대화로 단어 복습하기

가. 자네는 **신문(journal)**을 뚫어지게 보고 있는가?
나. 해외**여행(journey)**을 갔던 유명 연예인이 현지 기상 사정으로 **체류(sojourn)**를 **연기하여(adjourn)** 다는데.

---

### 어근 135

**JU, JUD, JUR, JUS** : 옳은(right), 법(law)
※ 로마신화 '**정의의 여신**' '**유스티티아(Justitia)**'에서 기원

---

## 737. **jud**ge [dʒʌdʒ]
ju(law)+d(to say)+ge(명접)

'법의 (옳고 그름을) 말하는' 것을 → n. ① (행하는 사람이면) **판사** ② (조사하여 결정하는 사람이면) **심사위원** ③ (판정을 내리면) **판단** v. ① **판단하다** ② **추정하다** ③ **심사하다** ④ **재단하다** ⑤ **판결하다**가 된 거지
● judg**ment**[dʒʌdʒmənt] n. ① **판단** ② **심판** ③ **판결** ④ **견해**
● **mis**judge[misdʒʌdʒ] v. ① **잘못 판단하다** ② **잘못 계산하다**

A **judge** issued a temporary restraining order.
판사가 일시적인 금지명령을 발표했다.

## 738. **judic**ial [dʒuːdíʃəl]
ju(law)+dic(to say)+ial(형접)

'법으로 말하는' 것을 → a. ① **사법의** ② **재판의** 표현을 쓰지
● jur**y**[dʒúəri] n. ① **배심원단** ② **심사위원**
● jurisdict**ion**[dʒùərisdíkʃən] n. ① **사법권** ② **관할권** ③ **관할구역**
● **judicial** murder **사법 살인(부당한 사형 판결)**
● **judicial** precedents **판례**
● grand **jury** 대배심
● summary **jurisdiction** 즉결심판권

Those decisions can never be made by **judicial** fiat.
이러한 결정들은 사법 명령으로는 결코 이루어질 수 없다.
**fiat**[fíːət] 명령, 지시

### 739. prejudice [prédʒudis]
pre(before)+jud(to judge)+i+ce(명접)

'미리 판단하는 것' 이 → n. ① **편견** ② **선입관**
　　　　　　　　　 v. ① **편견을 가지다** ② **악영향을 미치다**가 된 거지
- pre**judg**ment **예단**
- syn. **bias**(편견), **partial**ity(불공평), **in**toler**ance**(편협), **un**fair**ness**(불공평),
  **bigotry**(편협), **stereotype**(고정관념), **pre**concept**ion**(편견)

> Racial **prejudice** is rooted in behavioral characteristics.
> 인종적 편견이 행동 특징에 뿌리박혀있다.

### 740. perjure [pə́ːrdʒər]
per(through)+jur(right, to swear)+e(접사)

'(재판) 내내 (거짓을) 옳다고 맹세하는' 것이 → v. **위증하다**가 된 거지
- **per**jury[pə́ːrdʒəri] n. ① **위증** ② **위증죄**
- **con**jure[kάndʒər] v. ① **간청하다** ② **마법을 걸다**
- subornation of **perjury** 위증 교사(죄)

> He asked her to **perjure** herself.
> 그는 그녀에게 위증하도록 요청했다.

### 741. injure [índʒər]
in(not)+jure(right)

'정당하지 않은' 것이 → v. ① (신체에) **부상을 입히다** ② (평판・자존심 등을)
**손상시키다**가 된 거지
- **in**jury[índʒəri] n. ① **부상** ② (마음의) **상처**
- **injury** time **연장 시간**(부상 치료로 지체된 경기시간)
- syn. **hurt**(상처 내다), **wound**(상처를 입히다), **harm**(해치다),
  **dam**age(손해를 입히다)

> The order would **injure** the public interest.
> 그 명령은 공익을 손상시킬 것이다.

### 742. justice [dʒʌ́stis]
just(law)+i+ce(명접)

'법' 이라는 것이 → n. ① **정의** ② **공정성** ③ **사법** ④ **판사**가 된 거지
- **just**ify[dʒʌ́stəfὰi] v. ① **정당화하다** ② **타당함을 보여주다**
- **just**ification[dʒʌ̀stəfikéiʃən] n. ① **정당화** ② **변명** ③ **타당한 이유**
- **in**just**ice**[indʒʌ́stis] n. ① **부당함** ② **불공정** ③ **부정**
- bring somebody to **justice** ~를 재판에 회부하다
- in **justification** of ~에 대한 해명으로
- syn. **im**partial**ity**(공평함), **fair**ness(공평함), **equ**ity(공평), **just**ness(공정)
  ↔ **un**fair**ness**(불공정)

> No one can deny that she enforced **justice**.
> 그녀가 정의를 집행했음을 아무도 부정할 수 없다.

### 743. adjust [ədʒʌ́st]
ad(to)+just(right)

'알맞게 되어가는' 것이 → v. ① (분쟁을 중간에서 화해시키는) **조정되다** ② (
상황이나 환경에) **적응하다** ③ (균형을 잡는) **조절하다** ④ (매무새 등을)
**바로잡다**가 된 거지

- **ad**just**ment**[ədʒʌstmənt] n. ① 조정 ② 적응 ③ 수정
- **maladju**st**ment**[mælədʒʌstmənt] n. ① 조절 불량 ② 부적응 ③ 불균형
- syn. **ad**apt(적응하다), **ac**climate(적응하다)

There is an ability for us to **adjust** healthcare costs.
우리는 의료비를 조절할 능력이 있다.

### 우리말 대화로 단어 복습하기

가. 신임 **대법원장(Chief Justice)**은 취임사에서 **선언한(declare)** 내용이 뭐야?

나. **위증(perjury)**에 대한 일부 **판사(judge)**들의 **편견(prejudice)**된 재판으로, **손상당한(injured)** **사법의(judicial)** 정의
(**justice**)를 바로잡고, **조정해나갈(adjust)** 것이라고 말했어.

### 생활 속 영단어로 어원 친해지기

티케 : 이번 회에 배운 어근이 뭐였더라?

토끼 : 132. 던지다 jac, ject, cast / 133. 결합하다 join, junct / 134. 하루 journ / 135. 옳은, 법 jud, jur,
jus가 있어요.

티케 : 일상 속에서 활용한 사례를 말해주겠니?

고양이 : 경제 전문 일간지 '**월 스트리트 저널**' 'The Wall Street Journal', 제가 읽은 책 "**정의란 무엇인가?**"
'**정의**'가 'justice'이잖아요.

토끼 : 드라마나 영화의 '**배역**' 'casting'도 있어요.

티케 : 좋아요. 설명을 덧붙이면, 라디오나 텔레비전 뉴스 프로그램의 진행자를 '**뉴스캐스터**' 'news caster'
라고 하지요.

티케 : 역할에 맞게 배우들을 대본 속에 '**던지는 것**'이 'casting', '**뉴스캐스터**' 'news caster'와 유사한 단어
'**앵커**' 'anchor'가 있는데 하루를 뉴스를 전하며, '**닻**'을 내리는 사람이 '**앵커**'인거지.

티케 : 그리고 'anchor'는 '**닻, 정신적 지주, 닻을 내리다, 고정시키다, (뉴스를) 진행하다**'라는 다양한 의미로
활용되고 있지.

티케 : 다음 회에 배울 어근은 labor / laps, lab / late / lateral / lav, lut / lect / leg, lig이지요.

# 기본어휘 13

P

- part      n. 부분 ↔ whole 전체 = total 총계
- partial      a. 1) 일부의, 부분적인 ↔ total 전체의, 총계의 2) 편파적인, 불공정한

                   = prejudiced ↔ impartial 치우치지 않는, 공평한, 공정한

- particular      a. 특별한, 특수한, 특정한 = special ↔ general 일반적인
- passive      a. 수동적인, 소극적인 = inactive ↔ active 능동적인, 적극적인
- patience      n. 인내, 끈기, 참을성 ↔ impatience 참을성 없음, 성급함, 안달
- pavement      n. 포장, 포장도로 ↔ off road 비포장도로
- payable      a. 지불해야 할, 지불할 수 있는 ↔ receivable 돈을 받을, 미수의
- payer      n. 지급인, 납부자 ↔ payee 수취인, 수령인
- permanent      a. 영구적인, 상설의 = everlasting ↔

                             temporary, transient 일시적인, 임시의

- perpetual[pərpétʃuəl]      a. 끊임없는, 계속되는 = continual ↔ temporal 시간의, 일시적인
- physical      a. 1) 물질의, 물질적인 ↔ spiritual 영적인, 정신적인

              2) 신체의, 육체의 ↔ mental, psychic 정신의, 영혼의

- physician      n. 내과 의사 ↔ surgeon 외과 의사
- pious[páiəs]      a. 경건한, 독실한 = religious ↔ secular 세속적인
- plain      a. 수수한, 장식이 없는 ↔ fancy 화려한
- plentiful      a. 많은, 풍부한 ↔ scarce 드문, 부족한
- plenty      n. 많음, 가득함, 풍부 ↔ scarcity 부족, 결핍, 품귀
- plump      a. 살이 찐, 포동포동한 ↔ lean, thin, slim 날씬한, 마른
- plural (pl. )      a. 복수의 ↔ singular 단수의
- poetry      n. 시, 시가 ↔ prose 산문 cf. verse 운문
- poverty      n. 가난, 빈곤 ↔ richness, wealth 부, 부유함, 풍부
- populous[pάpjələs]      a. 인구가 많은 ↔ deserted 황폐한, 사람이 살지 않는
- positive      a. 긍정적인 ↔ negative 부정적인
- posterior[pɔstíəriər]      a. (공간이나 위치) 뒤의 ↔ anterior (공간이나 위치) 앞의, 전의
- posterity[pɔstérəti]      n. (집합적) 자손, 후예 = descendant ↔ ancestry 조상, 선조 = ancestor
- practical      a. 실제적인, 실용적인 ↔ theoretical 이론적인 cf. abstract 추상적인
- practice      n. 실제, 실행 ↔ theory 이론
- praise      n. 칭찬 v 칭찬하다 ↔ blame 비난, 비난하다
- precede      v. 앞서다, 선행하다 ↔ follow 뒤따르다
- predecessor[prédisèsər]      n. 전임자, 선배, 전의 것 ↔ successor 후임자, 후배, 뒤의 것
- prelude      n. 전주곡, 서막, 서문 ↔ postlude 후주곡, 결미
- presence      n. 존재, 실재, 출석, 참석 ↔ absence 결석, 부재
- previous      a. 이전의, 앞의 ↔ following 다음의, 그 뒤에 오는
- prewar      a. 전쟁 전의 ↔ postwar 전쟁 후의, 전후의
- priceless      a. 매우 귀중한 = invaluable ↔ valueless 가치 없는
- pride      n. 오만, 자존심 ↔ modesty, humility 겸손
- prior to      a. 이전의, ~보다 먼저 ↔ posterior to ~보다 나중의, 후의

| | |
|---|---|
| • pri**va**te | a. 사적인, 개인의 ↔ pub**li**c 공공의, 공적인 |
| • **pro**duce | v. 생산하다, 제조하다 ↔ **con**sume 소비하다 |
| • **pro**du**c**er | n. 생산자, 제조자, 제작자 ↔ **con**su**m**er 소비자 |
| • **pro**duc**ti**on | n. 생산, 제조, 제작 ↔ **con**sump**ti**on 소비 |
| • **pro**fane[prəféin] | a. 신성모독적인, 불경한, 세속적인 ↔ sacred 성스러운 |
| • **pro**fess**i**on**al** | a. 전문적인, 직업적인 ↔ amateur, amateurish |
| • proud | a. 자랑하는, 거만한 ↔ modest, humble 겸손한 |
| • **pro**fit | n. 이익 ↔ loss 손실 |
| • **pro**gress**i**ve | a. 진보적인 n. 진보주의자 = liberal ↔ **con**serva**ti**ve 보수적인, 보수주의자 |
| • **pro**letarian[pròulətéəriən] | a./n. 프롤레타리아(의), 무산 계급(의) ↔<br>　　　bourgeois [buərʒwá] 부르아(의), 자본가, 자본주의의 |
| • **pro**logue | n. 머리말, 서언, 서막, 개막사 ↔ epi**logue** 끝, 맺음 말 |
| • **pro**mote | v. 승진시키다, 진급하다 ↔ de**mote** 강등시키다 |
| • **pro**sperity | n. 번영 ↔ ad**versi**ty 역경 |
| • **pro**dent | a. 신중한 ↔ rash 경솔한 |
| • pub**li**c | a. 공적인 ↔ private 사적인 |
| • pull | v. 끌다, 당기다 ↔ push 밀다 |
| • pure | a. 순수한, 깨끗한, 순전한 ↔ mix**ed** 혼합된, 잡다한 |

# Exercise 13

**1.** (A)에 제시된 어근의 의미를 가장 적절하게 표현한 것을 (B)에서 찾아 쓰시오.

| (A) | (B) |
|---|---|
| 1) HERE, HES _____ | ⓐ 섬(island) |
| 2) HYPNO, SOMN _____ | ⓑ 옳은(right), 법, 법률(law) |
| 3) IT _____ | ⓒ 가지다(to have) |
| 4) JOURN _____ | ⓓ 길(way) |
| 5) HABIT, HAV, HIBIT _____ | ⓔ 물(water) |
| 6) IDEN _____ | ⓕ 가다(to go) |
| 7) JAC, JECT _____ | ⓖ 던지다(to throw) |
| 8) JUD, JUR, JUS _____ | ⓗ 떨어지다(to fall) |
| 9) HOD, OD _____ | ⓘ 땅(earth) |
| 10) INSUL, IS _____ | ⓙ 같은, 동일한(same) |
| 11) HAP _____ | ⓚ 다시(again) |
| 12) HUM, HOM _____ | ⓛ 결합하다(to join) |
| 13) JOIN, JUNCT _____ | ⓜ 달라붙다(to stick), 상속인(heir) |
| 14) HYDR(O), AQUA _____ | ⓝ 잠자다(to sleep) |
| 15) ITER _____ | ⓞ 하루(day) |

**2.** 제시된 단어 중 의미가 가장 적절한 것을 찾아 괄호 안에 넣으시오.

> ⓐ somniloquy ⓑ mishap ⓒ method ⓓ iterate ⓔ adjust ⓕ homicide ⓖ injure ⓗ isolate ⓘ perjure
> ⓙ dehydrate ⓚ inhere ⓛ transit ⓜ sojourn ⓝ humiliate ⓞ inherit ⓟ peninsula ⓠ periodic ⓡ homage
> ⓢ identify ⓣ humble ⓤ cohere ⓥ insomnia

| | | |
|---|---|---|
| 1) (    ) : 겸손한 | 2) (    ) : 되풀이하여 말하다 | 3) (    ) : 물려받다 |
| 4) (    ) : 통과 | 5) (    ) : 주기적인 | 6) (    ) : 탈수시키다 |
| 7) (    ) : 일관성이 있다 | 8) (    ) : 반도 | 9) (    ) : 방법 |
| 10) (    ) : 불면증 | 11) (    ) : 적응하다 | 12) (    ) : 확인하다 |
| 13) (    ) : 부상을 입히다 | 14) (    ) : 존경 | 15) (    ) : 체류 |
| 16) (    ) : 격리하다 | 17) (    ) : 위증하다 | 18) (    ) : 굴욕감을 주다 |
| 19) (    ) : 불행 | 20) (    ) : 살인 | 21) (    ) : 타고나다 |
| 22) (    ) : 잠꼬대 | | |

**3.** 제시된 단어와 <u>반대되는</u> 의미로 가장 적절한 단어를 찾아 괄호 안에 넣으시오.

> ⓐ consumption ⓑ rash ⓒ sacred ⓓ scarce ⓔ adversity ⓕ valueless ⓖ epilogue ⓗ theoretical ⓘ private
> ⓙ blame ⓚ temporary ⓛ demote ⓜ successor ⓝ conservative

| | | |
|---|---|---|
| 1) (    ) : permanent | 2) (    ) : public | 3) (    ) : predecessor |
| 4) (    ) : promote | 5) (    ) : praise | 6) (    ) : progressive |
| 7) (    ) : production | 8) (    ) : prudent | 9) (    ) : practical |
| 10) (    ) : profane | 11) (    ) : priceless | 12) (    ) : prologue |
| 13) (    ) : plentiful | 14) (    ) : prosperity | |

**4.** <u>밑줄 친</u> 단어와 <u>전혀 관계없는</u> 것을 고르시오.

1) It would **prohibit** online services from collecting personal details from consumers.
   ① forbid          ② proscribe          ③ veto          ④ permit

2) The **adjacent** kitchen has been modernized as well.
   ① adjoining          ② subsequent          ③ contiguous          ④ neighboring

3) These drugs **inhibit** the activity of an immune-cell protein.
   ① suppress          ② restrain          ③ facilitate          ④ curb

4) Depressed economies **behave** differently from economies that are near full employment.
   ① conduct          ② demean          ③ concede          ④ comport

5) There are plants that catch mosquitoes, mysterious and **ambiguous** things.
   ① definite          ② equivocal          ③ indeterminate          ④ inconclusive

## 5. 밑줄 친 단어와 가장 유사한 것을 고르시오.

1) Our new **itinerary** would begin at the New College of Florida.
    ① excursion      ② destination      ③ souvenir      ④ schedule

2) One of several wildfires is fueled by high winds and low **humidity**.
    ① temperature      ② vapor      ③ moisture      ④ precipitation

3) He wants to **rehabilitate** his reputation and build a new career as a speaker.
    ① restore      ② confine      ③ implement      ④ embody

4) They accused him of trying to **eject** minority tenants.
    ① bail out      ② expel      ③ exert      ④ embrace

5) The abilities the Russian military has **exhibited** are important to us.
    ① examine      ② inhibit      ③ display      ④ evaluate

## 6. 밑줄 친 단어와 반대되는 것을 고르시오.

1) Diversity, talent and tolerance wins out over **prejudice** and close-mindedness.
    ① stereotype      ② preconception      ③ bias      ④ impartiality

2) Many voters **adhere** to conservative orthodoxy.
    ① cling      ② grasp      ③ break away      ④ stifle

3) The ceremony is one of every race's **humdrum** but important rituals.
    ① mediocre      ② monotonous      ③ prosaic      ④ hilarious

4) In **hereditary** cancer, the mutated gene can be transmitted through the sperm.
    ① genetic      ② acquired      ③ indigenous      ④ inherent

5) They are imprisoned and executed for **heresy**.
    ① heterodoxy      ② cult      ③ orthodoxy      ④ rhetoric

## 7. 아래에 제시된 단어 중 밑줄 친 우리말의 의미에 맞게 빈칸에 적절한 것을 골라 넣으시오.

---

sedition / insular / exodus / odometer / hesitate / exhume / conjecture / judicial / itinerary / hypnosis

---

1) 방과 후에, 그가 하는 첫 번째 일은 앤디의 트럭의 **주행거리계**를 점검하는 것이다.
    – After school, the first thing he does is check the (        ) on Andy's truck.

2) 이러한 **추측** 중 어느 것도 이치에 맞지 않다.
    – None of this (        ) makes sense.

3) 우리는 바다에서 어려움에 처한 사람들이 도움 요청을 **주저하**는 것을 원치 않는**다**.
    – We don't want people in trouble at sea to (        ) to call for help.

4) 투자가 **이탈**이 엄청난 사건이 될 필요는 없다.
   - The investor (                    ) need not become a cataclysmic event.

*cataclysmic 격변하는, 엄청난

5) 나는, 대체치료법으로 종종 분류되는, 의학적 **최면술**을 가르쳐 왔다.
   - I have taught medical (                    ), often classified as alternative therapy.

6) 그들은 당신의 이메일을 쉽게 공유할 수 있는 **여행 일정표**로 변형시킬 수 있다.
   - They can transform your emails into an easily shareable (                    ).

7) 그의 가족은 그의 뇌가 부검될 수 있도록 시신을 **발굴되**도록 했**다**.
   - His family has had his body (                    ) so that his brain can be examined.

8) 평화와 안정의 상징으로 여겨지는 그 나무는 한때 성난 **선동**을 상징했다.
   - The tree as a symbol of peace and stability once represented angry (                    ).

9) 많은 영국 이슬람교들은 영국 대도시에서 점점 **고립되**고 있다.
   - Many British Muslims are becoming more (                    ) in Britain's big cities.

10) 우리는 **사법** 제도에 대한 진보적 활동가를 격려하는 것을 목표로 하고 있다.
   - We aim to energize liberal activists on (                    ) systems.

*aim 겨냥하다

**티케** : 가뭄 때문에 농사를 망치거나 수돗물이 제한되어 어려움을 겪고 있다는 소식을 자주 들었을 거야.

**고양이** : 그만큼 물이 중요하다는 거겠죠.

**티케** : 맞아. 물은 만물의 근원이지. '**물**'과 관련된 그리스 로마신화도 있어.

**티케** : Hercules가 퇴치한 머리가 아홉인 뱀이 '**히드라(hydra)**'인데, 우물 근처 늪 속에 서식했다고 해. 그래서 **hydro**가 '**물**'과 관련된 어원이고 **aqua, liqua**도 '**물**'이라는 뜻이야.

**티케** : 그리스신화에 나오는 '**히포크레네(hippocrene)**'는 헬리콘(Helicon)산에 있는데, '**말의 샘 (horse spring)**'이라는 의미. 현대영어로 '**hippo**'는 '**하마**'를 뜻하지. 그래서 하마가 물을 좋아하는지 모르지.

**티케** : 물이 생명이 근원이라면 잠은 삶의 활력소인데 잠과 관련된 그리스 로마신화도 있어.

**티케** : 로마신화 '**잠의 신**'은 '**솜누스(Somnus)**'이고, 그리스 신화에서는 '**히프노스(Hypnos)**'라고 하지. '**somn와 hypno**'가 '**잠**'이라는 어원이 된 거지.

**티케** : 그리고 '**잠의 신**'은 '**솜누스(Somnus)**'는 '**꿈의 신**' '**모르페우스(Morpheus)**'의 아버지야. 영화 '**매트릭스**'에서 등장하는 '**모피어스(Morpheus)**'와 진통제로 사용되는 '**모르핀(morphine)**'이 로마신화에서 이름을 빌려오지 않았을까?

**티케** : '**j**'로 시작하는 그리스로마신화 중 우리에게 친숙한 단어와 관련된 신화가 있어.

**토끼** : 뭔데요.

**티케** : 로마신화 '**정의의 여신**' '**유스티티아(Justitia)**', 그리스신화에서는 '**테미스(Themis)**'라 불렀어. 무엇보다 정의가 필요한 법과 관련된 어원이 '**jus**'가 이 된 거지. '**정의**'가 '**justice**'인 것을 알면 쉽게 이해 될 거야.

**티케** : 로마 신화에서 '**젊음**'과 '**청춘**'의 여신 '**유벤타스(Juventas)**'이고, 그리스 신화에서는 '**헤바(Heba)**'라고 하지. '**유벤투스(Juventus)**'라는 이름은 그 자체가 라틴어로 '**젊은이**'라는 뜻이야.

**티케** : 이탈리아 프로리그 '**세리에 A [Serie A]**'의 최고 강팀 중 하나이고, 토리노에 연고를 둔 팀 이름이 '**유벤투스(Juventus)**'야.

**티케** : 추가하여 Juventas와 관련된 영어단어를 정리해보자.

- **juvenile**[dʒúːvənəl, -nàil] ① **청소년의** ② **어린애 같은** ③ **유치한**
- **juvenile** court **소년 법원**
- **juvenile** delinquency **청소년 범죄[비행]**

**어근 136** | LABOR : 일하다(to work)   ※ 동의어근 OPER(어근198)

## 744. laboratory
[lǽbərətɔ̀ːri]
labor(to work)+atory(place)

'일하는 장소' 가 → 연구를 위한 거면 → n. ① **연구실** ② **실험실**이라고 하지

> Paris provided Iraq with equipment for **laboratory** work on nuclear enrichment.
> 프랑스 정부는 핵농축 실험실 작업 장비를 이라크에 제공했다.
> nuclear enrichment 핵농축

## 745. collaborate
[kəlǽbərèit]
col(with)+labor+ate(동접)

'함께 일하는 것' 이 → v. ① **협력하다** ② **공동으로 작업하다**
③ (적군에게) **협력하다**가 된 거지

- collaboration[kəlæbəréiʃən] n. ① **공동작업** ② **협동** ③ **협력**
- collaborationism[kəlæbəréiʃənìzm] n. ① **부역** ② **협조** ③ **협력**
- collaborationist[kəlæbəréiʃənist] n. (적과의) **협력자**
- syn. cooperate(협력하다), collude(공모하다), conspire(공모하다)

> Hundreds of people **collaborate** to build human towers.
> 수 백 명의 사람들이 인간 탑을 쌓기 위해 협력한다.

## 746. elaborate [ilǽbərèit]
e(out)+labor+ate(동접)

'일하여 밖으로 내보는' 것이 → v. ① (말이면) **상세히 말하다** ② (솜씨면) **정교하게 만들어 내다** a. [ilǽbərət] ① **정교한** ② **정성들인** 의미가 된 거지

- elaboration[ilæbəréiʃən] n. ① **공들여함** ② **퇴고** ③ **상세한 말**
- elaborative[ilǽbərèitiv] a. ① **공들인** ② **정교한**
- elaborate a scheme **치밀하게 기획하다**
- syn. detailed(상세한), precise(정확한), painstaking(공들인), minute(세신한), close(면밀한) ↔ ant. plain(평이한)

> The traditional dolls come with **elaborate** stories that illuminate history.
> 전통적인 인형들은 역사를 조명해주는 정교한 이야기를 담고 있다.
> illuminate[ilúːmənèit] 조명하다, 비추다

◆ **어원 TIP**
- labyrinth[lǽbərìnθ] → lab(labor)+inth(into) → 일하러 안으로 뛰어드는 것 같은 곳 → 미로
  syn. maze[meiz] 미로

◆ **어휘 플러스**
labor-intensive 노동집약직인 / labor dispute 노동쟁의 / labor union 노동조합

■■ **우리말 대화로 단어 복습하기**
가. **연구실(laboratory)** 팀원들이 **공동협력하여(collaborate) 정성들인(elaborate)** 연구가 과학 잡지 사이언스에 실렸다면서?
나. 네. 학계에 엄청난 **반향(sensation)**을 일으키고 있습니다.

LAP, LAPS : 미끄러지다(to slide), 떨어지다(to fall) → 'lap'이 '무릎'인데 우리말도 '무릎을 꿇는 것'이 체면이 떨어지고 잘못으로 인한 추락으로 쓰임
※ 동의어근 CAD, CAS, CID(어근30) / HAP(어근123)

### 747. lapse [læps]
lap(to fall)+se(명접)

'떨어진' 것이 → n. ① (부주의 이면) **실수** ② (시간이나 일이면) **경과** ③ (영역 또는 본디의 목적을 벗어나면) **일탈** ④ (말이나 행동이면) **탈선** v. ① (효력이) **소멸되다** ② **차츰 약해지다** ③ (신앙이면) **버리다**가 된 거지
- e**lapse**[iláps] v. ① (시간이) **흐르다** ② **지나다**
- **laps**us[lǽpsəs] n. **실수**
- **lapse** rate (고도 증가에 따르는 기온·기압 등의) **체감률**
- **lapse** and surrender (경제) **실효해약**
- **lap** time **랩 타임**; 트랙을 한 바퀴 돌 때 걸리는 시간
- syn. **fault**(잘못), **mis**take(실수), **error**(실수)

> He **lapses** into beautiful street.
> 그가 아름다운 거리 속으로 멀어져 갔다.

### 748. collapse [kəlǽps]
col(together)+lapse(to fall)

'모두 떨어진' 것이 → v. ① (건물, 경제, 사회가) **붕괴되다** ② **무너지다** ③ (의식을 잃어) **쓰러지다** ④ **실패하다** ⑤ (물가, 인기 등이) **폭락하다** n. ① **붕괴** ② **실패** ③ **쓰러짐** ④ **폭락**이 된 거지
- **collapse** of credit **신용의 붕괴**
- syn. **crumple**(무너지다), **found**er(무너지다, 설립자), **cave-in**(함몰)

> Its share price **collapsed**, losing almost half its value over 2012.
> 그것의 주가는 폭락하여, 2012년에 비해 가치가 반 토막 났다.

◆ 어원 TIP
- **label**[léibəl] → **label**(to hang down) → 아래에 매달아 놓은 것 → 라벨

■■■ 우리말 대화로 단어 복습하기
가. 잘나가던 **증권**(securities)회사가 갑자기 **파산한**(bankrupt) 이유가 뭐지?
나. 펀드매니저의 **실수**(lapse)로 엄청난 손실을 입었고, 주가가 **폭락해서**(collapse)...

LATE : 나르다, 운반하다, 지니다(to carry)
※ 동의어근 CAR, CHAR(어근34) / FER(어근95) / GER, GEST(어근115) / PORT(어근229) / VEC, VEH(어근323)

### 749. translate [trænsléit]
trans(across)+late(to carry)

'가로질러 나르는' 것이 → v. ① (다른 나라 말로 옮기면) **번역하다** ② (다른 나라 언어의 의미를 전하면) **통역하다** ③ (내용이면) **이해하다** ④ **해석하다**가 되는 거지
- **trans**lation[trænsléiʃən] n. ① **번역** ② **통역** ③ **해석**
- **trans**lator[trænsléitər] n. ① **번역가** ② **통역사**

• syn. **inter**pret(해석하다), **de**code(해독하다) ↔ ant. **mis**trans**late**(오역하다)

Budget prices don't have to **translate** to utilitarian goods.
특가제품을 실용적인 제품으로 해석할 필요가 없다.
① **budget price** 특가 ② **utilitarian**[juːtìlətéəriən] 공리적인, 실용적인

## 750. **late**nt [léitnt]
late(to carry)+ent(형접)

'지니고 있는' 것이 → 드러나지 않으면 → a. ① **잠재하는** ② **잠복해 있는**
③ **숨어 있는** 거라고 말하지

• **lat**ency[léitnsi] n. ① **잠재** ② **잠복** ③ **숨어 있음**
• **latent** demand **잠재수요**
• **latent** period **잠복기간**
• syn. **hid**den(숨겨진)

Our approach tries to understand the **latent** ability.
우리의 접근방식은 잠재적인 능력을 이해하려고 노력한다.

## 751. **e**late [iléit]
e(out)+late(to carry)

'밖으로 나르는' 것이 → v. ① (살아 움직이는 힘을 위한 거면) **기운을 북돋우다**
② **우쭐대게 하다** ③ (격려하여 기세를 위하면) **고무하다**가 된 거지

• **e**lation[iléiʃən] n. ① **의기양양함** ② **우쭐댐** ③ **득의**
• syn. **en**hance(높이다)

The sight of this plentifulness **elate** me.
이러한 풍요로운 모습이 나의 기운을 북돋게 한다.

## 752. **re**late [riléit]
re(back)+late(to carry)

'뒤로 나르는' 것이 → v. ① (서로의 관계를 위한 거면) **관련시키다** ② (연관시켜
붙이는 거면) **결부시키다** ③ **~에 대하여 이야기하다**가 된 거지

• **re**lative[rélətiv] a. ① **비교적인** ② **상대적인** n. **친척** ↔ ant. **ab**solute 절대적인
• **re**lated[riléitid] a. ① **관련된** ② **친척의**
• **rel**ationship[riléiʃənʃip] n. **관계**
• **rel**ativism[rélətivìzm] n. **상대주의**
• **rel**ation[riléiʃən] n. ① **관계** ② **친척**
• **rel**ativity[rèlətívəti] n. ① **상대성** ② **상대성 이론**
• **cor**relation[kɔ̀ːrəléiʃən] n. **상관관계**
• **cor**relate[kɔ́ːrəlèit] v. ① **연관성[상관관계]이 있다**
② **연관성[상관관계]을 보여주다**
• high/strong **correlation** 밀접한 상관관계
• **correlation** coefficient **상관계수**
• **related** business **관련 사업**

Students' curriculum **relate** to their experiences.
학생들은 교과과정은 그들의 경험과 관련된 것이다.

어근 **315**

가. **잠재적인(latent) 수요(demand)**를 **예측하고(predict)**, 관련 자료를 **번역하면서(translate)**, 시장 동향을 파악한 결과가 나왔다면서?

나. 네. **소비자(consumer)**의 **기운을 북돋우는(elate)** 감성마케팅이 기업의 성공 **전략(strategy)**이 될 수 있는 것으로...

---

| 어근 139 | LATERAL : 측면(side) |
|---|---|

### 753. lateral [lǽtərəl]
lateral

'측면' 이란 → a. ① **옆의** ② **측면의** n. **측음**이지
- **lateral** thinking **수평적 사고**
- **lateral** branch **방계**

> It was reported for him to be torn **lateral** collateral ligament.
> 보도에 따르면 그는 측면 인대가 찢어졌다.
> ligament[lígəmənt] 인대

### 754. unilateral
[juːnɪlǽtərəl]
uni(one)+lateral(side)

'하나의 측면의' 는 → a. ① **일방적인** ② **단독의**가 된 거지
- **uni**lateral contract **편무계약**: 일방에게만 의무가 있는 계약을 말함
- **uni**lateral decision **일방적인 결정**

> **Unilateral** presidential action would be neither wise nor constitutional.
> 독단적인 대통령 행동은 현명하지도 헌법에 부합되지도 않는다.
> ① neither A nor B A도 B도 아닌
> ② constitutional[kὰnstətjúːʃənəl] 헌법의

### 755. bilateral [bailǽtərəl]
bi(two)+lateral(side)

'두 면으로' 하는 것이 → a. ① **쌍방의** ② **쌍무적인** 거라고 하지
- **multi**lateral[mʌltilǽtərəl] a. ① **다자간의** ② **다각적인**
- **multi**national[mʌltinǽʃənəl] a. **다국적인** n. **다국적 기업**
- **bi**lateral agreement/contract **쌍무협정/계약**
- **multi**lateral negotiations **다자간 협상**

> He promised to triple **bilateral** trade to $160 billion.
> 그는 쌍방의 무역액을 세배 늘려 천육백억 달러까지 약속했다.

### 756. collateral [kəlǽtərəl]
col(together)+lateral(side)

'면을 함께하는' 것이 → a. ① **부차적인** ② **이차적인** n. **담보물**이 된 거지
- **collateral** loan **담보융자**
- **collateral** damage **부수적 피해**
- securities **collateral** loan **근저당채권**
- **collateral** benefits **부수적인 혜택들**
- syn. **sub**ord**in**ate(부수적인), **ancillary**(부수적인)

## 757. **lati**tude [lǽtətjùːd]
lat(side)+tude(명접)

'측면의 상태' 가 → n. ① **위도** ② (위도상) **지역** ③ (선택 · 행동 방식의) **자유**가 된 거지

- **equ**ator[ikwéitər] n. **적도**
- longi**tude**[lɑ́ndʒətjùːd] n. **경도**
- the north[south] **latitude** 북[남]위
- syn. **scope**(영역)

Various species have moved to cooler **latitudes**.
다양한 종들이 좀 더 시원한 위도로 이동했다.

■■■ **우리말 대화로 단어 복습하기**

가. **위도(latitude)** 40° 이상 **북반구(northern hemisphere)** 지역 국가들의 경제협력기구 대표들이 한자리에 모였다지?

나. **다자간의(multilateral) 쌍방의(bilateral) 부차적인(collateral)** 문제를 해결하기 위해서지.

다. 그리고 **일방적인(unilateral)** 결정을 하지 않고 대화와 타협을 통해 기구를 운영하기로 **합의했다(agree)**는군.

## 어근 140

**LAV, LUT** : 씻다(to wash)

## 758. **lav**e [leiv]
lav(to wash)+e(동접)

'씻는 것' 이 → v. ① **씻다** ② **담그다** ③ **붓다**
n. (차고 남은 부분이면) **나머지**라는 의미가 된 거지

- lav**ish**[lǽviʃ] a ① **아낌없이 주는** ② **낭비하는** ③ **사치스러운**
- lav**atory**[lǽvətɔ̀ri] n. ① **화장실** ② **변기** ③ **세면대** = restroom, washroom

The ministry is engaged in **lavish** spending.
그 부서는 흥청망청 쓰는 데 몰두했다.

## 759. **de**luge [déljuːdʒ]
de(from)+luge(to wash)

'어딘가에서 씻어내며' 밀려오는 것이 → n. ① **대홍수** ② **쇄도** ③ **폭주**
④ (세차게 쏟아지는) **폭우** v. ① **쇄도하다** ② **범람하다**가 된 거지

- **de**lus**ion**[dilúːʒən] n. ① **현혹** ② **기만**
- syn. flood(홍수), in**und**ation(범람), over**flow**(넘쳐흐르다, 넘침),
  in**und**ate(범람하다, 쇄도하다)

The ground could not absorb the overnight **deluge**.
지면이 밤사이에 내린 폭우를 흡수할 수 없었다.

## 760. dilute [dilúːt]
di(off)+lute(to wash)

'씻어 분리하는' 것이 → v. ① 묽게 하다 ② 희석시키다 a. 희석된 의미가 된 거지
- dilution[dilúːʃən] n. ① 희석 ② 희석도
- dilutee[dìluːtíː] n. (임시로 숙련공의 일을 하는) 미숙련공
- diluvium[dilúːviəm] n. 홍적층
- syn. water down(물로 희석하다) ↔ ant. condense(농축하다)

> She intends to **dilute** the hyper-saline brine.
> 그녀는 높은 염도의 염수를 희석시킬 작정이다.
> **brine**[brain] 소금물

## 761. pollute [pəlúːt]
pol(intens)+lute(to wash)

'강하게 씻는' 것이 → v. ① (더러운 물이면) 오염시키다 ② (명예를) 더럽히다가 된 거지
- pollution[pəlúːʃən] n. ① 오염 ② 공해
- pollutant[pəlúːtənt] n. ① 오염 물질 ② 오염원
- pollute a person's honor ~의 명예를 더럽히다
- syn. contaminate(오염시키다), corrupt(타락시키다), dishonour(명예를 더럽히다), profane(모독하다) ↔ ant. decontaminate(정화하다), purify(정화하다)

> The plant could **pollute** drinking water wells.
> 그 공장이 식수원을 오염시킬 수 있다.
> **well** 우물

---

◆ 어휘 플러스
alluvial[əlúːviəl] 충적층의, 퇴적층의 / lava[láːvə] 용암

---

■ 우리말 대화로 단어 복습하기

가. 00지방에 **대홍수(deluge)**로 인하여 상수도가 **파손(disrepair)**되고 식수원을 **오염시키는(pollute)** 일이 발생하였다는데?

나. 그리하여 수돗물 공급이 **중단되어(interrupt)**, 빗물을 받아 몸을 **씻고(lave)**, 일부 지역 **수재민(flood victim)**은 흙탕물을 **희석시켜(dilute)** 사용하고 있다고 하지.

---

## 어근 141
LECT, LIG, LE(A)G : 선택하다(to choose), 모으다(to gather), 읽다(to read) → 선택하여, 모아, 읽는 것으로 이해 ※ 동의어근 OPT(어근199)

## 762. lecture [léktʃər]
lect(to read)+ure(동작, 명접)

'읽는 행위' 가 → n. ① 강의 ② 강연 ③ 잔소리 ④ 설교
　　　　　　　　v. ① 강의하다 ② 설교하다가 된 거지
- lecturer[léktʃərər] n. ① 강사 ② 강연자 ③ (영국) 조교수
- lexicon[léksəkàn] n. ① 어휘 ② 어휘 목록
- syn. address(연설), sermon(설교), discipline(훈계), homily(설교), admonition(훈계)

## 763. collect [kəlékt]
col(com)+lect(to gather)

'함께 모으는' 것이 → v. ① **수집하다** ② **모으다** ③ (빚 · 세금 등을) **징수하다**
④ **회수하다** a. (전화) **수신자가 부담하는** 의미가 된 거지
- collection[kəlékʃən] n. ① **수집품** ② (물건 · 사람들의) **무리** ③ **모음집**
  ④ **수거** ⑤ **모금**
- collective[kəléktiv] a. ① **집단의** ② **공동의** ③ **단체의**
- collectible[kəléktəbl] a. ① **모을 수 있는** ② **징수할 수 있는**
  ③ **수집할 가치가 있는**
- collect call **수신자요금부담전화**
- collectible freight **착불 운송비**
- collective bargaining **교섭**
- debt collector **빚 수금 대행업자**
- syn. **as**semble(모으다), **ac**cumul**ate**(축적하다), **a**mass(축적하다) ↔
  ant. scatter(흩부리다), **dis**perse(흩뜨리다)

## 764. colleague [kǽliːg]
col(with)+leag(to gather)+ue(명접)

'(일하려고) 함께 모여 있는' 사람을 → n. (직장의) **동료**라고 하지
- syn. **com**rade(동료)

## 765. diligent [dílədʒənt]
di(off)+lig(to choose)+ent(형접)

'분리하여 선택하는' 것이 → a. ① (부지런히 일하는) **근면한** ② (정성을
다하는) **성실한** 의미가 된 거지
- diligence[dílidʒəns] n. ① **근면** ② **성실**
- eligible[élidʒəbl] a. ① **자격이 있는** ② **권한이 있는** ③ **신랑[신부]감으로 좋은**
- due diligence ① **상당한 주의** ② **상당한 배려**
- syn. in**dus**trious( 근면한)

## 766. eclectic [ikléktik]
ec(out)+lect(to choose)+ic(형접)

'밖으로 골라내는' 것은 → a. ① (서로 다른 견해나 관점을 조절하는) **절충적인**
② (여러 방면으로) **다방면에 걸친** 노력이 필요하지
- eclecticism[ikléktəsìzm] n. **절충주의**
- eclectic tastes **다방면의 취미**

## 767. **elect**ion [ilékʃən]
e(out)+lect(to choose)+ion(명접)

'밖으로 골라내는 것' 이 → n. ① (조직이나 집단의 대표를 뽑는) **선거**
② (선거를 통과한) **당선**이 된 거지

- **e**lect[ilékt] v. ① **선출하다** ② **선택하다** a. **당선된**
- **e**lect**ioneering**[ilèkʃəníəriŋ] n. **선거 운동**
- **re**fer**endum**[rèfəréndəm] n. **국민투표**
- election campaign **선거 운동**
- the president elect **대통령 당선자**
- election board **선거 관리 위원회**
- straw poll **의사타진**
- ballot **무기명투표**
- show of hands **거수**
- syn. **vote**(투표), **poll**(투표)

## 768. **intellect** [íntəlèkt]
inte(between)+lect(to choose)

'(인간이) 사이에서 고르는' 것이 → v. ① **지성** ② **지적 능력** ③ **지적 능력이
뛰어난 사람**이 된 거지

- **intel**lect**ion**[ìntəlékʃən] n. ① **사고** ② **관념** ③ **개념**
- **intel**lect**ual**[ìntəlékʧuəl] a. ① **지적인** ② **교육을 많이 받은**
- **intel**lig**ent**[intélədʒənt] a. ① **똑똑한** ② **지능이 있는** ③ **지능적인**
- intellectual property rights **지적 재산권**
- syn. **intel**lig**ence**(지능)

## 769. **neglect** [niglékt]
neg(not)+lect(to choose)

'선택하지 않는' 것이 → v. ① **방치하다** ② **무시하다** ③ (해야 할 일을) **하지 않다**
n. ① **방치** ② **소홀**이 된 거지

- **neglig**ence[néglidʒəns] n. ① **태만** ② **과실** ③ **부주의**
- **neglect**ful[nigléktfəl] a. ① **태만한** ② **소홀한** ③ **무관심한**
- neglect of duty **직무 태만**　　　• negligence clause **과실 조항**
- complete neglect **완전무시**　　　• gross negligence **중과실**
- syn. **dis**regard(무시하다), **igno**re(무시하다)

## 770. **select** [silékt]
se(apart)+lect(to choose)

'분리해서 골라내는' 것이 → v. ① **선택하다** ② **선발하다** ③ **선정하다**

a. ① **엄선된** ② **고급의** 가 된 거지

- **select**ion[silékʃən] n. ① **선택** ② **선발** ③ **도태**
- **select**ed[siléktid] a. ① **선택된** ② **선발된** ③ **정선된**
- **select**ively[siléktivli] ad. **선별적으로**
- **select**ive[siléktiv] a. ① **선택적인** ② **선별적인** ③ **까다로운**
- select committee **특별 (조사) 위원회**   • selective service **징병제**

We **select** investments through market conditions.
우리는 시장조건에 따라 투자를 선택한다.

## 771. **elegance** [éligəns]
e(out)+leg(to choose)+ance(명접)

'밖으로 골라내는' 것이 → 품위가 있고 훌륭하면 → n. ① **우아함** ② **고상함**

③ **정밀함**이 되는 거지

- **eleg**ant[éligənt] a. ① **우아한** ② **훌륭한**
- syn. **grace**(우아함)

Rigor and **elegance** needn't be sworn enemies.
엄격함과 우아함이 양립할 수 없는 것이 아니다.

**sworn enemies**[foes] 철천지원수

---

◆ 어휘 플러스

**dia**lect 방언, 사투리 / **leg**ion 군단

---

◼◼ **우리말 대화로 단어 복습하기**

가. 이번 **선거(election)**를 통해 당선된 **시장(mayor)**이 **방치된(neglected)** 지역을 **재건하는(reconstruct)** 일에 착수하였다면서?

나. 맞아. 시장은 사업수행과정에서 **우아함(elegance)**을 잃지 않고 **지성(intellect)**을 발휘하여 일을 수행할 것을 당부했다는군.

다. 또한 **근면하고(diligent)** 성실한 직원 사례를 **수집하고(collect)** 선발하여(select) 상을 주겠다고 했어.

---

**어근 142**

LEG, LIG : 묶다(to bind), 모으다(to gather), 읽다(to read), 법(law)
→ 모아, 묶어, 읽을 수 있도록 만든 것을 법으로 이해   ※ 동의어근 JOIN, JUNCT(어근133) /
NECT, NEX(어근186) / SERT(어근268) / SOC(어근272)

## 772. **legible** [lédʒəbl]
leg(to read)+ible(할 수 있는)

'읽을 수 있는' 이 → a. ① **읽기 쉬운** ② **또렷한** ③ **읽을 수 있는** 의미가 된 거지

- **il**leg**ible**[ilédʒəbl] a. ① **읽기 어려운** ② **알아볼 수 없는**
- **liter**ate[lítərət] a. **읽고 쓸 줄 아는** ant. **il**liter**ate** ① **문맹의** ② **일자무식의**
- **de**lete[dilíːt] v. ① **삭제하다** ② **제거하다**
- **de**leter**ious**[dèlitíəriəs] a. ① **해로운** ② **유해한** ③ **악영향을 끼치는**

The typeface is so small it's not **legible**.
활자체가 너무 작아 읽을 수 없었다.   **typeface** 활자체

## 773. **legacy** [légəsi]
leg(to gather)+acy(명접)

'모아 놓은' 것이 → n. ① (죽은 사람이 남긴) **유산** ② (앞 세대가 물려준 사물이나 문화의) **유산** ③ (경험해 온 일의) **족적** ④ (남긴 물건, 유적, 잔재면) **유물**이라고 하지
- **legacy** duty **유산 상속세**
- syn. be**quest**(유산), in**herit**ance(상속, 유산)

> The final **legacy** of his fiasco cost the city millions.
> 그의 대실패의 마지막 유산은 시에 수백만 달러의 대가를 치르게 했다.
> **fiasco**[fiǽskou] 대실패

## 774. **legislate** [léd3islèit]
leg(law)+isl+ate(~화하다, 동접)

'법을 만드는' 것이 → v. **법률을 제정하다**가 된 거지
- leg**islation**[lèd3isléiʃən] n. ① **법률** ② **법률 제정**
- leg**islative**[léd3islèitiv] a. ① **입법의** ② **입법부의**
- leg**islator**[léd3islèitər] n. ① **입법자** ② **국회의원**
- permissive **legislation** 소극적 입법
- veto **legislation** 법안을 거부하다
- **legislative** body ① **입법 기관** ② **입법부**

> It was a relief to have some room to **legislate**.
> 법률을 제정할 여지를 갖는 것이 그나마 위안거리였다.

## 775. **legitimate**
[lid3ítəmət]
leg(law)+itim+ate(특징을 갖는, 형접)

'법의 특징을 갖는' 것을 → a. ① **합법적인** ② **정당한** ③ **적법한** 거라고 말하지
- leg**itimacy**[lid3ítəməsi] n. ① **합법성** ② **정통** ③ **적법**
- leg**itimize**[lid3ítəmàiz] v. ① **정당화하다** ② **합법화하다**
- leg**al**[líːgəl] a. ① **법적인** ② **합법적인**
- leg**ate**[légit] n. **교황 특사** v. **유증하다**
- de**legate**[déligèit] n. **대표(자)** v. (권한 · 업무 등을) **위임하다**
- **legitimate** drama **정극**
- syn. law**ful**(합법의), leg**al**(합법의) ↔ ant. il**legitimate**(불법의)

> This wide-ranging corruption has stymied the **legitimate** business.
> 이러한 광범위한 부패가 합법적인 사업을 방해해왔다.
> **stymie**[stáimi] 방해하다

## 776. **allege** [əléd3]
al(to)+leg(to read)+e

'읽어서 (추정하는) 것' 이 → v. ① (증거 없이 하면) **혐의를 제기하다**
② (자신의 의견을) **주장하다**가 된 거지
- al**legation**[æligéiʃən] n. ① **혐의** ② **주장**
- al**legiance**[əlíːd3əns] n. ① **충성** ② **의무**
- syn. **claim**(주장하다), as**sert**(단언하다) ↔ ant. de**ny**(부정하다)

> Airport officials **allege** the defects could disrupt flight operations.
> 공항관리들은 그러한 결함이 비행기 운항에 지장을 줄 수 있다고 주장했다.
> ① **defect**[difékt] 결점, 결함 ② **disrupt**[disrʌ́pt] 방해하다, 지장을 주다

## 777. liable [láiəbl]
li(to bind)+able(형접)

'묶을 수 있는' 이 → a. ① (법적 임무나 의무이면) **법적 책임이 있는** ② **~할 것 같은** ③ **~하기 쉬운** 것이 된 거지
- **liabil**ity[lài**ə**bíləti] n. ① **의무** ② **책임** ③ **부채** ④ **골칫거리**
- **leag**ue[líːg] n. ① **리그** ② **연맹** ③ **동맹**
- be **liable** to 동원 **~하기 쉬운**
- syn. ac**count**able(책임 있는), in**clin**ed(~하기 쉬운), apt(~하기 쉬운), dis**pos**ed(경향이 있는), prone(~하기 쉬운)

> Adverse experiences makes you seven times more **liable** to abuse alcohol.
> 부정적인 경험이 당신의 알코올 남용 가능성을 7배나 높여준다.
> adverse[ædvə́ːrs] 부정적인, 불리한

## 778. liaison [lìːeizɔ́ːŋ]
lia(to bind)+i +son(사람, 북유럽의 이름 또는 성)

'사람을 묶어주는' 것을 → n. ① **연락** ② **연락 담당자**라고 하지
- **lia**ise[lìːéiz] v. ① **연락을 취하다** ② **연락 장교로서 근무하다**

> He was the natural choice as the American **liaison**.
> 미국 연락책으로 그의 선택은 자연스런 것이었다.

## 779. alliance [əláiəns]
al(to)+li(to bind)+ance(명접)

'가까이 묶는' 것이 → n. ① **동맹** ② **연합**이 된 거지
- **al**ly[əlái] n. ① **동맹국** ② **우방** ③ **연합** ④ **연합국**
  v. (전쟁이나 불화에서) **지지하다**
- syn. **un**i**on**(결합), **co**alit**ion**(연합)

> These types of **alliances** take years to optimize.
> 이러한 유형의 동맹은 최적화하는데 수 년이 걸린다.
> optimize[áptəmàiz] 최적화하다

## 780. reliance [riláiəns]
re(back)+li(to bind)+ance(명접)

'뒤로 묶인 상태' 가 → n. ① **의존** ② **의지** ③ **신뢰**가 된 거지
- **reli**able[riláiəbl] a. **신뢰할 만한**
- **reli**ant[riláiənt] a. ① **의존하는** ② **의지하는**
- **rely** on **의존하다**
- syn. **de**pend**ency**(의존), trust(신뢰), **con**fid**ence**(신뢰), faith(믿음)

> Europe's **reliance** on America would continue.
> 미국에 대한 유럽의 의존은 계속될 것이다.

---

◆ 어원 TIP
- **leg**end → leg(to read)+end(명접) → 읽혀지는 것 → 전설
- **obl**igament[lígəmənt] → lig(to bind)+ment(명접) → 관절을 묶는 조직 → 인대
- **obl**ige[əbláidʒ] → ob(to)+lig(to bind)+e → ~로 묶다 → 의무적으로 ~하게 하다
- **obl**igate[ábləgèit] → ob(to)+lig(to bind)+ate(~하게 하다) → ~로 묶게 하다 → 의무를 지우다, 강요하다

가. 분쟁(conflict) 초래의 **법적 책임이 있는**(liable) **동맹국**(ally) **연락담당자가**(liaison) **신뢰**(reliance)를 이야기하는 것이 말이 되니?

나. 당연히 안 되지. **읽기 쉬운**(legible) 법률을 **제정한**(legislate) 그의 **업적**(achievement)은 인정하지만...

가. **합법적이고**(legitimate) 적절한 방식으로 대응하고 **주장하여**(allege), 책임을 물어 야지. 그렇지?

나. 맞아. 잘못된 관행을 **유산**(legacy)으로 남길 수 없지.

---

꽃무늬 **생활 속 영단어로 어원 친해지기** 꽃무늬

**티케** : 지난 번에 배운 어근이 뭐였더라?

**고양이** : 136. 일하다 labor / 137 미끄러지다 laps, lab / 138. 나르다 late / 139. 면 lateral / 140. 씻다 lav, lut / 141. 선택하다, 모으다 lect / 142. 법, 묶다, 모으다, 읽다 leg, lig가 있어요.

**티케** : 일상 속에서 활용한 사례를 말해주겠니?

**토끼** : 배운 어근과 관련된 것을 정리하다보니 패션의 '**작품들**' 또는 '**발표회**' collection, '**다자간 무역 협정**' 'multilateral trade negotiation', '**양자 간 무역 협정**' 'bilateral trade agreement', '**메이저리그**' 'major league'가 있었어요.

**티케** : 좋아요. 설명을 덧붙이면,

○ multi(many)+lateral(측면의) → 많은 측면의 → '다자간의' 의미가 되는 거고, 노래 'time lapse(**타임랩스**)'는 '생일이 몇 번씩이나 지나도 아직도 상대를 잊지 못하는 가사'로 '(시간의) **경과**'를 뜻하는 'lapse'가 노래제목으로 쓰인 거겠지.

**티케** : 다음 회에 배울 어근은 lev / liber, liver / libra / lic / lingu / linqu / liqu, aqua / litera / loc / locut, logue, logy, loqu / long이지요.

| 어근 143 | LEV : 올리다(to raise), 가벼운(light) |

**781. elevate** [élǝvèit]
e(out)+lev(to raise)+ate(동접)

'밖으로 올리는' 것이 → v. ① (직위면) **승진시키다** ② (지위나 등급이면)
**승격시키다** ③ **들어 올리다** ④ (수준이나 실력·기술이면) **향상시키다**가 된 거지

● elevation[èlǝvéiʃǝn] n. ① **승진** ② **승격** ③ **고도** ④ **향상**
● elevator[élǝvèitǝr] n. **엘리베이터**
● elevated highway **고가 도로**
● syn. promote(승진시키다), advance(승진시키다), upgrade(승진시키다),
exalt(승진시키다)

They **elevate** the movie beyond ordinary biography.
그들은 평범한 전기를 뛰어넘어 영화의 품격을 높였다.

**782. lever** [lévǝr]
lev(to raise)+er(명접)

'(물건 등을) 올리는 장치' 가 → n. ① **지렛대** ② **레버** ③ (일이나 목적을 위한) **수단**
v. **지렛대로 움직이다**가 된 거지

● leverage[lévǝridʒ] n. ① **영향력** ② **지렛대 사용** ③ **지렛대의 힘**
● levitate[lévitèit] v. ① **공중 부양하다** ② **공중에 뜨게 하다**
● levitation[lèvǝtéiʃǝn] n. **공중 부양**
● levity[lévǝti] n. ① **경솔** ② **경거망동**
● leverage effect **지렛대 효과**          ● shift/gear **lever 변속 레버**
● leverage ratio **레버리지 비율**(부채비율)

Art can function as a powerful social **lever**.
예술이 강력한 사회적 지렛대로서 기능을 할 수 있다.

**783. levy** [lévi]
lev(to raise)+y(명접)

'(부담금을) 올리는 것' 이 → v. ① (세금이나 책임, 일 따위를 부담하면) **부과하다**
② (조세·수수료·현품 따위를 거두어들이면) **징수하다**
n. ① **세금** ② **징수** ③ **추가부담금**이 된 거지

● syn. impose(부과하다), excise(소비세), tariff(관세)

The association will **levy** assessments.
협회는 평가액을 부과할 것이다.
                              **assessment** 평가, 평가액

**784. alleviate** [ǝlíːvièit]
al(to)+lev(light)+ate(동접)

'점점 가볍게 하는' 것이 → v. ① (긴장된 상태나 급박한 것을 느슨하게 하면)
**완화하다** ② (부담이나 고통을) **경감하다**기 된 거지

● alleviation[ǝlìːviéiʃǝn] n. ① **경감** ② **완화**
● relieve[rilíːv] v. ① (문제의 심각성을) **완화시키다** ② (불쾌감·고통 등을)
**없애주다** ③ **지루함을 달래주다** ④ **교대하다**
● relief[rilíːf] n. ① **안도** ② **안심** ③ **구호** ④ **재정지원** ⑤ **선명함**
● tax **relief 세금 경감**

• syn. light**en**(완화하다), **re**duce(경감하다), less**en**(경감하다), **mitig**ate(완화하다), **e**ase(완화하다)

> The use of stem cells may help **alleviate** leukemia.
> 줄기세포 이용은 백혈병을 완화시켜주는 데 도움이 된다.
> **leukemia**[luːkíːmiə] 백혈병

## 785. re**lev**ant [réləvənt]
re(again)+lev(to raise)+ant(형접)

'(하고 있는 것관 관련성을) 다시 올려주는 것' 이 → a. ① (주제·생각이면) **관련된** ② (알맞은 거면) **적절한** ③ (사람들의 삶을 위한 거면) **의의가 있는** ④ (의미이면) **유의미한** 거라고 말할 수 있지

• re**lev**ance[réləvəns] n. ① **타당성** ② **적절성** ③ **검색 능력**
• ir**relev**ance[iréləvəns] n. ① **부적절** ② **무관함** ③ **무관한 것**
• **relevant** year **당해 연도**
• **relevant** degree **관련성의 정도**
• syn. re**late**d(관련된), **per**tin**ent**(적절한) ↔ ant. ir**relev**ant(관련 없는)

> The apparatus is **relevant** to those questions.
> 그 장치는 이러한 문제와 관련되어 있다.
> **apparatus**[æpəréitəs] 장치, 기구

### ■ 우리말 대화로 단어 복습하기

가. 그녀가 지금 승승장구하는 이유가 뭐지?

나. 세금 **징수(levy)**와 **관련 있는(relevant)** 복잡한 **절차(procedure)**를 **완화하고(alleviate)**, 시스템을 **향상시킨 (elevate) 공로(credit)**를 **지렛대(leverage)** 삼은 거라는군.

---

## 어근 144

LIBER, LIVER : 자유로운(free) → 라틴어 liber는 free를 의미

---

## 786. **liber**al [líbərəl]
liber(free)+al(형접)

'자유로운' 것이 → 사상이나 태도이면 → a. ① **진보적인** ② **자유로운** ③ **자유민주적인** ④ **관대한** ⑤ **교양의** n. ① **진보주의자** ② **자유주의자**라고 하지

• **liber**ty[líbərti] n. ① **자유** ② **멋대로 함**
• **liber**ate[líbərèit] v. ① **해방시키다** ② **자유롭게 하다** ③ **벗어나다**
• **liber**alist[líbərəlist] n. **자유주의자**
• **liber**alism[líbərəlizəm] n. ① **자유주의** ② **진보주의**
• **liber**al arts **교양과목**
• syn. **gener**ous(관대한), **broad-mind**ed(마음이 넓은), **toler**ant(관대한), **magn**anim**ous**(관대한), **leni**ent(관대한) ↔ ant. **in**tolerant(편협한), **cons**erv**ative**(보수적인)

> He has drawn praise from **liberals**.
> 그는 진보주의자들의 칭찬을 받았다.

## 787. **de**liver [dilívər]
**de**(intens)+liver(free)

'강하게 자유롭게 하는' 것이 → v. ① (물품이면) **배달하다** ② (연설·강연 등을) **하다** ③ (사물이나 권리를 넘겨주면) **인도하다** ④ (아이를 낳으면) **출산하다**가 된 거지

- **de**liver**y**[dilívəri] n. ① **배달** ② **출산** ③ **인도** ④ **전달** ⑤ **발표**
- **de**liver**ance**[dilívərəns] n. ① **구출** ② **구조**
- **deliver**(make) a speech **연설하다**
- **delivered** price **인도 가격**
- **delivery** room **분만실**
- syn. **hand over**(인도하다), **sur**render(넘겨 주다)

> Pay-TV operators **deliver** movies directly into homes via the Internet.
> 유료 텔레비전 운영자들은 인터넷을 통하여 영화를 가정으로 직접 전송한다.

■■■■ **우리말 대화로 단어 복습하기**
가. **독재국가(dictatorship)**에서는 **가혹한(severe) 처벌(punishment)**을 받는 이유도 다양하지?
나. 그래. **진보적인(liberal)** 사상을 담은 책을 **배달하다(deliver)**가 **발각(detection)**되어도 처벌받아.

---

## 어근 145

> **LIBRA** : 무게를 달다(to weigh), 균형을 이루다(to balance) → 저울은 '**균형**'을 맞춰 '**무게를 다는**' 거고, 우리말 '**저울질하다**'를 생각하면서 각 단어의 의미 이해필요

## 788. **equilibr**ate
[ikwíləbrèit]
equ(same)+libr(to balance)+ate(동접)

'똑같이 균형을 맞추는 것' 이 → v. ① **균형을 유지하게 하다** ② **평형이 되다**가 된 거지

- **equilibr**ation[ikwìləbréiʃən] n. ① **균형** ② **평형**
- **equilibr**ium[iːkwəlíbriəm] n. ① **평형** ② **균형** ③ (마음의) **평정**

> Employees maintain financial **equilibrium**.
> 종업원들은 재정적인 균형을 유지한다.

## 789. **libr**ate [láibreit]
libr(to balance)+ate(동접)

'균형을 잡다' 가 → v. ① (움직임이) **흔들리다** ② (흔들려 움직여) **진동하다** ③ **균형이 잡히다**가 된 거지

- **libr**ation[laibréiʃən] n. ① **균형** ② **진동** = oscill**ation**[ɑːsɪléiʃən] **진동**
- **libr**a[láibrə] n. ① **중량 파운드** ② **천칭자리**
- **calibr**ate[kǽləbrèit] v. ① **눈금을 매기다** ② **구경을 측정하다**

> We have the confidence to **librate** them.
> 우리는 그들을 뒤흔들 수 있다는 확신을 갖고 있다.

## 790. **de**liber**ate** [dilíbərit]
**de**(intens)+liber(to weigh)+ate(동접)

'강하게 (생각의) 무게를 달아보는' 것이 → a. ① (목적한 바를 이루려는 거면) **의도적인** ② (조심하면) **신중한** v. [dilíbərèit] ① **심사숙고하다** ② **신중히 생각하다**가 된 거지

- **de**liber**ation**[dilìbəréiʃən] n. ① **숙고** ② **신중함**
- syn. **intent**ional(의도적인), **plann**ed(계획된), **intend**ed(의도된), **pru**dent(

신중한), circumspect(신중한), cautious(신중한) ↔ ant. accidental(우연한)

- re-deliberation (법률) 재심

> **Deliberate** hinderance to disclose evidence is punishable.
> 증거를 밝히는 데 의도적인 방해는 처벌할 수 있다.

---

◆ 어원 TIP
- level → level(balance, weight) → 무게를 달아 균형을 맞추는 것 → 수준, 평평한, 평평하게 하다, 완전히 무너뜨리다

### ■■■ 우리말 대화로 단어 복습하기
가. 흔들리는(librate) 자동차 안에서 **균형을 유지하면서**(equilibrate) 신중히 **생각한다**(deliberate)는 것은 정말 힘들지 않니?
나. 그렇지.

---

## 어근 146 | LIC : 허락하다(to permit)

### 791. license [láisəns]
lic(to permit)+ense(명접)

'허락하는' 것이 → n. ① (특정한 일을 할 수 있도록 허락하는) **면허** ② (임무를 맡거나 일을 하는 데 필요한) **자격** ③ (구속을 받지 않는) **자유** ④ (자기 마음대로 행동하는) **방종** v. **허가하다**가 된 거지
- license plate **차량 번호판**
- licensed practical nurse **유자격 간호사**(LPN)
- syn. allow(허락하다), permit(허가하다), sanction(인가하다) ↔ ant. forbid(금지하다)

> The state has striped him of his **license**.
> 주 당국은 그의 면허를 박탈했다.
>                          stripe A of B A로부터 B를 박탈하다

### 792. licit [lísit]
lic(to permit)+it(형접)

'허락받은' 것을 → a. ① **허가받은** ② **합법적인** 것이 되지
- illicit[ilísit] a. ① **불법의** ② **사회 통념에 어긋나는**
- elicit[ilísit] v. (정보·반응을 어렵게) **끌어내다**
- syn. lawful(합법의)

> You're causing the biggest costs to **licit** traffic flows.
> 당신은 합법적인 통행에 가장 큰 비용을 치르고 있다.

### 793. leisure [líːʒər]
lei(to permit)+ure(명접)

'허락받은' 시간이 → n. ① **여가** ② **레저**가 된 거지
- leisurely[líːʒərli] a. ① **여유로운** ② **한가한** ③ **느긋한**
- syn. rest(휴식) ↔ ant. work(일)

Superwomen spent time with their children at the expense of **leisure** time.

슈퍼우먼들은 여가시간을 희생하면서 아이들과 시간을 보냈다.

**at the expense of** ~을 희생하고

---

**우리말 대화로 단어 복습하기**

가. 정부가 직장인의 **연차 휴가**(annual leave)를 적극 장려한다고 들었는데?

나. 연차 휴가는 **여가**(leisure)를 즐기는 직장인의 **합법적인**(licit) **면허**(license)와 같은 거야.

---

## 어근 147 | LINGU : 혀(tongue), 언어(language)

### 794. linguistics
[liŋgwístiks]

lingu(language)+ist(person)+ics(학문)

'언어학자가 하는 학문'이 → n. **언어학**이지

- linguist[líŋgwist] n. ① **언어학자** ② **수 개 국어에 능통한 사람**
- lingua franca[líŋgwəfrǽŋkə] n. ① **국제어** ② **공통어**

The author interviews **linguistics** experts and anthropologists.

저자는 언어학 전문가와 인류학자를 면담했다.

**anthropologist**[æ̀nθrəpάləd3ist] n. 인류학자

### 795. multilingual
[mʌltilíŋgwəl]

multi(many)+lingu(language)+al(형접)

'많은 언어를 하는' 것이 → a. ① **여러 언어를 사용하는** ② **여러 언어로 쓰인** 것을 말하지

- bilingual[bailíŋgwəl] a. ① **두 나라 말을 하는** ② **이중 언어를 구사하는**
- monolingual[mάnoulíŋgwəl] a. **단일 언어를 사용하는**

The **multilingual** education department would be monitoring campuses.

다언어교육부서가 캠퍼스 상황을 점검할 것이다.

---

**우리말 대화로 단어 복습하기**

가. 저기 안경을 쓰고 가는 여성 알고 있니?

나. 그녀는 **여러 언어를 사용할 수 있고**(multilingual) 해석할 수 있는 **언어학**(linguistics) 분야의 대가야.

---

## 어근 148 | LINQU, LICT, LIP : 남기다(to leave)

### 796. delinquency
[dilíŋkwənsi]

de(from)+lingu(to leave)+ency(명접)

(사회적 기준에)'벗어나 남겨진 상태' 를 → n. ① (청소년이면) **비행**
② (세금이면) **체납** ③ (납입 기한이면) **연체**가 되는 거지

- delinquent[dilíŋkwənt] a. ① **비행의** ② **체납된** n. ① **체납자** ② **범죄**

- juvenile **delinquency 청소년 비행**
- interest for **delinquency 연체 이자**
- **delinquent** payment **대출금 상환 연체**
- syn. **mis**deed(비행), **mis**conduct(비행)

My credit scores were in the toilet because of **delinquencies**.
내 신용점수는 연체로 인해 바닥이었다.
**in the toilet 바닥에 있는**

## 797. **re**linquish [rilíŋkwiʃ]
re(from)+linqu(to leave)+ish(동접)

(자신의 권한을)'벗어나 남아 있는' 것이 → v. ① (일이나 자기의 권리·자격이면)
**포기하다** ② (남에게 넘겨주면) **양도하다** ③ (할일을) **그만두다**가 된 거지
- **re**linqu**ish**ment[rilíŋkwiʃmənt] n. ① **포기** ② **양도** ③ **단념** ④ **철회**
- **relinquish** a bad habit **악습을 버리다**
- syn. **a**bandon(포기하다), **sur**render(포기하다), **re**nounce(포기하다),
  **for**sake(포기하다), **give** up(포기하다)

He refused to **relinquish** trademark rights.
그는 상표권 포기를 거절했다.

## 798. **re**lic [rélik]
re(from)+lic(to leave)

'(조상으로)부터 남겨진' 것이 → n. ① (물건이나 관습이면) **유물** ② (역사적
사실의 자취면) **유적**이라고 하지
- **re**lict[rélikt] n. ① **잔존 광물** ② **잔존 생물**
- **de**re**lict**[dérəlìkt] a. ① (건물, 대지가) **유기된** ② **버려진** n. ① **유기물** ② **부랑자**

Here are other **relics** from the ill-fated ocean liner.
비운을 맞이한 원양 여객선에서 다른 유물이 나왔다.
**ocean liner 원양 여객선**

## 799. **ec**lipse [iklíps]
ec(out)+lip(to leave)+se(명접)

'(보이지 않게) 밖으로 남겨진' 것이 → n. ① (일식·월식의) **식** ② (중요성,
권력 등이) **퇴색** v. ① (달·지구 등이 다른 천체를) **가리다** ② **빛을 잃게[**
**무색하게] 만들다**가 된 거지
- total/partial lunar **eclipse 개기/부분 월식**

The movie **eclipses** the performance of its predecessor.
그 영화는 전편의 성과를 무색하게 만들었다.
**predecessor**[prédisèsər] 전임자, 앞서 있었던 것

---

◆ 어휘 플러스
**ell**ipse[ilíps] 타원 / **ell**ipsis[ilípsis] 생략, 생략 부호 / **ell**iptical 생략된, 타원형의

---

■■■ 우리말 대화로 단어 복습하기
가. 한때 **비행(delinquency)**을 저지르고 학업을 **포기하려(relinquish)**던 그가 지금 위대한 **고고학자(archaeologist)**가

된 계기가 뭐지?

나. 청소년 선도프로그램 일환으로 **유적(relic)**탐사에 갔다가, **고고학(archaeology)**에 흥미를 느꼈다는군.

나. 그의 스토리는 기존의 편견을 **무색하게 만들어(eclipse)** 버린 대단한 사건이지.

---

| 어근 149 | LIQU, AQUA : 액체(fluid), 물(water) → '돈이나 문제 등을 물로 씻듯이 없애다'는 비유적 표현으로 발전함.<br>BIBE, BEV : 마시다(to drink)　　　　※ 동의어근 HYDR(O)(어근127) |
|---|---|

### 800. liquid [líkwid]
liqu(fluid)+id(형접)

'액체' 는 → n. **액체** a. ① **액체의** ② (현금화하기 쉬운 거면) **유동성의**
③ (투명하고 깨끗하면) **맑은** ④ (푸르고 아름다우면) **청아한** 것이 되는 거지
- **liqu**i**date**[líkwidèit] v. ① **청산하다** ② **매각하다** ③ (문제의 원인 등을) **제거하다**
- **liqu**i**dation**[lìkwidéiʃən] n. ① **청산** ② **정리** ③ **현금화** ④ **제거**
- **liqu**i**dity**[likwídəti] n. ① (자산의) **유동성** ② **환금성** ↔ i**lliquidity** 유동성 부족
- **liqu**or[líkər] n. ① **독한 술** ② **독주** ③ **술**
- **liquid** assets/capital **유동 자산/자본**
- excess(surplus) **liquidity** 과잉 유동성
- **liquidity** deficit 유동성 부족　　● short-term **liquidity** 단기 유동성
- **illiquidity** fund/assets **고정자금/비유동성 자산**
- syn. **flu**id(액체)

> The Foundation will **liquidate** its holdings.
> 재단은 보유자산을 매각할 것이다.

### 801. aquaculture
[ǽkwəkʌ̀ltʃər]
aqua(water)+culture(to till 경작하다)

'물에서 경작하는' 것을 → n. ① **수경재배** ② **수산 양식**이라고 하지
- **aqua**rium[əkwɛ́əriəm] n. **수족관**
- **aqua**tic[əkwǽtik] a. ① **수생의** ② **물과 관련된**
- aquatic life **수중 생물**
- offshore **aquaculture** 근해양식

> The Ministry of Maritime Affairs and Fisheries manages programs for **aquaculture**.
> 해양수산부는 수경재배를 위한 프로그램을 관리한다.

### 802. beverage [bévəridʒ]
bever(to drink)+age(명접)

'마시는 것' 을 → n. ① **음료** ② **마실 것**이라고 하지
- a refreshing **beverage** 청량음료

> A 10% increase in average minimum prices across **beverage** types results in a 3.4% decrease.
> 최소 평균 10%의 음료수 가격 상승은 음료 소비를 3.4% 감소시켰다.

### 803. imbibe [imbáib]
im(in)+bibe(to drink)

'안으로 마시는' 것이 → v. ① **마시다** ② (정보, 사상을) **받아들이다**가 된 거지
- **im**bi**bition**[ìmbibíʃən] n. ① **흡입** ② **흡수** ③ **동화**

He began to **imbibe** Socialist ideas.
그는 사회주의 사상을 받아들이기 시작했다.

■■■ **우리말 대화로 단어 복습하기**

가. 한때 **유동성(liquid) 위기(crisis)**를 겪었던 **농장(farm)**이 **빚(debt)**을 **청산하고(liquidate)** 어떻게 선도적인 농장이 되었지?

나. **인공지능(artificial intelligence)**을 이용한 **수경재배(aquaculture)**가 대박을 쳤다는군.

■■■ **우리말 대화로 단어 복습하기**

가. 여름에 **설사(diarrhea)**와 **복통(stomachache)**을 유발할 수 있는 요인은 뭐죠?

나. 덥다고 차가운 **음료(beverage)**를 자주 **마신다(imbibe)**면 그럴 수 있어.

---

## 어근 150

**LITERA** : 글(letter)    ※ **동의어근 GRAM, GRAPH(어근119)**

### 804. literal [lítərəl]
litera(letter)+al(형접)

'글자' 가 → 그 자체만을 의미하면 → a. ① **글자 그대로의** ② **직역의**
③ **상상력이 부족한** 표현이 되지

- literacy[lítərəsi] n. **읽고 쓰는 능력**
- literate[lítərət] a. **읽고 쓸 줄 아는** ↔ ant. illiterate **읽고 쓸 줄 모르는**
- literature[lítərəʧər] n. ① **문학** ② **문헌**
- literary[lítərèri] a. ① **문학의** ② **문학적인**
- literally[lítərəli] ad. **글자 그대로**
- literal translation **직역**
- syn. **word for word**(글자 그대로의)

The work was a **literal** embodiment.
그 작품은 글자 그대로의 전형을 보여준다.
embodiment[embádimənt] (사상, 특질을 보여주는) **전형, 화신**

### 805. obliterate [əblítərèit]
ob(against)+liter(letter)+ate(동접)

'글자를 반대로 하는' 것이 → v. ① (흔적을) **없애다** ② **지우다**가 된 거지
- obliteration[əblìtəréiʃən] n. ① **말소** ② **삭제** ③ **소멸** ④ **망각**
- delete[dilíːt] v. (쓰거나 인쇄한 것을) **삭제하다**
- syn. erase(지우다), cancel(삭제하다), annihilate(말살하다)

They do everything they can to **obliterate** the evidence.
증거를 없애기 위해 그들이 할 수 있는 모든 것을 다했다.

---

◆ **어휘 플러스**
alliterate 두운을 맞추다, 두운을 사용하다 / alliteration 두운, 두운법칙

가. 실록과 시에 대한 네 생각은 어때?

나. 실록은 사실을 **왜곡(distortion)**하거나 **삭제하지(obliterate)** 않고 **글자 그대로의(literal)** 해석이 필요하고, 시는 역시 **두운을 맞추면서(alliterate)** 이어가는 리듬감 있는 시가 최고지.

---

## 어근 151 | LOC : 장소, 위치하다(to place)

### 806. local [lóukəl]
loc(to place)+al(형접)

'장소에' 위치하는 것이 → a. ① (구역, 경계 안이면) **지역의** ② (일이 벌어진 그곳을 말하면) **현지의** ③ (인체의) **일부에 대한** n. ① **주민** ② **현지인** ③ (노조) **지부** ④ (느림을 말하면) **완행버스** ⑤ (느림을 말하면) **완행열차**가 된 거지

- loc**ate**[lóukeit] v. ① **정확한 위치를 찾아내다** ② **두다** ③ **설치하다** ④ (특정 장소에서) **사업을 시작하다**
- loc**ation**[loukéiʃən] n. ① **장소** ② **위치** ③ (영화의) **야외 촬영지[로케이션]** ④ **위치[소재] 찾기**
- loc**alism**[lóukəlìzm] n. ① **지방색** ② **향토애** ③ **지방적 편협성**
- loc**ality**[loukǽləti] n. ① **인근** ② (…가 존재하는) **곳**
- loc**us**[lóukəs] n. ① **장소** ② **현장**
- **local**/general anesthesia **국소/전신 마취**
- syn. region**al**(지역의)

> She advises on a breadth of issues including **local** transactions.
> 그녀는 지역의 거래 관행 등 폭넓은 문제를 조언한다.

### 807. allocate [ǽləkèit]
al(to)+loc(to place)+ate(동접)

'장소에 두는' 것이 → v. ① (몫을 나누어) **할당하다** ② (몫을 나누어) **배분하다** ③ (계획이나 방책을) **책정하다**가 된 거지

- al**loc**ation[æləkéiʃən] n. ① **할당** ② **배분** ③ **할당량**
- re**loc**ate[riːlóukeit] v. ① **재배치하다** ② **이전시키다** ③ **이전하다**
- rea**loc**ate[riːǽləkèit] v. **재분배하다**
- de**loc**alize[diːlóukəlàiz] v. ① **본래의 장소에서 옮기다** ② **지방색을 없애다**
- dis**loc**ate[dísloukèit] v. ① (뼈를) **탈구시키다** ② (시스템·계획 등을) **혼란에 빠뜨리다**
- syn. as**sign**(할당하다), a**lot**(할당하다), dis**tribute**(분배하다)

> The program would **allocate** a quarter of the revenue to renewable-energy plants.
> 그 프로그램은 수입의 1/4를 재생 가능 에너지 공장에 할당하게 될 것이다.
> ① revenue[révənjùː] 수입, 소득 ② renewable-energy 재생 가능 에너지

---

◆ **어원 TIP**
- locomot**ion** → loco(to place)+mot(to move)+ion(명접) → (특정)장소로 이동하는 것 → 이동, 운동
- locomot**ive** → loco(to place)+mot(to move)+ive(명접) → (특정)장소로 가는 것 → 기관차

가. 새로운 공장을 설립하려고 하는데 **지역(local)**민들의 동의를 얻는 좋은 방법은 없을까?

나. 그렇기 위해서는 **채용(recruit)**할 때 지역민들을 우선 **할당하는(allocate)** 것이 **효과적인(effective)** 방법이지.

---

| 어근 152 | LOCUT, LOGUE, LOGY, LOQU : 말하다(to speak), 말(word) |
|---|---|
| | ※ 동의어근 DIC, DICT(어근75) / FE, FESS(어근89) / ORA, ORE(어근202) |

## 808. log**ic** [látdʒik]
log(to speak)+ic(명접)

'말로 하는' 것이 → n. ① (사고나 추리를 말하면) **논리** ② (판단의 가치면) **타당성** ③ (생각의 형식과 법칙 연구면) **논리학**이 되는 거지
- log**ical**[látdʒikəl] a. ① **논리적인** ② **타당한** ③ **사리에 맞는**
- log**istic**[loudʒístik] n. **기호 논리학** a. ① (군대의) **병참의** ② **물류의**
- log**istic** costs **물류비용**
- syn. **reason**ing(추론)

> Increased transparency, the **logic** goes, will win support.
> 논리대로라면, 증가 된 투명성은 지지를 얻어낼 것이다.
> transparency[trænspéərənsi] 투명성

## 809. dia**logue** [dáiəlɔ̀ːg]
dia(between)+logue(to talk)

'(두 사람) 사이에서 말하는' 것이 → n. **대화**지
- syn. **con**vers**ation**(대화)

> We engage in constructive political **dialogue**.
> 우리는 건설적인 정치 대화에 돌입했다.

## 810. epi**logue** [épəlɔ̀ːg]
epi(upon)+logue(to say)

'(마지막에) 덧붙이는 말' 을 → n. ① (연극·영화·소설의) **끝맺는 말** ② **맺음말**이라고 하지
- syn. **post**script(후기) ↔ ant. **pro**logue(머리말)

> This lofty **epilogue** is the book's own focus.
> 이런 식의 고상한 결말은 그 책 자체의 주안점이다.
> lofty[lɔ́ːfti] 고상한, 높은

---

◆ **어원 TIP**
- ana**log**[ǽnəlɔ̀ːg] → ana(up)+log(word) → 말로 강하게 하는 것 → 아날로그식의, 유사체
- cata**logue**[kǽtəlɔ̀ːg]→ cata(down)+logue(to speak) → (상품 등의 특징을) 아래에 하는 말 → 카탈로그, 목록
- blog → web+log → 웹으로 하는 말 → 블로그
- **loqu**acious[loukwéiʃəs] → loqu+ac(사람)+ious(형접) → 말하기 좋아하는 사람의 → 말이 많은
- col**loqu**ial[kəlóukwiəl] → col(together)+loqu(to speak)+ial(형접) → 함께 말하는 것이 → (일상적인 대화면) **구어체의, 일상적인 대화체의**

## ■ 우리말 대화로 단어 복습하기

가. **주인공(protagonist)**들의 **대화(dialogue)**를 **구어체(colloquial)** 방식으로 쓴 **논리학(logic)** 책이 **열렬한(avid)** 독자층을 형성하고 있다고 하지?

나. 특히 그 책의 **서문(prologue)**과 **맺음말(epilogue)**은 두고두고 회자되고 있어.

---

## 어근 153 — LONG : 긴, 오래 지속하는

### 811. longevity [lɑndʒévəti]
long+ev+ity(명접)

'오래 지속하는' 것이 → n. ① (오래 사는) **장수** ② (오래 근무하는) **장기근속**이 된 거지
- longitude[lɑ́ndʒətjùːd] n. **경도**
- lifelong[láiflɔ̀(ː)ŋ] a. ① **평생 동안의** ② **일생의**
- lifelong education **평생교육**
- life span **수명**

> Criteria are **longevity** and innovation.
> 기준은 장기근속과 혁신이다.

### 812. elongate [ilɔ́ːŋgeit]
e(out)+long+ate(동접)

'밖으로 길게 하는' 것이 → v. ① **길어지다** ② **길게 늘이다** ③ **연장하다**가 된 거지
- elongation[iːlɔːŋgéiʃən] n. ① **연장** ② **신장** ③ **이각**; 태양과 행성 간의 각(角)거리
- prolong[prəlɔ́(ː)ŋ] v. ① **연장시키다** ② **연장하다** ③ **길어지다** ④ **지속되다**
- length[leŋkθ] n. ① **길이** ② **기간** ③ **거리**
- lengthen[léŋkθən] v. ① **길어지다** ② **늘어지다** ③ **길게 하다** ④ **늘이다**
- syn. stretch(늘이다)

> Such exercises help **elongate** the muscles.
> 그러한 운동은 근육을 늘리는 데 도움을 준다.

### 813. longing [lɔ́ːŋiŋ]
long+ing(명접)

'(무언가를 위해 목을) 길게 하는' 것이 → n. ① (간절한 바람이면) **갈망** ② (열렬히 바라면) **열망** a. ① **갈망하는** ② **열망하는** 것이 된 거지
- long for ① **열망하다** ② **갈망하다**
- longhead (속어) **선견지명**    • a long shot **거의 승산 없는 것**
- by a long shot (부정문에서) ① **결코** ② **절대로**
- syn. yearning(열망), desire(욕망, 갈망하다)

> Their story expressed the human **longing** for communication.
> 그들 이야기는 소통에 대한 인간의 갈망을 표현했다.

## 우리말 대화로 단어 복습하기

가. 백세시대 접어든 현대사회는 **장수(longevity)**로 인해 초래되는 문제는 무엇일까?

나. **정년(retirement age)**을 **연장(elongation)**하려는 중장년층과 취업을 **열망(longing)**하는 청년층 사이에 이해가 **충돌(conflict)**하고 있어.

---

### 생활 속 영단어로 어원 친해지기

**티케** : 이번 회에 배운 어근이 뭐였더라?

**토끼** : 143. 가벼운, 들어 올리다 lev / 144. 자유로운 liber, liver / 145. 무게를 달다, 균형을 이루다 libra / 146. 허락하다 lic / 147. 혀 lingu / 148. 남기다 linqu / 149. 물, 액체 liqu, aqua / 150. 글 litera / 151. 장소, 위치하다 loc / 152. 말하다 locut, logue, logy, loqu / 153. 긴, 그리워하다 long이 있어요.

**티케** : 일상 속에서 활용한 사례를 말해주겠니?

**고양이** : 우리가 자주 가는 **'아쿠아리움'** 'aquarium', **'운전면허'** 'driving licence', 뉴욕의 상징인 **'자유의 여신상'** 'statue of liberty'이 생각났어요.

**티케** : 좋아요. 설명을 덧붙이면,

○ aquarium → aqua(water)+ium(명접) → 물이 담아있는 곳 → **수족관**

○ statue → sta(to stand)+ue(명접) → 세워서 만든 작품 → **조각상**이라고 하지, stay를 생각하면 쉽게 이해할 거야.

**티케** : 다음 회에 배울 어근은 luc, lum / lud, lus / lysis이지요.

| 어근 154 | LUC, LUM(IN) : 밝히다(to light up), 빛나게 하다(to shine) '루미나리에(luminarie) 축제' 즉 '빛 축제', '로마의 달의 여신' 'luna'에서 기원. '조도의 국제단위' 'lux(럭스)' ※ 동의어근 CAND, CENS(어근31) / PHOTO(어근222) |
|---|---|

## 814. lucid [lúːsid]
luc(to light up)+id(형접)

'밝히는 것' 이 → a. ① (말이나 글의 조리이면) **명쾌한** ② (말이 뚜렷하고 분명하면) **명료한** ③ **의식이 또렷한** 표현이 되는 거지
- lucidity[luːsídəti] n. ① **명석** ② **맑음** ③ **명쾌함**
- elucidate[ilúːsədèit] v. ① **설명하다** ② **해명하다**
- a lucid explanation **명쾌한 설명**
- syn. transparent(명료한), bright(밝은)

> He designed parts with a **lucid** visual style.
> 그는 명쾌한 시각적인 스타일로 부품을 설계했다.

## 815. luster [lʌ́stər]
lus(to light up)+er(명접)

'빛나게 해주는 것' 이 → n. ① (찬란하고 밝은 빛이면) **광채** ② (물체의 표면이 번쩍이게 하면) **광택** ③ (물체의 표면이 번쩍이게 하는 물질이면) **광택제**
v. ① **윤나게 닦다** ② **~에 영광을 주다**가 되는 거지
- lackluster[lǽklʌ̀stər] a. ① **흐리멍덩한** ② **활기 없는** ③ **광택이 없는**
- luxury[lʌ́kʃəri] n. ① **호화로움** ② **사치** ③ **럭셔리**
- syn. gloss(광택), sheen(광채), shine(빛나게 하다)

> Boring basketball has tarnished the **luster** and alienated fans.
> 지루한 농구가 명성을 더럽히고 팬들을 멀어지게 했다.
> ① tarnish[tɑ́ːrniʃ] 흐리게 하다, 더럽히다 ② alienate[éiljənèit] 멀리하다

## 816. illuminate [ilúːmənèit]
il(in)+lumin(to light up)+ate(동접)

'안을 빛나게 하는' 것이 → v. ① (밝게 하면) **비추다** ② (이해하기 쉽게) **밝히다** ③ **조명을 설치하다** ④ (사람의 얼굴 등을) **빛나게 만들다**가 된 서시
- luminant[lúːmənənt] a. ① **빛나는** ② **빛을 내는** n. **발광체**
- luminary[lúːmənèri] n. ① **발광체** ② **권위자** ③ **전문가**
- syn. brighten(밝게 하다), elucidate(명료하게 하다), clarify(명백하게 설명하다) ↔ ant. darken(어둡게 하다), obscure(감추다)

> It can **illuminate** the taste and texture of a fish.
> 그것은 어류의 맛과 질감을 높여줄 수 있다.
> texture[tékstʃər] 직물, 감촉

## 817. illustrate [íləstrèit]
il(in)+lus(to light up)+tr+ate(동접)

'안을 밝혀주는' 것이 → v. ① (내용을 보완하거나 이해를 돕는 그림이면) **삽화를 넣다** ② (실례·도해 등으로) **분명히 보여주다** ③ (사실을 근거한 증거로) **실증하다**가 된 거지
- illustration[ìləstréiʃən] n. ① **삽화** ② **도해** ③ **실례**
- illustrated magazine 화보
- syn. exemplify(예증하다)

It is a way to **illustrate** a rock band's identity.
그것은 록밴드의 정체성을 설명해주는 방식이다.

## 818. translucent
[trænslúːsnt]
trans(through)+luc(to light up)
+ent(형접)

'통과하여 비추는' 것이 → a. (부분적으로 보이면) **반투명한** 거지

- trans**parent**[trænspéərənt] a. **투명한**
- opaque[oupéik] a. **불투명한**
- de**luxe**[dəlúks] a. ① **호화로운** ② **사치스런** ad. **호화롭게**
- de luxe **고급의**   ● articles deluxe **사치품**
- syn. **semi**trans**par**ent(반투명한)

The onions have softened and are **translucent**.
양파가 부드러워지고 반투명해졌다.

---

■■■ **우리말 대화로 단어 복습하기**

가. **루미나리에(luminarie)** 즉 불빛 축제가 열리고 있는 거리는 사람들이 재잘대는 **명쾌한(lucid)** 목소리가 도시의 밤거리를 가득 채우고 있어?

나. **삽화를 넣은(illustrate) 투명한(transparent)** 또는 **반투명한(translucent)** 전구와 전등이 쇼윈도를 **비추니(illuminate), 반사(reflection)**되어 **광채(luster)**가 나네요.

---

### 어근 155   | LUD, LUS : 연주하다, 놀다(to play)

## 819. allude [əlúːd]
al(to)+lude(to play)

'접근하여 놀아주는' 것이 → v. ① (넌지시 깨우쳐 주기 위한 거면) **암시하다**
② (어떤 문제에 대해 말하면) **언급하다** ③ **넌지시 말하다**가 된 거지

- al**lusion**[əlúːʒən] n. **암시**
- al**lusive**[əlúːsiv] a. **암시하는**
- ant. re**fer**(직접적으로 언급하다)

Members of the department **allude** to their status.
백화점 직원들은 자신들의 신분을 넌지시 말했다.

## 820. collude [kəlúːd]
col(with)+lude(to play)

'함께 노는 것' 이 → v. ① (불법적인 행위를 위한 거면) **공모하다** ② (마음이 맞아 한통속이면) **결탁하다**가 되는 거지

- col**lusion**[kəlúːʒən] n. ① **공모** ② **결탁** ③ **음모**
- price **collusion** **가격 담합**
- syn. con**spire**(공모하다)

Writers **collude** with totalitarian regimes in their silence.
작가들은 침묵으로 전체주의적 정권과 결탁했다.
① totalitarian[toutæ̀lətɛ́əriən] 전체주의의 ② regime[reiʒíːm] 정권

## 821. delude [dilúːd]
de(from)+lude(to play)

'(본질을)벗어나 노는' 것이 → v. ① (거짓을 진실로 꾸미면) **속이다** ② (실제와 다르게 느끼거나 생각하게 하면) **착각하게 하다** ③ (정신을 어지럽게 하여 홀리면) **현혹하다**가 된 거지
- **delusion**[dilúːʒən] n. ① **망상** ② **착각** ③ **오해**
- **delusive**[dilúːsiv] a. ① **기만적인** ② **현혹하는**
- syn. **mislead**(속이다), **deceive**(기만하다), **trick**(속이다)

> They have no purpose to **delude** the audience.
> 그들은 청중을 기만할 의도는 없었다.

## 822. elude [ilúːd]
e(out)+lude(to play)

(영역)'밖으로 노는' 것이 → v. ① (위험·추적·추궁·법률·의무 등을 하지 않으면) **피하다** ② **이룰 수가 없다** ③ (사리를 분별을 말하면) **이해할 수가 없다** ④ (지난 일이면) **기억할 수가 없다**가 된 거지
- **elusion**[ilúːʒən] n. ① **회피** ② **도피**
- **elusive**[ilúːsiv] a. ① **파악하기 어려운** ② **규정하기 힘든**
- **elude** analysis **분석이 힘들다**   ● **elude** taxation **납세를 회피하다**
- **elude** the law **법망을 뚫다**
- **elude** comprehension **도저히 이해할 수 없다**
- syn. **evade**(피하다)

> The works continue to **elude** apprehension
> 그 작품은 계속해서 이해하기 힘들었다.

## 823. interlude [íntərlùːd]
inter(between)+lude(to play)

'사이에서 플레이하는' 것을 → n. ① (연극, 영화, 일이면) **막간** ② **사이** ③ (막간을 채우는) **작품**으로 표현하지
- **prelude**[préljuːd] n. ① (음악) **서곡** ② (중요한 일의) **서곡** ③ **전주곡**
- **intermission**[ìntərmíʃən] n. (연극, 영화 막간의) **중간 휴식**

> The World Cup is merely an **interlude**.
> 월드컵은 막간에 불과하다.

## 824. illusion [ilúːʒən]
il(on)+lus(to play)+ion(명접)

'(뭔가에 홀린 듯) 붙어서 노는' 것이 → n. ① (현실에 없으면) **환상** ② (그릇되게 해석하거나 잘못 알면) **오해** ③ (실제와 다르게 느끼거나 생각하면) **착각**이라고 하지
- **illusory**[ilúːsəri] a. ① **가공의** ② **실체가 없는** ③ **환상에 불과한**
- **ludicrous**[lúːdəkrəs] a. ① **익살맞은** ② **터무니없는** ③ **바보 같은**
- **disillusion**[dìsilúːʒən] n. **환멸** v. **환멸을 느끼게 하다**
- syn. **misunderstanding**(오해), **misconception**(오해), **hallucination** (망상), **fantasy**(환상) ↔ ant. **reality**(현실)

> Quarterly financial statements were filled with **illusory** accounting gimmicks.
> 분기재무제표가 가공의 회계 수법으로 가득 차 있었다.
> ① **financial statement** 재무제표 ② **gimmick**[gímik] 술책, 수법

가. 지금 공연하고 있는 연극의 주제가 뭐지?

나. 악덕 업주들이 **공모하여**(collude) 국민을 **속이고**(delude), 세금을 **회피하다**(elude)가 심판을 받는 내용이지.

나. 그리고 사회의 **부패**(corruption)를 고발하고, 현실을 **착각**(illusion)하며 사는 사회 지도층의 통렬한 **반성**(reflection)을 촉구하는 **막간극**(interlude)으로 엄청난 반향을 일으키고 있어.

나. 거기에 **내부 고발자**(whistle blower)의 직장 내 **따돌림**(bullying)을 통하여 우리 사회의 **모순**(inconsistence)을 **암시하고**(allude) 있지.

---

## 어근 156

LY(SIS) : 풀다(to loosen)  ※ **동의어근 SOLV, SOLU, SOLUT(어근274)**

---

825. **analysis** [ənǽləsis]
ana(up)+lysis(to loose)

'강하게 풀어주는 것' 이 → n. ① (얽혀 있거나 복잡한 것을) **분석** ② (문장이나 사물의 뜻의) **해석**이 된 거지

- analyse[ǽnəlàiz] v. **분석하다**
- analyst[ǽnəlist] n. ① **분석가** ② **애널리스트**
- analytic[ænəlítik] a. **분석적인** = analytical
- psychoanalysis[sàikouənǽlisis] n. **정신 분석**

> This is bog-standard Keynesian **analysis**.
> 이것은 평범한 케인스 분석이다.
>
> **bog-standard** 평범한

826. **paralysis** [pərǽləsis]
para(beside)+lysis(to loose)

'옆으로 풀어지는' 것이 → n. ① (신체) **마비** ② (기능) **마비**가 된 거지

- paralyse[pǽrəlàiz] v. ① (신경・근육을) **마비시키다** ② (기능을) **마비시키다**
- Paralympics 세계 장애인 올림픽
- syn. numbness(마비), palsy(마비)

> Many China watchers refer to its one-child policy as a decade of **paralysis**.
> 많은 중국 관측통들은 중국의 한 자녀 정책이 기능이 마비된 지 10년이 넘었다고 말한다.
>
> **refer A to B** A를 B로 간주하다

---

◆ **어원 TIP**

- catalysis[kətǽləsis] → cata(down)+ly(to loose)+sis(명접) → 아래로 (물질을) 풀어주는 것 → **촉매작용**
- catalyst[kǽtəlist] **촉매제, 기폭제**

---

우리말 대화로 단어 복습하기

가. **약사**(pharmacist)들이 학회에서 오늘 **발표한**(announce) 내용이 뭐지?

나. 신체의 **마비**(paralysis)를 일으키는 독**버섯**(mushroom) 성분과 **특징**(feature)을 **분석**(analysis)한 결과야.

# 기본어휘 14

Q

- quality[kwáləti]　　　　　　　　　n. 질, 자질, 품질 ↔ quantity 양
- qualitative[kwálətèitiv]　　　　　a. 질적인 ↔ quantitative 양적인
- qualified[kwáləfàid]　　　　　　 a. 자격을 갖춘, 자격이 있는 ↔ unqualified 자격이 없는, 무자격의
- question　　　　　　　　　　　 n. 질문 v. 질문하다 ↔ answer 대답, 대답하다
- questionable　　　　　　　　　 a. 의심스러운, 문제가 되는 ↔ unquestionable 의심할 여지없는
- quicken[kwíkən]　　　　　　　　v. 빠르게 하다, 빨라지다 ↔ slow 느리게 하다, 느려지다, 느린
- quiet　　　　　　　　　　　　　a. 조용한, 한가한 ↔ unquiet 조용하지 않는, 불안한
- quote[kwout]　　　　　　　　　 v. 인용하다 ↔ unquote 인용을 끝내다

R

- radical[rǽdikəl]　　　　　　　　a. 급진적인, 근본적인 ↔ gradual 점진적인, 단계적인
　　　　　　　　　　　　　　　　　cf. progressive 진보적인 ↔ conservative 보수적인
- rash　　　　　　　　　　　　　　a. 분별없는, 무모한 ↔ cautious 신중한
　　　　　　　　　　　　　　　　　　　cf. rush 급히 움직이다, 서두르다
- rational[rǽʃənl]　　　　　　　　 a. 이성적인, 합리적인 ↔ irrational 비이성적인, 비합리적인
- raw　　　　　　　　　　　　　　a. 익히지 않는, 가공되지 않은 ↔ cooked 익힌 processed 가공된
- real　　　　　　　　　　　　　　a. 진짜의, 현실적인 ↔ ideal 이상적인 nominal 명목상의
- realism　　　　　　　　　　　　 n. 현실주의 ↔ idealism 이상주의
- realty　　　　　　　　　　　　　 n. 부동산 = real estate ↔ personalty 동산 =
　　　　　　　　　　　　　　　　　　　　personal property[estate]
- realistic　　　　　　　　　　　　a. 현실적인 ↔ idealistic 이상주의적인, 비현실적인 = unrealistic
- reason　　　　　　　　　　　　 n. 이성 ↔ intuition[ìntjuíʃən] 직관, instinct 본능 emotion 감정
- regular[régjələr]　　　　　　　　a. 규칙적인, 정상적인 ↔ irregular 불규칙적인, 고르지 못한
- reject　　　　　　　　　　　　　v. 거절하다, 거부하다 ↔ accept 받아들이다, 승인하다
- rejection　　　　　　　　　　　 n. 거절, 거부 ↔ acceptance 받아들임, 승인
- rejoice　　　　　　　　　　　　 v. 기뻐하다 ↔ grieve 슬퍼하다
- religious　　　　　　　　　　　 a. 종교적인, 신앙심이 깊은 ↔ secular[sékjələr] 세속적인
- remembrance[rimémbrəns]　　　n. 기억, 추억, 추모 ↔ forgetfulness 건망증, 잊기 쉬움
- republic　　　　　　　　　　　 n. 공화국 ↔ monarchy[mánərki] 군주제
- resident　　　　　　　　　　　 a. 거주하는, (새. 짐승이) 거주하는 ↔ migratory 이주하는
　　　　　　　　　　　　　　　　　cf. resident bird 텃새 ↔ migratory bird 철새
- resist　　　　　　　　　　　　　v. 저항하다 = withstand ↔ submit 굴복하다, 복종하다
- resistance　　　　　　　　　　 n. 저항, 반항, 반대 ↔ submission 굴복, 복종, 항복, 순종
- respect　　　　　　　　　　　　v. 존경하다 n. 존경 ↔ despise 경멸하다, 멸시하다
- respectable　　　　　　　　　　a. 존경할 만한 ↔ contemptible 멸시할 만한
- result　　　　　　　　　　　　　n. 결과 = effect, consequence ↔ cause 원인
- retail　　　　　　　　　　　　　n. 소매 ↔ wholesale 도매

| | |
|---|---|
| • re**tard** | v. 지체시키다, 지연시키다 = **dece**lerate 감속하다 n. 저능아 ↔ ac**celer**ate 가속하다 |
| • re**veal**[rivíːl] | v. 폭로하다, 드러내다 ↔ con**ceal** 숨기다 |
| • re**vel**ation[rèvəléiʃən] | n. 폭로, 누설 ↔ con**cealment** 숨김, 은폐 |
| • re**view** | v. 복습하다, 재검토하다 n. 재검토 ↔ pre**pare** 예습하다 cf. pre**view** 시사회 |
| • re**ward** | n. 보상, 보상금 ↔ punish**ment** 처벌 |
| • rough[rʌf] | a. 거친, 대략의 ↔ smooth 매끄러운, 부드러운 |
| • round | a. 둥근 ↔ square 정사각형의 |
| • rul**er** | n. 통치자, 지배자 ↔ sub**ject** 신하, 백성, 피지배자 |
| • rur**al** | a. 시골의 ↔ urb**an** 도시의 |
| • rust**ic**[rʌstik] | a. 시골특유의, 투박한 ↔ urb**ane** 도시풍의, 세련된 |

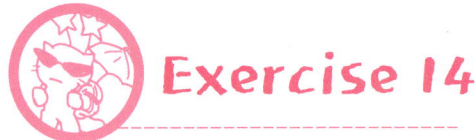

# Exercise 14

***1.*** (A)에 제시된 어근의 의미를 가장 적절하게 표현한 것을 (B)에서 찾아 쓰시오.

| (A) | (B) |
|---|---|
| 1) LONG _____ | ⓐ 면(side) |
| 2) LITERA _____ | ⓑ 자유로운(free) |
| 3) LAPS, LAB _____ | ⓒ 남기다(to leave) |
| 4) LECT _____ | ⓓ 말하다(to speak) |
| 5) LIBER, LIVER _____ | ⓔ 액체(fluid), 물(water) |
| 6) LINGU _____ | ⓕ 법(law), 묶다(to bind), 읽다(to read) |
| 7) LUD, LUS _____ | ⓖ 일하다(to work) |
| 8) LATERAL _____ | ⓗ 운반하다(to carry) |
| 9) LIBRA _____ | ⓘ 선택하다(to choose) |
| 10) LINQU _____ | ⓙ 올리다(to raise), 가벼운(light) |
| 11) LOCUT, LOGUE, LOGY _____ | ⓚ 허락하다(to permit) |
| 12) LABOR _____ | ⓛ 빛(light) |
| 13) LAV, LUT _____ | ⓜ 씻다(to wash) |
| 14) LEG, LIG _____ | ⓝ 무게를 달다(to weigh), 균형을 이루다(to balance) |
| 15) LIC _____ | ⓞ 장소, 위치하다(to place) |
| 16) LIQU _____ | ⓟ 긴, 오래, 그리워하다 |
| 17) LOC _____ | ⓠ 연주하다, 놀다(to play) |
| 18) LUC, LUM _____ | ⓡ 혀(tongue), 언어 |
| 19) LEV _____ | ⓢ 미끄러지다(to glide), 떨어지다(to fall) |
| 20) LATE _____ | ⓣ 글(letter) |

**2.** 제시된 단어 중 의미가 가장 적절한 것을 찾아 괄호 안에 넣으시오.

---

ⓐ liquidate ⓑ translucent ⓒ aquaculture ⓓ license ⓔ alliterate ⓕ analysis ⓖ lapse ⓗ interlude
ⓘ beverage ⓙ luster ⓚ latent ⓛ collude ⓜ collateral ⓝ alleviate ⓞ liberal ⓟ paralysis ⓠ librate ⓡ lever
ⓢ longevity ⓣ delude ⓤ imbibe ⓥ colloquial ⓦ illustrate ⓧ ellipse ⓨ illusion ⓩ multilingual

---

1) (　　) : 지렛대 　　　　2) (　　) : 속이다 　　　　3) (　　) : 받아들이다
4) (　　) : 완화하다 　　　5) (　　) : 여러 언어를 사용하는 　6) (　　) : 삽화를 넣다
7) (　　) : 진보적인 　　　8) (　　) : 마비 　　　　9) (　　) : 흔들리다
10) (　　) : 타원 　　　　11) (　　) : 구어체의 　　　12) (　　) : 막간
13) (　　) : 장수 　　　　14) (　　) : 청산하다 　　　15) (　　) : 잠재하는
16) (　　) : 음료 　　　　17) (　　) : 담보물 　　　　18) (　　) : 환상
19) (　　) : 경과 　　　　20) (　　) : 반투명한 　　　21) (　　) : 두운을 맞추다
22) (　　) : 분석 　　　　23) (　　) : 수경재배 　　　24) (　　) : 면허
25) (　　) : 광채 　　　　26) (　　) : 공모하다

---

**3.** 제시된 단어와 <u>반대되는</u> 의미로 가장 적절한 것을 찾아 괄호 안에 넣으시오.

---

ⓐ retard ⓑ resistance ⓒ quality ⓓ revelation ⓔ realty ⓕ radical ⓖ　respect ⓗ republic ⓘ reason ⓙ rustic
ⓚ rough ⓛ rash ⓜ retail ⓝ raw

---

1) (　　) : cooked 　　　　2) (　　) : wholesale 　　　3) (　　) : emotion
4) (　　) : urbane 　　　　5) (　　) : smooth 　　　　6) (　　) : cautious
7) (　　) : submission 　　8) (　　) : accelerate 　　　9) (　　) : monarchy
10) (　　) : gradual 　　　11) (　　) : personalty 　　　12) (　　) : concealment
13) (　　) : quantity 　　　14) (　　) : despise

---

**4.** <u>밑줄 친</u> 단어와 <u>전혀 관계없는</u> 것을 고르시오.

1) Adoptees showed higher rates of <u>**licit**</u> drug use.
　　① legitimate 　　　② lawful 　　　③ legal 　　　④ latent

2) He and a <u>**colleague**</u> helped to monitor the incubation of a penguin's egg.
　　① team-mate 　　　② foe 　　　③ peer 　　　④ coworker

3) The law encourages landlords to <u>**neglect**</u> their historic buildings.
　　① ignore 　　　② apprise 　　　③ disregard 　　　④ snub

4) They would never <u>**relinquish**</u> the rights of millions of refugees.
　　① forbear 　　　② forsake 　　　③ abandon 　　　④ give up

5) We have not sympathized with their efforts to <u>**obliterate**</u> the truth.
　　① delete 　　　② expunge 　　　③ stipulate 　　　④ blank out

## 5. 밑줄 친 단어와 가장 유사한 것을 고르시오.

1) Birds sing in **dialect**s as distinct to the avian ear.
    ① argot      ② platitude      ③ patois      ④ jargon

2) These achievements give us confidence to **allocate** additional capital.
    ① alleviate      ② accommodate      ③ distribute      ④ comply

3) She **delivers** her annual report to congress.
    ① declare      ② launch      ③ address      ④ hand over

4) **Delinquencies** have declined as borrowers' ability to repay has improved.
    ① foreclosure      ② damages      ③ negligence      ④ arrears

5) Strange items turn up amid the **deluge** of smartphones and clothing.
    ① inundation      ② downpour      ③ divulgence      ④ swamp

## 6. 밑줄 친 단어와 반대되는 것을 고르시오.

1) The organization needs time for a **deliberate** review of its membership policy.
    ① premeditated      ② impetuous      ③ substantial      ④ prominent

2) Bacteria evolve to **elude** widely used medications.
    ① evade      ② shun      ③ defy      ④ relinquish

3) I'll **allude** to some inability with this person.
    ① allure      ② affirm      ③ allege      ④ perceive

4) Congress can **collaborate** on ways to fix flaws in the reform law.
    ① diversify      ② cooperate      ③ dispute      ④ consent

5) Even the most intelligent, capable and **diligent** doctors make mistakes.
    ① earnest      ② industrious      ③ bona-fide      ④ indolent

## 7. 아래에 제시된 단어 중 밑줄 친 우리말의 의미에 맞게 빈칸에 적절한 것을 골라 넣으시오.

eclectic / illuminate / levy / equilibrate / elaborate / relevant / elongate / unilateral / collapse / liquidity

1) 수집된 도자기들이 벽을 **무너뜨릴** 위협이 될 수도 있**다**.
    → The collection of china pots may threaten to (        ) the walls.

2) 미국의 **관련**기관들은 자국의 첨단 기술에 의존했다.
    → The (        ) agencies of the United States relied on its advanced technology.

3) 이러한 접근방식은 남아프리카에서 간디가 살았던 시절을 **조명하**는 데 도움을 주었**다**.
    → This approach helps (          ) Gandhi's time in South Africa.

4) 그녀는 **정교한** 분류체계로 그들을 분류하였다.
    → She has categorized them according to an (       ) taxonomy.

                                                           * taxonomy 분류법

5) 나는 멜로디 요소를 **늘리**거나 줄일 수 있**다**.
    → I could (        ) or curtail elements of the melody.

6) 중앙은행은 일부 금융기관에게 **유동성** 지원을 제공해왔다.
    → The central bank has provided (        ) support to some financial institutions.

7) 그들은 대규모 가격 인상 없이는 수요와 공급의 **균형을 맞출** 수 없을 것이**다**.
    → They will not (        ) supply and demand without large price increases.

8) 정부는 고소득 집단에 소득세 **징수**를 제안했다.
    → The government proposed a income tax (        ) on those with higher incomes.

9) 그러한 **일방적인** 조치들이 세계시장에서 무역 마찰을 일으키고 있다.
    → Such (        ) steps cause trade friction in the global market.

10) 사례들이 교수와 학생들의 **절충적인** 조합으로 결정되었다.
    → The cases are decided by an (        ) combination of students and professors.

---

## ❀❀❀ 생활 속 영단어로 어원 친해지기 ❀❀❀

**티케** : 이번 회에 배운 어근이 뭐였더라?

**고양이** : 154. 밝히다, 빛나게 하다 luc, lum / 155. 연주하다, 놀다 lud, lus / 156. 풀다 lysis가 있어요.

**티케** : 일상 속에서 확인할 수 있는 사례를 말해주겠니?

**토끼** : 화보(illustrated magazine)와 가격담합(price collusion), 공정거래위원회(Fair Trade Commission), 증권 분석가(securities analyst)가 있어요.

**티케** : 좋아요. 설명을 덧붙이면,

○ illustrated → in+lus(to light up)+trate(동접)+ed(과거분사) → 안으로 밝혀 주는 것 → 삽화를 넣은, 삽화사진이 많은

○ collusion → col(with)+lus(to play)+ion(명접) → 함께 노는 것 → 공모, 결탁, 음모

○ commission → com(together)+miss(to send)+ion(명접) → 함께 보내는 (조직이나 관련된 비용)의 것 → 위원회, 수수료

○ securities → se(apart)+cure(care 걱정)+ity(명접)e(apart)+cure(care 걱정)+ity(명접) → 걱정을 떨쳐버리게 하는 재산상의 권리·의무에 관한 기재를 위해 만들어진 문서 → 증권이 되는 거지.

**티케** : 다음에 배울 어근은 macro, magn, mega, maj, micro / man, manu / mand, mend / mania / mark / max, mini / med, mid이지요.

**티케** : 우리는 만용을 부리다가 추락한 인간들을 많이 보지.

**고양이** : 지나친 욕심은 화를 불러온다는 거죠.

**티케** : 맞아. 그리스 로마신화에서 만용의 상징이 **파에톤(Phaethon)**이지. 태양신 헬리오스 아들인데 태양신 마차를 함부로 몰다가 제우스의 벼락을 맞고 추락했어.

**티케** : **파에톤(Phaethon)**은 '**눈부시게 빛나는 자**'라는 의미로 라틴어로 'lux, lumin' '**빛**'과 관련이 있지.

**티케** : 그리고 태양 가까이 날아올랐다가 떨어져 죽은 다른 신화 속 인물 **이카로스(Icarus)**도 있어.

**티케** : 그의 날개제작자는 그의 아버지 **다이달로스(Daedalus)**인데, **다이달로스(Daedalus)**는 미노스 왕의 미궁(迷宮) **라비린토스(labyrinthos)**를 만든 전설적인 장인이었지. **라비린토스(labyrinthos)**가 **미로(labyrinth)의** 어원이 되는거야.

**티케** : 뭐든 욕심이 문제지, 빛과 관련된 그리스 로마신화를 좀 더 살펴보면 로마의 달의 여신을 **루나(Luna)**, **다이아나(Diana)**라 하고, 그리스신화에서는 **아르테미스(Artemis)**라고 불렀지

**티케** : 배운 어원 liber도 그리스 로마신화와 관련 있어. 그리스 신화의 다산신 **디오니소스(Dionysus)**가 로마의 **리베르(Liber)**에 해당하는 데 'liber'는 '**자유로운 free**' 뜻을 의미하며, **liberty(자유)**등 liber로 시작하는 단어의 어원이 된 거지.

**티케** : 다산신 **디오니소스(Dionysus)**가 술의 신이기도 하지. 술집 이름이 **디오니소스(Dionysus)**인 것도 다 이유가 있는 거지.

**티케** : 알파벳 'L'로 시작하는 그리스 로마신화를 좀 더 살펴보면 왕의 아들의 의해서 정절을 빼앗긴 처녀 **루크레티아(Lucretia)**가 있어. 그녀는 재력가 딸이었을 거야.

**토끼** : 왜죠?

**티케** : 'lucrum'이 라틴어로 "profit(이익), wealth(부)"라는 뜻이고, "lucrative(이익이 되는, 수지맞는)" 어원이 된 거니까.

**티케** : 추가하여 biblio-와 calli- 관련된 어근을 공부하기로 하자.

---

※ 어근 추가

◆ biblio : 책(book)

- bibl**ical**[bíblikəl] a. **성서의**
- bibliograph**ic**[bìbliəɡrǽfik] a. ① **서지의** ② **문헌의** ③ **도서 목록의**
- bibliograph**y**[bìbliáɡrəfi] n. ① **참고문헌** ② **참고문헌 목록**

◆ calli : 아름다움(beauty), 미(美)

- calligraph**er**[kəlíɡrəfər] n. ① **서예가** ② **달필가**
- calligraph**y**[kəlíɡrəfi] ① **서예** ② **칼리그래피** ↔ cacograph**y**[kækáɡrəfi] **악필**

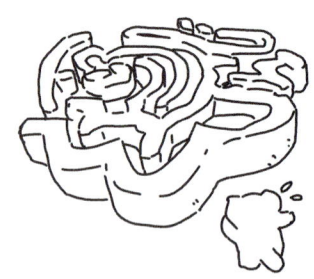

| 어근 157 | MACRO, MAGN, MEGA, MAJ : 큰(great, large) / MICRO: 작은(small) |
| --- | --- |
| | ※ 동의어근 MAX, MINI(어근162) |

## 827. magnify [mǽgnəfài]
magn(great)+i+fy(to make)

'크게 만드는 것' 이 → v. ① (크게 보이도록 하면) **확대하다** ② (크기 · 소리 · 강도면) **확대하다** ③ (중요성 · 심각성을 부풀리면) **과장하다**가 된 거지
- **magnitude**[mǽgnətjùːd] n. ① (엄청난) **규모** ② (별의) **광도** ③ **지진 규모**
- **magnificent**[mægnífəsnt] a. ① **웅장한** ② **훌륭한**
- **magnanimous**[mægnǽnəməs] a. ① (적이나 경쟁자에게) **도량이 넓은** ② **너그러운**
- syn. **en**large(확대하다), **ex**pand(확대하다), **ampli**fy(확대하다), **ex**aggerate (과장하다), **over**state(과장하여 말하다)
  ↔ ant. **re**duce(줄이다), **under**state (줄잡아 말하다)

The building is meant to **magnify** the extraordinary natural feature.
건물은 특별한 자연 특징을 최대한 살리려고 했다.

## 828. macroeconomics
[mæ̀krouìːkənámiks]
macro(great)+economics

'큰 관점에서 보는 경제학' 을 → n. **거시 경제학**이라고 하지
- **macrocosm**[mǽkroukὰzəm] n. **대우주**
- **microeconomics**[màikrouìːkənámiks] n. **미시 경제학**
- **microbe**[máikroub] n. **미생물**
- **microscope**[máikrəskòup] n. **현미경**
- **microcosm**[máikrəkὰzm] n. ① **소우주** ② **축소판**
- **microchip**[máikrouʧìp] n. **마이크로칩** v. **마이크로칩을 심다**
- **Micronesia**[màikrəníːʒə] n. **미크로네시아: 대양주 북서부의 군도**

Policy-relevant **macroeconomics** has felt like the curse of Sisyphus.
정책과 관련된 거시경제 지표는 시시포스의 저주처럼 느껴졌다.
**curse** 저주

### [참고사항]
- **Sisyphus** (그리스신화) 시시포스: 코린트의 사악한 왕으로, 사후에 지옥에 떨어져 큰 바위를 산 위로 밀어 올리는 벌을 받아 이 일을 한없이 되풀이했다고 함

## 829. megalopolis
[mègəlápəlis]
megalo(great)+polis(city)

'큰 도시' 를 → n. ① **메갈로폴리스** ② **거대도시** ③ **거대도시군**이라고 하지
- **metropolis**[mitrápəlis] n. **주요도시**
- **megaphone** n. ① **메가폰** ② **확성기**

He portrays her an emotionally stilted denizen of **megalopolis** Los Angeles.
그는 그녀를 거대도시 LA 같은 감정적으로 형식적인 거주민으로 묘사했다.
**stilted** 격식적인, 부자연스러운

## 830. majestic [mədʒéstik]
maj(great)+est+ic(형접)

'크게 보이는' 것이 → a. ① **장엄한** ② **위엄 있는** ③ **웅장한** 이 된 거지
- **majesty**[mǽdʒəsti] n. ① **장엄함** ② **웅장함** ③ **폐하**
- **magistrate**[mǽdʒəstrèit] n. ① **치안 판사** ② **행정관**
- **majestic** scenery **장엄한 풍경**
- syn. **grand**(웅장한), **magnificent**(웅장한), **superb**(최고의), **splendid**
(화려한) ↔ ant. **modest**(겸손한)

> The work is most **majestic** symphony.
> 그 작품은 가장 웅장한 교향곡이다.

## 831. major [méidʒər]
maj(great)+or(형접)

'큰 것' 이 → a. ① **주요한** ② (학문이나 학과이면) **전공의** n. ① **전공** ② **소령**
③ **메이저리그** ④ **대기업** 등 의미가 된 거지
- **majority**[mədʒɔ́ːrəti] n. ① **다수** ② **과반수** ③ **득표 차** ④ **대부분** ⑤ **성년**
- **minor**[máinər] a. ① **작은** ② **가벼운** ③ **단조의** n. ① **미성년자** ② **부전공**
- **minority**[minɔ́ːrəti] n. ① **소수** ② **소수집단**
- a **majority** decision **다수결**
- **major** general **소장**
- **minor** wound(injury) **경상**
- **major** in **전공하다** ↔ **minor** in **부전공하다**
- syn. **important**(중요한), **significant**(중요한), **crucial**(중대한),
**main**(주요한) ↔ ant. **trivial**(하찮은)

> The **major** factors have offered a high-end product in
> a client-centric environment.
> 주요한 요소는 고객 중심 환경에서 고급 상품을 제공해온 점이다.
> **high-end** 고급의

---

◆ 어휘 플러스

**magnate**[mǽgneit] 거물 / **megahertz** 메가헤르츠 / **megalomania** 과대망상증 / **megaton** 메가톤 / **megawatt**
메가와트 / **microwave** 전자레인지 / **microbiology** 미생물학 / **microfinance** 소액 금융 / **microprocessor**
마이크로프로세서 / **microvessel** 미세 혈관

### ■■■■ 우리말 대화로 단어 복습하기

가. 서울같이 **중요한**(major) **거대도시**(megalopolis)는 어떤 **시장**(mayor)이 필요하다고 너는 생각하니?

나. **거시경제학**(macroeconomics)과 **미시경제학**(microeconomics) **관점**(viewpoint)에서 시정을 이끌어가고, **다른
한편으로는**(on the other hand) **장엄한**(majestic) 문화유산을 보존하며, 시민의 **편의**(convenience)를 확대하는
(magnify), 균형정책을 펼칠 수 있어야 한다고 생각해.

## 832. **manual** [mǽnjuəl]
manu(hand)+al(형접)

'손으로 하는' 것이 → a. ① **육체노동의** ② **수동의** n. (일의 내용·이유·의의 따위를 상대가 알기 쉽게 하는) ① **설명서** ② **매뉴얼**이 된 거지

- **manual** labor **육체노동**
- **manual** transmission **수동 변속기**
- **manual** exercise **집총 훈련**
- syn. phys**ical**(육체의), handbook(안내서), guide(입문서), in**struct**ions(설명서)

> Fuel economy on **manual** transmission cars gets a boost.
> 수동변속기 자동차 연비는 향상되었다.
> **boost** 향상, 밀어 올리다

## 833. **manuscript**
[mǽnjuskrìpt]
manu(hand)+script(to write)

'손으로 쓴 것' 을 → n. ① **원고** ② **필사본**이라고 하지
- a corrupt **manuscript** 원형이 손상된 사본

> Monks in the Dark Ages devoted hours of their lives to creating **manuscripts**.
> 중세시대에 수도사들은 자신들의 일생을 원고로 쓰는데 헌신했다.
> **devote A to B** A를 B에 헌신하다

## 834. **manacle** [mǽnəkl]
man(hand)+acle(명접)

'손에' 채우는 것이 → n. **수갑** v. **수갑을 채우다**가 된 거지
- **almanac**[ɔ́ːlmənæk] n. ① **책력** ② **연감** = yearbook 연감
- syn. handcuff(수갑), shackle(쇠고랑)

> They asks him to **manacle** her.
> 그들은 그에게 그녀를 수갑에 채우라고 요청했다.

## 835. **manage** [mǽnidʒ]
man(hand)+age(행위, 동접)

'손으로 하는 행위' 가 → v. ① (일을 맡아서 하면) **관리하다** ② (조직·기구 따위를 경영하면) **운영하다** ③ (힘든 일을 하면) **간신히 해내다** ④ (일을 처리하면) **다루다**가 된 거지
- man**agement**[mǽnidʒmənt] n. ① **경영** ② **경영진** ③ **관리**
- manageabil**ity**[mǽnidʒəbíləti] n. ① **관리하기 쉬움** ② **다루기 쉬움** ③ **지배하기 쉬움**
- man**ager**[mǽnidʒər] n. ① **경영자** ② **관리자** ③ **매니저**
- syn. run(운영하다), handle(다루다), ad**minis**ter(관리하다), super**vise**(감독하다), cope with(대처하다)

> The president's job is to **manage** the government which is unmanageable.
> 대통령 업무는 감당할 수 없는 정부를 관리하는 것이다.

## 836. maneuver [mənúːvər]
maneu(hand)+ver(to work)

'손으로 작업하는 것' 이 → n. ① (일을 꾸미고 이루어 나가는 꾀와 방법이면) **책략** ② (일을 꾸미는 꾀나 방법이면) **술책** ③ (몸을 일으켜서 움직이면) **기동 연습** v. ① **교묘히 이동시키다** ② **계략을 써서 ~하게 하다** ③ **조종하다**가 된 거지
- **maneuverability**[mənùːvərəbíləti] n. **기동성**

He called the complaint a tactical **maneuver**.
그는 고소를 전술적인 책략이라고 말했다.
① **complaint** 불평, 고소 ② **tactical** 전술적인

## 837. manifest [mǽnəfèst]
mani(hand)+fest(to attack)

'손으로 공격하는 것' 이 → v. ① (감정・태도・특질을 표현하면) **나타내다** ② **드러내 보이다** a. (보거나 이해하기가) **분명한** n. ① (배・비행기의) **화물 목록** ② (타는 손님을 말하면) **승객 명단** 같은 표현이 된 거지
- **manifestation**[mænəfistéiʃən] n. ① **징후** ② **표명** ③ (유령・영혼의) **나타남**
- **manifesto**[mænəféstou] n. ① (어떤 단체, 정당의) **성명서** ② **선언문 매니페스토**; 예산확보, 구체적 실행계획 등이 있어 이행이 가능한 선거공약을 말함
- an election **manifesto** 선거 공약 선언문
- syn. **obvious**(명백한), **certain**(확실한), **clear**(분명한), **apparent**(명백한), **evident**(분명한), **indisputable**(명백한)

A self-portrait is you **manifest** what you want
자화상은 네가 원하는 것을 분명히 드러내는 것이다.

## 838. manipulate [mənípjulèit]
mani(hand)+pul(to fill)+ate(동접)

'손으로 채우는 것' 이 → v. ① (일을 사실인 듯이 꾸며 만들거나 기계나 장치이면) **조작하다** ② (부정직하게 사람・사물을) **조종하다** ③ (어긋난) **뼈[관절]를 제자리에 넣다**가 된 거지
- **manipulation**[mənìpjuléiʃən] n. ① **조작** ② **공작** ③ **속임수** ④ **시장 조작**
- syn. **mastermind**(조종하다), **handle**(다루다)

Law enforcement officials are easier to **manipulate** the system.
법집행 관리들은 시스템 조작이 더 쉬워졌다.

## 839. emancipate [imǽnsəpèit]
e(out)+man(hand)+cip(to take)
+ate(동접)

'손으로 밖으로 꺼내주는 것' 이 → v. (법적・정치적・사회적 제약에서) **해방시키다**가 된 거지
- **emancipation**[imænsəpéiʃən] n. **해방**
- syn. **set free**(석방하다), **liberate**(해방시키다) ↔ ant. **enslave**(노예로 하다)

Abraham Lincoln struggled to **emancipate** slaves during the Civil War.
링컨은 남북전쟁동안 노예를 해방시키려고 노력했다.
① **Civil War** 남북전쟁 ② **civil war** 내전, 내란

## 840. permanent [pə́ːrmənənt]
per(through)+man(to stay)+ent(형접)

'계속 머무르는 것' 이 → a. ① **영구적인** ② **영속적인** ③ **정규직의** 된 거지
- **permanence**[pə́ːrmənəns] n. ① **영속성** ② **영구성** ③ **내구성**
- **permanency**[pə́ːrmənənsi] n. ① **영속성** ② **영속적인 것** ③ **종신관**

- permanent address **본적**
- permanent committee **상임 위원회**
- permanent job **정규직**
- permanent exhibition **상설전시관**
- syn. eternal(영원한), everlasting(영원한), perennial(영원한), perpetual(영속하는) ↔ ant. temporary(일시적인)

Apple requested a **permanent** injunction on the Samsung smartphones.
애플은 삼성 스마트폰에 대한 영구금지명령을 요청했다.
**injunction** 가처분신청, 금지명령

## 841. remain [riméin]
re(back)+main(to stay)

'뒤에 머무르는 것' 이 → v. ① **계속 ~이다** ② (없어지지 않고) **남다** ③ (해야 할 일이) **남아 있다** ④ (떠나지 않고) **남다가** 된 거지
- **remains**[riméinz] n. ① **나머지** ② **유적** ③ (죽은 사람·동물의) **유해**
- **remnant**[rémnənt] n. ① **나머지** ② **자투리** ③ **흔적** a. ① **남겨진** ② **잔존 하는**
- **remainder**[riméindər] n. ① **나머지** ② (뺄셈·나눗셈의) **나머지** ③ (책의) **재고품** ④ **잔금**
- **manor**[mǽnər] n. ① **영지** ② **영주의 저택**
- syn. stay behind(뒤에 남다), continue(계속하다)

Some 34,500 ballots **remain** to be counted.
약 34,500개의 투표용지가 개표를 기다리고 있다.
**ballot**[bǽlət] 투표용지

---

◆ 어휘 플러스

manner 방식, 태도, 매너 / manufacture 제조하다 / mansion 대저택, 맨션

---

### ■■■ 우리말 대화로 단어 복습하기

가. 회사 업무 **매뉴얼**(manual)을 따르지 않고, 주가를 **조작하고**(manipulate), 방만하게 **운영한**(manage) 관리자가 어떻게 되었지?

나. 온갖 **술책**(maneuver)을 써서 조직에 **남았다**(remain)가, 정부 당국의 조사로 **분명한**(manifest) 혐의가 **발각**(detection)되었어.

가. 그다음 어떻게 되었어?

나. **수갑**(manacle)을 찬 모습으로 법정 구속되고, 회사에서 **영구적인**(permanent) **추방**(expulsion)을 당했지.

---

## 어근 159

MAND : 명령하다(to order) / MEND : 맡기다(to entrust), 결함, 결점(flaw)
※ **동의어근 BAN(어근20)**

## 842. mandate [mǽndeit]
mand(to order)+date(to give)

'명령을 주는 것' 이 → n. ① (권리나 권력이 미치는 범위를 말하면) **권한** ② (시키면) **지시** ③ (무엇을 하게 하면) **명령** ④ (임무를 부여받은 기간을 말하면) 재임 기간 ⑤ (남에게 책임 지워 맡기면) **위임 통치** v. ① **지시하다** ② **명령하다** ③ **권한을 주다가** 된 거지

- **mandatory**[mǽndətɔ̀ːri] a. ① 의무적인 ② 법의 정해진
- **mandatary**[mǽndətèri] n. ① 위임 통치국 ② 대리인

Judges often have no choice but to hand down such excessive terms under **mandates**.
판사들은 종종 권한 내에서 그러한 지나친 표현으로 선고를 내릴 수밖에 없다.
① **have no choice but to do** ~할 수밖에 없다 ② **terms** 조건, 표현

## 843. command [kəmǽnd]
com(intens)+mand(to order)

'강하게 명령하는 것' 이 → n. ① **명령** ② **지휘** ③ **사령부** ④ (언어) **구사력**
v. ① **명령하다** ② **지휘하다** ③ **장악하다** ④ (무엇을 보거나 통제할 수 있는)
**위치에 있다** ⑤ (응당 받아야 할 것을) **받다**가 된 거지
- **commander**[kəmǽndər] n. ① **사령관** ② **지휘관** ③ (영·미 해군) **중령**
④ (경찰의) **총경**
- **commando**[kəmǽndou] n. ① **특공대** ② **특공대원** ③ **코만도**
- **command** economy **중앙 통제 경제**

Tools such as voice **command** interfaces are being investigated.
음성명령 접속기 같은 도구들이 조사받고 있다.
**interface** 접속기, 인터페이스

## 844. commend [kəménd]
com(intens)+mend(to entrust, 맡기다)

'강하게 맡기는' 것이 → v. ① (좋은 점을 들어 높이 평가하면) **칭찬하다**
② (책임지고 소개하면) **추천하다** ③ (좋은 감정이면) **호감을 받다**가 된 거지
- **commendation**[kàməndéiʃən] n. ① **칭찬** ② **인정** ③ **표창**
- **recommend**[rèkəménd] v. ① **추천하다** ② **권하다** ③ **권장하다**
- **commence**[kəméns] v. **시작하다**
- **comment**[kάment] n. ① **논평** ② **언급** v. ① **논평하다** ② **견해를 밝히다**
- syn. **compliment**(칭찬하다), **praise**(칭찬하다)

I commend Yerin for her magnificent **comment**.
나는 예린의 훌륭한 논평을 칭찬했다.
**magnificent**[mægnífəsənt] 장엄한, 훌륭한

## 845. countermand
[kàuntərmǽnd]
counter(against)+mand(to order)

'반대로 명령하는 것' 이 → v. ① **취소하다** ② **철회하다**가 된 거지
- syn. **annul**(취소하다), **repeal**(철회하다), **cancel**(취소하다), **revoke**(취소하다)

They have **countermanded** 1 leave.
그들은 하루짜리 휴가를 취소했다.

## 846. demand [dimǽnd]
de(away)+mand(to order)

'없어서 명령하는' 것이 → v. ① **요구하다** ② **요청하다** n. ① **요구** ② (사려고
하는 욕구이면) **수요**가 된 거지
- **demanding**[dimǽndiŋ] a. ① **요구가 많은** ② **부담이 큰** ③ **힘든**
- in **demand** **수요가 많은**
- on **demand** **요구만 있으면**

- **demand-pull** 수요 과잉 인플레이션
- **demanding** work 벅찬 일
- syn. **re**quest(요구하다), **re**quire(요청하다) ↔ ant. **sup**ply(공급)

> The store is closed because of the landlord's **demand** for higher rent.
> 집주인의 과도한 임대료 요구 때문에 상점이 문을 닫았다.

## 847. **re**primand
[réprəmænd]
re(back)+pri(private)+mand(to order)

'뒤에서 사적으로 명령하는 것' 이 → v. ① **질책하다** ② **꾸짖다**
　　　　　　　　　　　　　　 n. ① **질책** ② **견책** ③ **꾸중**이 된 거지
- a public **reprimand** 공식적 문책
- syn. **scold**(꾸짖다), **re**proach(비난하다), **re**buke(질책하다),
　　**re**prove(나무라다), **cen**sure(질책하다)

> The principal issued a letter of **reprimand** to him.
> 교장이 그에게 징계문서를 발부했다.
> **issue** 발표하다, 문제

◆ **어원 TIP**
- **a**mend → a(out)+mend(flaw) → 결함을 아웃시키는 것 → 개정하다, 수정하다
- **mend**acious[mendéiʃəs] → mend(flaw)+ac+ious(특징의, 형접) → (사람의) 결점 특징의 → 허위의, 거짓말을 잘하는

◆ **어휘 플러스**
mend 수선하다, 고치다 / mendacity 허위, 거짓된 행동

■■■■ **우리말 대화로 단어 복습하기**

가 직속 상관이 **권한(mandate)** 범위를 넘어서, 부하들을 **질책하고(reprimand)**, **부당한(unjust) 명령(command)** 으로 문제가 **발생했다(occur)**지?

나. 다행히 사장이 신속하게 **시정(correction)**을 **요청하고(demand)**, 부당명령을 **취소시킨(countermand)** 일은, **칭찬해야(commend)** 되지.

---

## 어근 160

MANIA : 광기(madness), 광적 충동(insane impulse), 열광(craze)

## 848. **mania**c [mǽnik]
mania(mad)+c(형접)

'광기 있는 사람' 을 → n. ① **미치광이** ② (광적으로 열중하는) **~광**이라고 하지
- **mani**c[mǽnik] a, ① **정신없는** ② **미친 듯한** ③ **조증(躁症)의**
- **mania**cal[mənáiəkəl] a. ① **미친 듯한**
- **lun**atic[lúːnətik] n. **미치광이** a. ① **미친** ② **정신 나간**
- **manic**-depressive **조울병의**
- syn. **psycho**(정신병자), **psychopath**(사이코패스)

He's a **maniac**, and I'm in charge of the asylum.
그는 미치광이고, 나는 정신병원 책임자다.

**asylum**[əsáiləm] 망명, 정신병원, 피난처

## 849. kleptomania
[klèptəméiniə]
klepto(to steal)+mania

'훔치려는 충동이 있는 사람'을 → n. ① **병적 도벽** ② **도벽**이 있다고 하지

Her **kleptomania** resurfaced.
그녀의 도벽이 재발했다.

**resurface** 다시 떠오르다

## 850. pyromania
[pàirəméiniə]
pyro(fire)+mania

'불을 지르고 싶은 충동이 있는 사람'을 → n. ① **방화광** ② **방화 상습범**이지

They are not **pyromania**.
그들은 방화광이 아니다.

### ■■■ 우리말 대화로 단어 복습하기

가. 그들을 **미치광이(maniac)**처럼 취급하는 것은 지나치지 않니?

나. 나는 **방화광(pyromania)**과 **병적 도벽(kleptomania)**을 가진 사람을 미치광이로 생각해.

## 어근 161

MARK : 표시(sign), 상징(symbol)    ※ 동의어근 SIGN(어근269)

## 851. marked [maːrkt]
mark+ed(형접)

'표시가 나는' 것을 → a. ① **두드러진** ② **뚜렷한** ③ (언어이면) **유표적인** 거라고 하지
- mark**edly**[máːrkidli] ad. ① **현저하게** ② **두드러지게** ③ **뚜렷하게**
- mark**down**[máːrkdaun] n. **가격 인하**
- mark**up**[máːrkʌp] n. ① **가격 인상** ② **마크업: 문서의 활자·조판 지정 표시**
- **land**mark[lǽndmàːrk] n. ① **랜드마크(대표건물)** ② **획기적 사건**
  ③ **경계표지**
- syn. **ob**vi**ous**(분명한), **di**stin**ct**(뚜렷한), noti**ceable**(눈에 띄는), **str**ik**ing**
  (두드러진), re**mark**able(두드러진), con**sp**icu**ous**(눈에 잘 띄는)

Snow creates a **marked** contrast.
눈이 뚜렷한 대조를 만들어 냈다.

## 852. remark [rimáːrk]
re(back)+mark(sign)

(다른 사람의 말이나 글을)'뒤에 표시하는' 것이면 → n. ① **발언** ② **견해**
  ③ **언급** ④ **논평** v. ① **말하다** ② **언급하다** ③ **논평하다**가 되는 거지
- re**mark**able[rimáːrkəbl] a. ① **놀라운** ② **주목할 만한** ③ **두드러진**
- re**mark**ably[rimáːrkəbli] ad. ① **현저하게** ② **두드러지게**
- **re**-mark ① **다시 표시를 하다** ② **가격표를 고쳐 붙이다**
- syn. **com**ment(논평, 논평하다), **ment**ion(언급하다), **ut**ter**ance**(발언)

He was one of our most **remarkable** men.
그는 우리가 가장 주목할 만한 사람이다.

◆ 어휘 플러스
**benchmark** 기준(점), 벤치마크 / **earmark** 배정하다, 결정하다, 예상하다, 특징, 특질

■■■ 우리말 대화로 단어 복습하기
가. 그녀가 정계의 주목을 받은 이유가 뭐지?
나. 최근 그녀의 **두드러진(marked) 발언(remark)** 때문이야.

## 어근 162

**MAX** : 큰(great, big, large) / **MINI** : 작은(small)
※ 동의어근 MACRO, MAGN, MEGA, MAJ, MICRO(어근157)

### 853. max**im** [mǽksim]
max(great)+im(명접)

'위대한' 것이 → 교훈이 될 만한 짧은 말이면 → n. ① **격언** ② **금언**이라고 하지
- syn. **pro**verb(속담, 격언), **say**ing(속담, 격언), a**d**age(속담, 격언),
a**phor**ism(금언, 격언)

That may be a truism, but it is a useful **maxim**.
진부한 소리로 들릴지 모르지만, 그건 유용한 격언이다.
**truism** 뻔한 말

### 854. max**im**ize
[mǽksəmàiz]
max(great)+im+ize(동접)

'크게 하는 것' 이 → v. ① **최대로 하다** ② **최대한 활용하다**가 된 거지
- maxi**mum**[mǽksəməm] n. ① (양·규모 등의) **최고** ② **최대**
a. ① **최고의** ② **최대의**
- maxi**mization**[mækəməzéiʃən] n. **극대화**
- mini**mize**[mínəmàiz] v. ① (좋지 못한 것을) **최소화하다** ② (덜 중요해
보이도록) **축소하다** ③ (컴퓨터 화면에서) **축소하다**
- mini**mum**[mínəməm] n. ① **최소한도** ② **최저** a. ① **최저의** ② **최소한의**
- mini**mal**[mínəməl] a. ① **최소의** ② **아주 작은**
- minimum wage **최저임금** • maximum accrual **최대 휴가일수**

She needs to **maximize** her profit.
그녀는 자신의 이익을 극대화할 필요가 있다.

### 855. min**ute** [mínit]
min+ute(명접)

'작은' 것이 → n. ① (시간이면) **분** ② (시간이면) **잠깐** ③ (기록한 문서면)
**의사록** ④ (기록한 문서를) **회의록** v. **회의록을 작성하다** a. [mainjúːt] ① **극히**
**작은** ② **대단히 상세한** ③ **정밀한** 이라는 표현으로 활용되지
- syn. **tiny**(작은), mini**ature**(소형의), in**finit**esimal(극미한), di**min**utive(
아주 작은), ex**act**(정확한), pre**cise**(정밀한), meti**cul**ous(꼼꼼한) ↔
ant. **huge**(거대한), im**precise**(부정확한)

His comments could be a last-**minute** negotiating maneuver.
그의 논평은 막판 협상 전략일 수 있다.
**last-minute** 마지막 순간의, 막판

## 856. **diminish** [dimíniʃ]
di(from)+mini+sh(동접)

'작아지는 것' 이 → v. ① **줄어들다** ② **약해지다** ③ **약화시키다** ④ (중요성을) **깎아내리다**가 된 거지

- **diminutive**[dimínjutiv] a. **아주 작은** n. ① **지소사** ② **약칭**
- **diminution**[dìmənjúːʃən] n. ① **축소** ② **감소**
- **diminishing**[dimíniʃiŋ] a. ① **절감하는** ② **줄어드는**
- **nanism**[néinizm] n. **왜소함** = dwarfishness
- **dwarfish**[dwɔ́ːrfiʃ] a. ① **난쟁이 같은** ② (지능이) **발달하지 않은** ③ **오그라져서 작은**; pygmyish(난쟁이 같은), stunted(발육이 부진한)
- **diminishing** returns **수확 체감**
- syn. **decrease**(감소하다), **lessen**(줄이다), **shrink**(줄어들다), **dwindle**(줄어들다), **reduce**(줄이다)

Budget cuts **diminish** support from the public.
예산 삭감이 대중의 지지를 줄어들게 했다.

◆ **어원 TIP**
- **menu**[ménjuː] → men(small)+u → 작고 세세하게 쓰인 음식 목록 → 메뉴, 차림표
- **mince**[mins] → min(small)+ce(동접) → 작게 하는 것이 → v. (고기를) 잘게 썰다, (걷는 거면) **뽐내며 종종걸음으로 걷다** n. **갈아 놓은 고기**

◆ **어휘 플러스**
**minivan** 미니밴; van과 station wagon의 특징을 조화시킨 차 / **minor** 작은, 미성년자 / **minority** 소수 / **miniature**[míniətʃər] 소형의, 축소된, 축소 모형, 미니어처

■ **우리말 대화로 단어 복습하기**
가. 저기 **회의록**(minute)이 **잘게 썰린**(mince) 채로 버려져 있네. 뭐지?
나. **격언**(maxim)이 사회적 변화에 따라 효용성이 **줄어들고**(diminish), 때로는 **최대로 활용되는**(maximize) 사례가 담겨있어.

---

| 어근 163 | MED(I), MID : 중간(middle) |
|---|---|

## 857. **mediate** [míːdièit]
medi+ate(동접)

'중간으로 하는' 것이 → v. ① **조정하다** ② **중재하다** ③ (중재 · 조정을 통해 협상 등을) **성립시키다**가 된 거지

- **mediation**[mìːdiéiʃən] n. ① **중재** ② **조정** ③ **매개**
- **immediate**[imíːdiət] a. ① **즉각적인** ② **당면한** ③ **직속의** ④ **직접적인**
- **intermediate**[ìntərmíːdiət] a. ① **중간의** ② **중급의** n. **중급 수준인 사람**

v. **중재하다**

- inter**medi**ary[ìntərmíːdièri] n. ① **중재자** ② **중개인**
- **medi**tate[médətèit] v. ① **명상하다** ② **숙고하다** ③ ~**을 꾀하다** ④ **계획하다**
- **medi**tation[mèdətéiʃən] n. **명상**
- pre**medi**tate[priːmédìtèit] v. ① **미리 계획하다** ② **미리 숙고하다**
  ③ **미리 꾀하다**
- syn. **arbitr**ate(중재하다), **inter**cede(중재하다), **con**ciliate(조정하다),
  **go between**(중재하다)

> The rebel tries to **mediate** between the two sides.
> 반군은 양측사이를 중재하려고 노력하고 있다.

## 858. **medieval** [mìːdiíːvəl]
med+ev(age)+al(형접)

'중간 시대의' 는 → a. **중세의** 라고 하지
- **medi**an[míːdiən] a. ① **중간값의** ② **중앙에 있는** n. **중앙값**
- **medi**um[míːdiəm] a. **중간의** n. ① **매체** ② **수단** ③ **무당**
- **medi**a[míːdiə] n. ① **미디어** ② **매체** ③ **대중 매체**
- the mass **media** 대중 매체

> He took inspiration from **medieval** religious music.
> 그는 중세 종교 음악에서 영감을 얻었다.
> inspiration[ìnspəréiʃən] 영감

## 859. **meddle** [médl]
med+dle(동접)

'중간에 있는' 것이 → (요청받지 않고) 남의 일에 끼어드는 거면 → v. ① **간섭하다**
② **참견하다** ③ **관여하다** ④ **손을 대다**가 되는 거지
- **meddle**some[médlsəm] a. ① **참견하기 좋아하는** ② **간섭하기 좋아하는**
- syn. **inter**fere(간섭하다), **butt in**(간섭하다)

> It seems eager to **meddle** in the district's day-to-day operations.
> 그 지역의 일상 업무를 간섭하는 데 맛들인 것 같다.

## 860. **mediocre**
[mìːdióukər]
medi+ocre(sharp)

'중간 정도 날카로운' 것은 → a. ① **평범한** ② **보통의** 이라고 하지
- **medi**ocrity[mìːdiákrəti] n. ① **평범** ② **보통** ③ **범인**
- syn. **banal**(평범한), **ordin**ary(보통의), **com**monplace(평범한), **so-so**(
  좋지도 나쁘지도 않은) ↔ ant. **ex**cell**ent**(우수한)

> Fed officials were hesitant to begin a tapering given the **mediocre**
>  job growth.
> 평범한 고용성장을 고려해서, 연방은행 관계자들은 테이퍼링을 착수하는데
> 망설이고 있나.

---

**[참고사항]**
- **테이퍼링**(tapering): 연방준비제도(Fed)가 양적완화(QE) 조치를 점진적으로 축소하는 것을 말함

## 861. Mediterranean
[mèdətəréiniən]

medi+ter(land)+ran+ean(형접)

'육지 중간에' 있는 바다가 → a. **지중해의** 가 된 거지
● Mediterranean Sea **지중해**

> The **Mediterranean**-style house features archways.
> 지중해식 주택은 아치형 입구가 특징이다.
>
> feature[fíːtʃər] 특징을 이루다

---

◆ **어원 TIP**
● midwife → mid(between)+wife → 부인 사이에서 출산을 도와주는 사람 → **산파, 조산사**
● medium → med(middle)+ium(명접) → 가운데에서 하는 역할 → **중간의, 매개체, 도구, 수단**

---

◆ **어휘 플러스**
amid 가운데에 / midair 공중 / midday 정오 / midfielder 미드필더 / middleman 중간 상인, 중개인 / midst 중앙,
한가운데 / mid-term 중간의 / midsummer 한여름 / midway 도중에

---

■■■ **우리말 대화로 단어 복습하기**

가. **지중해**(Mediterranean Sea) 연안의 작은 **중세**(medieval) 왕국에서는, **평범한**(mediocre) 사람들 사이에 **분쟁**
(dispute)이 발생하면, 왕이 **간섭하여**(meddle) **중재하는**(mediate) 역할을 했다고 한다.

---

### 생활 속 영단어로 어원 친해지기

티케 : 이번 회에 배운 어근이 뭐였지?

토끼 : 157. 큰 macro, magn, mega, maj, 작은 micro / 158. 손, 머무르다 man, manu / 159. 명령하다
mand, 맡기다, 결점 mend / 160. 광기, 광적 충동, 열광 mania / 161. 표시 상징 mark / 162. 큰
max, 작은 mini / 163. 중간 med, mid이지요.

티케 : 배운 어근과 관련된 일상 속에서 활용한 사례를 말해주겠니?

고양이 : 최저임금 위원회 위원들이 조정을 거쳐 다음 해 최저임금 인상 폭을 결정하잖아요.
그래서 **'최저임금' 'minimum wage' '조정' 'mediation'**이 생각났고, 서양 액션영화 제목에 자주
등장하는 **'코만도' 'commando'** 드라마 **'조작' 'manipulation'** 그리고 우리말처럼 쓰고 있는
**'마니아' 'mania'**정도...

티케 : 좋아요. 설명을 덧붙이면,

○ mini**mum** → mini(small)+mum(명접) → 작은 것 → **최소, 최소한도**
○ com**mando** → com(intens)+mand(to order)+o → command+o → 명령을 강하게 받는 조직 →
**특공대, 특공대원**
○ medi**ation** → medi(middle)+ation(명접) → (의견 등을) 가운데로 하는 것 → **조정, 중재**
○ manipul**ation** → mani(hand)+pull(to full)+ation(명접) → 손으로 (거짓을) 채우는 것 → **조작**이지.

티케 : 다음에 배울 어근은 memo / men, min / ment / merce / merg, mers / meta / meter, metr, meas
/ migr / minister / mir / miss이지요.

The First Story

# 어원으로 영단어 길들이기(上)

초판 1쇄 발행 | 2021년 12월 15일

**지은이** | 박영로

**발행인** | 위성

**펴낸곳** | 디아콘출판사

**주  소** | 서울시 마포구 독말로 6길 9(합정로) 2층 2376호

**전  화** | 070-7578-6804

**홈페이지** | www.diatoon.com

**출판등록번호** | 제2019-000201

**총  판** | 하늘유통(031)947-7777

**ISBN** | 979-11-967676-8-6(53700)